映画のまなざし転移

斎藤環
TAMAKI SAITO

青土社

映画のまなざし転移

目次

I 映画のまなざし転移100

II 読む、映画/その他の映画批評

映画のまなざし転移

はじめに

本書は私にとって二冊目の「映画本」である(一冊目は『フレーム憑き』青土社、二〇〇四年)。収録されている評論文の多くは、雑誌『キネマ旬報』の隔号連載「映画のまなざし転移」のために書かれたものである。途中から若干スタイルが変わったが、私にしては珍しく、この連載は一〇年以上にもわたり続いている。この老舗の映画雑誌に連載枠を持っていることはまことに光栄なことであり、飽きられてクビになるまでは続けたいと考えている。

映画批評を書くからには、もちろん私は映画ファンであるには違いないのだが、とはいえ最近の年間鑑賞本数が五〇本にも届かない体たらくで、おこがましくてとうてい評論家を名乗る気にはなれない。多忙を理由にはしたくないのだが、本業の大学教員としての教育、研究、臨床業務の余暇を利用しての鑑賞となると、気になる作品をもれなくチェックするようなことは夢のまた夢、ということになる。だから映画に関してはあくまでも、批評家というよりは精神科医の余技、という言いわけを用意しておきたい。

唐突ながら、私にとって映画とは「デヴィッド・リンチと片渕須直のあいだ」に張り巡らされた表現のスペクトラムを意味している。かたや「カルトの帝王」の名をほしいままにする映画監督、かたや「マイマイ新子と千年の魔法」や「この世界の片隅に」で知られるアニメーションの名匠だ。このことをここで表明するのは、私が決して「シネフィル」などではないことをはっきり表明しておくためである。これは、仮にシネフィルを自認するどなたかが書店で本書のタイトルに目を留め、うっかり買って後悔しないようにとの懇切なる配慮というものである。とはいえ、人生において「後悔から学ぶ」ことも決して悪いことではない、と思いはするのだが。

つまりこういうことだ。私は「映画のための映画」――それはそれで嫌いではないが――より「何かのための映画」が好きなのだ。この「何か」には、イデオロギー、倫理観、作家の無意識（あるいは「病理」）、大衆の欲望などの要素が入る。そして私は、この「何かのための映画」を擁護する立場から、映像文化史上の最高傑作として、片渕の「この世界の（さらにいくつもの）片隅に」の名前を繰り返し挙げてきた。要するに私はそういう鑑賞者であり、本書はそうしたスタンスから書かれた評論集なのである。突き詰めれば、精神科医としての私は、いつか表現が「治療」や「ケア」に接続する日を夢想しているのかもしれない。

もしもあなたが私のように「何かのための映画」がお好きなら、本書はかなり面白く読めるかもしれない。評論において私が工夫を凝らしているのは、すべての文章において「まだ誰も言っていないアイディア、視点」を一つ以上提出することだった。この点については、連載を通じて微塵も妥協しなかったと断言できる。もし、こうしたアイディアが枯渇したら、その時点で私は副業批評家を引退することになるだろう。

「まなざし転移」という耳慣れない言葉には、実はさしたる意味はない。連載開始当時、タイトルを考えあぐねた私の脳裏に、不意に降りてきた言葉であり、意味深かつ語感の良さゆえに採用したという経緯がある。あえて解釈するなら、映画という表現は、歴史的にも批評的にも「精神分析」と浅からぬ縁がある。シネフィルが蛇蝎の如く忌み嫌う（であろう）スラヴォイ・ジジェクの「批評」は、あまりにも「精神分析のための映画」という視点に偏っていることを除けば、私は決して嫌いではない。

その精神分析をただちに連想させる「転移」という言葉、さらに「映画をまなざすことは映画にまなざされること」というラカン派的な論理、さらに言えば、私が批評において理想とするのは「映画を語る姿勢が、『何か』を語る姿勢にいつのまにか転移すること」だったりもするので、この愛すべき連載タイトルを書名にも活かすこととした次第である。

言うまでもなく、本書を頭から通読する必要はない。まずはあなたの好きな映画についての文章をいくつか読んでいただき、その肌合いを確かめていただきたいのだ。それが悪くないようなら、本書を手がかりに未見の映画にも手を広げてみて欲しい。仮に本書が新たな傑作との出会いの契機となるなら、それこそ副業批評家冥利に尽きるというものである。

I　映画のまなざし転移100

1 近代・土着・媒介者
――アスガー・ファルハディ監督「別離」

話題のイラン映画「別離」を観た。第八四回アカデミー賞外国語映画賞、第六一回ベルリン国際映画祭金熊賞などなど、きらびやかな受賞歴にふさわしい傑作だ。監督・脚本を担当したアスガー・ファルハディは、前作「彼女が消えた浜辺」と本作によって、キアロスタミやマフマルバフと肩を並べるイラン映画の〝顔〟となった。

冒頭、二人の夫婦の身分証明書が、それを複写するコピー機の視点から映し出される。実に巧妙なタイトルバックだ。続く場面では、夫婦であるナデルとシミンが、それぞれの言い分を判事にまくしたてる。このとき観客は、判事の視点で二人を見ている。

かくして観客のまなざしは、おのずから彼らを「俯瞰」する位置へと誘導される。つまりこの二つのシークエンスにおいて、私たちはナデルとシミンのいずれに対しても安易に肩入れしてはならないと釘を刺されているのだ。

彼らは何を争っているのか。ことの発端は、妻である英語教師シミンが国外移住を企てたことにはじまる。娘を「この環境」で育てたくないと考えるシミンは、ビザの期限が切れる前にイランを出たい。しかしアルツハイマー型認知症の父親を残しては行けないと主張する銀行員ナデルは、離婚は受け容れても娘の移住は認めない、と頑として応じない。

二人は別居することになり、娘のテルメーは父親のもとに留まる。ナデルは父親の介護のために、ラジエーという貧しい女性を雇う。ところがある日、ナデルが帰宅すると、ラジエーはおらず、ベッドに手足を縛りつけられた父が意識を失って倒れていた。激怒したナデルは戻ってきたラジエーの言い訳も聞かずに家から追い出す。その晩、ラジエーは流産し、ナデルは一九週目の胎児を殺した〝殺人罪〟で告訴されてしまう。これに対して、ナデルも父を虐待した件についてラジエーを告訴。果たしてナデルはラジエーの妊娠を知っていたのか。ラジエーの流産は本当にナデルの行為が原因なのか。いったい誰の、どの発言が嘘なのか。真相はまさに「藪の中」であり、観客の判断もことのなりゆきとともに翻弄される。

この映画にはリアリティの層が二つある。一つは中流階級に属し、宗教や因習にとらわれないナデルとシミンが暮らす近代社会のリアリティ。もう一つは貧困階級に属し、敬虔なイスラム教徒として生活するラジエーが暮らす土着共同体のリアリティ。

それぞれがそれぞれのリアリティにおいて、精一杯倫理的に振る舞おうと努めた結果もたらされる悲劇。いちばん身勝手に見えるシミンの行動も、自由社会で娘を教育したいという母親の切実な願望のあらわれだ。もっとも暴力的にみえるラジエーの夫ホッジャトの行動も、妻を守るための必死の抵抗と考えるなら気持ちは分かる。敬虔なイスラム教徒であるラジエーは、ナデルの父親の介護をするさいにも、聖職者に電話で相談をする。異性の服を脱がせて入浴させることが罪にあたらないかを問うためだ。この敬虔さゆえに彼女は嘘を余儀なくされるが、クライマックスの逆転をもたらすのもまた、彼女の信仰なのである。

近代の視点から土着性を批判し、あるいは称揚すること。土着の視点を仮構して近代を逆批判すること（偽書『パパラギ』のように）。本作は、そのいずれにもくみしない。ファルハディ監督は、相容れない二つのリアリティの層の葛藤を物語の駆動装置として組み入れ、スイッチを入れたのだ。その脚本構成の精密さには舌を巻く。

この、誰一人として悪人のいないミステリーが浮き彫りにするのは、われわれの日常的現実を構成している複数のレイヤーの存在であり、倫理観の相対性にほかならない。

さて、「別離」に関連してもう一作、インド映画「ロボット」を取り上げよう。インドのトップスター、ラジニカーント主演のマサラSFコメディだ。

ストーリーは単純だ。博士が自分そっくりのロボットを開発する。落雷で人間の心を持ったロボットは、博士の恋人に恋をする。彼女に振られてロボットは暴走し、さらに悪い博士に悪のチップを埋め込まれて自分の複製を大量に造り、人間社会に戦いを挑む……。

精緻と抑制をきわめた「別離」に対して、破綻すれすれに過剰な「ロボット」を並べるのはいささか不釣り合いかもしれない。私は「別離」の完璧さも「ロボット」の破綻も同じくらい好きなのだが、実はこの二作品には共通の前提が存在する。それが、先ほども述べた「二つのリアリティ」だ。

たとえばロボット・チッティが、大火事から人々を救出するシーン。入浴中の少女を裸のまま救出したのはいいが、少女は恥ずかしさのあまり路上に駆けだし、車にはねられて死んでしまう。局部ではなく裸そのものにモザイクがかけられていて、インド社会のタブー意識がはっきり刻印された場面だ。

チッティが彼女を刺した蚊に謝罪させるというバカバカしいシークエンスも、トレイラーで有名になった複製ロボット軍団の変形合体シーンにしても、いわば土着的なイメージを強引にCGで再現したようなシーンだ。「過剰さ」の印象はここに由来する。

そう、ここにも近代の視点から土着性をながめるばかりではなく、むしろ土着性の表現に近代（CG）を従わせる、という反転の契機がある。

こうした反転を可能にするのが、二つの層のいずれにも属さない「媒介者」だ。「別離」では、結末の鍵を握っている娘・テルメーの存在。「ロボット」ではまさにロボット・チッティがその位置を占めている。

二作品を媒介者の物語として見ること。私はそこに、メタレベルに依存しない新たな批評的視点の可能性をかいま見る。それがアジア映画の可能性であるのなら、邦画にもそれを期待して悪い理由は何もない。

2　二つの無限
――蜷川実花監督「ヘルタースケルター」

蜷川実花の新作「ヘルタースケルター」の試写を観た。岡崎京子による傑作漫画の映画化だ。沢尻エリカ主演というだけでも話題性は十分で、本作のヒットは約束されたようなものだろう。

蜷川は「東京という街に消費されていく、人々の欲望処理装置としてのりりこ。女性の驚くほどのか弱さと、図々しいほどの逞しさを持つこの主人公を演じられるのは、歓声と罵声を浴び続けた沢尻エリカ以外、今のこの東京では考えられません」と述べているが、確かにこれほど主人公と同一化し得た女優は近年ほかに例がない。

映画公開に先立って取り沙汰された一連のスキャンダルを指して美術評論家の椹木野衣は「りりこが沢尻エリカをやっている」という主旨のツイートをしているが、それもあながち冗談ではないような様相を呈している。

田舎から出てきた冴えない少女が全身美容整形によって完璧な身体と美貌を手に入れ、トップモデルに上り詰める。しかし、整形手術の後遺症が出現し、より若く自然な美しさを持つ後輩モデルにトップの座を奪われ、焦燥と絶望にかられた彼女はクスリにおぼれ転落していく。沢尻はいわゆる「体当たり演技」で裸身も濡れ場も存分に晒しているが、そこにあまり「エロさ」はない。蜷川実花のヌード写真や、映画「さくらん」がそうであるように、そこには男性向けの「媚び」がほとんどないのだ。

りりこはトップモデルであり、彼女に憧れるファンのほとんどは女性だ。彼女は少女たちの「そうなりたいもの」という意味において、完璧な同一化の対象なのだ。しかしその正体は「もとのままのもんは、骨と目ん玉と髪と耳とアソコぐらい、あとは全部つくりもんさ」という桃井かおりのセリフの通り、完全な人工美だったという皮肉。

皮肉？　そうだろうか。女性の美とは、つまるところ人工美を意味するのではなかったか。「ナチュラルメイク」などという語義矛盾がまかり通る、男性には不可解な領域。それを見事に象徴するのは、あの「りりこの部屋」だ。岡崎優子による撮影現場ルポ（『キネマ旬報』二〇一二年六月上旬号）から引用しよう。「豹柄のソファ、ドレッサーや棚などのアンティーク家具、美しいガラスのシャンデリアやスタンド、大きな木馬、キリストをモチーフにした人形や壁掛け」等々、その部屋は半分以上が監督の私物からなる「蜷川実花ワールド」として造り込まれている。

花を造花のように撮り、造花を花のように撮る、蜷川の特異なカメラアイは、沢尻の「ナチュラルな人工美」をこのうえなく見事に定着させる。

ジャンヌ・モローは言う。「限界のないものが二つあるわ。女の美しさと、それを濫用することよ」（「ニキータ」）。この言葉は「女」にしか言えない。なぜなら「男」は、女の美しさをその限界の内側においてしか理解しないからだ。「女の視線」の中だけで、女の美しさはやすやすと限界を突破するだろう。

それが無限であるがゆえに、りりこは病むほかはなくなってしまう。女が評価し、女が加工し、女がそうであろうとする、そのような入れ子状の視線の中で、美は無制限に増殖していく。そこにはもはや「人工」も「自然」もない。そこでは「女の視線」こそが無限をつくり出す当のものなのだ。そうだとすれば、りりこが最後に自分に下した裁断はまさにそうであるほかはないような必然性を帯びて見える。

なぜ女は「こわれる」のか？

女が女の視線ゆえに病むということ。それが「ヘルタースケルター」の一つのモチーフであるとすれば、それとは対照的な作品がある。最近になってニュープリント版が公開さをジョン・カサヴェテス監督の「こわれゆく女」だ。カサヴェテスの妻ジーナ・ローランズが、対他的配慮と過度の繊細さゆえに「狂気」に陥っていく専業主婦を熱演する。ピーター・フォーク演ずる夫は、優秀な水道工事の監督で、トラブルのたびに駆り出されるため留守がちになる。二人で過ごす約束をした夜、緊急のトラブルで呼び出され、帰宅できなくなる夫。妻は寂しさに耐えかねて衝動的に酒場で男をひっかけ一夜をともにする。

翌朝、仲間を引き連れて帰宅した夫に、彼女はパスタの朝食をふるまう。しかし「良い妻」を演じようとするあまり、彼女の言動は次第に狂騒的になり、気まずい雰囲気のまま朝食会はお開きとなる。しかし彼女の極端な言動は、嫁姑の葛藤も絡んでいっそうエスカレートし、ついには入院という事態にいたる。

本作は原題を"A Woman under the influence"という。Under the Influenceは、直訳すれば何ものかの影響下にある、という意味になるが、これは一種の慣用句で、一般には(酒やクスリに)酔った状態、という意味になる、つまり彼女の「狂気」は、なんらかの外的要因によるものなのだ。

外的要因とは何か。それが「男の視線」である。

本作における狂気は、しばしば「幸福であること」を装い、あるいは「良き母」、「良き妻」であることを演じようとして失敗するところから顔を覗かせる。誰に対して演じているのか? 幸福の基準としてのヘテロセクシズムを強要し、自らを暴力的に抑圧しようとする男性優位の社会に対してである。

鬼気迫る朝食シーンとは対照的に、ラストに近い場面で、ローランズは驚くほど自然な笑顔を見せる。夫の暴力から母親を守ろうとする子どもたちに救われ、作中はじめて夫と二人きりになる場面にいたって、彼女はようやく「正気」を取り戻した、ともみえる。社会がなければ女は正気でいられる、とも読める場面だが、それはすなわち、「男の視線」による女の狂気には限界がある、ということも意味するだろう。

ならば「狂気の欠如」がすなわち「幸福」なのだろうか? 必ずしもそうとは言い切れない。狂気がそうであるように「女の幸福」にも有限と無限があるはずだが、それについては、また後日の機会に。

3　混沌から浮上する追悼と祈り
――大林宣彦監督「この空の花　長岡花火物語」

「あの日」以来、すべての表現が「あの日」とかかわりを持つように見えてしまう。いまなおそんな気分を抱いているのは、決して私だけではないだろう。いまだ収束しない原発事故の影響もあって、「あの日」の記憶はなかなか過去のものになろうとしない。

今年七四歳になる大林宣彦監督の最新作「この空の花」は、もともとは長岡花火と長岡空襲だけを描くはずの作品だった。しかし撮影中に東日本大震災と福島原発事故が発生し、急遽それもテーマに付け加えられたのだという。そんな経緯も聞かされなければわからないほど、「震災」はこの映画の中心にある（監督自身、「3・11に作らされた」とインタビューで述べている）。

それにしても、なんなのだろう、この圧倒的な混沌は。映画でも、ドキュメンタリーでも、演劇でも、紙芝居でもなく、そのすべてでもあるような横紙破り。登場人物はみな饒舌で、カット割りはめまぐるしい。監督自身「論文のような映画」と形容しているが、恐るべき情報量だ。

試みに、本作が取り上げている〝イベント〟を列挙してみよう。戊辰戦争、米百俵、山本五十六、ハワイ真珠湾攻撃、長岡空襲、広島・長崎の原爆投下、模擬原子爆弾投下、シベリア抑留、第五福竜丸事件、山下清、中越地震、東日本大震災……二時間四〇分という上映時間にもかかわらず、この密度。

しかもこれらのイベントが、単なる事実の列挙に終わっていない。すべてが人と人とのつながりを介して緊密に結び付けられ、関係性の力強さが細部に漲っている。「私たち、戦争なんか関係ないのに」「まだ、戦争には間に合いますか？」という言葉が繰り返され、否応なしに心に刻まれる。こういう言葉を持った映画は強い。

日本三大花火のひとつである長岡花火には、長い歴史がある。

花火大会の起源は一八七九年だが、戦時下で中断を余儀なくされる。昭和二〇年八月一日午後一〇時三〇分、米軍機の爆撃を受けた長岡市街は一夜にして灰塵に帰し、一四七〇余名が亡くなった。その二年後から長岡花火は再開されるが、毎年八月一日午後一〇時三〇分、長岡空襲が始まった時刻に合わせて慰霊の花火が打ち上げられるようになったのである。

二〇〇四年には長岡市を水害、中越大震災、豪雪が襲い、翌二〇〇五年は自然災害からの復興元年として復興祈願花火「フェニックス」が打ち上げられるようになった。その後「フェニックス」は被災復興のシンボルとして、二〇〇六年には三宅島で、二〇一一年八月一日には石巻市でも打ち上げられた。

「追悼と復興」のための花火。これを映画の中核に据えて、戦争と自然災害を重ね合わせること。花火と爆弾の両義性がここに重ねられる。それは山下清の「世界中の爆弾を花火に変えて打ち上げたら、世界から戦争がなくなるのにな」という言葉として反復される。

しかし、追悼と復興を象徴する花火の歴史を描くだけでは、ただの「良質なドキュメンタリー」で終わったことだろう。この映画に生命力をもたらすものは別にある。高校生たちの演劇、そして「一輪車」の群舞だ。

もし、まだ本作を観るのをためらっているひとには、とりあえず予告篇を観てほしい。棚田のなかの一本道をすーっと駆け抜ける一輪車の少女。この、あまりにも衝撃的なワンシーンを目撃して、私は本作が傑作であることを確信した。この場面は、どんな特撮よりも雄弁に、彼女が〝この世のものならぬ存在〟であることを語っていたのだ。

「花」という少女が「まだ戦争には間に合う」という脚本を教師に手渡す。その上体が微妙に揺れているのは、彼女が常に一輪車に乗っているせいだ。学校の廊下を一輪車ですすむ花。普通なら笑うところだが笑えない。南相馬からの転校生との出会いも一輪車。これが普通のボーイ・ミーツ・ガールになりえないことを私たちはもう知っている。彼女は花火のために降臨した霊体なのだから。

演劇でも一輪車集団は大活躍だ。空襲シーンにはCGアニメーションによる爆発、炎、火の粉が重ねられる。舞台上では、演劇も映画も紙芝居もない。あらゆるフィクションのフレームが重ねられ、フレーム自体が無効化する。一輪車の群舞は、少女・花がそうであったように、現実と虚構の垣根を軽々と越えて浮遊する。

この場面、年季の入った大林ファンなら、誰もが「ねらわれた学園」のラスト、アニメで描かれた花火シーンを思い出すだろう。低予算ゆえの処理だったというが、ここはこの描写しかありえない。映画「スローターハウス5」におけるトラルファマドール星のセットと同じ意味で。そういえば「スローターハウス5」もまた、ドレスデン大空襲を追悼するための映画だった。主人公のビリー・ピルグリムは時空を超える旅人だ。その旅はまるでPTSDの暗喩のように、フラッシュバックとして繰り返される。

いっけん無関係なイベントを、人間関係を転換子として、まるでフラッシュバックのように重ね合わせること。かねてからメタフィクショナルな語り口を自家薬籠中のものとしていた大林監督は、本作においてフィクションとドキュメンタリーの垣根を徹底的に取り払った。

「長岡花火」というシンボルの周囲に、戦争も災害もわけへだてなく配すること。かくして混沌に不思議な秩序がもたらされる。すべての出来事が隠喩的に結び合わされ、そこに時空を超えた身振りとして、追悼と復興への祈りが浮上してくるのだ。本作がただの混乱ではなく、得体の知れない感動をもたらす理由はここにある。

私はこれまで、震災後に作られた作品の最高傑作は、アーティスト村上隆の『五百羅漢』だと考えていた。しかし早くも、それに匹敵する傑作を観てしまったのだ。これほどの巨大な作品が、小規模でしか公開されない現実には歯がゆさを覚える。今は一人でも多くの観客が劇場に足を運び、私と同じ困惑と感動を共有してくれることを願うばかりだ。

4 ヒーローはいかに治癒するか
――クリストファー・ノーラン監督「ダークナイト ライジング」

クリストファー・ノーランによる「ダークナイト三部作」の完結編、「ダークナイト ライジング」が公開された。ノーランと言えば複雑なプロットに緻密な脚本、というイメージがあるが、私はどちらかと言えばスタイリッシュな画面作りが巧みな監督、という印象が強かった。本作においても眼を楽しませてくれるシーンには事欠かない。

〝最強の敵〟ベインが登場する冒頭のハイジャック場面に始まり、アメフト競技場を実際に爆破して撮影したシーン、新兵器「ザ・バット」も悪くないが、それよりキャットウーマンが（なぜか）巧みに操縦するバットポッドの、タイヤ横回転というギミックが素晴らしい。

ただ、率直に言えば本作には、物語としての「アラ」というか「突っ込みどころ」も少なくない。

ベインとの肉弾戦に負けて背骨を折られたブルースは、インドの地下監獄で他の囚人から整体術のようなものを施され、わずか三カ月で完治する。ついでに膝の軟骨まで治るというおまけつき。この監獄自体がブルースにとっては格好の治療と修行の場となっていて、ベインという存在が意地悪なのか親切なのかわからなくなる。

監獄から脱出したブルースがどうやって米国ゴッサムシティに戻れたのか。地下に三カ月も幽閉された警官隊が解放された瞬間から闘志満々なのも不可解だ。

お約束とはいえ核爆弾の前でのキスは、暖炉前性交渉と同じくらいの映画的クリシェとなりそうで嫌な感じだ。鉄腕アトムかグスコーブドリかと思われたラスト、某所では「アジの開き」と揶揄されていた新兵器「ザ・バット」の速度からして、あの距離ではゴッサムは被爆を免れないような気もする。
などとツッコミながらも私は本作を、総合的には評価している。なぜか。

ノーランの功績の一つに、ハリウッドにおける「心理主義」を終焉させた、というものがある。心理主義とは何か。簡単に言えば、悪人にはトラウマという「理由」がある、という〝科学的神話〟への信仰のことだ。「ハンニバル・ライジング」で、あの完璧な悪の化身・レクター博士にもトラウマがあったと知らされた時の興醒め感は忘れがたい。

前作「ダークナイト」を思い出してみよう。故・ヒース・レジャー演ずるジョーカーは、根拠なき悪を実践する〝狂気の存在〟だった。彼は繰り返し、自らの耳まで裂けた口の傷跡の由来について語る。虐待する父親に切り裂かれた、顔の傷跡に悩む妻をなぐさめるべく自分でやった。おそらく他にも無数の「物語」があるのだろう。つまり彼の「トラウマ語り」はデタラメなのだ。彼が語るのは自らの「無根拠さ」にほかならない。

傑作「インセプション」も同様だった。夢は階層構造をなしている。夢の中で夢を見ると、体感時間の速度はどんどん速くなる。もちろん臨床的には、こんなことはありえない。なぜありえないかを説明する余裕はないが、詳しくは拙著『猫はなぜ二次元に対抗できる唯一の三次元なのか』(青土社)の「心理主義から『心の理論』へ」を参照されたい。

ノーランが「メメント」以来成し遂げたことをかいつまんで言えば、こういうことだ。正しい心理学や精神医学にこだわるよりも、作家が独自に編み出した「心の理論」を導入したほうが、作品はずっとリアルで面白いものになる、ということ。そう、「ダークナイト」でジョーカーが真に息の根を止めたのは、「ハリウッド流心理主義」だったのだ。

ならば「ダークナイト ライジング」においては何が達成されたのか。
実は「バットマン ビギンズ」において、バットマンの正義こそが複数のトラウマの産物であることが示唆されている。中でも最大のトラウマは、観劇の帰り道、強盗によって目の前で両親を殺害される経験だ。つまり「ダークナイト」三部作にあっては、正義こそがトラウマ的なものとして描かれているのだ。

しかし、恋人を殺された検事ハービー・デントがトゥーフェイスに変貌したように、トラウマに基づく正義は不安定で儚い。中でも最大の危険は、トラウマが人を自暴自棄にするということだ。

監獄でブルースは隣室の囚人から「お前は死を恐れない、それがお前の弱さだ」と指摘される。この言葉は重要である。死を恐れないことは勇気ではない。「臆病者は何度も死ぬ」（シェイクスピア）というように、自暴自棄な臆病者ほど、安易に「死んでも構わない」などと口にするものだ。

トラウマゆえの正義感は、そうした危うさを秘めている。しかしアメコミのヒーロー達は、みななにがしかのトラウマを秘めてはいなかったか。スパイダーマン然り、ウォッチメン然り、スポーン然り。

9・11以降、アメリカの正義は急速にトラウマ的なものに覆われていった。その結果がイラク侵攻という誤作動であり、本作にあっては「デント法」という悪法だった。トラウマは復讐を要請するが、復讐は暴力の連鎖を生むほかはない。そう、その意味でトラウマ的正義は過去の遺物となるべきなのだ。

本作においてノーランは、そうした「正義のトラウマ性」すらも解体しようとするかにみえる。

物語の後半、バットマンは群衆の乱闘に身を投じ、ペインと向き合い、恐ろしく〝普通のやり方〟でペインを倒す。アルマゲドンよろしく中性子爆弾と心中したかにみせて、実はちゃっかり脱出に成功している。かくしてバットマンは、一般人としての生活を手に入れる。

「ヒーローはどこにでもいる。目の前の子どもの肩に上着をかけてやり、『世界は終わらないよ』と優しく励ましてあげる。そういう男こそが、ヒーローなんだ」と彼は言う。私はこの言葉を「もうトラウマ・ヒーローはいらない」という宣言として聞いた。かくして「ダークナイト」三部作は、ノーランによるセラピーで幕を閉じた。私はその決断をひっそりと支持したい。

5　映画とは「女の一生」のことである
――細田守監督「おおかみこどもの雨と雪」

本章のタイトルは、傑作「おおかみこどもの雨と雪」（以下「おおかみこども」）の監督・細田守の名言である。いや、引用は正確にしておこう。

「『ピアノ・レッスン』も好きです。どうやら僕は苦労している女性の話に惹かれる。まあそもそも映画って、女性の人生を描き切るものなんじゃないかとも思いますけど。」（「細田守が語る私の映画史　エンターテインメントの作法はこの37本の映画から学んだ」『SWITCH』二〇一二年八月号）

極論には違いない。しかし断言しよう。真理はしばしば極論に宿る。だから繰り返す。「映画とは『女の一生』のことである」

「おおかみこども」はまぎれもない傑作だ。二〇一一年が『魔法少女まどか☆マギカ』の年であったように、二〇一二年は「おおかみこども」の年として記憶されることになるだろう。

大学生の〝花〟は、ニホンオオカミの末裔である〝おおかみおとこ〟と恋に落ちる。一緒に暮らし始めた二人の間に、やがて〝おおかみこども〟が生まれる。雪の日に生まれた姉〝雪〟と、雨の日に生まれた弟〝雨〟。家族四人の幸福な日々は、父である〝おおかみおとこ〟の突然の死で中断される。失意の中で花は、都会を離れて田舎町に移り住むことを決意する。二人の子供が将来「人間か、おおかみか」どちらでも選べるように。

本作にはいくつもの画期がある。まずはその〝自然〟描写の見事さだ。セル画とCGのスムーズな融合という点では、かつてない水準の達成度である。冒頭、チングルマの花畑シーンのあまりにも繊細な美しさ。「背景を動かす」のが一つのテーマであったとのことだが、風で一面の花がいっせいに揺れるシーンは、CGの導入なしにはありえなかった。

雪の斜面を花・雨・雪の三人が疾走するシーンも素晴らしい。物理法則に忠実なCGの雪と、セルアニメ独特の誇張された運動がみごとに融合している。林の斜面を駆け下りる際の主観ショットも、3Dモデリングならではの滑らかさと思わずからだが浮くようなスピード感に満ちている。

しかし本作の最大の功績は、「水」の表現に極まるだろう。雨や霧、せせらぎやドブ川、コップの中の水、「雨」が溺れるシーンなど、「水」はいくつもの表情を見せる。圧巻は台風のシーンだ。窓をたたきつけ、校庭を海に変える雨。アニメの画面にこれほどの湿度を感じたことははじめてだ。極小の水滴と極大の水面をシームレスにつなぎえたのも、CGの支援あってのことだろう。

この湿度感は実写でも難しい。ただ「水」を写しただけでは足りないからだ。湿度、すなわち水の質感は、直接には表現できない。それは濡れた物質の質感の変化や、固体、液体、気体と相転移をする水の表情なしには描き得ない。そして「相転移」を描く上では、アニメほどふさわしいメディアはないだろう。

本作においては、キャラクターも「相転移」を繰り返す。

そう、「人間」と「おおかみ」の相転移だ。子供ゆえに属性が未分化な「雨」と「雪」は、二つの「相」を無邪気に行き来する。このときキャラクターの描写において、本作はセルアニメの質感にあくまでも固執するだろう。「おおかみこども」というキャラクターは、セルアニメ以外の手法ではリアリティを失うからだ。

どういうことだろうか。漫画評論家、伊藤剛の著書『テヅカ・イズ・デッド』（NTT出版）に「マンガのおばけ」なる概念が出てくる。手塚治虫の作品『地底国の怪人』において、ウサギが帽子をかぶって人間に変装する、というエピソードが描かれる。しかしこれは、キャラクターを輪郭線のみで描きわけるため、ウサギの体毛を描かずに済むマンガでしか成立しない表現なのだ。これが「マンガのおばけ」である。

その応用で言うならば「おおかみこども」は「アニメのおばけ」だ。もし実写やCGで描こうとしたら、体毛描写が障壁になるだろう。リアルな体毛が密生した「雨」や「雪」は、もはやキャラクターの同一性を維持できず、写実性ゆえにリアリティを失う、という逆説的な事態が起こる。

「アニメのおばけ」として描かれるなら、輪郭がちょっと変わるだけで済む。大きな耳と鋭い爪が生え、鼻が少し犬っぽくなるだけだ。キャラとしての同一性は十分に保たれるので、「ヒトかオオカミか」という葛藤にもリアルに感情移入することができる。

台風の午後、「雪」とクラスメートの草平が二人きりで会話する重要なシーン。風に揺れるカーテンに見え隠れする「雪」の顔の変化は、まさに「アニメのおばけ」が堪能できる名場面だ。アニメーション特有のメタモルフォーゼ表現をあえて禁欲し、カーテンという〝覆い〟の機能を存分に活用した演出が冴えわたる。

しかし、最大の相転移は、なんといってもヒロインの「花」に起こるそれだ。

孤独な少女だった花は、何度も「出立」を繰り返す。「出立」とは、先の見えない状況のもと、静かな確信を胸に秘めてなされる〝跳躍〟のことだ。おおかみおとこに恋するとき、彼の「正体」を知りつつ結ばれた時、病院に頼らずその子を産もうと決意した時、田舎で子どもを育てようと決断した時……そして、「おおかみ」を選んだ「雨」を、「人間」を選んだ「雪」を送り出す時。

少女は女へ、女は妻へ、妻は母へ。女の一生は、まさに「相転移」の繰り返しだ。それを無謀と呼ぶ人もいるだろう。こんなファンタジーありえない、と懐疑する人もいるだろう。そんな無謀さもファンタジーも込みで、生の軌跡／奇跡を肯定すること。そんなことはアニメにしかできない。キャラクターの相転移をリアルに描きうるのはアニメだけなのだから。

ならば細田の断言をこのように言い替えることも許されるだろう。アニメとは「女の一生」のことなのだ、と。

6 私たちは「希望の国」に生きている
——園子温監督「希望の国」

本作を観るものには覚悟が必要だ。その映像はあまりにも「フラッシュバック」的であり、人によってはかなり強い刺激を受けることになる。少なくとも私は冒頭から三〇分間ほどは涙が止まらなくなった。感動ゆえの涙ではない。不意打ちのように「あの日」の記憶が鮮明によみがえったための涙、いわば症状としての涙だ。だから「泣ける」ことで本作を評価するつもりはない。そのことを抜きにしても、本作は傑作なのだから。

園子温監督は、「ヒミズ」撮影中に「3・11」に遭遇した。彼は恐ろしく大胆な手つきで津波を作品に取り込み、主人公の宿命すら反転させた。「3・11」を有機的に取り込みえた映画としては大林宣彦監督「この空の花」と双璧をなす。そして本作。園監督が対峙するのは「原発事故」だ。

東日本大震災から数年後の「長島県」で酪農を営む四人家族。平和な暮らしを大地震が襲い、ふたたび原発事故が起こる。ちなみに監督によれば「長島県」とは、「広島」「長崎」「福島」を重ねたネーミングである由。

夏八木勲と大谷直子が演ずる老夫婦は、原発から半径二〇キロの強制避難区域のすぐ外側にある家で暮らしていた。妻は認知症をわずらっていて最近の記憶は覚束ないが、昔の記憶は遺されている。彼らの息子である村上淳と神楽坂恵の夫婦は、事故後に父親の強引な説得で、やや離れた町のアパートで生活することになる。

二〇キロの境界を示すフェンスが庭の真ん中を横切る理不尽。同じ敷地内なのにフェンスの向こうは立ち入り禁止の危険区域になってしまう。園監督のインタビューによれば、この設定は南相馬市のある農家で実際に起きていたことがヒントになっている。

このエピソードを始め、本作に描かれる印象的なシーンは、いずれも私たちが「あの日」以来、どこかで触れてきたものばかりだ。被災地ナンバーの車が給油を断られるシーン、放射能におびえてひきこもってしまう人々、放射能の汚染によって自死に追い込まれる酪農家……。

避難直後に妊娠を知った神楽坂は、周囲からの奇異な視線ものともせずに、防護服姿で外出するようになる。そのいでたちがもたらす強烈な違和感は、ある種の狂気の印象とともに、彼女を孤立させていく。

精神科医の小西聖子は、原発被害における不安心理の複雑さに言及しつつ、放射能被害が「回避可能であるからこその不安」をもたらすという重要な指摘をしている。避難するか否かを決定するうえでは、「正しい判断」のみならず、その人の置かれた立場や経済力といった要因が重要となるからだ。

経済事情などにより、避難したくてもそれが叶わない人がいる。子供の避難を巡って対立しあう夫婦がいる。低線量被曝を巡っても、実害はほぼないとする立場と明らかに有害であるとする立場の溝は埋まりそうにない。原発被害について、何が「正しい情報」であるかにすら混乱がある時、誰もが正しく振る舞おうとすればするほど混乱と断絶は深まっていく。

小西はある母親が、福島県外から取り寄せた食材で作った弁当だけを子供に食べさせることでようやく安心できた、というエピソードを紹介している。この不安は果たして「異常」だろうか。

もしあなたが「人の視線が怖いので外出しない」というのなら、それは病的な不安である可能性が高い。ならば防護服姿で生活する妊婦についてはどうか。いったい誰が、それを病的な振る舞いであると言えるだろうか。それを異常と見なす視線のほうが「世間並み」に追従する鈍感さに陥っていないとでも？ 神楽坂の防護服姿は、こうした問いをわれわれに突きつけずにはおかない。

いっぽう、若い夫婦と対照的な判断を下すのは夏八木勲演ずる父親だ。強制退避命令をうけて訪問を繰り返す役場の職員に、庭の木を指さしながら彼は言う。これは俺たちが生きてきたという刻印だ、と。それを捨てて別の場所に行くことはできない、と。

この父親はチェルノブイリ事故の時点でガイガーカウンターを手に入れ、原発関連の書籍をひそかに集め読んで来た。避難のためではない。原発の町で暮らす覚悟を固めるためだ。彼はそのすべてを息子の嫁に託し「いい子を産みなさい」と告げる。

誰よりも透徹した知性と覚悟、そして家族愛を一身に体現するこの父親が、まっさきに追い詰められていく。実は私は、この部分の描写にひとつの「現実」を教えられた。

ある種の――「ある世代の」とは言うまい――人々が、何があっても生まれ育った土地から離れようとしないのには、きわめて切実な理由があるということ。それは「郷土愛」や「習慣」、あるいは「土地への執着」などで説明がつくような感情ではない。「その土地を離れてしまえば、自分が自分でいられなくなる」という存在論的な固執だ。それは時に、生命よりも優先される。

原発事故がもたらしたのは、「そこに土地も家もあるのに帰ることができない」という、新しいタイプの喪失だ。そうした喪失に苦しむ人に「死ぬよりはましなのだから他所へ行くべきだ」という価値観を一方的に押し付けることは間違っている。その苦しさにまだ十分な共感はできないが、そうした苦しみが確実に存在するというリアルな手応えを本作は与えてくれる。

しかし、園監督はそこにとどまらない。「ヒミズ」の時と同様、最終的に彼は「古いものとの決別」を目指すかのようだ。もはや放射能との共存を余儀なくされるであろう未来において、われわれはどこへ向かうべきか。

神楽坂が口にする「愛があれば大丈夫」という、空疎にも響く言葉。しかしそれは、単純な希望の言葉ではない。それは古いものと決別し、いまここの関係性に生きることで、〝新しく有毒な未来〟を引き受けていこう、という覚悟の表明にほかならないのだ。

7　おしゃべりな超自我、寡黙なタナトス

――北野武監督「アウトレイジ ビヨンド」

なんと美しい響きと怒り。よもや今年の邦画で、あの傑作「ドライヴ」よりも美しい暴力に出会えるとは。しかし、当然と言えば当然だ。本作は、あの北野武が本領発揮、どころか、ほとんど新境地を拓いた作品なのだから。

北野映画と言えばアドリブ的な演出で知られているが、今回は脚本段階から練りに練ったという。その緻密な設計ぶりは、あの完璧なラストシーンまで一瞬たりとも弛緩することなく続いてゆく。

暴力描写（ピッチングマシン！）もすごいが、今回はなんといっても狂言回し役の饒舌な刑事・片岡の存在が映画の要だろう。「出世のため」を口実にしながら、憑かれたように状況を攪乱し続ける男。彼の〝狂気〟が、作品世界に重層的な厚みをもたらす。

たぶん片岡は、若い頃にハメットの「血の収穫」とか、その影響下で作られた黒澤明「用心棒」などにハマったくちだ。対立する二つのギャング集団のそれぞれに内通して疑心暗鬼のタネをまき散らし、最終的には組どうしの潰し合いをさせること。これこそが非暴力のスタイリッシュな正義とでも思い込んでいるのか、片岡はこの役回りに固執し続ける。

その片岡に対峙するのは、あらゆる煩悩を味わい尽くしたのちに、すべてをきれいさっぱり洗い流したかのような大友の枯れた風貌だ。「俺そういうのもういいから」というセリフも、刑務所で禁煙しているというユーモアのセンスも、北野自身のそれとかぶる。

そうかと思えば、花菱会で幹部の中田に銃を突きつけられて凄むシーン、ヤンキー的な紋切り型に堕することなく怒鳴りまくる大友は素晴らしい。この場でただちに撃ち殺されてもいっさい頓着しないという態度を、自暴自棄以外の形で演ずることができるのは彼だけだろう。この大友の、いわば〝無常の境地〟を通奏低音として、北野映画はまたしても唯一無比の「空気」をはらむ。

　さて、あらためて断言しよう。北野映画の最大の特徴は「コミュニケーションの欠如」だ。それはデビュー作から本作まで一貫している。この言い方でわかりにくければ、「〝語り合い〟（＝相互性）の欠如」と言ってもよい。北野映画に描かれる暴力は、ほぼ常に一撃必殺である。「殴り合い」や「撃ち合い」はほとんど描かれない。たとえば「ソナチネ」の銃撃戦。ヤクザたちは無造作に銃をつきだし、棒立ちのまま撃ちまくる。このとき〝弾をよける〟といったリアクションは、徹底して禁欲される。

　もっとも本作では珍しく、ほんの少しだけ撃ち合いが描かれる。ただし、俯瞰の視点から虫の喧嘩のように描かれるため、やはり〝相互性〟は弱い。強い虫が弱い虫の抵抗をものともせずにばりばり食べてしまうような無情さがある。北野がジャッキー・チェンを好まないのは、殺傷能力の低い殴り合い（＝語り合い）をえんえんと描くからだ。あるいは彼がセックスという〝究極の相互性〟をほとんど描かないのもそのためだ。

　語り合いの欠如？　あなたは首を傾げるだろう。本作ほど饒舌な北野映画も珍しいではないか、と。確かに片岡をはじめ、全員、ひどくよく喋る。しかし、耳を澄ましてみれば、それらのほとんどが状況の説明でしかないことに気付くはずだ。「内面」を語り、「内面」を変える言葉はそこにはない。だとすれば、やはり「語り合い」はない。

　ここで北野の「引き算」のリストを見てみよう。撃ち合い、殴り合い、セックス、リアクション、そして「内面」。北野は役者らしい芝居を嫌う。だから西田敏行や中尾彬といった〝達者な〟俳優の起用には驚いた。もっとも西田は、北野の好みを知りつつも「演じないように見せる演じ方はできる！」と自ら手を挙げたと言う。結果、私たちは今まで見たこともない西田の〝顔〟を目撃することになったのだから、これもまた「引き算」の勝利というべきか。

「暴力」とは何か。北野映画には、その答えがある。それはなによりも「相互性の欠如」だ。殴ることが暴力なのではない。「殴り合いの欠如」が暴力なのだ。「けんか」よりも「いじめ」が暴力的なのは、そこに「相互性」がないからだ。そして、その意味で、北野映画は一貫してリアルな「暴力」を描いてきた。

インタビューでの北野の発言。「蟻が虫を運んでいるのを見て誰も暴力だと思わない」「この人たち、動物の世界だったら、いい人たちなんだよ。生き方に正直だから」（『読売新聞』二〇一二年一〇月一二日）

俯瞰の視点から眺められた「動物としての人間」たち。そう、この視点から見るなら本作に「暴力」はない。私たちは「語る存在」として人間を観たいがために、「語り合いの欠如」の暴力性に耐えられなくなるのだから。しかし、もし「動物としての人間」群像を描くだけなら、本作はこれほどの傑作たり得なかっただろう。実は本作には、一人の「人間」が紛れ込んでいる。刑事・片岡の存在がそうだ。暴力はおろか怒声すらあげないかわりに、もっとも饒舌なこの男は、「語ること」で状況を操作できる唯一の存在だ。

片岡の言葉は、疑心暗鬼と抗争を誘発するという意味で、ほとんど「命令」のように機能する。殺人（＝享楽）を命ずるエージェントとして、彼は本作における「超自我」の審級を占めている。ただし権威者としてではなく、われわれの苛立ちをかいくぐり、殺人の衝動を埋め込んでは逃走を繰り返す、ピンポンダッシュのような〝卑しき超自我〟だ。いっぽう大友は、本作における「死の欲動」そのものだ。彼の望みとは無関係に、その存在そのものがトラブルと攻撃性を誘発する。

饒舌な超自我と寡黙な死の欲動の対位法。善と悪、敵と味方、あるいは裏切りと復讐といった対立を越えた、このあらたな下部構造の導入は、ほとんどギャング映画の革命ではないか。ラストシーンの余韻にひたりつつ、これが「完結篇」とはあまりにも惜しい、と感じたのは、私だけではないはずだ。

8 「承認の物語」は終わらない
――庵野秀明総監督「ヱヴァンゲリオン新劇場版：Q」

待望の新作「Q」は、宇宙空間におけるエヴァ初号機強奪シーンから幕を開ける。戦っているのはアスカ。初号機から回収されたシンジはネルフと敵対する組織「ヴィレ」のコクピットに搬送され、ミサトらと再会、しかしミサトは「あなたは何もしなくていい」と冷たく言い放つ。

ミサトは彼女が指揮する艦隊を襲ってきた格子状の使徒？と戦うべく、初号機を動力として建造された巨大戦艦ヴンダーを発進させる。ヴンダーはその圧倒的なパワーで使徒のコアブロックを引きずり出してぶん回し、さらに主砲の一斉射によって殲滅してしまう。その後シンジはアスカから、今が前作から一四年後の世界であることを知らされる。

破壊シーンの比類ない痛快さは圧倒的だ。ついでに「説明不足」も圧倒的だ。わけのわからない世界観を縫合するのは、比較的シンプルなキャラクター間の人間関係と、未熟で衝動的な感情の動き。複雑なセカイと未成熟なエモーション、まさに、これぞエヴァ、である。

劇中「エヴァの呪縛」という言葉が繰り返される。これは作中の設定を意味すると同時に、この作品が日本のサブカルシーンに及ぼした決定的影響についての自己言及としても響く。実際、この四半世紀において「エヴァ」ほど語られ続け、模倣され続けた作品はほかに例がない。「たかがロボットアニメ」と侮るのは容易だが、その一七年前のロボットアニメを凌駕するほど巨大な作品を私たちは持ち得ていないのだ。

本作の成功については、それがアニメ史上他に例をみない私小説的作品であったという要因も無視できない。

主人公の碇シンジを庵野秀明の分身として扱うことはもはやデフォルトだ。

前作「破」では、シンジのセカイ系的鬱屈をはねのけるような決断主義的行動（綾波を救う）ゆえか、ウェルメイドなエンターテインメント作品として評価が高かった。しかし、こうした変化においてすらも「結婚して幸せになった庵野の成熟ぶり」というプライヴェートな変化を読み込まれてしまう作品、それが「エヴァ」なのだ。

他人事ではない。私自身、著書『文脈病』（青土社）の一章を割いて、この作品を論じている。「エヴァンゲリオン＝境界例」という、いまや〝精神医学的〟にはスタンダードな見方を決定づけたのはこの文章だった。「境界例」とは「境界性人格障害」のことだ。感情や対人関係がきわめて不安定で、リストカットなどの激しい「行動化」を繰り返し、いつも自分の空っぽさに悩まされている。空っぽだから孤独に耐えられず、他人との関わりを求めてはた迷惑な行動に走る。空虚だからこそ他者のイメージに「同一化」しながら自分を支えようとする。

いっけん〝痛い〟その行動は魅力的でもあり、その〝挑発〟に惹きつけられる者も多い。作家で言えば「太宰治」と言えば、ああと納得する方もおられよう。ファンとの関係性という点について言えば、庵野はまぎれもなく現代の太宰なのだ。作品が常に作家の自己投影と読まれてしまうという意味で、彼らの作品は本質的にメタフィクションの装いを帯びる。

言うまでもないが、私の意図は庵野秀明本人の「診断」などではない。彼と「エヴァ」との関係、「エヴァ」とファンとの関係に、境界例的な形式が見て取れる、というほどの意味だ。そしておそらく「エヴァ」という作品は、まさにそうした形式ゆえの限界を抱えている。「終わることができない」という限界を。

なぜか。エヴァの基本テーマは「承認」である。主人公であるエヴァのパイロット、碇シンジの悩みは「承認してほしい」「でも承認されっこない」「承認してくれないならみんな爆発しろ」、というループを延々と回っている。そう、一四年後の世界にあっても、だ。その空虚さは、ひたすら得体の知れない「承認」を与え続けるカヲルの存在によっても埋められない。カヲルはシンジを鏡像反転した分身でしかないからだ。

同じく承認を求めてやまない式波アスカには「承認のためなら死んでもいい」くらいの決断主義がある。ACとおぼしいアスカは、周囲からの「条件つき承認」に馴致され過ぎた行動的エリートだ。しかしシンジが求めているのは存在そのものの無条件の承認のほうである。彼のヒロイズムは、キレて自意識を飛ばさなければ発動しない。しかもいったん発動すれば、その破壊力は自分自身と世界を破壊してしまう。

この作品には、至るところに「母」の隠喩が満ちている。使徒＝エヴァ＝碇ユイ＝綾波レイという同一化セリーをつなぐのがこの隠喩だ。シンジが綾波を、ゲンドウがユイの幻影を求めてやまないことからもわかるとおり、本作の最終目的たる「人類補完計画」とは、つまるところ母（＝妻）との合一、すなわち究極の「承認」である。

エディプス・コンプレックスが、父による母との近親相姦的一体化の禁止であり、精神分析的にはそれが「人間の条件」である。だとすれば人類の補完はそのまま人間の解体を意味することになり、このパラドックスは解消されない限りにおいて物語を支え続けるだろう。

しかし、ひとたび解消されてしまえば、そのような結末はエヴァという物語の存在意義すらも破壊（＝リセット）してしまうだろう。つまり「終わり」は終わりとして機能しないのだ。

旧劇場版「Air／まごころを、君に」では、最終的にシンジが母＝綾波との合一を拒んで他者たるアスカを選択するという壮大なマッチポンプ（＝セカイ系）で「劇終」を迎えた。しかしこれは一回限りの禁じ手である。あの夢オチ（TVシリーズ最終二話）と同様に。

最終話ともくされる「シン・エヴァンゲリヲン:||」への期待と不安はいや増すばかりだ。いまや私にできることは、次回作が太宰の『グッド・バイ』よろしく、「途絶による伝説化」にならぬよう祈ることだけだ。

9　成熟と〝再選択〟
――セス・マクファーレン監督「テッド」

シチュエーション・コメディよりもパロディ映画が好きだ。マルクス・ブラザースやモンティ・パイソンのような〝高級品〟は神棚に祀っておくとして（嫌いではないが）、私が好むのはもっと下品なギャグのつるべ打ちが楽しめる作品、とりわけＺＡＺ（ザッカー兄弟とジム・エイブラハムズの共同映画製作チーム）の制作する「フライングハイ」や「裸の銃（ガン）を持つ男」といったパロディものだ。だから私の中では、コメディ映画の最高傑作はいまだに「トップ・シークレット」なのだ。これに僅差で「少林サッカー」が続く。

以上のような意味で、本作「テッド」は素晴らしい。傑作だ。膨大なパロディを織り込みながらも感動的なビルドゥングスロマンたりえている。Ｒ指定にもかかわらず全米でＮｏ・１ヒット作となり、英ガーディアン紙が選ぶ二〇一二年の映画ベストテン第二位に選ばれたというのもうなずける。すでに続篇「テッド２」も企画されている由。

仲間はずれのいじめられっ子ジョン・ベネットは一人も友達がいなかった。クリスマスの晩にジョンは彼のテディベアと親友になれるよう神に祈る。なぜかその祈りは通じてしまい、魂の宿ったテッドはジョンの生涯の親友となる。喋るテディベアは一躍マスコミの寵児となり、テッドはセレブとなるが、その後幻覚キノコの使用で逮捕され人気は凋落。それから一八年後、三五歳の中年期を迎えたジョンとテッドは、一緒にマリファナを吸ってはお下劣トークを楽しむ仲間のままだ。レンタカー会社に勤めるジョンには、ロリという恋人がいる。四年間の交際を経て、結婚を意識しはじめているロリは、彼らの絆を微笑ましく眺めながらも、そろそろジョンには大人になってもらいたいと思っている。

監督のセス・マクファーレンは、もともとはTVアニメシリーズ『ファミリー・ガイ』で知られる才人だ。『ザ・シンプソンズ』や『サウスパーク』と同様、エピソード中に映画や政治、芸能や宗教などをおちょくる小ネタが膨大に盛り込まれ、可愛らしい絵柄とは対照的に過激な内容のアニメ作品。本作のテイストもその延長線上にある。

個人的にもツボだったのは、本作において一種シンボリックな扱いを受けている映画「フラッシュ・ゴードン」のパロディである。なんと主演のサム・ジョーンズ本人が登場している！　彼とジョンがパーティーで出会うシーンは、例のテーマ曲に合わせてスローモーション＋コスプレ＋名場面フラッシュバックという感涙アンド爆笑もののシークエンスだ。

ちょっと若い読者のために注釈しておこう。本作における「フラッシュ・ゴードン」の持つ意味は、『キネマ旬報』ならぬ『映画秘宝』読者にとっての「シベリア超特急」とほぼ同じ意味を持つ。その過剰さと突き抜け感によって、もはや傑作とか駄作とかいう次元を超えたカルト作品なのだ。ジョンとサム・ジョーンズが出会う感動のシーンは、例えばみうらじゅんが水野晴郎に出会っているシーンだと思ってみることで、より味わいが深まるだろう。

ついでに言えばクイーンとパロディ映画の相性も相当なもので、古くは「ウェインズ・ワールド」のヘドバンがあまりにも有名だが、本作における「フラッシュのテーマ」も新たな古典になりそうな微妙な予感がする。

クイーンの名誉のために付け加えておけば、「フラッシュ・ゴードン」がなんとか大作の体裁を保ち得たのは、彼らがシンセサイザー使用を解禁してまで全篇を担当したサントラのおかげという説もある。一体どこに四〇〇〇万ドルが投じられたのか良くわからないチープな宇宙空間の戦闘シーン（オプチカル合成！）に、あのテーマが異様にハマるのだ。クイーンファンには「黒歴史」だったあのサントラを見事にリサイクルしてくれたという意味でも、私は本作に深く感謝している。

閑話休題、本作のテーマは言ってみれば「オタクの成熟」である。

ジョンとロリの順調な恋愛関係にヒビが入るのは、まさにテッドの存在を巡ってだ。テッドがいる限りジョンはいつまでも大人になれない。ロリはそう考えて、自分を取るかテッドを取るか、究極の選択をジョンに迫る。ジョンは渋々テッドとの別居を選択するが、ついついテッドに誘われて仕事をさぼったり大事なパーティーを抜け出したりしてロリに愛想をつかされる。

究極の選択を前に右往左往するジョンの姿に、多くのオタクは共感を禁じ得ないことだろう。テッドは子ども時代の象徴であり、子どもから大人へと、つまり幻想世界から現実世界へと橋渡ししてくれる「移行対象」(ウィニコット)にほかならない。しかもこの移行対象ときたら喋るのだ。まさにオタクにとってのアニメやゲームを象徴する存在こそがテッドなのだ。

多くのオタクが結婚を契機に趣味と決別する。フィギュアやゲームのコレクションを捨て、ネットゲームの回線を切り、深夜アニメの視聴習慣を卒業する。どうしても趣味を捨てられないオタクは家庭を持つことを断念し、魔窟と化した部屋の中でオタク密教をきわめていくほかはない。

くわしくは記さないが、「テッド」に描かれるのは、いわば〝第三の選択〟だ。

自らの意志でいったん趣味と決別し、パートナーとの交渉の末に、もう一度それを選択すること、これである。たんに断念するのではなく、だらだら惰性で続けていくのでもない。関係性の成熟の帰結として、二人の合意と主体性のもと、テッドは〝再選択〟されたのである。オタクにとってこれ以上の幸福があるだろうか。

だからジョンとロリの幸せなカップルには、心を込めて次の言葉を捧げよう。リア充爆発しろ。末永く爆発しろ。

10　アメリカ的正義、あるいは〝顔〟の回避
――キャスリン・ビグロー監督「ゼロ・ダーク・サーティ」

タイトルは軍隊用語で「午前〇時三〇分」の意味。オサマ・ビン・ラディン襲撃の時間を指している。

アメリカ同時多発テロから約一〇年後の、二〇一一年五月二日、パキスタンの地方都市アボッターバードに潜伏していたビン・ラディンはアメリカ軍の作戦により殺害された。その直後、オバマ大統領は深夜にもかかわらず記者会見を行い、ビン・ラディン殺害を正式に発表した。ホワイトハウス周辺やニューヨークの「グラウンド・ゼロ」では数千の群衆が歓声をあげた。

ホワイトハウスの危機管理室に詰めていたオバマ大統領、バイデン副大統領、クリントン国務長官らの映像を覚えているだろうか。ビン・ラディン殺害の知らせに沸き立つ彼らの姿を。私には異様な光景だった。一人の男の殺害が、これほど公的に祝福されたことがかつてあっただろうか。

9・11同時多発テロでは、三〇〇〇人近いアメリカ市民が犠牲となり、アメリカ社会は大きな打撃を受けた。ヴェトナム以降では最大の国家的トラウマだ。このトラウマをもたらした張本人が殺されたのだから、その死を国を挙げて祝福するのは当然である。そう、その理屈はわからないでもない。

しかし一方で、このテロに端を発した「国家的誤作動」ともいうべきイラク戦争において、四〇〇〇人近いアメリカ軍兵士の命が失われ、八万人、いや一〇万人以上とも言われるイラクの民間人が犠牲になっている。一種の報復テロと呼ばれても仕方ないようなこの大義なき戦争について、誰かが責任を全うしたという話は聞かない。自らの手が汚れているという自覚もなしに、ビン・ラディン殺害に歓声を挙げるアメリカははしたない。

そこにはおよそ、慎みというものが欠けている。

それとも、このような違和感は、私だけの感覚なのだろうか。

しかし本作を観て、ここにもう一人、慎みのあるアメリカ人がいることを理解した。少なくともキャスリン・ビグロー監督は、ビン・ラディン殺害に安堵こそすれ、諸手を挙げて快哉を叫んだりはしなかっただろう。

思えば彼女の前作「ハート・ロッカー」もまた、慎みのある映画だった。

主人公である爆弾処理のプロ、ジェームズは一種のヒーローとして描かれる。しかし、生命を極限の危機に晒す爆弾処理の経験は、あたかも麻薬の享楽のように、ジェームズの心を支配していく。もはや妻子との平和な日常に居場所を見いだせなくなった彼は、自ら志願して再び戦地に向かう。

彼のしていることは紛れもなく「正義」だ。しかし享楽を求めて遂行される「正義」は、制御不能の狂気と区別が付かない。その構造は、大義なき侵略戦争にアメリカを向かわせた狂気に共通する。だからこの映画は讃美され、同時に叩かれた。あの戦争を大義の実践ととらえたい人々には、キャスリン・ビグローの突きつける「正義の両義性」は、しょうしょう薬が効きすぎたのだ。

「ゼロ・ダーク・サーティ」の幕開けは重苦しい。主人公であるCIAの女性分析官マヤは、着任早々戦地の洗礼を受ける。捕虜への拷問に立ち会わされるのだ。タオルで顔を覆いその上から水をかける「ウォーター・ボーティング」の現場を目撃し、担当者に請われるままにバケツに入った水を手渡す。惨めな捕虜の姿から目を背けつつも拷問に協力してしまう彼女の姿勢に、この映画の両義性の一端が表れている。

そう、本作は、ビン・ラディン殺害というテーマから予期されるような、痛快な勧善懲悪のトーンを徹底的に排除している。天才肌で「冷血」とも評される若き美人分析官マヤもまた、次第に戦争の狂気に呑み込まれていく。

たった一人の心を許せる同僚が自爆テロで殺害されて以降、マヤを突き動かすのは個人的な復讐心だ。潜伏先と思しい邸宅を発見してもなお襲撃をためらう上司を、マヤは激しくなじる。上司のオフィスを仕切るガラスに、邸宅発見からの日数を赤い文字で記し続けるマヤ。〝テロの狂気〟に対抗できるのは〝正義の狂気〟しかないということ。

ビン・ラディン討伐に至るシークエンスについて詳しく記すことは控えよう。ただ、その描写の異様なまでのリアリティは、およそ悪者退治の爽快感とは対極にある。ビグロー監督は自らの違和感を、一種の生々しさとして表現＝表明している。その一貫した姿勢こそが、この異常な傑作をもたらした。

最後に、本作において最も異常な描写（の欠如）を、一つだけ指摘しておこう。

本作では、最重要人物の顔が一度たりとも出現しない。

〝彼〟の顔を兵士が撮影するシーンがある。その時ですら〝彼〟の顔には焦点が合っていない。ただ撮影するカメラの液晶ディスプレイにだけ、〝彼〟の顔の鮮明な映像が繰り返し映し出される。監督は意図的に〝彼〟の顔を避けているのだ。いったい何のために？

エマニュエル・レヴィナスは、他者の顔の公現を「汝、殺すなかれ」という呼びかけであると述べた。顔は、それを観るものに、他者に対する無限の責任を課す当のものだ。どんな極悪人でも簡単には殺せない。なぜなら彼もまた、顔を持つのだから。

「アメリカ」は圧倒的な戦力で、テロの首謀者を殺害した。しかし、この殺害を正義と呼びうるとすれば、それは彼の〝顔〟を避けること、すなわち、この〝怪物〟を育んでしまった「アメリカ」の責任に目をつぶることによってではなくて何だろうか。

そう、〝彼〟の顔を描くまいという決意においてこそ、私たちはビグロー監督の苛烈な倫理観を見て取るべきなのだ。決して〝マヤの涙〟のほうではなく。

11　信仰のアレゴリー
——アン・リー監督「ライフ・オブ・パイ／トラと漂流した227日」

まずは正直に告白しよう。私はCGに関してはかなり〝目利き〟を自負していた。にもかかわらず、最後の最後まで気付かなかったのだ。ずっと画面に出ずっぱりの「あれ」がフルCGアニメーションであったことを。なるほど本作が、第八五回アカデミー賞で監督賞、作曲賞、撮影賞、視覚効果賞の最多四部門を受賞したのもうなずける。

しかし考えてみれば、このような虚実のあわいを巧みに突く技術こそ、アン・リーにとってはすでに自家薬籠中のものだったはずだ。

たとえば「ブロークバック・マウンテン」。アン・リーに最初のアカデミー監督賞をもたらした本作は、ゲイのカウボーイの恋愛を描いて高く評価された。その関係さえなければ、平凡でも幸福な人生を歩み得たかもしれないジャックとイニス。彼らは人目を忍んで逢瀬を続けたことで多くのものを失う。ジャックは殺され、イニスは老境を孤独なトレーラーハウスで迎えることになる。

イニスが呟く最後の言葉「ジャック、僕は誓うよ……」は、複数の解釈に開かれている。彼は何を誓ったのか。ついに口にできなかった愛の言葉か。そう考えるのは普通だろう。しかし別様の考え方も不可能ではない。ブロークバック・マウンテンの思い出を封印し、決して振り返らないことを誓ったという可能性も否定はできない。それもまた一つの愛の形として。

こうした両義性をある一言、ある一瞬にこめる技量において、アン・リーの映画はしばしば原作を超えてしま

う。もう一つの例として、「ラスト、コーション色|戒」をみてみよう。
ストーリーは単純だ。日本軍占領下の上海を舞台に、反日活動家の女スパイが傀儡政権の顔役をハニートラップで殺害しようと試み、情事を重ねるうちに次第に愛に目覚めるも、正体がバレて処刑される。比較的シンプルな原作に奥行きを与えるのは、執拗かつ入念に描かれるチアチー（女スパイ）とイー（顔役）の性愛シーンであり、いたるところに仕掛けられた複数の両義性だ。

例えば、チアチーは結局、イーを愛していたのか。行為に真の快楽はあったのか。チアチーの「逃げて」は愛の告白なのか。イーはチアチーに騙されていたのか。実はイーは二重スパイではないのか、等々。

以上の問いのほとんどに、アイリーン・チャンの原作は「正解」を与えている。つまりアン・リーは、ここでも映画化に際して大幅に解釈の余地を拡げているのだ。

処女だった女子大生チアチーは、女スパイたるべく、学生仲間でただ一人女を知っている男によって性愛の特訓を受ける。だからチアチーは「愛」を知らない。性愛のイニシエーションがすでに「嘘」ではじまっているのだから。

また、だからこそチアチーがイーに囁く「逃げて（快走！）」は愛の告白でも決意表明でもない。それは不意に生じた「症状」のようなものだ。ただし、彼女が自らの言葉に戸惑いながら、そこから自分の愛の形を理解した可能性は十分にある。それもまた曖昧な愛の両義性において、ということになるのだが。

さて、「ライフ・オブ・パイ」である。

冒頭から宗教的なモチーフが数多く登場する。何よりもパイがヒンズー教、キリスト教、イスラム教の三つを同時に信仰する、というエピソードがその後重要な意味を持ってくる。インドでは経済的に行き詰まった家族が、動物園の動物たちを引き連れてカナダへ移住するというあたりで、彼らが乗った日本船がノアの方舟であり、物語全体が宗教的な寓話である可能性がみえてくる。

町山智浩によれば、その「標準的解釈」は次のようになるという。物語全体が主人公パイの宗教探しのメタファーであり、漂流も魂の指針を失った状態であると。虎（リチャード・パーカー）はパイの精神の内部にある荒らぶるものの象徴であり、それをいかにして飼いならし、コントロールするかという成長物語。食人島のエピソードにおけるミーアキャットは、一つの何かを盲信する大衆の象徴である、などなど。

メキシコの海岸に漂着し救出されたパイは、日本から来た保険会社の調査員に、トラとの漂流物語を詳しく話すが、調査員は信じない。そこでパイはもう一つの物語を話す。

救命ボートにいたのは負傷した仏教徒の青年、母親、あの下品なコックとパイ。コックは青年を殺して食べた。母親も殺された。自分はナイフを見つけ、やむを得ずコックを殺した。つまり青年がシマウマ、母親がオランウータン、コックはハイエナ、そしてパイ自身がトラのリチャード・パーカー、というわけだ。

最大の両義性。それはもちろん、パイの語った二つの物語のいずれが「真実」か、という点にある。イニスが何を誓い、チアチーがイーを愛していたかどうかと同様に、それは決定不可能な構造的謎である。なるほど、後に語られた物語のほうが「ありそう」な話ではある。しかし、まったくの孤立状況の中で、果たしてパイは二二七日間を生き延び得たか。リチャード・パーカーという自分自身の一部のような恐怖の対象との緊張関係なくして？

私には本作が、宗教のメタファーというよりも、「信仰」そのもののアレゴリーであるように思われてならない。ここで信仰とはおそらく、一義的な信念を意味しない。むしろ信仰とは、人生の至るところに、決定不可能な懐疑と両義性をもたらすような、ひとつの態度を意味するのではないか。

宗教そのものが、しばしば現実生活そのもののアレゴリーだ。ならば複数の宗教を通じて「神」を受容することも、決して荒唐無稽とは言えないだろう。アレゴリーの両義性を生きることの救い。信仰が生を豊かにするとすれば、それはこうした両義性においてではなくて何だろうか。

12 あの日からの「遺体」に何を学ぶか

——君塚良一監督「遺体～明日への十日間～」

最近になって、「3・11」と正面から向き合う映画が立て続けに公開された。中田秀夫監督の「3・11後を生きる」と石井光太原作、君塚公一監督の映画「遺体～明日への十日間～」である。

二つの作品には偶然とは思えない共通点がある。いずれも「原発」ではなく「津波」の被害をあつかっていること、岩手県の沿岸部を舞台とすること、何より両作品とも、もともとはエンターテインメント畑の監督が手がけていること。中田は言わずと知れたJホラーの第一人者、君塚は「踊る大捜査線」などの演出で名を馳せている。しかし、以上の点を除けば、二つの作品はむしろ好対照をなしてもいる。「遺体」はノンフィクションの映画化であり、震災直後の遺体安置所が舞台だ。「3・11後を生きる」はインタビューを中心としたドキュメンタリーであり、震災後の人々の時間を、もう少し長いスパンでとらえようとしている。

「遺体～明日への十日間～」の舞台は東日本大震災直後の釜石市だ。津波被害で無くなった人々の遺体が、安置所となった中学校の体育館に次々と運び込まれる。突然のことで現場の人々の振る舞いも混乱している。遺体の並べ方も乱雑で、四肢の硬直を解こうとして骨を折るようなことがなされていた。

仕事を引退して現在は民生委員の相葉（西田敏行）は、そんな状況を見るに見かねてボランティアを申し出る。かつて勤めていた葬儀社の経験を活かして、遺体の処遇を指揮しようというのだ。

相葉は遺体を「死体」ではなく「ご遺体」として処遇しようとする。彼はまず最初に、遺体をきちんと並べて安置する。泥だらけになった床はモップでふき、毛布も新しいものに取り換える。いずれも遺体をモノではなく、生きている人間と同様の敬意を持って接しようという覚悟の表明である。

死後硬直した手足も、筋肉を丁寧にもみほぐせば骨を折らずに関節を曲げられる。遺体の顔に化粧をほどこし、夫婦の遺体は並べて安置する。彼はそうした作業を、常に遺体に優しく語りかけつつ行う。名前がわかれば名前で呼びかける。遺体のかたわらで怒り、泣き崩れる家族にも臆することなく話しかけ、いたわり、慰める。

なぜ、遺体に語りかけるのか。相葉は言う。「遺体は、話しかけられると、人としての尊厳を取り戻す」と。しかし彼は、その考えを周りに押し付けようとはしない。ごく控えめに提案し、自分の考えとして呟くだけだ。しかし、その姿勢に感化されて、周囲の人々の遺体に接する態度が変わっていく。わけもわからず現場に駆り出された若い市役所職員たちは、おずおずと遺体に語りかけるようになり、自らの発案で、理科実験用のガラス容器で応急的に祭壇を作りさえする。

もちろん本作は、相葉ひとりをヒーローとして描く映画ではない。自らも被災しながら検死に関わる医師、歯型や治療痕から身元確認に協力する歯科医など、彼ら自身が親しいものを亡くした悲しみをこらえながらも、黙々とそれぞれの職務に身を捧げる。

なるほど、避難所や仮設住宅ばかりが心のケアの「現場」ではなかった。遺体安置所こそが、真のグリーフケア（悲嘆のサポート）の現場だったのだ。ただしその現場では、われわれ精神科医のスキルはあまり役に立たないだろう。そこで求められるのは、相葉の実践が示すとおり、遺体という存在の丁重な処遇を通じて、遺族に寄り添おうとする誠実さなのだから。

今回の震災では「心のケア」の出番があまりなかったとされている。しかし私は、自らのボランティア経験からその認識は間違いであったと考えている。確かに、ただ話を聞くだけのケアにはニーズが少なかったかもしれない。しかし、身体を診察する時、失業や家族の不安を語る時、人々はいくらでも饒舌になった。そう、悲嘆を語るには、語るための〝よりしろ〟が必要なのだ。また、だからこそ、遺体の尊厳を大切にすることは、それ自体が遺族のグリーフケアに結びつく。

そうした視点からみると、中田秀夫監督の「3・11後を生きる」は、映画の撮影それ自体がグリーフケアの過程であったようにも思えてくる。

こちらの舞台は岩手県山田町。津波に肉親を奪われた人々が、それぞれの体験を語る。母親を失くした五〇歳の女性。体育教師だった妻を失った定時制高校教諭。妻子五人を亡くしたタラの漁師。娘や孫に先立たれたクラブ経営の女性。父親を失った僧侶、関東大震災の前年に生まれ、三回の津波を経験したという老女。

「私が身代わりになっていれば」と罪悪感を語るもの。非常時なのに杓子定規な行政の対応に怒りを露わにするもの。それぞれの喪失はあまりに多様だ。みな語るうちに、こらえてきたものが溢れ出す。

とりわけ印象に残ったのは、ケアホーム「はまなす学園」で暮らす佐藤啓子さんの詩集〝SAIGAI POEM〟だった。『海の花いちもんめ』という詩が素晴らしい。「海の波の高詩緒(たかしお)さんが／生き残った人に／海を守れるか　花いちもんめ／生きたかった人　花いちもんめ／風と波と　花いちもんめ」

てんかんの障害を持ち、福祉の支援なくしては生きられないと母親に言われた彼女が、被災して「私に何かできることはないか」と書きはじめたのがこの詩集だ。繰り返される「海を守る」という言葉には意表を衝かれる。津波被害を受けたら「海が憎い」と考えるのが普通の反応だろう。しかし彼女の詩は「海もまた津波の〝被害者〟なのかもしれない」という発想を与えてくれる。この発想は、何よりも私自身の心を鎮め、三陸の海と〝和解〟するきっかけを与えてくれた。

あの震災を忘れまい、とこれまで力んできた。しかし少々、無駄な力が入りすぎていたかもしれない。その記憶(トラウマ)を忘れることなどありえない。なぜなら私たちは、自らの記憶から、すぐれた映画から、そして何より人々の語る言葉から、いまだに学び続けているからだ。「トラウマ」に抗するに「学習」をもってせよ。だから本章も、あの相葉の、指示とも呟きともつかない口癖で締めくくるとしよう。ひきつづき「やるべし」、と。

13 ジャンゴとリンカーンあるいは〝映画〟への固執

——クエンティン・タランティーノ監督「ジャンゴ　繋がれざる者」

「ジャンゴ　繋がれざる者」と「リンカーン」。最近公開されたこの二つの作品は、扱うテーマも観客層も大幅に異なっている。前者はブラックスプロイテーションの手法で描かれたマカロニウエスタンのパロディ、もしくはオマージュ作品。いっぽう後者は、アメリカでもっとも愛された大統領のもっとも地味な戦いと葛藤を、ほとんど自然主義的リアリズム——〝スピルバーグ的リアリズム〟から距離があるという意味で——で描く。

二つの作品に強いて共通点を探すとすれば、第一には時代背景だろう。「ジャンゴ」は南北戦争（一八六一～一八六五）の二年前という設定であり、「リンカーン」は南北戦争末期から終結までの約一カ月間を扱う。描く手つきは対照的だが、奴隷制からの解放をテーマにする点も同じだ。奴隷解放宣言から一五〇周年を迎えようという年を前に、二つの作品が相次いで公開されたのは、決して偶然ではないだろう（両作品とも二〇一二年末にアメリカで公開された）。

そう、二つの作品は、いずれも「奴隷解放」という〝正義〟を謳い上げるかにみえる。しかしこの〝正義〟は、果たして本当に〝正義〟なのだろうか？「ジャンゴ」の痛快さに喝采し、「リンカーン」の静謐な美にしみじみ浸った後でさえ、そう言い切るにはいささかためらいがある。

果たしてジャンゴは正義を体現していたか。彼はひどく虐げられた奴隷の一人だった。キング・シュルツの気まぐれで自由な身分となり、偶然にも早撃ちの才能を見出されて、白人のお尋ね者を狩りまくる。その暴力は本当に〝正義〟だったのか。

なるほど彼らの〝殺人〟は、当時のアメリカにおいては〝合法的〟だったかもしれない。しかし、映画の舞台が現代ならば、彼らの行為は単なる私刑よりタチの悪い〝犯罪〟だ。社会正義の個人的代行を認めないことが近代的法治国家の必要条件と考えるなら、彼らの〝正義〟を担保するものは時代背景しかありえない。

ここで映画「ジャンゴ」は矛盾に突き当たる。そう、時代背景を言うならば、〝奴隷制〟もまた合法ではなかったか。それゆえ、〝かれらの正義〟を肯定するならば、奴隷制も肯定しなくてはならない。逆に近代的価値観で奴隷制を否定したいのならば、彼らの殺人による賞金稼ぎも否定されなければならないのだ。

さらに言えば、ジャンゴは妻の奪還という目標を達成するために、幾人もの同胞を〝見殺し〟にしてさえいる。〝曇りなき正義〟はそこにはない。

ならば「リンカーン」は？ 彼こそは一点の曇りもない正義の人ではなかったか？ こちらは一目瞭然である。スピルバーグは、意図的にそのような描き方を回避する。とりわけ注目されるのは、本作における「ゲティスバーグ演説」と「フォード劇場の暗殺」の欠如だ。

もしあなたが「リンカーン」の伝記映画を作ろうとしたなら、この二つのクライマックスを外すことなど、到底考えられないだろう。しかしスピルバーグは大胆にも、いずれも削除した。そればかりではない。この映画には奴隷制の残虐さが描かれない。一一〇万人というアメリカ史上最多の犠牲者を出した戦争の酸鼻が描かれない。〝鬼畜スピルバーグ〟にもかかわらず！

あえて自らの両手を縛ったにひとしい状態で、かくも見事な娯楽作品を創り上げてしまう手腕には、天才性よりは円熟した職人性がみてとれる。

彼の意図ははっきりしている。〝リンカーン〟のカリスマ性を縮減し、家庭内の不和に悩む等身大の一個人として描くことだ。しかしもちろん、そればかりではない。

この映画の大きな争点の一つは、憲法修正第一三条、すなわち奴隷解放に直結する修正案をいかにして下院で通過させるか、という駆け引きにある。ロビイストを駆使して民主党を取り込もうとする一方で、和平を申し入れに来た南軍使節団の到着は採決まで隠蔽される。つまりリンカーンは、戦争終結を意図的に遅らせてまでも、法案通過に固執したのである。

大義のためには犠牲もやむなし、というこの決断をどう理解するか。黒人を解放する一方で、インディアンの大量虐殺を指揮していたという史実は措くとしても、リンカーンの大義が血塗られたものである事実は無視できない。

町山智浩は、「ジャンゴ」のパンフレット解説で、タランティーノの発言を引用している。「『國民の創生』が大ヒットしたことで、それまで鎮静化していたKKKが復活してまた黒人へのリンチが始まった。それは六〇年代まで続いた。『國民の創生』の監督グリフィスはナチの戦犯みたいなものだと思うよ」

そう、罪深き傑作という意味で「國民の創生」は、リーフェンシュタールのナチス・プロパガンダ映画「意志の勝利」に等しい、ということだ。

しかし、知られるとおり「國民の創生」は、シーン組み立てや編集技術、あるいはカットバックやフラッシュバックといった、今では映画の基本文法となったテクニックを巧みに用いて、いわばハリウッド映画の起源の一つと目されうる作品でもある。

その意味で「ジャンゴ」と「リンカーン」は、ともに「國民の創生」を挟撃する作品だ。タランティーノは意図的に、スピルバーグはあるいは無意識に。「ジャンゴ」はグリフィスが開発した映画的カタルシスの力を用い、「リンカーン」はアンチクライマックス的なリアリズムの力をもって。

〝映画の起源〟を敬意をもって葬り去ること。かくして彼らは映画への欲望を延命させようとする。その身振りは期せずして、二つの作品にありありと描かれた、「断念され得ない欲望」の〝非合法的な倫理性〟と共振せずにはおかないだろう。

14 戦闘美少女はすれ違う
——ウォン・カーウァイ監督「グランド・マスター」

ウォン・カーウァイは「刹那」の作家だ。すべての美はうつろう美であり、愛はことごとくすれ違う。ただ「すれ違う」ばかりではない。その刹那は、意味も感情も、一瞬にしてすべてが伝達されてしまうような、濃密きわまりないすれ違いなのだ。

待望の新作「グランド・マスター」は、なんとカンフー映画だ。ブルース・リーの師匠としてすでに伝説中の人物である詠春拳のマスター、葉問(イップ・マン)の物語。とにかく闘いのシーンが圧倒的に美しい。

カンフー映画の醍醐味のひとつは、戦闘場面に巻き込まれるさまざまな小道具たちだが、カーウァイ監督は「水」を巧みに使う。降りしきる雨、舞い散る粉雪、いずれも戦う者たちの運動曲線をいっそう美しく描き出す。

率直に言えば、映像美に比してストーリーは弱い。とりわけ「カミソリ」というキャラクターは、存在感が強烈なわりに存在意義がわからない。「欲望の翼」のラストシーンに登場するギャンブラー(トニー・レオン)は、まさに「脚のない鳥」すなわち青春の刹那性を象徴して見事だったが……。ネット上の噂によれば、本来は八極拳の使い手であるカミソリとイップ・マンの頂上対決が描かれる予定だった由。しかし監督の意向によりカットされたとか。カーウァイ監督描く「天下一武道会」、ちょっと見てみたかった。

むしろ本作のみどころは、イップ・マンとルオメイ(チャン・ツーイー)の一度きりの対決シーンだ。戦闘シーンがそのまま交情シーンとして描かれている。ほぼ架空の存在であるルオメイを主軸に据え、カンフー映画ファンなら誰もが期待する対カミソリ戦よりもこちらのシーンを優先するあたり、カーウァイの意図は明白だ。

愛は〝すれ違い〟に本質があるということ。「すれ違い」と「喪失」を繰り返し描いてきたカーウァイのフィルモグラフィーにおいて、本作は最も壮大で濃密な「すれ違い」映画だ。これほど華麗で哀切な〝拳を交える愛〟が描かれたことはかつてなかった。〝戦闘すなわち交情〟という設定は、男女が対等に戦っても違和感がないカンフー映画だからこそ可能なのだから。

もっとも、この設定のアイディア自体は、おそらく柴田ヨクサルの漫画『エアマスター』が嚆矢だろう。本作の主人公・相川摩季は、身長一八四センチの女子高生だ。彼女は高い身体能力を生かした不敗のストリートファイターとして「エアマスター」の異名をとる。彼女に惚れ込んだ男、坂本ジュリエッタは、摩季への愛をひたすら戦いを挑むことで表現し続け、ついには結ばれる。

その後このアイディアは『暗殺教室』や『ワンパンマン』といった漫画作品に部分的に継承されていくが、映画としては「グランド・マスター」が最初の作品となった。戦うことの「享楽」を体現する存在として、若き日のルオメイは映画史上最高の「戦闘美少女」と言っても過言ではない。

ところで、駄洒落めいた連想で恐縮だが、私は本作を観ながら、最近鑑賞したもう一つの傑作、ポール・トーマス・アンダーソン監督の「ザ・マスター」を思い出していた。共通点があるという意味ではない。「技法の伝達」という点において、両作品は見事なまでに対照的な作品であったからだ。

「ザ・マスター」の舞台は一九五〇年代のアメリカだ。カルト集団サイエントロジーの創始者をモデルにしたとおぼしいランカスター・ドッド（フィリップ・シーモア・ホフマン）と、海兵隊あがりのはみだし者であるフレディ・クエル（ホアキン・フェニックス）との奇妙な関係が描かれる。マスターであるドッドは、なぜかフレディに対して好意を抱き、彼が作る謎の飲み物のとりこになる。しかしフレディはドッドのコミュニティにも今ひとつなじめず、いったん逃走したのち再び呼び戻され、人格改造される。

キーワードは「転移」だ。精神分析家と被分析者の間で生ずるとされるこの感情は、師弟関係においてもしばしば起こる。それは、時に恋愛と見まがうような好意に見えることがある。

「ザ・マスター」では、マスターの語るインチキ臭い教義に、はじめは懐疑的だったフレディが、転移と訓練を通じて徐々に心を支配されていく。しかしマスターもまた、彼自身の欠落を自覚しており、二人の関係は一方的な師弟関係というよりも、相互の欠けた部分を補い合うような関係になっていく。

実は、転移関係とは本来そうしたものだ。精神分析においてクライアントは分析家に転移するが、そのさい分析家もクライアントに対して逆転移感情を抱く。そうした相互性のもと、互いに変化を共有する形で分析が進む。

しかし「グランド・マスター」の構造はこれとは異なる。中国武術の師弟関係は、固定的な上下関係という一方的なものだ。そこにも独特の転移の形があるが、本当の意味での伝達は一瞬で起こる。幼いルオメイが父の修行を窓越しに観た瞬間、あるいはイップ・マンとルオメイが互いの拳を交わした瞬間がそれだ。その意味で武術の修行とは、転移が生ずる特権的な一瞬を迎えるための、長い準備期間にほかならない。

文化人類学者、グレゴリー・ベイトソンは、人間の学習を段階別に分類した。単語の暗記のような単純な学習を「学習Ⅰ」、学習の文脈、すなわち学ぶことの意味の学習を「学習Ⅱ」、文脈そのものを自由に操作できる段階を「学習Ⅲ」と名付けたのだ。

「ザ・マスター」が描くのは「学習Ⅰ」の過程であり、試みられるのはフレディの〝人間化〟である。これに対して「グランド・マスター」は「学習Ⅲ」の境地、すなわち〝人間の超越〟を描こうとする。武術における「学習Ⅲ」とは、流派の違いがどうでもよくなり、それこそ「縦か、横か」（勝利して立っているか、負けて横たわっているか）だけが問題となる境地を指すだろう。

強制と反復によっても伝えきれない想いもあれば、刹那のすれ違いで伝わってしまう想いもある。対照的な「すれ違い」を中心に据えたことで、両作品は真逆のベクトルを持つ傑作となった。ここにも映画のマジックがある。

15 〝幽霊の唯物論〟から〝映画の唯物論〟へ

——黒沢清監督「リアル〜完全なる首長竜の日〜」

まさか黒沢清の新作をシネコンで観る日が来ようとは。多くの黒沢ファンがそうした思いを抱いたに違いない。原作は乾緑郎のミステリー小説、『完全なる首長竜の日』（余談ながらこのタイトルは素晴らしい。できれば原題のまま公開してほしかった）。黒沢清と田中幸子による脚本は、原作の物語や人物設定を大幅に変更している。とりわけ主人公の浩市（佐藤健）と淳美（綾瀬はるか）は、原作のきょうだいという設定から、幼なじみの恋人同士に変えられている。この点は特に重要である

自殺未遂によって昏睡状態に陥った淳美。彼女を目覚めさせるため、浩市は「センシング」なる先端技術を用いて彼女の潜在意識に入り込む。よって必然的に映画の舞台は、人の脳内にある「心的現実」、ということになる。

かねてから黒沢は「映画では人の心の中を撮ることはできない」と繰り返し発言していた。その前言を裏切るかのような本作の背景には、いかなる心境の変化があったのか。あるいは何らかの事情で妥協を強いられたのか。おそらくそのいずれでもない。むしろ私は、この展開を予想していた。黒沢は「人の心」が「幽霊」のようなものだと気付いたのだ。どういうことだろうか。

黒沢ファンなら、彼が「幽霊」をどんなふうに扱うか、良くご存じだろう。そう、幽霊は白昼堂々出現し、しっかりと足も二本あり、殴ったり燃やしたりすることができる（「降霊」など）。これは「幽霊は触れることができなければならない」という、黒沢の持論によるものだ。この主張を「人の心」に適応するなら、そのまま

「リアル」の描写となる。

かくして脳内空間は、黒沢的描写がこれでもかとばかりに展開する格好の舞台となった。どことなく寂寥感の漂う光に照らされた終末的風景。あえて露骨にスクリーンプロセス風の描写をする運転シーン、白昼に登場する子どもの幽霊、そしてフィロソフィカル・ゾンビ。

黒沢はかねてから、根拠なしに「ただそこに存在する」ことが幽霊の恐怖の本質であると語っていたが、本作においてはその〝思想〟が、実にのびのびと展開されている。これこそが映画による「幽霊の唯物論的擁護」にほかならない。そこには無意識になされた無意識の擁護、という意味も込められている。

「リアル」は見方によっては、昏睡する恋人の心にサイコ・ダイブして、そのトラウマを解決しようとする話、と要約することも不可能ではない。だとすれば私は、奇妙なほど似通ったモチーフを持つもう一つの映画を思い浮かべずにはいられない。おそらく誰も覚えていないだろうが、ターセム監督、ジェニファー・ロペス主演の「ザ・セル」だ。昏睡状態に陥った連続殺人犯が誘拐した被害者の居場所を知るべく、心理学者が犯人の精神世界にサイコ・ダイブを試みる。その精神世界たるや、ダミアン・ハーストありピエール&ジルありと、現代美術から〝借用〟されたキッチュきわまりないイメージに溢れている。要は、心を単に何でもありの〝幻想世界〟として描こうとしているのだ。

しかし本作の問題はそこから先の展開にある。ご多分に漏れず幼児虐待の犠牲者だった連続殺人犯の心の中には、なんと「トラウマの化け物」が棲みついていた。心理学者はこの化け物を退治しなければならない。

私はこの作品こそが、九〇年代のハリウッド映画を席巻した心理主義（トラウマ主義）の総決算と受けとった。あの完璧なレクター博士すらもトラウマの犠牲者にしてしまったこの風潮は、確実に映画を殺しかけていたのだ。しかしターセムによって身も蓋もなく可視化されてしまったトラウマ・モンスターの後で、いったい誰が真剣にトラウマ・ミステリーを作ろうなどと考えるだろう？

ところで、日本においても一時期流行しつつあったこの悪しき風潮に、ハリウッドにさきがけてその息の根を止めてくれたのは、誰あろう黒沢清だった。そう、あの傑作「CURE」によって。

「あんた、誰?」という質問を繰り返すことで、相手に殺人を犯させる謎の青年と刑事の対決。ここでは人を殺人に駆り立てるのはトラウマなどではない。むしろ人は、その内面が完全に空虚にさせられた時こそ殺人を犯す。また、だからこそ、"悪"は転移し増殖を続けるのだ。「CURE」におけるこの設定は、サイコ・サスペンスにおける一つの革命であり、後戻り不可能な切断線だった。

あれほどの達成の後で、「精神世界」はいかに描かれうるか。ターセムのようなベタな幻想化は論外としても、「CURE」の自己模倣も許されないとすれば、一体いかにして?「リアル」における精神世界の構造は「ザ・セル」よりもはるかに複雑だ。本作の後半に仕掛けられた思いがけないどんでん返しによって、われわれの視点は完全に宙吊りにさせられる。意識と意識が入れ子状になることで、それがいったい誰の精神世界なのか、どこまでが幻想でどこからが現実なのか、その境界線が決定不可能になるためだ。

だからこそ、あの「首長竜」の出現には驚かされる。決して予想していなかったわけではないのに、あのシーンはまさしく映画的ショックと言うべき瞬間だった。黒沢自身が苦労したと語っている「水」のCG表現も見事だが、陸に上がった首長竜の動きには信じられないような重量感(水とともにCGが不得手とする分野だ)があり、快哉を叫ばずにはいられなかった。

あの「首長竜」が何を象徴していたかは、ここではふれずにおこう。一つだけ言えることは、もしあのシーンが単純に「昏睡する恋人の脳内」だったなら、あそこまでのショックはありえなかっただろう、ということだ。

入れ子状に共有された「心的現実」に、不意に出現したからこそ、あの首長竜は映画において一つのファルス的象徴として機能し得たということ。そう、「心的現実(=映画)」を描く唯物論は、かくして「リアル」に更新されたのである。

16 〃少女〃は〃零戦〃よりも美しい
——宮崎駿監督「風立ちぬ」

映画「風立ちぬ」を観た。圧倒的だった。映画館の暗闇で何度も息を呑んだ。本作に含まれた毒も矛盾も、この恐るべき描写力の前ではねじ伏せられてしまう。審美的鈍感さの表明を少しでも怖れる者は、本作の「思想」に目をつぶらざるを得ない。なんという美的暴力。

あの紙飛行機の運動曲線といい、地震波の伝播が現実以上にリアルに可視化される震災シーンといい、もはや人間国宝並みのアナログ技術の結晶だ。

しかし、それにも増して戦慄的だったのは堀越二郎と祝言を挙げる晩の許嫁・菜穂子の顔である。

私はこれまで、フラ・アンジェリコ作『受胎告知』（サン・マルコ修道院）のマリアこそが〃描かれた最高の美女〃であると確信していた。しかしこのシーンに登場する、白い花を髪につけ着飾った菜穂子は、そのマリアすらも凌駕する。諦念と覚悟に「出立」の高揚が調和したあの表情。宮崎作品で言えば『On Your Mark』のラストシーン、あの〃天使〃の微笑をも越えた。深淵のような空虚を秘め、研ぎ澄まされたように美しい彼女の顔が、ずっと頭から離れない。

しかし、描写に酔うばかりでは、本作を本当に「観た」ことにはなるまい。その根底にある、大いなる矛盾や狂気を、決して見過ごすべきではないからだ。

堀越二郎の偉大さは、貧しかった戦前の日本において、世界トップクラスの戦闘機「零戦」を開発した点にある。しかし零戦の強味は、厳しい制約のもと、防御性能をとことん削って達成された軽量化ゆえでもあった。二郎はいわば、美しいが帰還できない戦闘機を量産させた張本人なのである。

「美しさ」の追求が大量殺戮に荷担してしまう矛盾。それは宮崎駿自身が抱えた矛盾そのものだ。若き日は労働争議の渦中にあり、いまなお断固たる護憲論者にして、戦闘機を愛してやまないミリタリーマニア。自らのファンを〝ロリコン〟と軽蔑しておきながら、本人自身がとんでもないロリコンであること。根拠なき中傷などではない。「少女」抜きではまともに作品を作れないという彼の〝宿痾〟は広く知られている。

しかし、最も本質的な問題はそこではない。

私はかつて、宮崎駿の最大の問題が、彼の敬愛するサン＝テグジュペリや宮沢賢治にも親和性が高い生命論的ファシズムであることを指摘した（『フレーム憑き』青土社）。生命論とは何か。あらゆる現世の仮象は、ただひとつの本質的なもの＝生命の多様な発現にほかならないとする思想のことだ。この「ただひとつの本質」とは、賢治で言えば「ほんたうの幸福」がそれに当たる。賢治がファシズム？　意外に思われるかもしれないが、彼は皇道ファシズムを説いた日蓮主義者・田中智学の「國柱会」の熱心な信徒だった。

宮崎作品においては、その爆発的なまでのイメージの横溢と、その多彩さを高次元の倫理性に回収しようとする身振りにおいて、物語の背後に「一なるもの＝生命」の存在が透けて見える。本作では冒頭の悪夢の描写から、地響きや戦闘機の轟音をあらわす人声ＳＥに至るまで、いたるところに生命論的徴候が溢れている。

それではなぜ、生命論とファシズムの親和性はかくも高いのか。「ほんとうのこと」の実現が、一切の矛盾や葛藤の消去としてイメージされるからだ。「ほんとうのこと」は美しい。「ほんとうのこと」は創造者を高揚させる。真善美の理想のもと、技術的に均質化された〝健全な社会〟こそファシストの楽園だ。

すでに指摘があるように、本作は別の視点から観てもファシズムに親和性がある。そう、カプローニの存在だ。飛行機の機能美に憧れ、ユンカース社の爆撃機に搭乗して歓喜する二郎が、ファシズムと関係が深いイタリア未来派の美学に共鳴したであろうことは想像にかたくない。マリネッティの『未来派宣言』には次のようにある。

「われわれは宣言する。この世界の壮麗さが、新たな美によっていっそう豊かにされたことを。速度の美だ。巨大な排気筒——爆風のように呼吸する蛇にも似た——を搭載したレーシングカー、機銃掃射をも圧倒するかのように咆哮する自動車は、サモトラケのニケより美しい」（拙訳）

この「技術」と「速度」への〝信仰〟は、間違いなく二郎にもあったはずだ。この宣言は後半、戦争の賛美や女性への軽蔑へとつながっていく。また、次のくだりは別の意味で重要だ。

「われわれの最も年長なメンバーは三〇歳だ。そう、われわれの事業を達成するには、まだ少なくとも一〇年が残されているのだ」。カプローニの言う「創造的時間は一〇年」という言葉の出典がこれだとしたら。宮崎駿もまた、「美の追究」がもたらす危険に、十分に自覚的であったということになる。

では、いかにして宮崎駿は、無自覚な美の探求者（＝ファシスト）たることを免れ、からくも倫理性を担保し得たのか。そう、それこそが彼の「ロリコン」性なのである。ただしそれは、徹底して不能の愛であり、不在（虚構）の少女へと向けられた性愛だ。

堀越との最初の出会いの時点で、菜穂子はおそらく小学生。つまり年齢差は一〇歳前後だ。彼が菜穂子を愛した理由が「美しさ」だけとは思えない。おまけに堀越には「にいにいさま」とつきまとう可愛い妹までいる。従来控えめだったキスもセックスも解禁された本作に、宮崎駿の「欲望の自己開示」を読み取ることは果たして〝冒瀆〟だろうか。

あらゆる美の頂点に（虚構の）美少女を置くというこの身振り（＝ロリコン）こそが、生命論ファシズムの去勢を可能にした。宮崎の倫理と創造性は、彼がロリコンである限りにおいて保障されることになる。挫折するほかはなかった機能美（＝ファシズム）の追求が、亡妻（美少女）の言葉によって慰撫される。このラストシーンが、もしも遺言のように見えるとしたら、それは「〝美少女〟によるファシズムの去勢」という彼の無意識の理想が、その作品史上もっとも美しい形で露呈しているからだろう。

17　パシフィック・リムの「失敗の本質」

――ギレルモ・デル・トロ監督「パシフィック・リム」

私はかつて特撮ファンだった。お望みなら特撮オタクと呼んでもらっても構わない。特撮作品に関する蘊蓄はとても豊富とは言えないが、いまも特撮効果については一家言あるつもりだ。そんな私の人格形成期におけるヒーローの一人が、円谷プロの創業者であり「ゴジラ」や「ウルトラマン」の制作に関わった円谷英二氏だった。円谷氏は一九三三年に日本で公開されたハリウッド映画「キングコング」に甚大な影響を受けながら、キングコングのようなコマ撮り撮影とはある意味対極の手法である「ミニチュアセットに着ぐるみ怪獣」という手法を〝発明〟した。彼のミニチュアワークの見事さは、戦時中に制作された映画「ハワイ・マレー沖海戦」（一九四二年）にその片鱗がうかがえる。真珠湾攻撃のシーンは、あまりのリアルさにGHQから「オアフ島のどこで撮影したのか」と問われたほどだったという。

円谷が創案した特撮の技法は無数にある。巨大感、重量感を出すための高速度撮影、飛行機を吊るピアノ線が見えないように逆さまに吊す工夫、水はミニチュアに出来ないので寒天で海を作る、破壊シーンをリアルに描くためにビルはウエハースで、鉄塔は蠟細工で、戦車はチョコレートで作る（火炎で溶けるように）、等々。

人が入れない怪獣を操作するために編み出された「操演」技術も画期的だった。この手法で撮影された「モスラ対ゴジラ」におけるモスラ飛翔シーンは、いまなおこれを超えるものがない――CGを使ってすら！――と言われる伝説の名場面である。などと特撮を語り出すと止まらなくなるのでこの辺にしておくが、ギレルモ・デル・トロ監督の新作「パシフィック・リム」こそは、円谷英二をはじめとする日本の「巨大ヒーローもの」の伝統に対して、渾身の愛と熱量をもって捧げられたオマージュである。本人はオマージュ説を否定しているらしいが、それはむしろ「否認」であろう。

ストーリーはシンプルだ。太平洋の海底にある時空の裂け目を通って、宇宙から次々と送り込まれる巨大怪獣に、人類が開発した巨大ロボット・イェーガー（ドイツ語で「狩人」の意味）で立ち向かう、というもの。劇中、モンスターたちは Kaiju と呼ばれ、作品の最後に『この映画をモンスターマスター、レイ・ハリーハウゼンと本多猪四郎に捧ぐ』と献辞があらわれる。

すでにネット上では絶賛の声が溢れ、熱心な「引用元」探しが始まっている。すぐわかるところでは、まず Kaiju の造形だ。ウルトラ怪獣をデザインした成田亨を意識した造形、しかも着ぐるみ的ですらある。なにしろみな（必然性がないのに）〝四つ足〟なのだから。宇宙怪獣なのに、いちいち海から登場したり、夜とか雨とか視界の悪い場面で暴れ回るあたり、あえて〝CGで特撮をやっている〟感すらある。巨大ロボのデザインも多くは語らないが既視感が半端ではない。男女二人で合体操縦、〝パイルダーオン〟して〝基地から発進〟、武器は〝ロケットパンチ〟（ただし邦訳）とか、いちいち巨大ロボ好きの琴線にふれまくる演出も心憎い。

もっとも被るのはやはり「エヴァンゲリオン」で、ヒロインの造形――とりわけ青のメッシュ――は綾波レイを意識したとしか思えない。ちなみに吹き替えは林原めぐみだ。ロボットと神経接続（ドリフト）してシンクロしたり、ヘリで吊り下げられて現地に向かったり、過去のトラウマを思い出して暴走しかけたりと、「エヴァは観てない」という監督の発言も「否認」くさい。

この傑作が、アメリカでは興行的に失敗だったという。にわかには信じがたい話だが、考えてみれば当然なのかもしれない。そもそもアメリカでは巨大ヒーローものの伝統がない。スーパーマン、バットマン、アイアンマンと、人気があるのは等身大のヒーローばかりだ。それも基本的には白人の成人男性が望ましい。ハリウッド映画にはこうした文化的制約が意外なほど多いのだ。人種や性別、個人か集団か、という壁は次第に取り払われつつあるが、最後に残った壁が「等身大」だったというわけだ。見方を変えれば日本ではゴジラやウルトラマンがあったからこそ巨大ヒーローが受け入れやすいとも言えるが、本作が中国では大ヒットしているところを見ると、問題は日米よりも、アジア対欧米という対立にあるのかもしれない。

ここにあるのは「なにをもってリアルと見なすか」に関わる文化格差でもある。特撮で興味深いのは、それが「幻想であることを知りながらあえて幻想に没入する」という映画的身振りの極みだからだ。言い換えるなら特撮＝映画とは、いかにして人々を「騙される喜び」へと誘導するか、そのための技術体系にほかならない。

おそらくここにも、日米の文化格差が存在する。日本には「見立て」の文化があるため、画面のリアルさのみならず、表現の様式や、作り手の「これを見せたい」という欲望込みでリアリティを受け取る。しかしアメリカの観客はそうはいかない。彼らに対しては物量作戦、すなわち圧倒的な情報量と精細度をもって「現実そっくり」の画面を作らなくては納得してもらえないのだ。

残念ながらデル・トロの技量をもってしても「巨大ロボがヒーローなんておかしい」というアメリカ人の〝常識〟は超えられなかった。いっぽう、大仏という巨大な偶像に親しんできたアジア圏では、巨大ヒーローにも違和感はなかったのだろう（成田亨はウルトラマンのモデルの一つに弥勒菩薩を挙げている）。

しかし、おそらく問題はそればかりではない。このテーマは突き詰めるなら、善と悪をいかに表象するか、というテーマにたどり着く。いまだ印象に過ぎないが、西欧世界においては、善も悪も属人的なものだ。それゆえ善と悪のコミュニケーションが可能になる。しかし日本人、あるいはアジア人にとっては、善も悪もしばしば「人間ではないもの」のイメージをまとう。デル・トロ監督はパイロットの人間ドラマを描き、怪獣を送り込む宇宙人の存在をほのめかすことで、その両者を架橋しようと試みたかに見える。

この私の推測が正しければ、日米における「特撮」の受容格差を掘り下げることで、より本質的な文化の違いを論ずることも可能になるだろう。もしそんな「特撮文化論」が書かれたなら、ぜひ読んでみたいものだ。

18　そして父になる
――是枝裕和監督「そして父になる」

是枝裕和監督はインタビューで「父親は泳ぎ続けないと溺れてしまう」と発言している由。本作の基本テーマはここに集約されている。自然界に「父性」は存在しない。それはどこまでも象徴的な人工物だ。常に「父親になる」努力をしていない限り、父親はいつの間にか家族のコミュニケーション・サークルから疎外されてしまう。あるときは軽蔑によって。またあるときは神棚に祭り上げられて。

この傾向はとりわけ日本と韓国で強いらしい。家族の基軸が両親の夫婦関係ではなく、母と子の密着関係に置かれること。日韓に共通するのは「近代化された儒教文化圏」ということだ。ごく単純化して言えば、近代化の際に個人主義だけは輸入を拒否したため、発達したインフラの上に前近代的な家族主義が生き延びている。だから父親は不在でもいい。日本では「単身赴任」が、韓国では「雁パパ」が有名だ。

後者についてちょっとだけ説明するなら、英語がエリートの条件である韓国では、格別に裕福でなくとも中学時点で英語圏に留学させる家庭が多い。その際母親も一緒に留学し故国に一人留まった父親は献身的に仕送りをする。これを称して「雁パパ」という。

事情はどうあれ、両国ともに、長期間の父親不在がさほど特殊なことと思われていない点は特徴的だ。余談ながら「ひきこもり」と「セックスレス」も日韓で際立って多いとされる。母子密着と父親不在が事実なら、これはあまりにも自明の帰結であろう。

エリートサラリーマンである野々宮良多は、感情の無駄遣いが嫌いだ。大概のことが金で片がつくのであれば、なぜ感情を動かす必要があるのか。実際、そうした流儀でここまでのし上がってきたのだ。同じ会社の同僚か部下だったとおぼしい妻のみどりは、専業主婦として夫を立てて生きている。現代において専業主婦という、経済的ステイタス以外にはおよそ自己承認の役に立たない生き方に居直れるほど図太くはない彼女は、懸命に「現在の幸せ」を自らに言い聞かせて生きているように見える。

こうした夫婦が子供を持てば、「お受験」に走るのはむしろ当然だろう。安全と安定こそを幸福の条件とする信仰は、世界をどこまでもモノトーンに染め上げる。まさに「ホテルのよう」に生活感のない野々宮家のマンションが、どこかいたたまれない荒涼をはらんで見えるように。

降ってわいた「取り違え」事件にも、野々宮はあまり動じない。ひたすら「面倒くさい」、それだけだ。子供の交換よりも二人とも預かろうという決断にも、「面倒」以外の理由があるとは思えない。同じ被害者である斎木夫妻を、虐待の当事者にしたてて子供を奪えないかといった提案を友人の弁護士に真顔でする。同情や共感にエネルギーを費やしたくないからだ。

この冷徹、この無感動、この切断性。実はこれこそが本来の「父性」なのだ。

野々宮良多は最初から父性的な人間だ。秩序と合理性を重んじ、部下にも家族にもその尊重を押しつける。仕事熱心で部下からの信頼も篤く、可能な限り育児にも関わろうという彼の生き方こそは、むしろ理想の父性に近い。

斎木雄大（リリー・フランキー）はといえば、親から継いだ電気店をつぶしかねない勢いで仕事をせず、子供たちとは稚気まるだしで真剣に遊ぶ。映画の描写は斎木の態度に肯定的だ。しかし、社会と関わるよりも子供たちと遊ぶことを選ぶ斎木は、果たして理想の父親なのだろうか？

そうとは限らない。甲斐性がなく妻を弁当屋のパートに出している彼は、妻に頭が上がらない。おそらく彼はかなりの部分が妻の受け売りに違いない。この父親が幸せにできるのは、せいぜい子供が思春期を迎えるまでだろう。

「父性」をどこかで断念し、その男らしい妻の母性を模倣することに決めたのだ。彼が野々宮に話す説教は、かなりの部分が妻の受け売りに違いない。

斎木に対する野々宮の嫌悪と反発は、おそらく斎木の生き方が、自分が棄てた父親を連想させるからだ。酒とギャンブルに明け暮れて妻に逃げられ、若い後妻を迎えて子から見放された。男の「自然体」は、一歩間違うとこちらに向かう。野々宮はそうなるまいと必死で生きてきた。しかし彼の生き方は、ただ父親の生き方を裏返しただけではなかったか。

あるとき野々宮は、カメラの中に息子の慶多が撮影した自身の姿を発見する。慶多が必死でこらえてきたものを理解した野々宮は、自身の「父性」の脆弱さにようやく気付く。「子の親として斎木にはかなわない」と自らに言い訳してきた彼は、自らの父性で抑圧してきた「父親としての感情」に不意打ちされる。最も感動的なシーンだ。感情による行動の変質こそは、最高の映画的カタルシスでなくて何だろうか。

かくして彼は父性を棄てた。そうすることで父になった。交換されたものは子ではなかった。「父性」と「父親性」が交換され、福山雅治のように格好いい野々宮は、「格好いいことのかっこ悪さ」を引き受けた。一五年たてば自然林に近づく人工林は、彼のぎこちない「父親性」の象徴だろうか。

しかし、それでいい。なぜなら「父性」は、常にすでにそこにある。「子の取り違え」という事実の切断性こそが、二人の子供たちにとって、大いなる父性的抑圧となることが予期される。だからこそ、彼は父親性をひきうけたのだ。その選択を私は肯定する。なぜなら私自身にも、同じ選択に迷った経験があるからだ。

19 危険な「文学」と安全な「映画」

――フランソワ・オゾン監督「危険なプロット」

なぜだろう。文章は人を狂わせる。いや、この言い方は不正確だ。他者から「文章が上手い」と評価されたいという誘惑に、人は打ち勝つことができない。時として人は、容姿や性格を褒められる以上に、文章をほめられることを尊ぶ。現に私自身がそうなのだ。

話し方が上手だとか、声が良いとか以上に、書き言葉を通じて承認されることへの欲望が最も強い、ということ。もちろん誰もがそうだとは言わない。ただ、そういう人がこれほど多くなければ、ブログやツイッターもあれほど流行りはしなかっただろう。

この映画の主人公の一人である、高校の国語教師・ジェルマン（ファブリス・ルキーニ）は、現代アートのギャラリーを経営する妻ジャンヌ（クリスティン・スコット・トーマス）と二人暮らしだ。生徒たちの作文の宿題「週末の出来事」があまりに稚拙で彼はひとしきり愚痴をこぼす。しかし、彼ががらくたの山の中から、一人の異彩を放つ生徒の文章にたどり着くまでには、そう時間はかからなかった。

生徒の名はクロード（エルンスト・ウンハウワー）。もう一人の主人公だ。彼は週末に友人ラファの家を訪れ、彼の家庭を観察して、皮肉なトーンでその経験を記す。あげくにその文章は「続く」で終わる。なんという挑発と誘惑。文章の毒気を批判しつつも、ジェルマンはクロードの才能を高く買い、個人指導を申し出る。しかしどうやら指導は名目で、彼はすっかりクロードの紡ぐ物語のとりこになっている。

この映画を観て、私は真っ先に太宰治の傑作短篇『千代女』を思い出した。ある女生徒が何気なく書いた作文を教師に激賞され、作文は雑誌に転載されて高名な批評家からも絶賛、以来少しずつ少女の人生は狂っていく。天才少女を「わしが育てた」と言いたい大人たちが文章指導と称しては彼女に群がる。女の文章など知れているのだからほっとけと言う父と、なんとか才能を伸ばしたい母との間にも亀裂が生ずる。そんな醜い騒ぎの渦中で、もはや才能が枯渇した（と思い込んでいる）少女は、皮肉にも小説家に強く憧れるようになっていく。

「書くこと」によって承認されたいという欲望は、ほとんど悪魔のささやきだ。少女を狂わせたその欲望は、本作では教師と生徒をともに狂わせていく。美少年クロードは、自分が実際に経験したことに基づかなければ一文字も書けない。彼はジェルマンの求めに応じて、シェヘラザードよろしく「おはなし」を記し続けるが、体験しないことは書けないという彼の自然主義的、私小説的態度ゆえに、事態はおかしな方向に向かい始める。

クロードはジェルマンの承認が欲しい。そのため半ばは無意識に、ラファの家への侵入と観察を続け、あげくにラファの母親にまで接近を試みる。ラファの数学の成績がなかなか上がらず、このままでは家庭教師役を口実に家に入り込めなくなると聞いたジェルマンは、数学の試験問題を盗み出してまで、クロードの立場を守ろうとする。完璧な共犯関係のできあがりだ。

本作は一見、ウディ・アレン風味の軽妙なメタフィクションともとれる。文章の悪魔にとりつかれた二人が、現実と虚構の境界を侵犯し続けたあげく、「現実」から手ひどいしっぺ返しをくらう話。もちろんそれだけでも十分に面白い。しかし本作のテーマはさらにその先にある。

もったいぶらずに言い切ってしまおう。オゾン監督は間違いなく、フランス近代文学の擁護者だ。クロードとジェルマンの関係性——かぎりなく同性愛に近いそれ——を観て、あなたは何も感じなかったか。これは美しき天才詩人アルチュール・ランボーと、彼を見出した師であり恋人でもあった詩人ヴェルレーヌとの関係のパロディである。いやむしろ、レエモン・ラディゲを見出したジャン・コクトーを想起すべきか。クロードの個人指導を申し出たジェルマンが、「第二のラディゲ」を意識しなかったとは考えにくい。そういえばラディゲの処女長篇『肉体の悪魔』のテーマは「不倫」だった。

この視点に立てば「中国人」の位置も明らかになる。ラファの父親を混乱させる中国人のビジネスマン。ジャンヌが売り込みにかかる中国人アーティスト。かくも繰り返される「中国人」は何を象徴するか。ラファの家庭は、クロードから「中流」と揶揄される。バスケットボールに夢中な父親、冷蔵庫にはコーラが常備、夕飯はピザ。ここで軽蔑されているのは実は「中流」性などではない。アメリカン・ウェイ・オブ・ライフ、もっと言えばグローバル化に流されて「文化」を失っていく人々への軽蔑だ。

返す刀でばっさり切られるのは「現代アート」だ。ジェルマンの妻ジャンヌが売り込もうとしているのは、同じような空と雲の絵ばかり描く中国人アーティストの作品。おそらく杉本博司の『海景』シリーズ（世界中の水平線の写真）への嫌味だろう。かつてアートの中心はパリだった。しかし現代アートの総本山はアメリカである。だからオゾン＝ジェルマンはこう言いたいのだ。そんなものは「文化」ではない、と。

観ようによっては絶望的なあのラストが、不思議に明るいのはそのせいもあるだろう。彼は何も因果応報を描きたかったわけではない。すべてを失ったあとに「文学」が可能になる。ジャンヌに殴られて気を失ったジェルマンのかたわらに凶器となった本が落ちる。セリーヌの『夜の果てへの旅』。この喪失と絶望の文学にもまた、資本主義への不快と軽蔑が描かれてはいなかったか。だからラストは両義的だ。そう、「文学」は終わっている。それはわかっている。しかしそれでも「文学」は断念できない。その葛藤がオゾン監督にこの傑作を撮らせたとすれば、たしかにいまだフランス映画において「文学」は死に絶えてはいないのだ。

20 禁煙と公共性
――マルガレーテ・フォン・トロッタ監督「ハンナ・アーレント」

ハンナ・アーレント。哲学者ハイデガーの愛弟子（愛人）にして、ナチスの強制収容所に収容されながらアメリカに亡命した、ユダヤ人政治哲学者。この映画は、彼女が『全体主義の起源』や『人間の条件』などでその世界的名声を確立した後、ほぼ晩年にあたる時期に起きた、ある事件に焦点を当てる。

一九六〇年、ユダヤ人を収容所へ移送したナチス戦犯アドルフ・アイヒマンが、逃亡先のアルゼンチンでモサドにより拘束された。アーレントは『ニューヨーカー』誌にレポーター役として記事執筆を申し入れ、イスラエルで行われた歴史的裁判に立ち会った。雑誌に掲載されたアーレントの記事はユダヤ人共同体を中心とした世論からの激しい反発と攻撃を呼び起こす。アーレントは多くの友人を失い、大学内でも孤立していった。

なぜアーレントは批判されたのか。理由は大きく分けて二つある。一つは、アイヒマンを巨悪として描かず、自らの意志を持たない「凡庸な悪」として描いたこと。もう一つは、ユダヤ人指導者がナチスに協力していた事実（裁判から明らかになった）を批判したこと。

問題は、誰もアーレントの文章をろくに読んでいなかったことだ。知識人の中にすら、「ハンナ・アイヒマン」などと頭の悪い揶揄を投げかけるものがいた。彼女がアイヒマンを擁護しユダヤ人同胞を批判している、という風評だけで口汚く罵ったのだ。

アーレントの文章は『イェルサレムのアイヒマン』（みすず書房）にまとめられているが、その著書が巻き起こした巨大な反発については、たとえば加藤典洋の『敗戦後論』（ちくま学芸文庫）に詳しい。

本書に依れば、アーレントへの反発は上記二点ばかりではない。ヒトラー統治下のレジスタンスやクーデター計画において、ナチのユダヤ人絶滅政策への批判が全く無かったことや、皮肉と風刺を交えた「ブリッパント（小生意気）」な語り口が問題視されたという。

映画はアーレントが、夫や友人、イスラエルの同胞らに向ける愛情や人柄の暖かさを強調する反面、時に垣間見せる辛辣さや皮肉な態度も十分に描き込んでいる。初老期を迎えてなお枯れることのないブリッパンシイをたたえた魅力的な人物として描いているのだ。

対比されるアイヒマンは、なんと本人が〝出演〟している。当時の裁判記録のフィルムがそのまま用いられているのだ。風評通り冴えない小役人にしか見えないこの人物が、六〇〇万人もの虐殺を淡々と遂行した。ナチスのようにシステマティックな巨悪の遂行にあたっては、システムを支える歯車としての、こうした匿名的な個人が欠かせないのだ。

アーレントによる「悪の凡庸さ」の記述は、とうてい他人事では済まされない。アイヒマンの凡庸さは典型的な日本の官僚のそれだ。自らの意志を持たず、ひたすら組織の指示を忠実に遂行するような凡庸なる秀才集団。日本人は平和的で秩序を守る人々であると一般に思われている。震災時の冷静沈着ぶりは全世界からも驚嘆された。しかし、だからといって安全ではない。精神科医の中井久夫は、独裁的な主犯の命じるままに信じられない大量殺人を実行した容疑者の心理テスト結果に、平均的な日本人の心理傾向に通ずる特徴を見出した。すなわち「自罰的でも他罰的でもなく、無罰的とでもいうべきか、すべてを不可避的な流れと観念し規律と習慣に従って耐え忍びつつ時間の経つのを待つ」傾向を（『関与と観察』みすず書房）。

このような「悪の凡庸さ」を見出すためには、アーレントは一度、ユダヤ人共同体の外に立つ必要があった。なぜなら共同体内部の視線にとっては、アイヒマンはメフィストフェレスのような悪魔的存在でしかありえないから。しかし、事実はそうではなかった。そう、アーレントは発見したのだ。巨悪が必ずしも属人的な利己心や邪悪さによらずになされうるという真理を。

だからこそ彼女は、収容所体験をもつユダヤ人としてではなく、公共性を体現する一個の知識人として「悪の凡庸さ」を告発する。おそらくこの時点で、彼女は同胞との絆を切って捨てた。絆は〝共同体的な縛り〟の別名だ。「一つの民族を愛したことはない」と彼女は言う。彼女が愛するのは個人としてのクルトでありハンスであってシオニズムそのものではない、と。しかし彼らは去って行く。共同体との絆を捨てられなかったからだ。

加藤の指摘した共同性と公共性の対立を、先の日本人の事例に当てはめるなら、その無罰的な宿命観こそは共同性がもたらす幻想と考えることも可能だ。なぜなら、しばしば宿命観とは、思考停止の美名にほかならないのだから。そしてアーレントが最後まで強調するのは、ほかならぬ思考の自由なのだ。

映画の終盤、批判への反論のためになされたとおぼしい講義で、教室を埋め尽くした学生に向けて彼女は主張する。ナチスの犯罪は人類への犯罪であること。それは人間の思考する能力を放棄させ、判断力を麻痺させること。われわれは決して思考を放棄してはならないこと。なぜなら考えることで人間は強くなるのだから。どんなに危機的な状況にあっても、人間は考え抜くことで破滅を回避できるのだから。

片時も煙草を手放さないアーレントの姿が象徴的だ。公共性の立場に立って思考の価値を主張する彼女が、ヘビースモーカーであるという矛盾。かつて愛人関係にあった恩師ハイデガーとの複雑な関係同様、それは彼女の人間くささの表れなのだろうか?

おそらく、それだけではあるまい。誰一人喫煙習慣を擁護できない現状を、彼女ならば「健康」や「適応」といったキーワードで思考停止を強いる共同性の復権と皮肉るのではないか。

おりしも自民党政権は、「道徳」「伝統」「家族」といった美名のもとで、共同体的な絆への回帰を深めつつある。個人としてのわれわれは、この傾向がはらむ「凡庸な悪」について思考し続けなければならない。「深く根源的であるのは善だけ」という彼女の言葉に勇気づけられながら。

21 重力と野心、空気と理想
――アルフォンソ・キュアロン監督「ゼロ・グラビティ」

アルフォンソ・キュアロンの最新作「ゼロ・グラビティ」を観た。

「3D映像技術の革新」との評判は伊達ではない。なんといっても軌道上の宇宙空間の「高さ」が体感できるのだ。ミスリーディングな邦題を無視して言えば、本作のすべての画面に〝重力〟がはたらいている。地上から六〇万メートルという場所の「おそるべき高さ」を理解させてくれるもの、それこそが〝重力〟にほかならない。

本作のテーマはシンプルだ。宇宙空間における絶対的な孤独を通じて、一人の女性の〝死と再生〟を描くこと。実際、胎児のように体を丸めていたライアン（サンドラ・ブロック）が、着水した水の中（羊水！）から浮かび上がり、力強く地上に立ち上がるシーンを観て、「誕生」や「再生」を連想せずにいることは難しい。

本作はまた、さまざまな映画的引用に満ちた作品でもある。パンフレットに掲載された町山智浩の解説によれば、「2001年宇宙の旅」はもちろんのこと、ライアンが宇宙服を脱ぎ捨てるシーンには「バーバレラ」や「エイリアン」が参照されているとのことだ。シンプルなストーリーにちりばめられた幾多の引用は、隠喩解釈への誘惑でなくて何だろうか。

ここは誘惑に乗ってみよう。なぜなら本作は、すぐれて精神分析的な読みに開かれた映画でもあるからだ。

本作における「重力」は「母なる地球」との臍帯であるとみなす考え方が一般的だろう。確かに「つながり」という点ではそうかもしれないが、爆発した衛星のデブリが凶器と化してしまうのも、実は重力ゆえである（軌道上を飛来するから）。母性だけでは説明できない無志向的で凶暴な力、それが「重力」なのだ。

地球上と宇宙空間との最大の違いはなにか。宇宙空間が「生きようという意志なくしては生き延びられない空間」であるということだ。地上に比べ、生存条件に対する「生き延びる意志」の比重が圧倒的に高い場所。娘を亡くして「生きる意志」が衰弱しているライアンにとっては、この空間は致命的だ。

宇宙は究極の「自然空間」であると同時に、人為の限りを尽くさなければ滞在できないという意味では、究極の「人工空間」でもある。こうした逆説に満ちた空間において、重力はエロスとタナトスの両義的存在となる。重力なしでは生きられないが、重力任せでも生きられない。宇宙がそういう場所である以上、私たちは知恵を振り絞り、重力を〝うまく〟活用しなければならないのだ。

ところで本作は、「重力」の映画であると同時に、「空気」の映画でもある。宇宙空間が死の空間である最大の理由は、そこが「真空」であるからだ。ライアンの宇宙服の酸素残量が徐々に少なくなり、彼女の呼吸が荒くなっていく描写こそが、観客の緊張感を高めていたことを思い出そう。そう、重力の両義性をもたらすものは、この「真空」にほかならない。

精神分析家ハインツ・コフートは、適切な自己愛の発達においてはまず「野心」と「理想」が重要であると述べている。野心とは方向を持たないエネルギーのこと、理想とはエネルギーが向かうべきゴールのことだ。ならば、本作における「重力」を「野心」に、「空気」を「理想」に置き換えたとしても、さほど違和感はあるまい。

しかし、野心と理想の組み合わせだけでは、しばしば空回りに陥ってしまう。野心を理想へ近づけるには、適切な「スキル」が必要なのだ。重力をうまく活用するためのスキルが。「スキル」といっても、単に技術ばかりを指すわけではない。「希望」や「愛」もまた、スキルの一部をなしている。では、それをもたらすのは誰か。コフートはそれを仲間の存在であると考えた。ならば答えはあきらかだ。

ジョージ・クルーニー演ずるベテラン宇宙飛行士、マット・コワルスキー。スキルの塊のようなこの男から、ライアンはユーモアと余裕を学び、生への執着を学び、さらには幻影となったコワルスキーからも、脱出のためのスキルを学ぶ。あの感動的な幻想シーンは、ライアンがコワルスキーというキャラクターを、いつの間にか取り込み内面化していたことを示している。そう、スキルとは本来、そのようにして獲得されるものなのだ。

さらに言えばライアンの仲間は、コワルスキーだけではなかった。彼女がＮＡＳＡと交信を試みて果たせず、たまたま繋がった先が英語を解さない男性だったというシーンがある（このシーンはキュアロンの息子ホナス・キュアロンがスピンオフ作「アニンガ」として撮影し、ウェブサイトで公開している）。

本作中で最も謎めいたシーンではあるが、コフートに即して観ればその意図は明白だ。生存のスキルの獲得には、必ずしも「対話」は必要ない。一緒に犬の遠吠えを真似たり、赤ん坊の声を聞いたりすることが、「体感としての希望」をもたらすのだから。

アニンガは対話不能の他者だが、それでも大切な〝仲間〟の一人だ。内面化し得ない他者であっても、嵐の夜の灯台の光のように「希望の持ち方」を教えてくれるということ。そう、その意味からも本作は、ライアンの傷ついた「自己愛」が修復に至るまでの、九〇分間の長い旅なのだ。

22 ノスタルジーとしてのヘアスタイル
――デヴィッド・O・ラッセル監督「アメリカン・ハッスル」

ちょっとわかりにくい映画かもしれない。詐欺師カップルの自分探し（こちらはフィクション）と、「アブスキャム事件」という史実が混在するためでもある。私も一度目の鑑賞では細部にわからないところが結構あった。資料や解説を読んでからもう一度鑑賞して、やっと面白さを理解できた。

アブスキャム事件そのものは、だいたいこんな感じだ。天才と呼ばれた詐欺師が逮捕され、無罪と引き替えにFBIのおとり捜査に協力させられる。アラブの大富豪をでっち上げ、彼にたかる政治家やマフィアを一網打尽にしよう、という作戦だ。政治家にワイロを受け取らせ、そのシーンをビデオ撮影して逮捕、というかなり強引な手段。結果、一九人の政治家が辞職に追い込まれた。しかし世論は喝采するどころか、詐欺師を利用したことや強引な手法に批判が集中し、捜査官は左遷、その後はむしろ政治家のカネの流れがチェックしにくくなったというオチがついた。

本作はこの史実に一ひねり加えているため、さらにややこしい。騙しの構造が二重三重になっているうえ、「スティング」のようなカタルシスがない。さらに言えば、これは非常にローカルな意味での「アメリカ映画」だ。「イギリスなまり」や「ブロンクス風」と言われてピンとこない以上、前提となる価値観でつまずくのは無理もない。

そう、本作の中心にあるのはアメリカ的価値観だ。これには〝hustle〟という言葉が深く絡む。日本語では「がんばる」くらいの意味だが、英語では〝詐欺〟も意味するこの言葉、必ずしも悪い意味ばかりではないらしい。宣伝文句にあるとおり、彼らは生き延びるために騙す。しかしラッセル監督に言わせれば、それだけではない。ある意味、誰もが騙している。時には自分自身すらも。

「この映画では全員が騙す。彼らは二重の意味で騙すんだ。一つには生き延びるため、ずるく立ち回るため。もう一つは、私たちみんなが日々の生活を生き抜くために自分自身にたわいもないウソや泣ける物語を言い聞かせたりしているってこと。私にはすべてが物語の形をとっているように思える。結婚や人間関係にまつわるストーリーを自分に言い聞かせることだってそうだ。でもいつの日かふとしたことで物語が機能しなくなる。その時君は、新たな物語を作り上げなくちゃならない」（ルイス・C・Kによるインタビュー）

おそらく、われわれにわかりにくいのは、この「生きるために騙す」という価値観ではないか。そもそも主人公であるアーヴィンは、幼少期に父親の生き方から「正直者が馬鹿を見る」という教訓を得て、詐欺師として名をはせる。彼の愛人となるシドニーは、「リアルな自分」を取り戻すために詐欺の片棒を担ごうとする。アーヴィンは本妻の連れ子を手放したくないためにうわべだけの結婚生活を送っている。離婚に踏み切れない彼に業をにやして、シドニーはFBI捜査官のリッチーを誘惑し、恋に落ちた振りをする。そう、彼らは二重三重に人を欺き、自分自身を騙す。より〝リアルに生きる〟ために。

リアルに生きる、とはリアルな物語を手に入れることだ。アーヴィンがシドニーと出会う場面が象徴的である。彼らは当時ですら誰も聞かなくなっていたデューク・エリントンのファン同士だった。この共感＝物語から彼らのリアルな関係が紡がれていく。彼らはこの関係＝物語を維持するために、人を欺く。貧しい人から金をだまし取ろうと、本妻が傷つこうと「リアルな物語」の追求は止められない。これこそが彼らの、そしてアメリカの価値観なのだ。

なぜそのように言い切れるのか。映画全体を貫く、ノスタルジックなトーンゆえである。本作はほとんど出オチのようにアーヴィンのカツラネタで笑わせてくれるが、リッチーのパンチパーマしかり、シドニーの勝負ソバージュしかり、髪にまつわるネタの宝庫だ。七〇年代の奇妙なヘアスタイルを念入りに描くことで、髪型＝身体性の操作で人を欺ける時代を微苦笑とともに肯定している。そして「フォレスト・ガンプ」の例を出すまでもなく、映画におけるノスタルジーは「喪われた価値観」への無条件の肯定を意味する。

いまやSNSをはじめとするネットワークの中で、人々は多重的な自己イメージを操作しつつ生きている。もはやそこには「身体性を駆使した騙し」の出番はない。人を欺いてでも追求すべきリアルな物語は喪われた。だから、この物語は七〇年代を舞台にするほかはなかったのだ。ゴージャスな髪型とファッション、そして素晴らしい音楽に彩られたあの時代。パソコンとネットがまだ実質的には存在しなかったあのころ。

最後に余談を一つ。FBI捜査官リッチーに彼の上司が「氷上の釣り」の話を聞かせようとしては中断されるというギャグがある。リッチーも話の結末が気になり出すが、ついに結末は明かされない。

上司役のコメディアン、ルイス・C・KがNBCのトーク番組『ザ・トゥナイト・ショー』で「落ち」をばらしていたので紹介しておこう。

「子どもの頃、僕と兄貴とで釣りに行ったんだけど、氷上釣りにはまだ時期が早すぎたんだ。すると怒った父親がこっちに向かってきた」。問題はその後だ。

「兄貴は氷の上にでっかいウンコをした。ウンコは氷の中にめり込んで、冬の間中そこにあった。そのせいで父親と兄貴の間には溝ができてしまい、僕はずっとどっちつかずの状態だった」。なるほど、功を焦る部下のひり出した「ウンコ」の後始末をさせられ続けた中間管理職の悲哀がだぶるエピソードだ。

そう、誰もが物語を持っている。

23　私は亡霊の声を聞いた
――ジョシュア・オッペンハイマー監督「アクト・オブ・キリング」

これは言葉の真の意味で、〝恐るべき映画〟である。

本作の製作総指揮を務めたヴェルナー・ヘルツォークをして「少なくともこの一〇年、これほどパワフルで、超現実的で、恐ろしい映画を観たことがない。映画史上に類を見ない作品である」と言わしめた作品。そう、本作はドキュメンタリーであるにもかかわらず、シュールなまでに〝ありえない〟作品なのだ。

そもそも本作のテーマである「九・三〇事件」がどれほど知られているだろう。恥を忍んで告白すれば、私は知らなかった。一九六五年九月三〇日にインドネシアで発生したクーデター未遂事件。当時のスカルノ大統領の親衛隊が陸軍トップの将軍らを殺害したものの、すぐに鎮圧されたクーデター未遂事件だ。

その後、スカルノから治安秩序回復の全権委任を得たスハルト（後に大統領となる）の主導のもと、事件に関与したとされる共産主義者、特に中国系の人々が数多く虐殺された。二〇世紀最大の虐殺の一つとも言われ、その規模は五〇〇万人とも三〇〇万人とも言われている。

この映画の主な登場人物は、当時の虐殺に関わった「プルマン」（語源は〝free man〟である由）と呼ばれるギャングたちだ。彼らをはじめとする虐殺の実行者たちは、なんら罰せられることもなく人生を謳歌し、多くのものが政治家として権力の中枢に居座っている。虐殺のことがあまり知られていないのは、そのためもある。なにしろギャングたちは、いまなお「パンチャシラ青年団」という数百万人規模の極右軍事集団のメンバーとして、政権を支えているのだから。

ジョシュア・オッペンハイマー監督は、はじめ虐殺の被害者を中心に取材を進めていたが、当局から被害者への接触を禁止され、対象を加害者に変更したのだという。加害者たちは嬉々として取材に応じ、「未来に歴史を記録しなければならん」と、自らの虐殺行為をカメラの前で再演してみせた。そう、彼らは虐殺に関わった過去を恥じるどころか、誇らしく思っているのだ。

本作の主人公は、当時「共産主義者狩り」にかかわり、その手で一〇〇〇人は殺したと豪語するアンワル・コンゴという老ギャングだ。彼はかつて、北スマトラ地方で映画館のダフ屋をなりわいとしていた。

とあるビルの屋上で、アンワルは殺人のシーンを詳しく説明しながら再現してみせる。はじめは棒を使って撲殺していたが、出血と臭いがひどいので、針金を使って絞殺することにした。ギャング映画を参考にした。殺した後は忘れるために酒とクスリをやった、踊ってハッピーになった。そう言いつつアンワルは、七〇代にしては達者な身振りで、チャチャのステップを披露してみせる。

さて、たぶんあなたは心の底で、まだこう思っている。「どうせ発展途上国の野蛮人のことだから、罪を内省するだけの知性や教養も無いんだろう」と。

しかしその先入観は、アンワルの友人であるアディの言葉であっけなく粉砕されるだろう。なぜなら彼は次のように語るからだ。あれは共産主義との戦争だった。戦争犯罪？　なにが犯罪かを決めるのは勝者だ。グアンタナモはどうなんだ？　この件を蒸し返すな。どうせやるなら最初の殺人からやれ。「カインとアベル」からだ。インディアンを虐殺したアメリカ人は罰しないのか？

そう、彼らはまさに「確信犯」にみえる。しかし、良く注意してみれば、アンワルやアディの言葉には、はっきりと「否認」の痕跡がある。罪の意識の否認だ。アディは罪を正当化すべく理論武装し、アンワルはいまも悪夢にうなされていることを告白せずにはいられない。

加害者のみならず、拷問される被害者を演じさせられるアンワル。撮影の過程を通じて、彼は次第に良心の呵責を告白しはじめる。もちろん監督は、彼らに対して、一切批判の言葉を口にしていない。ただ「殺人の演技（act of killing）」だけが、彼を変えていったのだ。

ラストシーンの衝撃は筆舌に尽くしがたい。アンワルは再びあの「屋上」にいる。彼は殺人について語り始める……そこで何が起こったか、詳しくは述べない。オッペンハイマー監督のインタビューから少しだけ引用しておく。

「アンワルのいた場所は死者の場所だった。そこは亡霊に満ちていた。私はその場所に彼とともに歩み入ることができなかった。アンワルという個人と政治体制とが、そこでぴったり重なり合っていた」

そう、あなたが聞くのは亡霊の声なのだ。針金で首を絞められ、窒息しつつ死んでいった死者たちの呻き声。監督がそれを意図していたかどうかはわからないが、この映画で採られた手法は、深刻なトラウマ被害者の治療プロセスと良く似ている。被害者はトラウマ体験を繰り返し詳細に語らされ、その圧倒的な記憶を無害化しつつ、物語として自分の人生に統合していく。再演し語ることがトラウマを癒やすとしたら、この映画で起きていることはその逆だ。再演することが否認されたトラウマを掘り起こし、アンワルの身体を亡霊の声が満たしていく。

アンワルは果たして救済されうるか。救済されるべきなのか。もはや私にはわからない。いま頭を巡るのは、同じ試みが例えばアイヒマンに対してなされていたら……という、あの「凡庸な悪」を巡る問いのみである。

24 性関係の存在証明
――アブデラティフ・ケシシュ監督「アデル、ブルーは熱い色」

デートに向かう途中、アデルは青い髪の美大生エマとすれ違い、一瞬で恋に落ちる。男友達に連れて行かれたゲイバーでエマと再会したアデルは、身も心も彼女との恋愛に捧げつくす。作品制作にいそしむエマのかたわらで、教師の仕事と家事をこなすアデルは満ち足りている。画家としてより大きな成功を目指すエマと、文才がありながら今の生活以上の変化を望まないアデルとの間で、少しずつ溝が広がっていく。

ストーリーだけ取り出して見れば凡庸な話だ。エマを男性に置き換えたら、ほとんどベタなメロドラマになってしまう。ならばレズビアン映画としての主張があるかと言えば、そういうわけでもない。とってつけたような政治的描写（差別やデモのシーン）はあるが、そもそもアデルが同性愛差別にあまり頓着していないのだ。

可憐な門歯がビーバーを思わせるアデル。彼女は映画の冒頭の食事シーンで、ナイフについたソースまできれいに舐め取るような健啖――もしくは〝下層〟？――ぶりを発揮する。ダンスのシーンと同じくらい繰り返される食事のシーンは、アデルの渇望に「本能」としての彩りを添える。常に半開きとなった彼女の口元は、その強靭な欲望と生命力を象徴するかのようだ。

その「本能」の赴くままに、アデルはエマと愛し合う。

レズビアンを描いた映画は意外に多いのだが、彼女たちの性愛シーンがこれほどまでに徹底的に描かれたことはなかった。「リアルに」とは言わない。私たちのほとんどが、その「本物」を知らない以上、見てきたような嘘はつけない。ただ、本作で三回にわたって繰り返されるそのシーンは、私たちが見たこともないような愛の形だった。

もちろん「リアルなセックス」は今やメディア上に溢れている。ネットワークに接続さえしていれば、いつでも私たちはそれらを眺めることができる。もはや希少性を失った「見せるためのセックス」は、単調さと退屈さを逃れられない。そんなすれっからしの私たちにとっても、彼女たちの性愛はひどく新鮮なものにみえる。

チュニジア生まれのフランス人であるアブデラティフ・ケシシュ監督は、俳優を長期間拘束し、理想の演技を追求するあまり過酷な演出をすることで知られている。カンヌでパルムドールを受賞したにもかかわらず、主演女優二人から「二度とこの監督とは仕事をしない」と言われてしまう監督も珍しい。エマを演じた女優レア・セドゥに至っては、メディアで監督の批判を繰り返し、訴訟も辞さない勢いであったとか。

ケシシュ監督の演出法はやや風変わりだ。俳優に脚本を渡さず、同じシーンのテイクを数十回も繰り返させる。アデルはインタビューに答えて「わたしたちには何がいけないのか、なぜもうワンテイクを撮るのか知らされないんです。ニュアンスを変えて演じるというわけではなくて、とにかく繰り返すんです」とこぼしている。「彼は、わたしたちがフラフラになって自分をコントロールできなくなる、そういう無意識でその人物に成り切っているような、神の恩寵というような瞬間を挑発してつかもうとしていたんです。彼は『ほら、こんなにうまくできただろ?』と主張してくるような演技が大嫌いなの」とも。

ここまで種明かしをされれば誰でもわかる。ケシシュ監督は、彼が敬愛してやまない小津安二郎の、あの伝説の演出法を採用しているのだ。小津がリハーサルを何度も繰り返して役者を疲労させ、自分のイメージ通りに動く機械人形のような演技をさせていたという有名な逸話がある。役者の演技から「癖」や「作為」といった人為的・意識的要素を削ぎ落とすためだ。

ただし小津は、作品中で性愛シーンをほとんど描いていない。「浮草」や「早春」にごく控え目なキスシーンがあるくらいだ。だとすればケシシュ監督の独創は、小津演出を性愛シーンに応用したという点に極まるだろうか。

本作には原作からの重要な変更点がある。ジュリー・マロ原作のグラフィックノベル（『ブルーは熱い色』DU BOOKS）では、主人公のクレモンティーヌ（本作のアデル）は、薬物依存と肺高血圧で死亡する。しかしこの変更は、本作にとって本質的なものではない。

原作に共通するのは「永遠」のテーマだ。原作の「クレモンティーヌの遺書」にはこうある。「愛は燃え上がる／愛は死ぬ、愛は壊れる。／私たちを苦しめ、再び蘇り……／私たちを生き返らせる。／愛はおそらく永遠ではないけど、／私たちを永遠にする……／死のその先でも、／私たちに芽生えた愛は／生き続ける」

性関係は存在しない、とラカンは言った。享楽の構造が根本から異なる男と女では、互いの幻想を抱きしめ合うことしかできないのだ。女は存在しない、ともラカンは言った。その特性を象徴界に安定的に記入できない存在、それが女だからだ。（存在しない）女同士の（存在しない）性関係。

ケシシュ監督の〝小津演出〟はなぜなされたのか。女優をとことん疲弊させることで、演技からあらゆる意志的なコントロール（男性性）を削ぎ落とし、受け身と憑依（女性性）を際立たせること。

その時、剝き身になった「女」どうしの性愛が、異性愛にはありえないほど美的な一体感を、そう言ってよければ「永遠」を、スクリーンの中に刻みつけるだろう。かくして映画は、〝存在〟しないはずだった「女」と「性関係」の、爆発的な存在――と同時に「不在」――証明になりえたのだ。

25 ポリフォニーがもたらす新しい言葉
——坂上香監督「トークバック　沈黙を破る女たち」

「語ることが人を癒やす」ことを最初に見出したのは、ベルタ・パッペンハイムという一人のユダヤ人女性だった。彼女は主治医だったヨーゼフ・ブロイアーとジークムント・フロイトの論文『ヒステリー研究』に「アンナ・O」として登場する。アンナは自分の受けた治療に「煙突掃除」とか「お話療法（トーキング・キュア）」と名づけたが、これが後に「精神分析」のアイディアにつながったことはよく知られている。

語ること、語り合うことがしばしば治療となり、時として人を変容させる。映画監督・坂上香は、言葉が人に希望をもたらし、人生を変えてゆく過程に関心を抱いてきた。彼女の前作「Lifers ライファーズ　終身刑を超えて」では、「更生不可」のレッテルを貼られたアメリカの受刑者たちが、仲間同士の語り合いを通して変容していく様を描いて反響を呼んだ。

その後彼女は、語り合いのみならず、表現そのものが変容をもたらす過程へと関心を深めていく。そんな中でサンフランシスコを拠点とするパフォーマンス集団「メデア・プロジェクト：囚われた女たちのシアター」を率いるローデッサ・ジョーンズらと出会い、八年がかりの撮影の果てに公開されたのが、新作「トークバック　沈黙を破る女たち」である。

登場する女性たちは基本的に元受刑者やＨＩＶ／ＡＩＤＳ感染者だ。作品の中心にあるのは二〇一〇年三月に上演された舞台『愛の道化師と踊る』。舞台シーンや練習風景に、さまざまな来歴を持つ女性メンバーたちのインタビューが織り込まれるという構成になっている。

治療法の進歩により、もはやＨＩＶは死に至る病ではない。たとえパートナーが感染者であっても、安全に共同生活を営むことは十分に可能だ。にもかかわらず、無知と偏見による差別は根深く残っている。彼女たちのカミングアウトを阻むのは、この種の偏見だ。感染のことを誰にも告げられないまま、彼女たちは孤立し、精神的に追い詰められていく。

たとえば五〇代の女性・カッサンドラは、若い頃から薬物依存、売春、窃盗、などの罪で服役を繰り返し、刑務所でＨＩＶの感染を告知された。メデアに関わる中で、考え方が変わり、ＨＩＶの治療を受けつつ自助グループで出会った男性と再婚、孫の面倒を見ながら養育放棄をした子どもたちとも関係を修復しつつある。

フィーフィーは、小学生の頃から薬物や窃盗に手を染め、数え切れないほど服役してきた。刑務所で受けたローデッサのワークショップをきっかけに、もう二〇年あまりもメデアに関わっているという。

振り付けを担当するアンジーは、一〇代から家出を繰り返し、薬物や売春にもかかわった。メデアに関わるようになってから生き方が変わり、矯正局の職員として勤務している。

なかばは予想通りというべきか、幼児期における性的虐待の被害者が多い。私も職業柄、多くの悲惨な生い立ちを持つ女性を知ってはいるが、そんな私でも途方に暮れるほど、〝凄惨〟としか言いようのない背景を持つ女性が何人もいる。

しかし中には、ソニアのように、ごく一般的な中流家庭で育った若い女性もいる。インド系の父と日系の母を持つ彼女は、大学時代、留学先の南アフリカで知人男性にレイプされ、ＨＩＶに感染した。一九歳で告知を受け、公演の三カ月前にメデアに参加した。ずっと感染のことを隠していたが、いまや彼女は、舞台上で堂々と「私はＨＩＶ陽性者」と語る。彼女は将来結婚し、子どもを持つことすら夢見ている。

パフォーマンスには、おのおのが実際に経験してきた過酷な事実の断片が織り込まれている。顔にペイントし、床を踏みならし、見えない敵にパンチを当て、歌い、絶叫するそのパフォーマンスは、リズムと生命力に溢れている。

ふと、前々章で取り上げた映画「アクト・オブ・キリング」を連想した。虐殺者を本人に演じさせるというアイディアは、本作における被害者に自分自身を演じさせるというやり方と、奇妙に重なる。それがPTSD治療にも通ずることはすでに述べた。

実は私は、本作からもう一つの映画作品を想起していた。二〇一三年日本でも上映会が開かれたダニエル・マックラーの記録映画「オープンダイアローグ」である。かなりの映画ファンでも、この作品を知る人は少ないだろう。なぜなら本作は、フィンランドの西ラップランドで実施されている、統合失調症の治療法を紹介するドキュメンタリーだからだ。

専門家を含む治療チームが患者の自宅でミーティングを開き、対話の力だけで治療的介入を行う。薬物をほとんど使うことなく、薬物以上に高い治療成績を実現した、この「開かれた対話」の試みは、現在、国際的にも注目を集めている。

対話において重視される要素の一つが、ミハイル・バフチンの提唱した「ポリフォニー」である。統合されない複数の声が織り成すポリフォニックな対話空間が、苦悩と症状に新しい言葉をもたらす。この過程こそが治療的な意味を持つ。まさに「お話療法」だ。ただし対話は、もはや診察室という密室で交わされるわけではない。複数の声が交錯する、開かれた対話空間こそが、言葉の生まれる舞台なのだ。

「トークバック」で特に印象的だったのは、デボラという女性だ。彼女は同じ男性から感染したAIDSで姉を失い、自らもHIV感染者向けのホームレスシェルターで暮らす。薬物使用による言語障害があり、AIDS脳症による認知症が進行しつつある彼女が、舞台の上で奴隷制度まで遡る女系祖先の名前を一人一人挙げ、彼らがいかに自分を力づけてくれたかを語る姿は感動的だ。メデアの舞台というポリフォニー空間から、彼女は自分自身を語る新しい言葉を、確かに取りもどしたのである。

26 暴力〈と〉暴力、個人〈と〉社会

――ジャ・ジャンクー監督「罪の手ざわり」

オフィス北野との共同制作だから、というわけでもないだろうが、ジャ・ジャンクーのひさびさの新作は「暴力」と正面から対峙する。また、その暴力の描き方が、どこかしら北野武を思わせるのだ。唐突で、一方的で、まるで「出来事」のような分厚い衝撃をともなって。

横転したトラック。その荷台から路上にぶちまけられた大量の真っ赤なトマト。炭鉱夫ダーハイ（チアン・ウー）がそれを眺めている。不意に背後で爆発が起こり、ダーハイはびくっと首をすくめる。この象徴的な冒頭の場面だけで、画面一杯に、不穏な気配がみなぎる。

描かれるのは四種類の暴力だ。

山西省の炭坑では、炭坑夫のダーハイが、炭坑を私物化して裕福になった元同級生のジャオや、村長への怒りを滾（たぎ）らせている。中央に訴えると脅すダーハイをジャオの手下がスコップで殴る。ダーハイは銃を取り会計係を皮切りに、村長、ジャオらを次々と殺害する。

二番目のエピソードに登場する男は、冒頭ですでに三人の強盗を返り討ちにしている。彼は出稼ぎと嘘をついて各地で強盗をしては妻に送金している。妻もうすうす感づいていて、もう金はいらないから家に留まってほしいと言うが、男はまた出て行ってしまう。重慶では銀行から出てきた裕福そうな夫婦を銃で殺害、金を奪って立ち去る。変装から証拠の隠滅に至るまでの鮮やかな手口。

宜昌ではヨウリャンがとあるカフェで愛人のシャオユーと向かい合っている。曖昧な答えしか返さないヨウ

リャンにいらだったシャオユーは「奥さんと別れるか私を取るか」と迫る。シャオユーの仕事は、風俗サウナの受付だ。男性客二人連れからマッサージ（性的サービス）を強要され、札束で顔を何度も叩かれたシャオユーは、そばにあった果物ナイフで客を刺してしまう。

四番目のエピソードはいささか異質だ。日本で言えばワーキングプアの若者、シャオホイが主人公である。彼は縫製工場で作業中に同僚に話しかけて事故を起こし、故郷に帰る。兄貴分の紹介で東莞の高級ナイトクラブに勤め始めたシャオホイは、若いホステスと親しくなる。しかし彼女には、娘のためにコスプレ姿で客にサービスしなければならない事情があった。失意のシャオホイは、別の工場に転職するが、かつてケガをさせた同僚が仲間を連れて脅しにくる。実家の母親からは仕送りをせがむ電話がかかってくる。そんな苦しい状況の中で、彼はひとつの「選択」をする。

それぞれのエピソードは、中国版ツイッターである「微博（ウェイボー）」で話題になった実話に基づくという。一見、何の関連もなさそうな、ばらばらの事件だ。一番目と四番目のエピソードについては、経済成長が浮き彫りにした経済格差が産んだ悲劇にも見えるが、二番目と三番目はやや個人的な事情によるだろう。

特に二番目の男はほとんどサイコパスめいていて、銃で人を殺す享楽を追求し続けている。三番目の女はこれとは反対に、辱めを受けた自らの尊厳を取り戻すためにナイフを手に取る。血まみれでナイフをかざす彼女の姿は、まさに武侠映画のワンシーンを思わせる。

本作において最も興味深いのは、ジャ・ジャンクーが四つのエピソードをつなぐ形式である。ブニュエル（「自由の幻想」）／伊丹（「タンポポ」）形式の接続法（人物Aについてのストーリーが、AとBがすれ違ったら、カメラが人物Bのほうについていって Bの話に繋がる）にもちょっと似ている。

冒頭でいきなり三人殺す男は、その後トラックの横転現場にさしかかり、炭鉱夫ダーハイとすれ違う。その男が重慶で強盗した後乗り込んだバスには、愛人との話し合いに向かうヨウリャンが乗っている。そのヨウリャンは、シャオホイが勤務する縫製工場の工場長だ。そしてラストシーン、ダーハイが働いていた炭鉱に、シャオユーが面接を受けにやって来る。

　無関係のエピソードをこんな風に繋ぐ手法に前例があるのかどうか、寡聞にして私は知らない。あまり一般的ではないことは確かだろう。なぜジャ・ジャンクーは、エピソードを並列することなく、あえてこうした〝弱い関連性〟を持たせたのか。

　私はここに、哲学者ジル・ドゥルーズの接続詞「と」へのこだわりを見て取らずにはいられない。そこで「と」は、並置された二つの事物／概念を弁証法的に綜合したり、あるいは帰納や演繹関係に持ち込むのではなく、切断のための接続、接続のための切断、という機能を担っている。

「と」のロジックはゴダールの映画作法として言及されることが多いのだが、私にはそれがいささか「切断的」すぎるように思われる。むしろジャ・ジャンクーのこうした〝弱い接続〟においてこそ、「と」の真価が発揮されうるのではないか。

「他の事物『と』リゾームをなすこと。それが、生成変化である」（千葉雅也『動きすぎてはいけない』河出書房新社）。「と」は事物や事件を「離接的総合」として関連づけ、同時に「非意味的切断」において切り離す。ジャ・ジャンクーが、バラバラの四つのエピソードに対して、フィクショナルな「と」のシーンを導入することの意味もそこにある。

　悠久の「生の円環」でもなく、ずたずたに寸断されたカオスとも言いがたい「中国社会のリアル」を描く上で、これほど似つかわしい技法があり得るだろうか。「本当に誠実な態度でこの時代の変化を記録している映画はほとんどない」（『ジャ・ジャンクー「映画」「時代」「中国」を語る』以文社）と嘆く彼は、本作において初めて、個人〈と〉社会の関係をパノラマのように一望する傑作を「発明」したのである。

27 誰が「父」を殺すのか

――ウェス・アンダーソン監督「グランド・ブダペスト・ホテル」

ポスターにもなったグランド・ブダペスト・ホテルの景観は、いかにも美しい。しかし映画の画面を見れば、それがハリボテであることは一目瞭然だ。そう、この3DCG全盛のご時世に、アンダーソン監督はいかにもアナログなマット・ペインティングとミニチュアのハリボテで本作を撮ったのだ。

思えばあの「ライフ・アクアティック」にも、「本物の海」はほとんど登場しなかった。探査船ベラフォンテ号の内部は実物大のセットだし、海中を泳ぐカラフルな魚は、すべてストップモーション・アニメ。ビル・マーレイの操縦するハリボテの潜水艇を見て、私はジョージ・ロイ・ヒル監督「スローターハウス5」のトラルファマドール星の安っぽいセットを連想した。

両者には共通点がある。その安っぽい人工性が、ある必然性のもとでの選択であるという共通点が。この問題は、本作全体に漂う雰囲気、あるいはウェス・アンダーソンという映像作家の作家性そのものに関わる問題であるだけに、掘り下げてみる価値がある。

本作の主たる舞台は一九三〇年代、架空の国ズブロッカ共和国だ。この物語には語りの構造が四つある（三重構造という説が多いし実質的にはそうだが時間軸としては四区分）。映画の冒頭、読書好きの少女が作家の墓参りをしてこの物語の原作本を読み始める現代。作家が孫とともに登場する近過去。すでに廃れつつあるグランド・ブダペスト・ホテルを訪れた作家が、ふとしたきっかけで、年老いた元ベルボーイのゼロ・ムスタファから話を聞く一九六〇年代。その話、グランド・ブダペスト・ホテルの名コンシェルジュ・グスタフとムスタファの冒険譚が一九三〇年代。

画面も時代ごとにビスタ、シネマスコープ、スタンダートとサイズが切り替わる。すでに多くの指摘があるように、ここにはアンダーソンの箱庭趣味、あるいはフレームへの偏愛がいかんなく発揮されている。インタビューによれば、時代ごとに話の進行するスピードも操作しているとのこと。つまり監督は、本作において、フィクションのレイヤーを三つに分割し、時間軸ごと操作してみせたのだ。

こうしたフレーム志向に始まり、シンメトリーの構図やクローズアップ、脱力系のギャグやRPG的なロングショットの横移動、細部の作り込みと完璧な色彩のコントロールなど、本作においてアンダーソン印の演出法はほとんど様式美の域に達している。

このほか特色ある演出法としては、徹底した感傷の排除（指の切断と猫の虐殺）と心理主義の排除にきわまる。蓮實重彥との対談で三浦哲哉が述べるように、アンダーソンは本作で――「ロイヤル・テネンバウムズ」の人物造形にはかすかに残響していた――ハリウッド式心理主義（トラウマ！）からきっぱりと手を切っている（「テキサスの謎――ウェス・アンダーソンのサスペンス性をめぐって」『ユリイカ』二〇一四年六月号）。すくなくともメインとなる一九三〇年代の描写からは、トラウマはおろか内省や葛藤すらもぬぐい去られ、行動から行動へとスピーディーな接続が展開していく。

セットの人工性（ハリボテ感）と画面の作り込み、そしてこのスピードこそが、フィクションとしての自律的なリアリティを醸し出す。それはテキサス出身、まだ四〇代の映画監督が想像するヨーロッパ、というよりは「世紀末ウィーン」というフレームと相まって、根無し草のようなノスタルジーを万人に抱かせずにはおかないだろう。

本作については町山智浩の懇切な説明の影響もあり、世紀末ウィーンを生きたユダヤ人作家、シュテファン・ツヴァイクの『昨日の世界』をモチーフにしている、との評価が定着しつつある。アンダーソン自身がその名前を挙げているためもあるが、本作に描かれた世界こそが、ツヴァイクがその喪失を嘆いた「昨日の世界」、すなわち世紀末ウィーンであったというわけだ。

本作に限らないが、アンダーソン作品には、通奏低音のようにノスタルジックな感覚がついてまわる。その起源に関わるヒントとして、本作におけるフロイトの影響について考えてみたい。

ジークムント・フロイトこそは、世紀末ウィーンの文化的爛熟が産み落とした最大の鬼っ子の一人である。フロイトは言うまでもなく、二〇世紀のすべての文化に深い影響をもたらしたとされる精神分析を創始したユダヤ人だ。もちろんツヴァイクも深い影響を受けている。彼は小説のみならず評伝というジャンルにも心理主義を導入した。心理描写の手法として精神分析が参照されたのだ。

それでは、フロイトは何をしたのか。本作との関連において最も重要な業績は、「父殺し」の発見だった。すべてを独占する「原父」を全員一致で殺害した息子たちの共同体から「宗教」と「文明」がもたらされた。これがフロイトが『トーテムとタブー』で提唱した「原父殺し」の神話である。フロイトはその発見によって、自らの父殺しを達成したのだ。父の機能を見出した精神分析は、父殺しのための道具でもあった。

いっぽうアンダーソンは、一貫して「凋落した父性」を描き続けてきた。「ザ・ロイヤル・テネンバウムズ」しかり「ライフ・アクアティック」しかり。本作においてはグスタフとゼロの擬似的な父子関係がこれに該当するだろう。ゼロはグスタフとの日々を懐古してみせる。「彼の世界ははるか昔に消失していた――でも、彼は感嘆すべき優美さとともにその幻影を維持してみせたのさ」と。

この言葉において、ゼロがグスタフ殺しの象徴的な〝原因〟であることがはっきりした。ノスタルジーとは「殺人の追憶」に手向けられた花束だ。そして構造は反復する。そう、この映画を彩る淡いノスタルジーもまた、映画という原父殺害の身振りの効果であるとしたら。しかし紙幅も尽きた。今回はあえて、この問いを開いたままで終わりたい。

28　ゴジラと憲法
――ギャレス・エドワーズ監督『GODZILLA ゴジラ』

何を隠そう、私の最初期の「映画的記憶」は「ゴジラ」だ。残念ながら初代ゴジラ（一九五四年）ではない。私がはじめて夢中になった作品とは、よりにもよって昭和ゴジラシリーズでもひときわ評価の低い一〇作目「ゴジラ・ミニラ・ガバラ　オール怪獣大進撃」（一九六九年）である。

コドモの鑑賞眼と笑わば笑え、私は主人公の鍵っ子少年に自分を重ね、全ゴジラファンを茫然自失させたあの主題歌を口ずさんだ。造形最悪のガバラを背負い投げするゴジラに性的興奮すら覚え、夢オチと酷評されたあのエンディングにたやすく慰撫されたのだ。

そんな私であるから、ギャレス・エドワーズ監督による新作は期待値MAXで鑑賞した。素晴らしかった。ゴジラの造形と絵作りに関してはほとんど完璧だ。既存の生物をなぞらず、着ぐるみ感すらにじませながら、仰角視点と空気遠近法で演出されたその巨大感たるや。これこそ、私たちがずっと夢見てきた理想の「怪獣」だ。昆虫のようだとあまり評判の良くない敵役のMUTOすら悪くない。エメリッヒ版ゴジラは、これで完全に過去のものとなった。

オリジナル版への徹底した敬意も嬉しい。フィリピンの炭鉱で発見された巨大な化石を検証に行く芹沢猪四郎（！）博士のシークエンスは、大戸島でゴジラの足跡を検証する山根博士（志村喬）を連想させる。アレクサンドル・デスプラのスコアも、伊福部リスペクトに溢れている。

いくつもの徴候を示しながら、じらしにじらして、おもむろにご本尊のゴジラが出現するという演出が実に効果的だ。曳光弾でその巨体の一部が夜空に浮かび上がるシーンはことのほか素晴らしい。

ＭＵＴＯに電車が襲われるシーンはオリジナル版の電車を噛みちぎるゴジラ、橋に手をかけるシーンは勝鬨橋破壊シーン、自衛隊のジェット機がゴジラを攻撃する場面は、本作では戦闘機が次々と落下してくる終末感溢れるシーンに反映されている。うがちすぎかもしれないが、囮の核ミサイルの回収に向かうパラシュート降下部隊の〝特攻〟ぶりからは、オキシジェンデストロイヤーを抱いて海中のゴジラと心中に向かう芹沢博士を想起せずにはいられない。

加えて３・11後の映画だけに、「震災」「津波」「原発」の三要素をさほど違和感なしに組み込んでいる。さすがに過去の核実験を「ゴジラに対する攻撃だった」としているのは問題だが、このエンターテインメント大作で、海軍司令官に向かい芹沢博士が「ＨＩＲＯＳＨＩＭＡ」の悲劇に言及するシーンを入れただけでも新監督の努力を評価したい。これに限らず、彼が本作の中で「ハリウッド的タブー」をいくつ乗り越えたかは詳細な検討に値する。

ともあれ本作は、初代以降に制作されたゴジラシリーズ中の最高傑作であることは間違いない。そう断言した上で、しかし私は改めて確信した。この先どれほどハリウッドが資本と才能を投入したとしても、初代ゴジラを越える作品は作られ得ないだろう、ということを。

「ゴジラ」第一作は、昭和二九年の日本という時代背景を抜きには考えられない作品である。しばしば指摘されるように、ゴジラは核と原子力の隠喩であり、同時に戦争の隠喩でもある。ゴジラが東京に上陸する経路が、東京大空襲でＢ29が辿った経路と同じであると言うのは有名なエピソードだ。

ゴジラの足下には常に大八車を引いて逃げ惑う民衆がいた。逃げ遅れ、子どもたちを抱きかかえて「もうすぐお父ちゃまのところへ行くのよ」と言い聞かせる戦争未亡人。実況しながら絶命していくアナウンサー。病院に溢れる負傷者。嵐の夜、目の前で母と兄を圧死させられた少年は、悠然と去って行くゴジラを前に「ちくしょう、ちくしょう」と吐き捨てることしかできない。

ゴジラが上陸した翌日の東京は、さながら空襲焦土と化したあの光景の再現だった。そして乙女たちの歌う『平和の祈り』。この破壊神を前にして、人間にはもはや祈ることしかできない。戦場で負傷し隻眼となった芹沢博士が、残されたカップルの幸福を祈りながら海中に没していくラストまで、この作品は痛切な悲哀に充ちている。何か決定的なものが喪失され、二度とは取り返しがつかないという悲しみ、この恐怖と悲しみの融合こそが初代ゴジラの本質だ。

本作の圧倒的なビジョンをもってしても、あの原点は越えられない。嵐の過ぎた大戸島の山頂からぬっと顔を現す真昼のゴジラ、あのシーンに匹敵する恐怖と驚愕を「怪獣」がもたらすことはもはやない。

ゴジラは奇妙な世界に住んでいる。どんな世界でも同一性を保つ存在がキャラならば、ゴジラは常に新たな世界観とともに再解釈され続けるキャラクターだ。新作が作られるごとに、これほど世界観が改訂され続けたキャラクターも珍しい。また、だからこそ冒頭でふれた「オール怪獣大進撃」のような作品が作られる余地もあったのだ。

牽強付会と言われようが、あえて言う。私にはゴジラシリーズを巡るファンの葛藤が、憲法改正を巡る葛藤とダブって見える。なぜ日本人は憲法を改訂できないままなのか。戦後のどの世代も、あの原典に込められた恐怖と悲しみ、そして希望に匹敵する情念を持ち得なかったからではないのか。九条の両義性についてはここでは問わない。ただあの憲法が一つの「傑作」である事実はゆらがない。理詰めで傑作は越えられないのだ。

日本で製作されたゴジラシリーズのラストを飾る作品は、二〇〇四年に製作された第二八作「ゴジラ FINAL WARS」だ。奇しくも自衛隊がイラクに派遣された年である。そして集団的自衛権の行使容認が閣議決定された二〇一四年、アメリカ製の圧倒的な新作が公開されたこと。私にはそれが、もはや偶然とは思われないのだ。

29 映画が私を見つめ返す

――ヴェレナ・パラヴェル＋ルーシァン・キャステーヌ＝テイラー監督「リヴァイアサン」

最近、つい衝動買いしてしまったものがある。四枚のローターを持つオモチャのクアッドコプター、別名ミニドローン（無人飛行機）だ。スマホにインストールしたアプリで操縦し、室内を自在に飛び回るミニドローンの姿に、私の中の〝少年〟は悶絶するほど夢中になった。

もちろんわれわれは三次元の世界に生きているが、われわれの認識は、ほぼ二次元に封じ込められている。認知機能の大部分が視覚情報に依存している以上、これはやむをえない。われわれは自分の深部感覚を利用しなければ、世界を三次元的に把握できない。しかし三次元的認識は無意識になされることが多いため、われわれは中々「三次元に生きる」という実感を持つことがない。ミニドローンを操縦することは、認識を三次元に遊ばせることに近い。私はその可能性に興奮したのである。

今回取り上げる映画は、ルーシァン・キャステーヌ＝テイラーとヴェレナ・パラヴェルによるドキュメンタリー映画「リヴァイアサン」だ。リヴァイアサンはしばしば海の怪物を指すが、本作には一九八九年の同名映画のような怪物は出てこない。この映画自体が怪物的な作品であるからだ。

結論から言おう。「リヴァイアサン」は、人類史上初の「3D映画」である。

3D映画はそこらじゅうに溢れているじゃないか、という反論は却下する。あれは私に言わせれば「立体錯視映像」だ。まとめて「飛び出す映画」とでも呼んでおけば良い。しかし「リヴァイアサン」は違う。この映画に展開するのは、二重の意味で「見たこともない映像」なのだ。

撮影の拠点は、マサチューセッツ州ニューベッドフォードから出港した底曳網漁船アテーナ号である。画面に「海水」はたっぷり映し出されるが、「海」はカケラも出てこない。船の揺れにあわせて甲板を浸した水の中を寄せては返す死魚の群れ、船から海に放出される無数のヒトデや貝殻、舳先を洗う水しぶきと、餌を求めて船につきまとうカモメの群れ。そして、ときおり〝映り込む〟漁師たち。そしてそこには「意味」がない。

そう、これほどまでに意味からも物語からも自由な映像を、私はいまだかつて見たことがない。そこには「解釈の余地」すらないのだ。意味や物語を求める視線にとっては、これほど退屈な映像もないだろう。なにしろ漁師がテレビを見ながら居眠りするだけの映像が、五分以上も続くのだから。しかし、自らの認識の構造に自覚的な視線にとっては、まるで刺激のシャワーに等しい映像と音響の連続である。

この映画の撮影には、一台のデジタル一眼レフカメラと、約一〇台のGoProが使われている。説明するまでもないだろうが、GoProとは、小型軽量でどこにでも装着できるビデオカメラだ。スポーツ選手がヘルメットに装着して主観視点で撮影するのに使用する。あるいは冒頭で触れたドローンに装着して飛ばせば、誰でも簡単に空撮映像が手に入る。本作ではこのGoProを漁師や船体や網などあらゆる場所に装着し、そこで得られた一五〇〇時間以上の映像素材を編集して作られた「映画」なのである。ここには演出も撮影も照明もない。本作においては「編集」だけが人為的になされているのだ。

「主体なき映像」がこれほど意味から自由になれるとは。もちろん主体が関わらないという意味では、監視カメラや定点観測カメラの映像もそうだ。しかし、真の意味で「主体性の欠如」とは、制止より運動の中でこそ明らかになる。

実は、こうした試みには先例が無いわけではない。会田誠の映像作品「風景の工学的記録におけるイコン化の確率に関する研究」もまた、主体なき映像をテーマとした傑作である。本作は、新幹線の車窓に設置したデジタルビデオで撮影した映像をコマ毎に分析し、それがイコン化、つまり作品として鑑賞に堪えるものになる確率を研究しようというものだ。ただ、惜しむらくは新幹線の直線的な運動と「窓からの景色」という点において、まだ「主体性」の痕跡が見て取れてしまう。

GoProは対象を「見る」という行為からわれわれを解放する。ドローンの空撮へと向かう私の——われわれの——欲望は「空から見られたい」という欲望だ。精神分析家ラカンはあるとき、小舟で海にこぎ出し、波間にただよう缶を見て「缶に見られている」と記した。「その缶は光点という意味で私を視ているのです。私を視ているものすべてはこの光点という水準にあります。これは決して比喩ではありません」（『精神分析の四基本概念』岩波書店）

「見る」行為は意味と物語を引き寄せ、対象を二次元に封じ込める。しかしGoProによって環境から「見られる」可能性を手にした今、われわれは「意味」と「物語」から解放された。そのときフレームの外側に広がる深淵こそが、本作を真の意味で「3D映画」たらしめるだろう。われわれを見つめ返す深淵のように、映画もわれわれを「見て」いるのだ。

30 裏声の身体性
――クリント・イーストウッド監督「ジャージー・ボーイズ」

映画を語るのに、監督の年齢を問題にするのは、フェアな態度ではないかもしれない。しかし今年八四歳になるクリント・イーストウッドが、またしても傑作「ジャージー・ボーイズ」を撮り上げてしまった事実を目の当たりにすれば、やはり冷静ではいられない。

画家や映画監督には、かなり高齢になるまで現役を維持するひとが多い。しかし、これほどコンスタントに瑞々しい傑作を世に送り出し続けた監督はほかに例がないのではないか。イーストウッドが敬愛するあの黒澤明ですら、晩年の衰弱とは決して無縁でなかったというのに。

一般に加齢の影響は、構成の破綻にあらわれることが多い。ひとつひとつのシーンの絵作りはそれなりに見事であっても、物語の構成はどこかしら弛緩してしまうのだ。体力の低下ゆえ、というよりは「物語をタイトに構成したい」という欲望自体が「若気の至り」的なものなのだろう。

ならばイーストウッドが「若作り」なのか、と言えばもちろんそうではない。彼が到達したのは、あえて言えば一部の高齢ロックミュージシャンたちがそうであるような「円熟した若々しさ」とでもいうべき逆説的な境地ではないか。

しかしそれだけでは、まだ〝びっくり人間〟的な驚きでしかない。年齢の話とは無関係にひたすら奇怪なのは、イーストウッドの「作家性」というものが異常に語りにくいという点である。現代の映画作家で、蓮實重彥や黒沢清のような見巧者すらも絶句させるような映画監督が他に何人いるだろうか。彼はあまりにも無造作に傑作を

〝量産〞し続ける。

仮にそれらの作品が、単にウェルメイドなエンターテインメントならば、まだわかるのだ。しかしイーストウッド作品には、まるでスピルバーグのような二面性がある。表面的には手堅く作られた娯楽作品にみせかけておいて、至るところに先端的な実験精神が横溢しているのだ。

この点について黒沢清は「彼らはもっと過激で訳のわからないものに挑戦している」と述べている。「こんな話聞いた事が無いという妙な物語に惹かれる人」だとも（『intro』インタビュー「映画『ヒアアフター』公開によせて 黒沢清監督にイーストウッドのことを聞く」）。

さて、新作「ジャージー・ボーイズ」である。

原作はトニー賞を受賞したブロードウェー・ミュージカルだ。一九六〇年代、ビートルズ直前のポップスシーンで脚光を浴びた伝説的グループ、「ザ・フォー・シーズンズ」の実話が元になっている。アメリカン・ドリーム、栄光と挫折、葛藤と絆を描いた王道的ストーリー。オールディーズにもミュージカルにも積極的な関心のない私としては、イーストウッドが監督していなければまず観ないようなテーマには違いない。

後にグループのリードボーカルとなるフランキー・ヴァリが初めてバンドに勧誘される。ここに登場する無名バンドの演奏シーンに、いきなり驚かされた。古臭いスタンダード・ナンバーが、はじめてポップスに接した瞬間のような新鮮さとともに鳴り響く。なぜこんなことが可能になったのか。

さらに輪を掛けて〝異様〞なのは舞台版でフランキー役を演じたジョン・ロイド・ヤングのファルセット・ヴォイスだ。レコードでしか知らなかった名曲を生演奏で聴いてしまったような衝撃。手垢まみれの古典に新たな生命を吹き込む演出の魔法が起動する。ミュージカル映画としてのつかみは完璧だ。

ミュージカル的でありながら、原則として音楽は演奏シーンに限定したことも成功の一因だろう。セリフと歌がシームレスにつながる不自然さは、「歌」の虚構性を語りのレベルに平準化する。本作では、そこをはっきりと区分するかわりに、作中のキャラクターにナレーションをゆだねた。この無造作な演出が、本作のミュージカル映画としての身分を保障する。

本作の成功の一因は、俳優の身体性を際立たせたことにもあるだろう。ジョン・ロイド・ヤングの〝異様〟なヴォイスが欠けていたら、本作の魅力は半分になってしまう。彼が典型的な二枚目俳優ではない点も、その特異な身体性に貢献している。

ギタリストでグループのリーダー格だが金に汚いトミーの存在感も、その身体性によるものだ。金庫の重みで前輪を持ち上げたまま走行する車のシーンにも顕著だが、極めつけはニックの告発である。彼は、ホテルでいつも同室となるトミーに、部屋のタオルを独占される苦痛を訴えるのだ。大量のタオルを消費するトミーの〝汚れた〟身体。

振り返ってみればイーストウッドの映画は、その多くが俳優の身体性とともに記憶されてはいなかったか。「許されざる者」で拷問されるモーガン・フリーマンの身体。「硫黄島からの手紙」では手榴弾で自決する日本兵の身体。「グラン・トリノ」ではならず者の一斉射撃をあえて受け止めるイーストウッドの身体。「ヒアアフター」における料理教室の目隠しゲームのエロティックさも忘れがたい。さらに言えば「J・エドガー」の〝失敗〟は、その身体性の希薄さゆえではなかったか。

もちろん「身体性」の一言で、この巨匠の神髄が腑に落ちるわけではない。しかし彼の映画に「加齢に抵抗する身体」ではなく「加齢によって解放される身体」を見て取ることには、その〝異様さ〟の謎を解く手がかりがありそうな気がしてならない。

31 滅びゆく「宙吊り」の美学
――ロマン・ポランスキー監督「毛皮のヴィーナス」

前章で取り上げたイーストウッドの円熟ぶりをアメリカ的成熟とみなすなら、今年八〇歳になるポランスキーのそれはフランス的成熟と考えるべきか。「戦場のピアニスト」以降の傑作の連打ぶりもまた、イーストウッドにひけをとらない。扱うテーマの広さ、作家性の語りにくさもまた同様である。

本作は強いて言えば前作「おとなのけんか」の系譜上にあると言えるだろうか。舞台作品の映画化であり、登場人物も限られた対話劇。

原作は言わずと知れたザッヘル・マゾッホ『毛皮を着たヴィーナス』。これをもとにした舞台劇の、さらなる映画化である。

嵐の夕暮れ時、パリのうらぶれた劇場で、劇作家・演出家であるトマが自分の書いた戯曲「毛皮のヴィーナス」のためのオーディションを行っている。ろくな役者が見つからず、そろそろ帰ろうかという時間帯に一人の女優が遅刻を詫びつつ登場する。

適当にあしらって切り上げようとするトマに、戯曲の主人公と同じ名前だという女優ワンダは食い下がり、無理に台本読みをはじめる。ガムを噛みながら下品な口調で話す、マゾッホの名前すら知らない彼女は、しかしどこで入手したのかトマの台本を持っていて、完璧にそらんじている。毛皮のつもりのストールをまとって演技をはじめるや、彼女はみごとに〝変身〟を遂げる。そればかりか、作品の本質を的確に批評し、あまつさえ性差別的だと批判しさえする。

演出家と女優。二人の関係性の変転ぶりがスリリングだ。支配する側とされる側が何度も入れ替わる。密室の中の人間関係が必然的にはまり込んでいく錯綜ぶりは、どこか谷崎潤一郎の『鍵』や『卍』といった小説を思わせる。そういえばポランスキー自身のたたずまいもまた、どこか〝谷崎的〟とは言えないだろうか。

本作はまた、きわめて錯綜したメタフィクショナルな構造を持っている。マゾッホ作品に想を得た戯曲の映画化、という意味ばかりではない。舞台のオーディションとしての読み合わせ、演技の語りと地の語りの混交ぶり、これにともなう役名と実名の混交、セリフと批評のポリフォニー。ヒロインであるワンダを女優ワンダが演じる二重性は、さらに拡張される。つまりポランスキーの妻であるエマニュエル・セニエが、ポランスキーそっくりの俳優マティウ・アマルリックを挑発する、という構図において。

「おとなのけんか」にも出てきたが、アメリカ的な「政治的正しさ」をくさすくだりが微笑を誘う。作品の本質を理解しつつ、いちいち「このセリフは性差別的」と批判するワンダ。彼女が本気でそんなことを考えているわけがない。これはトマへの挑発なのだ。激高して居丈高に罵り、その一方でワンダの才能に魅了されていく演出家。この往還を繰り返しながら、トマはワンダにのめり込んでいく。彼は「選ぶ側」として、その場を支配する「主」のはずだった。しかし、まさに彼を「主」たらしめているその論理によって、彼はワンダの言うがままに〝服従〟し〝隷属〟するほかはなくなっていく。

さて、マゾと言えばサドである。S—Mは常に「セット」で考えられなければならない。そればかりか、マゾヒストは潜在的サディストなのだ。両者は決して切り離すことはできない……あなたは、そう考えてはいないだろうか。

もちろん、まったくのデタラメとは言い切れない。私自身、かつてこの問題について詳しく論じたことがある(『関係の化学としての文学』新潮社)。私はフロイトにならって、あらゆる関係性はSM的であると考えた。これで言葉が強すぎるなら、積極性と能動性、腐女子的には「攻め」と「受け」。どんな関係にもこの要素がある、という意味で、SとMはセットである。

しかしそれはSとMが同じ物質で出来ていることを意味しない。SにはSの、MにはMの異なった本質があるからだ。この点を追求したのが哲学者ドゥルーズの著書『マゾッホとサド』（晶文社）だ。

「期待と宙吊りという体験は、根本的にマゾヒズムに属するものだ」と彼は言う。「マゾヒストは、快楽を、根本的に遅延する何ものかとして待ち、最終的に快楽の到来を（肉体的にして精神的に）可能にする条件として、苦痛を予期しているのである」（前掲書）とも。

この視点から観るとき、本作こそはまさしく「期待と宙吊り」の作品とは言えまいか。すべてが「演技」と「契約」（本作のキーワード）を前提としているがために、この点はいっそう際だって見える。先に述べたメタ構造のもとで、間接性は迷路化する。欲望の充足を際限なく引き延ばし、決して相手には触れないこと。その「間接性」を甘美に描く身振りには、もちろんアメリカ的な快楽主義（欲望の直接充足を目指す）への批判がある。

だからこそ本作のラストにおかれた「宙吊り」は、例えば映画「羊たちの沈黙」における、レクターの手で鉄格子に磔にされた警官の姿を想起させずにはおかない。そう、「欲望の宙吊り」はかくも美しい。ましてそれが、いまや絶滅に瀕しつつある美であるとすれば、なおのこと。

32　重力とヒューマニズム
――クリストファー・ノーラン監督「インターステラー」

クリストファー・ノーランの最新作「インターステラー」は、すでに多くの指摘があるように、はっきりとスタンリー・キューブリックの「２００１年宇宙の旅」を意識している。むしろ「２００１年宇宙の旅」信者にとっては、良く出来たパロディに見えてしまいかねないと心配になるほどだ。以下、ネタバレを盛大に含むので未見の方はご注意を。

なんといっても笑いどころは、この映画一番の〝萌えキャラ〟である人工知能「ＴＡＲＳ」の存在だろう。明らかに「２００１年宇宙の旅」の「モノリス」＋「ＨＡＬ」のパロディであり、本作におけるほとんど唯一のコメディリリーフでもある。

「２００１年宇宙の旅」では撮影技術的な問題から断念された「土星」がワームホールのランドマーク？　として登場するし、レインジャーが回転する母船とドッキングするシーンは「２００１年宇宙の旅」の宇宙ステーション（美しき青きドナウ！）を連想させる。しかし何より既視感をそそるのは、ブラックホールに落下してからのクーパーだ。ここは「２００１年宇宙の旅」でスターゲートの光の帯にボーマン船長が呑み込まれていくシーンがはっきり意識されている。もちろん、後述するように、その結果はほとんど真逆なものになるのだが。

しかし、こうした数多くの類似点にもかかわらず、本作はほとんどアンチ「２００１年宇宙の旅」とでも言うべき〝気概〟に満ちている。

私が本作で最も印象に残ったシーンのひとつに、映画冒頭でクーパー父子が「野良ドローン」を車で追いかける場面だ。解体されたインド空軍のもの、という短い説明だけで、本作の世界設定がリアルに伝わってくる。もはや「アポロ計画」すらロストテクノロジーの扱いを受け、地球環境の悪化とともに世界は衰退してゆく。この世界観ゆえに際立つ父と娘の絆、というテーマは、あのスタイリッシュなキューブリックなら決して取り上げなかったものだろう。

トリヴィアめいたことを一点指摘しておくなら、マーフィーの部屋でポルターガイストが本を落とすエピソード、その一冊にトマス・ピンチョンの傑作長篇『重力の虹』があった。実はこの長篇の後半部分に、本作とはまた別の意味で時空を超えた父と娘の〝交情〟が描かれている。もちろん膨大なエピソードの一つに過ぎないのだが、個人的には単なる偶然とも思われなかったので記しておく。

SFとしての本作の設定には意外に穴が多く、ネット上にも数多くの指摘がある。私がもっとも疑問に感じたのは、ラザロ計画における「プランA（現人類を移住させる）」と「プランB（人間の受精卵を移住先で人工培養する）」の存在だ。ふつうに考えてAとBは両立しうる。移住先の候補に三つの惑星があるとして、そのすべてに受精卵を送り込むのだ。そうやって「種の保存」の確率を高めつつ、並行して現人類の移住計画を進めれば良い。AとBのいずれを取るか、と悩む必要などないのだ。

しかし私は、この対比に、ノーランの「ヒューマニズム」を見て取った。どういうことだろうか。

私の解釈では「2001年宇宙の旅」においてキューブリックは明確に「プランB」を選択している。スターゲートを通過したボーマンは、異次元空間を経ることで「スターチャイルド」に〝進化〟するからだ。映画はそこで終わるので、その後ボーマンがどうなったかはわからない。

続篇「2010年」の解釈を信ずるならば、ボーマン船長は実体を持たないエネルギー生命体に〝進化〟する。つまりキューブリックは、個を滅却して「人類の進化＝存続」を選んだのだ。すなわち「プランB」である。しかしノーランは、あくまで「現人類の移住」に固執する。この固執に説得力を持たせるものが、娘を想い続けるクーパーの姿なのだ。

進化した知性が人類の進化を触発すべく設置したモノリスのような〝超越性〟は、本作には描かれない。すべては〝人類〟ならぬ〝人間〟の知性と技術にかかっている。ブラックホールに落下し、五次元空間から必死で娘にモールス信号でメッセージを発信し続けるクーパーの姿は涙を誘う。あの砂塵の日、マーフィーにメッセージを伝えていたのは、五次元空間の超越的知性などではなかった。父親からの信号を受け取った娘は重力の謎を解明し、現人類が移住可能なスペースコロニーが完成する。

「人類の存続」などより娘に会いたい。この父親の想いを、自身が娘の父親でもあるノーランは、文字通り究極の選択として肯定してみせた。もしその逆を選んでいたら、本作はせいぜい「劣化した『2001年宇宙の旅』」もしくは「良く出来たアルマゲドン」にしかならなかっただろう。

本作においてブランド教授はディラン・トマスの詩句を繰り返し引用する。

「穏やかな夜に身を任せるな／老いても怒りを燃やせ、終わりゆく日に／怒れ。怒れ。消えゆく光に」

もはやそれは、死にゆく老人が自らを鼓舞する詩にはみえない。私の解釈はこうだ。人類の衰退にあたり「超越者」や「種としての存続＝進化」などをあてにするな。誰も助けてはくれない。人類は進化などしない。人間を救えるのは人間だけだ。だからこそわれわれは、人間として、怒りを持って、危機と滅びに抵抗しなければならないのだ。

このようなノーランの姿勢を「ヒューマニズム」と呼ばないとすれば、一体何をそう呼べば良いのか。

33 抑圧の構造と子どもの領域
——アンソニー・チェン監督「イロイロ　ぬくもりの記憶」

シンガポールが舞台の映画がカンヌで受賞したというニュースを聞いてから、この作品を観る機会を心待ちにしていた。この一〇年ほど、年末年始を毎年のようにシンガポールで過ごしてきたものとしては、彼の地が意外なほど映画の舞台に取り上げられない不満をずっとかこっていたのだ。

マリーナベイ・サンズという巨大ホテル兼カジノが完成してからというもの、観光地としてのシンガポール人気は急速に高まりつつある。しかし私に言わせれば今更感が強い。ハワイよりも気軽に行けて、時差も少なく治安も良く、なによりホテルと食事の水準の高いこの国は、避寒とリラックスが目的ならば他に選択肢が考えられないほどの場所だ。香港の地位が凋落した今、格差や搾取の罪悪感をあまり覚えずに行ける南国といえばここしか思いつかない。

最近は美術館にも力を入れているとはいえ、香港とは対照的に「シンガポール映画」というジャンルは、しばらく不毛の時代が続いていた。ちょっと調べたところではグレン・ゴーイ監督「フォーエバー・フィーバー」、ケルヴィン・トン監督「メイド冥土」、ロイストン・タン監督「881 歌え！パパイヤ」などが日本でも公開されているようだが、シンガポールの庶民の日常を描いた映画となると、あまりみあたらない。

本作は九〇年代後半のシンガポールを舞台に、とある華僑の中流家庭の没落と、その家の一人っ子とフィリピン人メイドとの心の交流を淡々と描いた作品だ。子供がいても夫婦共稼ぎが多いこの国では、家事まで手が回らないため、中流程度の家庭でもメイドを雇う家は多い。フィリピンやインドネシアから出稼ぎに来て、超格安の給料で働いてくれる阿媽（アマ）さんたちが沢山いるのだ。

フィリピン中部の都市「ＩＬＯＩＬＯ」出身のメイド・テレサと、反抗期を迎えたせいかやんちゃな行動で母親を困らせる一〇歳の息子ジャールー。母親の命令で無理やり子ども部屋をシェアさせられたジャールーは面白くない。あの手この手でテリー（テレサ）をいじめようとする。しかし、相手が子どもだろうと不当な扱いにはきっぱりと抗議するテリーに、ジャールーは次第に心を開いていく。

当時のシンガポールはアジア通貨危機の渦中にあり、母親の勤務先でも社員が次々と解雇されていく。長引く不況で父親もリストラされ、株の失敗で大金を失う。母親は母親で仕事と家庭のストレスから、いかがわしい自己啓発セミナー詐欺にあってしまう。母親がジャールーに厳しいのは、単に多忙ゆえではない。学歴社会のシンガポールにあっては、勉強を頑張ること以外に庶民の子が幸福に近づけるチャンスはないと知っているからだ。

色調を抑えた乾いた質感の画面は、九〇年代という近過去を描くにふさわしい。演技もセリフもミニマムで、それほど起伏もないストーリーにもかかわらず、最初から最後まで緊張感が持続する。カンヌでのカメラ・ドール受賞、『台湾金馬奨』でも主要四部門制覇という評価は伊達ではない。一見「ふつうのこと」の連鎖に潜む「感情の動線」とでもいうべきものを巧みに描き出す手腕はただ者ではない。

とりわけ「子ども」の描き方には、どこか小津安二郎を連想させる「うまさ」がある。知られるとおり小津は、定型的ではない子どもを描かせたらきわめて巧みな作家だった（「生まれてはみたけれど」「お早う」など）。本作におけるジャールーの描写も、「心理」ならざる「内面」に照準するという、きわめて独創的な描き方がなされている。

四六時中たまごっちの育成にはげんでいるあたりはさすがに時代を感じさせるが、彼には独特の才能があった。ロトくじの当選番号を一人でスクラップして分析を続け、そこに一定の〝法則〟があることを発見したのだ。この発見で、彼はひとつの危機を脱することにからくも成功する。

両親から、もうお金がないからテリーを雇えないと告げられたジャールーは、もう一度この才能を活かして事態の打開を図ろうとする。このクライマックスの描き方がきわめて巧妙なのだ。テリーに去って欲しくないジャールーの思い。彼がそれを回避すべく必死で、たった一人で運命と闘い、挫折して涙したこと。去って行くテリーの腕にしがみつき、彼女の髪の一房をそのためだけに持参したハサミで素早く切り取り、車中で一人髪の毛の臭いを嗅いで嗚咽したこと。

この一連のシークエンスは、登場する大人たちが誰一人知り得ない形で描かれる。ジャールーの内面を、不可視の「子どもの領域」として描く手つきこそが、〝小津的〟——あるいは〝是枝的〟とも言いうるだろう——なのだ。

映画の中ではほとんど表情を動かさないジャールーの激情にふれることで、私たちは彼がどれほど大きな抑圧のもとで自分を殺して生きていたか、否応なしに気づかされることになる。

働き者で教育熱心だが叱咤激励しかしない母親、学校では放校寸前の問題児扱い、テリーをかばって友人とケンカした彼を待っていたのは、全校生徒の前での「笞打ち」の罰だ（シンガポールでは体罰が合法）。ジャールーとテリーの「友情」には、どこか抑圧された者同士の連帯感がみてとれる。本作が必ずしも「日常の中の小さなエピソードを巧みに切り取った小品」にとどまらないとすれば、アンソニー・チェン監督の視線が、そうした抑圧の構造にまでゆきとどいているためだろう。

34 〝喪失〟の後にこそ「関係」が残る

――マー・ジーシアン監督「KANO～1931 海の向こうの甲子園～」

私は野球に関心がない。嫌いと言うほどのこだわりもない。現役で活躍中の野球選手の名前を挙げろと言われても、イチローと松坂くらいしか思いつかない体たらくだ。試合の全経過を通してみたのは母校（盛岡一高）が甲子園に出場した、今を去る三〇数年前の試合が最初で最後だ。

そういう私がひさびさに野球の映画を観たいと思ったのは、戦前の台湾が舞台と知ったからだ。

あらすじに紙数を割くのは本意ではないが、最小限のことは記しておこう。一九三一年、それまでほとんど名を知られていなかった台湾の弱小校・嘉義農林学校が初めて甲子園に出場した。日本人、漢人、台湾原住民の混成チームだ。高砂族に野球ができるのかという一部の偏見を尻目に、嘉義農林は快進撃を続け、ついに決勝戦を迎える。その活躍のかげには、近藤兵太郎という一人の日本人監督の指導があった。

そう多くの野球映画を観てきたわけではないが、試合の迫力は出色である。もう一人の主人公とも言うべき呉明捷投手（実際に大学野球の選手だという）の投球は鋭く重いし、小里選手の前後にめいっぱい開脚しての捕球ポーズ（「タコ足捕球」というらしい）も美しい。選手役のオーディションが「五年以上の野球経験」を条件にしたというのもうなずける。

本作の紹介文には近藤監督の指導方針がしばしば「スパルタ」と表現されている。しかし良く見てみると、決してそうではない。彼には根性論を越えた「方法論」がある。途中、ローソクの火を見つめさせて「一、二、三、攻撃。」と繰り返す長く感動的なシークエンスがある。彼は基本的に「気合い」などよりも「リズム」と「集中」を大切にする。それが本来の指導方針なのか、三民族を束ねていく上で必要に迫られてのことなのかはわからない。ただ本作が台湾版「巨人の星」だったら私は観なかっただろうし、これほど感動もしなかったはずだ。

弱小球団が屈折したコーチにつきあっていくうち想定外に強くなる話。言ってしまえばそれまでだが、それだけではない。人種の対立を超えた多様性を肯定する話？ それはそうかもしれないが、厳しい目で見れば瑕疵はある。

たとえば近藤のこのセリフ。「混成チームのどこがいけんとよ。野球に人種なんて関係ない。蕃人は足が速い、漢人は打撃が強い、日本人は守備にたけている。こんな理想的なチームはどこにもない」。啖呵としてはカッコ良いが、実は矛盾がある。近藤は人種の優劣を言わないが、「蕃人は足が速い」といった人種の特性は認めているからだ。これは「女は女らしく」とか「黒人はダンスが上手い」といった本質論であり、政治的に正しいとは言いがたい。

あるいは、やや唐突に登場する八田與一のエピソード。彼は当時世界最大の烏山頭ダムと水路網からなる大規模な灌漑施設・嘉南大圳(かなんたいしゅう)を完成させ、台湾の農業振興に大いに努めた。本筋とは直接関係のない彼の姿をあれほど魅力的に描くことは「日本の統治のもとで台湾は発展した」かのような描写にも見えるため、現地で反発があったのもうなずける。

私が本作に感動したのは、そうした〝美点〟とは別の理由がある。

映画の冒頭は、呉明捷投手をライバル視しながらも甲子園では敗れた札幌商業のエース・錠者博美が戦地に向かうシーンからはじまる。彼は戦友に「嘉義に着いたら起こしてくれ」と言って眠り込む。嘉義に到着した錠者が一人向かったのは、強敵・嘉義農林のみすぼらしい練習グラウンドだった。

なぜ、この映画は、このようにはじめられたのか。

理由ははっきりしている。これは「喪失」の物語なのだ。三民族が協力して打ち立てたKANOの栄光も、指の怪我を押して投げ抜いた呉投手も、厳しい温顔ともいうべき表情で選手たちを見守っていた近藤監督も、あの輝くばかりに美しい船上のラストシーンも、すべて戦争が押し流してしまった。この喪失から物語が始まることが、まさに象徴的なのだ。

そもそも野球映画には「喪失」がよく似合う。「フィールド・オブ・ドリームス」、「さよならゲーム」、日本版「フィールド・オブ・ドリームス」ともいうべき「北辰斜めにさすところ」などなど。

近藤監督自身、一つの喪失を抱えている。彼は松山商業の監督として四国大会で高松商業と対戦するが、敗色が濃い中試合をあきらめた選手たちに失望し、慰留を振り払って監督を辞した過去があった。つまり彼は、一度「野球」を喪失した人間だったのである。

私が好きなのは呉明捷投手の初恋のエピソードだ。呉と仲のよかった少女・阿静は望まぬ結婚で医師に嫁ぐ。しかし彼女は呉の活躍をラジオで追い続けていた。最初の二人のシーンでさりげなく登場したラジオが嫁ぎ先にも持参され、二人の間をつないでいく演出が効いている（ヒットと同時に出産！）。なるほど、呉の初恋は失われた。しかし喪失の後も関係は続いていく。

本作では「パパイヤは根っこに釘を打ち込むと、もう自分は死ぬと思って、最後の力を振り絞って大きな甘い実をつける」という挿話が繰り返し語られる。

これは決して、空虚な根性論ではない。むしろ「勝利は喪失と隣り合わせである」ことの寓話でもあるのだ。

戦後、日本は台湾を失い、台湾も日本を失った。それでは、何もかも空無に帰したのか。決してそうではない。そう、喪失の後にも関係は残る。むしろ喪失の後にこそ関係が生まれるのだろう。痛快さと感涙だけで本作を見終えてはなるまい。これは「私たち」の、未来の関係を考えるための映画なのだから。

35 〝価値の恒常性〟を試されること
――クリント・イーストウッド監督「アメリカン・スナイパー」

最近、ネットで話題になった一つの画像がある。観る人によってまったく違う色に見えるドレス。関心ある方は「青　黒　ドレス」で検索されたい。ある人は「青と黒でしょう」と判断し、別の人は「白と金にしか見えない」と主張する。私はといえば何度観ても「白と金」にしかみえず、知人から真顔で否定されて結構ショックを受けた。

専門家によれば、これは「色の恒常性」で説明可能とのことだ。人間の視覚は、周囲の環境色が変わっても、同じものは同じ色で見えるように脳が補正を掛ける。たとえば金閣寺の写真に青いフィルターをかけても金色に見えるが、実際に観ている物理的な色は、実は青系統の色だ。例のドレスの写真は、環境光の判断が難しいため、観る人ごとに補正をかけるベクトルが変わってしまうというのだ。

いきなり何の話かと思われただろうが、今回取り上げる作品はまたしてもクリント・イーストウッド監督作「アメリカン・スナイパー」だ。つい最近「ジャージー・ボーイズ」をとりあげたばかりだが、今回はまったく別の角度から検討を加えたい。本作は単なる傑作である以上に、多くの語られるべき問題をはらんでいるからだ。

本作は実話に基づく。主人公、クリス・カイルはイラク侵攻で一六〇人以上のイラク人を殺した「伝説野郎」だ。冒頭、少年時代のクリスは、マッチョな父親から「お前は狼から羊を守る番犬となれ」と言われて育つ。やがてカウボーイとなり、三〇歳を過ぎてネイビー・シールズに入隊、9・11を経てイラクへ派兵されていく。

知られるとおり本作は二〇一四年の年間全米興行収入一位となり、クリント・イーストウッド監督作品史上最大のヒット作となった。普段ハリウッド映画を観ない保守層の観客を大量動員したためと言われている。つまり彼らは、本作を愛国的な映画であると理解して拍手喝采を送ったのだ。

リベラル寄りを自認する私にとって、この現象はまったく理解しがたいものだった。この作品の一体どこに、愛国的なニュアンスが読み取れるのだろうか。これは「アメリカ」によって捏造された使命感のもとで洗脳され、殺人を強要された男の物語だ。退役し帰国してからもそのトラウマに苦しみ、同様のPTSDに苦しむ帰還兵を救う事業をはじめたものの、救おうとした男に射殺されるというアイロニーに満ちた悲劇ではないか。

クリス・カイル（＝アメリカ）が正義でイラク人が悪、すなわち敵であると見る保守層。アメリカを侵略者、イラク人を被害者とみるリベラル。この二つの立場は、さきほど示した「青と黒」のドレスのように相容れない。一つの対象に関する複数の価値判断であれば、まだ妥協や折衷が可能だ。しかし矛盾するのが〝対立軸そのもの〟である場合は、きわめて妥協が難しくなる。

本作が巧妙なのは、この対比について、意図的としか思えないやり方でバランスを取っている点だ。クリス・カイルが無垢なヒーローたり得ないことは、冒頭の母子狙撃シーンからもあきらかだ。しかしイーストウッドは、イラク人についても無垢な被害者として描こうとはしない。時折本当に「野蛮人」と考えているのではないか？と疑いたくなる描写がちりばめられている。

しかしそれでも、私には本作が「スナイパー」を主人公にした点を重くとらえたい。マイケル・ムーアは本作が公開された直後にこう発言して物議を醸した。「僕の叔父は第二次世界大戦中、スナイパーに殺された。彼らは後ろから打ってくるから臆病者だと教えられて育った。スナイパーはヒーローなんかじゃない。侵略者はさらにタチが悪い」

保守派からさんざんな批判を受けて「これは映画の評価とは関係ない」と苦しい弁明を余儀なくされたムーアだが、彼の指摘は正しい。なぜか。

本作にはいかにも唐突なドローン（無人爆撃機）の描写、あるいはドローン視点への切り替わりがある。私はここにこそ、明白なスナイパー批判の意図がかいま見えるように思う。なぜか。ドローン攻撃は、「安全圏からなされる非対称的殺人」という意味で、狙撃に通ずる非人道性をはらむからだ。

ところがイーストウッドは、イラク側にもシリア人の狙撃名人を配することで、西部劇的対決の要素をあえて持ち込む。この演出が、スナイパーの非人道性を曖昧化してしまう。

自らの生命を危険にさらした上での殺人と、まったくの安全圏からなされる殺人とでは、後者のほうがより「悪い」。ドローン攻撃はその意味で、通常の空爆よりも非人道的だ。さらにドローンは、貧困地域の攻撃に特化された兵器でもある。先進地域なら簡単に撃墜されるからだ。その「非人道性」の延長上にスナイパーも位置づけられる。

クリス・カイルのPTSDもまた、彼の「罪」に対応させられる。なぜなら彼の〝症状〟は、常に被害的な形で表現されるからだ。バイクの音におびえ、アジア製の軽トラを警戒し、バーベキューで息子にじゃれかかる犬を殺しそうになる。きわめつけは泣いている娘を看護師が放置しているとキレるシーンだ。ここから彼の犯した子殺しの罪悪感を連想しないことは難しい。

しかしこれは、あくまでも「侵略」というフィルターのもとで見た場合の話だ。保守層がかける「戦争」というフィルターのもとでは、クリスは依然として悲劇のヒーローにしか見えないだろう。彼らの単純さを笑うのはたやすいが、それは対立を固定化するだけだ。私たちはむしろ「クリスがヒーローにしか見えない」立場が存在する事実をふまえて、〝保守という他者〟の理解を試みるべきなのかもしれない。

36 「屈辱」と「成長」
――デイミアン・チャゼル監督「セッション」

まだ二〇代の新人監督の作品がサンダンス映画祭でダブル受賞、アカデミー賞も三部門制覇したとの触れ込みに惹かれて「セッション」を観た。どうやら本職方面からの評判はよろしくないと伝え聞くが、なかなか興味深い映画だった。

架空の音楽学校でジャズドラマーを目指す主人公と、一人のチャーリー・パーカーを見出すためには数多の犠牲を厭わない厳格な音楽教師。物語は、ほぼこの二人の関係を基軸として進行する。

音楽性うんぬんはともかく、感心したのは、テーマと素材の緊密な結びつきである。師弟関係ならば、スポーツや格闘技、あるいは何らかの熟練を要するゲームなどが素材に選ばれやすいだろう。しかし本作には、音楽、それもジャズドラマーでなければならない必然性がある。

師弟関係を媒介するのは「屈辱」だ。それゆえチームが必要となる。仲間の前で侮辱、仲間とのライバル関係、そうした屈辱のリソースとして、小集団が必要だ。この時点であらゆる個人競技は素材候補から脱落する。「失われたスコア」が繰り返し重要な転機となるが、「スコア的な存在」が鍵を握る競技は、ほかにみあたらない。ここで一気にジャンルは「音楽」に絞り込まれる。主人公のエリート意識を支えるのは名門音楽学校の所属だから、ロックやポップスは考えにくい。ならばクラシックかジャズか。

ジャズしかない。なぜならドラマーが主人公だから。クラシックでドラマーが主役にはなり得ない。ならば同じジャズでも、なぜサックスやトランペットではまずいのか。これはおそらく、純粋に「見た目」の問題である。

フィジカルな運動量が最も多く、スポーツに近く「見える」ドラム。旋律がないぶん、門外漢にもテクニックが見えやすいドラム。

繰り返すが、このテーマがジャズのドラマーを主人公に据えたことには必然性がある。本作を「これは真のジャズではない」という立場以外から批判しにくいとすれば、それはひとえに、この必然性ゆえだ。テーマと素材の排他的な結合こそは、成功したフィクションの王道にほかならないのだから。

次いで、肝心のテーマに移行しよう。

ご覧の通り、変態的なまでにサディスティックな教師が、野心溢れる若いドラマーをいたぶり続ける。「音楽学校を舞台とした『フルメタル・ジャケット』」なる評価もあるやに聞くが、果たしてそうか。「フルメタル・ジャケット」でハーマン軍曹の罵声は、新兵全員に平等に浴びせかけられる。彼は新兵たちと関係を持つことを拒否しているので、私たちは軍曹の言葉を笑うことができる。

本作における教師フレッチャーの手法は、より関係的であり「個別指導」的だ。生徒に対する指導は、生徒個人のプライヴェートな事情にまで容赦なく及ぶ。アンドリューは繰り返し「父親の無能」や「母親の失踪」をネタに罵倒される。さらに巧妙なのは、持ち上げては落とす教師のやり口だ。

最初の出会いのシーンにおいて、すでにその徴候がある。フレッチャーはアンドリューのドラムに関心を示す。アンドリューは張り切って演奏する。しかし演奏中にフレッチャーは退室してしまう。アンドリューが落胆しているとフレッチャーが再度ドアを開ける。何か声を掛けてくれるかと思いきや、フレッチャーの言葉は「上着を忘れた」。若い生徒の野心を巧みに翻弄する教師。

フレッチャーの態度を日本の体罰教師と重ねてみる向きもあろうが、私にはむしろ彼我の違いが際立って見えた。日本の体罰教師や鬼コーチが目指すのは、痛みの共有による絆の強化であり、集団主義を背景とした気合の注入である。いわば包摂的な暴力であり、それは時に母性的にすらみえる。

しかしフレッチャーが目論むのは、ひとえに切断的な「屈辱」である。差別語はもとより個人的事情にまで踏み込んでなされる罵倒。仲間達の前で屈辱的な言葉を言わせること。ライバルとの比較や待遇差。持ち上げるかにみせてどん底までたたき落とす。なぜそんなことをするのか。

フレッチャーには一つの信念がある。屈辱こそが天才を生むのだ。チャーリー・パーカーをして偉大なる「バード」たらしめたのは、下手な演奏をしてシンバルを投げつけられた屈辱ゆえだった。クリント・イーストウッド監督作「バード」でも描写されたこの事件、目撃者の証言では、顔に投げつけられたのではなく、シンバルを床に投げ込まれて、それを恥じたチャーリーが泣きながらクラブを去った、というのが真相らしい。その後チャーリーは一念発起して練習に励むようになる。

体罰にせよ屈辱にせよ、教育の手法としては終わっている。それは当然だ。しかし、体罰や屈辱で成長する天才があり得る以上、この手法が根絶されることはないだろう。そこに優劣はつけようがない。しかし本作ではっきりしたことがある。体罰による成長は、包摂と感謝に満ちた美談しか生まない。しかし、屈辱による成長は、切断と両価的な憎悪をはらむがゆえに、きわめてスリリングなドラマたり得るのだ。

我が身に受けることは御免こうむりたいとしても、ひょっとすると本作は「屈辱による成長」という、反ビルドゥングスロマン的な倒錯ジャンルを開拓してしまったのかもしれない。

37 長い追悼の終わり

——原恵一監督「百日紅〜Miss HOKUSAI〜」

二〇〇五年に亡くなった漫画家にして江戸風俗研究家・杉浦日向子の傑作『百日紅』がアニメ化された。葛飾北斎の娘・お栄（葛飾応為）が主人公だ。父である葛飾北斎や居候の善次郎、妹で北斎の四女であるお猶らとの日々が、緻密に考証された江戸の街を舞台に描かれる。

冒頭の龍の絵のエピソードが巧みだ。お栄のキセルの火が北斎が制作中の絵に落ちて台無しになる。お栄は「あ……」というだけで謝らないし、北斎は怒りもせずに絵の制作を止めてしまう。しかし翌日、お栄は黙々と龍の絵の下絵を描き、父親の代筆で徹夜で龍の絵を仕上げてしまう。この父娘の関係性が鮮やかに浮かび上がる。娘は父に反発しつつも絵師としては尊敬している。父は娘をなぜか娘として可愛がることを断念し（生娘に春画を描かせている）、代筆を任せられるほどに信頼の置ける弟子として扱っている。

人間ドラマだけならば実写でも良かったのかもしれない。しかし本作の見所は、現実との境目が曖昧なまま出現する幻想のシーンだ。お栄とお猶を乗せた舟がいつの間にか大波に巻き込まれ、そのまま北斎のアイコンとも言うべき〈神奈川沖浪裏〉に繋がる楽しさ。あるいは北斎の腕が抜ける話を聞いた桔梗屋の花魁・小夜衣の「首が抜ける」シーン。お栄の描いた地獄絵図から鬼が抜け出してくるシーン。大和絵や浮世絵といった日本の美術は、CGで動かすと見事にはまる。墨絵アニメーションの極めつけが「かぐや姫の物語」だとすれば、本作の浮世絵アニメーションもそれに負けていない。

本作については、キャラの巧みな変換ぶりにも注目したい。

杉浦日向子が『月刊漫画ガロ』出身であることからもわかるように、彼女の漫画は「文芸」寄りだ。これは単にムードとして言うのではない。江戸風俗の描写に重点が置かれるため、登場人物の「キャラ」はかなり曖昧である。一般に漫画は「感情のメディア」であり、キャラはすべてのコマで何らかの感情表出を強いられるが、杉浦作品はそうした過剰な表出とも無縁である。

アニメの作動原理は基本的に漫画のそれに準ずる。アート系の前衛作品は別として、一般向けのアニメ作品は、やはり「立ったキャラ」の感情表出によって駆動される。原監督のジレンマは想像に難くない。キャラが薄く表出に乏しい（がゆえにニュアンスに富んだ）杉浦作品のヒロインを、アニメ向けに変換しなければならないのだから。結果、ヒロインの造形は大幅に変更された。

実父の北斎に「アゴ」とか「人三化七」などと呼ばれていたお栄を、極端に眉の太いツンデレ美女に変換したのである。本作の成功の八割は、実にこのキャラクター造形ゆえであることを私は疑わない。表出の乏しさもツンデレならば自然だし、太い眉毛としばしば頬を染める描写が感情移入を容易にするだろう。

キャラを立てるには「欲望」の描写が欠かせない。ならばお栄の欲望とは何だっただろうか。はっきり描かれているのは兄弟子への恋慕、火事場見物、妹のお猶への気遣い、その程度だ。原監督も指摘する通り、絵師としての創作意欲はさほどガツガツしていない。いい絵が描きたいと思っているし、依頼されれば淡々とこなすが、そこに彼女の「実存」はない。

むしろ彼女にも北斎にも、自己実現としての表現などという発想は、端からなかったのではないか。そのような自己愛の形は近代以降の産物であり、彼らは自らの才能について、現代人とまったく異なった解釈をしていた可能性もある。

北斎にとってもお栄にとっても、「絵の才能」は「業」にひとしいものではなかったか。だからこそ北斎は、娘であるお猶の失明に深い因果を感じ、恐れている。小夜衣のシーンで、北斎とお栄は抜ける首を目の当たりにするが、俗物の善次郎にはまったく見えない。そう、この父娘は「見えすぎる」という宿命を負っている。

北斎に至っては、他者の視点に憑依することすらできてしまう。眼の見えないお猶に顔をさわられて背景が暗転するのは、北斎にお猶の世界が見えてしまうからだ。北斎はこの〝視力〟ゆえに描かずにはいられない。むしろおのれの視力によって「描かされて」いたとも考えられるのだ。

お栄の「業」はもちろん北斎級のものではない。彼女の才能は、偉大な父のかたわらにいることで発揮された。一度結婚した彼女は、やはり絵師であった夫の絵を下手と笑って離縁されたという。その後ふたたび北斎のもとで暮らしたのは、そうした自覚があったためだろう。

ラストに近く、そんな彼女に北斎がかける言葉。「お前もそろそろ自分の絵を描いたらどうだ」。聞きようによっては残酷な言葉だ。果たして彼女に「自分の絵」という意識はあったのだろうか。

映画が終わり、エンディングのタイトルバックに、あの〈吉原格子先之図〉がさりげなく紹介される。光と陰のドラマチックな効果がド・ラ・トゥールを思わせるとも評される絵だ。実は私が最も感銘を受けたのはこの場面である。

そのつもりがなかったのに「業」ゆえにこのような「自分の絵」を描かされてしまったお栄と、「自分の絵」などという呪縛から解放されようという途上で夭逝した杉浦日向子が、この場面で重なる。そう、このようにお栄を描くことで、原監督の長い追悼は遂げられたのである。

38 「愚かしさ」のための文法
――グザヴィエ・ドラン監督「Mommy／マミー」

「S－14法案」。本作の鍵を握る法律だ。二〇一五年に、とある架空の国・カナダで成立した公共医療政策をめぐる法案。発達障害児の親が、経済的困窮や、身体的、精神的な危機に陥った場合は、法的手続きを経ずに施設に入院させる権利を保障したものだ。

四六歳の母親、ダイアン・デュプレの息子スティーヴはADHD（注意欠陥多動性障害）と診断されている。彼は一時的に施設に収容されていたが、施設の食堂で放火事件を起こす。逮捕か引き取りかを迫られたダイアンは、不安を抱えつつも息子と同居をはじめる。

とりあえず精神科医として、ちょっとだけ野暮な注釈をしておこう。スティーヴは必ずしもADHDの典型事例ではない。彼はかなり極端なケースであり、発達障害という設定は、その極端な二面性に加え、冒頭で触れた架空の法案をストーリーに組み込むため、というほどの意味しかない。

作品の冒頭部分、観客は主要なキャラクターの誰にも感情移入できないことに戸惑うだろう。四〇代半ばにしてギャルっぽいファッションを好むふてぶてしい母親、自己中心的で迷惑行為を止められない息子。この母親の情緒不安定ぶりは、間違いなくスティーヴの衝動性を助長している。

とりわけ物語の終盤におけるスティーヴの処遇は決定的に間違っている。辛い思いをさせる前に、せめてピクニックで楽しい思い出をつくってから……というのは完全に逆効果なのだ。これではスティーヴは反省するどころか、「最愛の母親にはめられた」という怨念しか残らない。

正しい対応はこうだ。「次にこのレベルの問題行動を起こしたら、警察経由で施設に収容してもらう」と予告しておいて、実際に問題が起きたら予告通り実行すればいいのである。予告が抑止効果を持つし、仮に収容されたとしても本人が自業自得と納得できる。

以上で本作の〝精神医学的に正しい〟批判は終わり。しかし果たして、そんな正しいだけの映画を誰が見たがるだろう。私たちが見たいのは、正しさとは無縁の人間の宿命であり、理不尽とわかっていても捨てられない人間の業ではなかったか。

この視点から観るなら、本作は間違いなく「母-息子」関係の本質に迫る傑作だ。ドラン監督は「感情」の扱い方をよくわきまえている。この意味で、彼のヌーヴェルヴァーグ批判はきわめて挑発的だ。

「ヌーヴェルヴァーグは見栄っ張りだから大嫌いなんだ。感情を否定しているしね。（中略）リアルな感情をさらけ出さない、頭で考えた論理的なスタイルだ。言葉を操って最も賢いドラマをどうやったら作ることができるのか、ってことに執着した自惚れたムーブメントさ」（グザヴィエ・ドラン、インタビュー）

まさに一刀両断だ。それでいてゴダールやトリュフォーを好きな作家に挙げる無邪気さも微笑ましい。シネフィルというコンベンションの外側から来た若き天才と言うべきか。

閑話休題、ドラン監督は「感情」に焦点化する。彼が「発明」した1：1の正方形の画面（インスタグラム・アスペクト）は、そこから「独特なエモーション」を引き出すための技法である由。常に中心に「顔」が位置づけられることで、観客はキャラクターの感情に釘付けにさせられるのだ。

この点が重要となるのは、母-息子関係を描く場合に最も重要なのが、まさに「感情」であるからだ。

かつて「母と娘」関係の厄介さを分析した著作（『母は娘の人生を支配する』NHK出版）を書いた際、私は大きな誤解をしていた。母と息子関係は、娘とのそれに比べたら、はるかに単純なものであるという誤解を。

母と娘は〝女性の身体〟を共有している。それゆえに、その関係性は入れ子状に複雑化する。娘へのしつけや教育は身体性の共有を前提としてなされるので、娘は母に逆らうことができない。母の存在は自分の細胞の一部でもあるので、「母殺し」は自殺に等しくなるからだ。

しかし息子には、そうした身体性の共有がないぶん、娘よりも距離がある。またたからこそ、息子は母を簡単に棄てられる。私はそう考えていた。しかしドラン監督の作品「マイ・マザー」と本作「マミー」によって、その誤解に気づかされた。そう、彼らもまた、ひとつの身体を共有しているのだ。「感情」という身体を。

彼らが感情という紐帯で深くつながっていることを象徴するシーンが二カ所ある。物語の中盤、訴訟沙汰に助言をもらおうと以前からダイアンを口説いていた弁護士のポールを食事に誘う場面。彼の下心が不満なスティーヴがカラオケバーで一騒動起こした挙げ句、ポールを口汚く罵る。たまりかねたポールがスティーヴを殴ると、ダイアンが間髪を入れずにポールに平手打ちを浴びせる。

施設職員に暴力を振るったスティーヴが強制的に取り押さえられる場面では、母親は自ら望んだはずの施設収容を撤回してまでスティーヴを守ろうとする。理屈ではない。スティーヴの感情をわがことのように感受できるからこその、反射的行動である。

時に罵りあい、強い憎しみをぶつけ合いながらも、その関係を捨てられない。ラストシーン、スティーヴのとった行動は、孤独に押しつぶされそうな母親を救いに駆けつけようとするヒーローのようにも見える。そう、たぶん彼らは愚かしいし、何も解決はしない。しかし、そこにも彼らの「選択」があり「希望」がある。最後の最後に彼らに声援を送りたくなったとすれば、人の愚かしさにも光をあてるドラン監督の映像文法ゆえではなくて何だろうか。

39 「存在」はスキャンできない
――アリ・フォルマン監督「コングレス未来学会議」

今を去る二〇年ほど昔、こんなエピソードを聞いた。映画「バットマン・フォーエヴァー」を巡る一つの事件。高層ビルから飛び降り、夜の街を歩み去っていくバットマンをフルCGで描いたシーンが物議をかもしたのだ。本作でバットマンを演じたヴァル・キルマーが、スタント部分はともかく、俳優が演ずることができる歩行シーンまでCG俳優を用いたことは認められないと俳優組合が訴え、当該シーンがカットされるに至ったのである。

こんなCG石器時代の話も今は昔、その後のハリウッド・アクションはCG抜きでは成立しないほど進化した。CGアニメーションを偏愛するロバート・ゼメキス監督は、映画「ベオウルフ／呪われし勇者」で、アンジェリーナ・ジョリーのフルヌードをCGで描いてみせた。

また映画「ターミネーター4」では、州知事となり俳優休業中だったシュワルツェネッガーに代わりターミネーター（T-800）を演じたのは、ボディビルダー出身のローランド・キッキンジャーだった。ただしその顔は、デジタル合成で若き日のシュワルツェネッガーに差し替えられていた。

ここまでは、まだ俳優の「顔」は「本物」が使用されている。私が最も驚かされたのは、イタリアで撮影された、とあるチョコレートのCMである。本作に「出演」するのはフルCGで再現された〝女優〟、オードリー・ヘップバーンだ。

何の解説もなしにいきなり見たら「よくもまあ、これだけそっくりな女優を見つけたものだ」と感心する程度には良く出来ている。もちろん注意深く見れば、実写とのわずかな差は認識可能だが、このレベルの「俳優」が量産されたら、半端な俳優が大量に失業する可能性はにわかに現実味を帯び始めるだろう。

前置きが長くなったが、いずれも本作と無関係な話ではない。二〇一四年、ハリウッドは俳優の身体や表情のすべてをスキャンし、そのデジタルデータを独占して映画を制作する体制に入った。かつて「フォレスト・ガンプ」のヒロインを演ずるなど、一度はハリウッドの頂点を極めた女優、ロビン・ライトにも声がかかる。

彼女もすでに四四歳、女優としての盛りは過ぎて、仕事は減る一方だ。難病を抱える息子の治療費も馬鹿にならない。二人の子どもを抱えたシングルマザーとして煩悶したあげく、彼女は巨額のギャラと引き換えに、映画会社ミラマウント社（ミラマックス＋パラマウント？）の契約書にサインした。

冒頭部分のアイロニーは素晴らしい。「お前のワガママでスタジオをいくつ潰したと思う」「選ぶ男も全部ダメ」とか、「ショーン・ペンのことかー！」と突っ込みたくなるようなスレスレのセリフの応酬。「キアヌ・リーヴスはもうサインした」といったギャグも楽しい。ハリウッドのタブーに果敢に突っ込むアリ・フォルマン監督の蛮勇にまずは拍手を送ろう。

しかし本作の真骨頂は、契約から「二〇年後」のシーンから展開されるアニメ・パートだ。

二〇年目の契約切れを機にミラマウントの主催する「未来学会議」を訪れた六〇代のロビン。守衛から「ここから先はアニメになります」と薬を渡され、画面は突如フライシャー風のドラッギーなアニメーションに切り替わる。

ミラマウントの新たな戦略は「映画の終わり」を意味していた。人々は薬を服用するだけで、幻想世界で女優になったり、自分好みの物語を生きることができるようになる。それゆえ新たな契約は、いわば誰もがロビンになれるように彼女自身がサプリメント化されることを意味していた。

既視感を覚えた人も多いだろう。そう、これは映画「マトリックス」にきわめて近いモチーフだ。ヴァーチャル空間「マトリックス」に脳をジャックインして幻想世界で万能になること。薄汚れた「現実の砂漠」を生きるのか、華やかな「幻想」に浸って生きるのか。その答えは自明のようで、しかしそれほど自明ではない。監督はおそらくわかっている。「現実」と「幻想」の区別は決して容易なものではないことを。デビュー作でイスラエル軍のレバノン侵攻を取り上げた彼が、社会構成主義（「現実」を作り上げるのは言葉やシンボルであるとする立場）に自覚的でないわけがないのだ。

ロビンは、一度は幻想を選択しかける。しかし彼女をひきとめたのは障害を抱えた息子への愛だった。息子に会うために幻想を破壊する薬を服用した彼女の目に映るのは、スラム街のように薄汚れた街角に集う惨めな人々の群れだ。その中を、自身もまた一人の老婆としてさまよいながら、彼女はかつて息子の主治医だった耳鼻科医のもとに辿りつく。

耳鼻科医から聞かされた意外な「真実」にもとづき、彼女はもう一度ある選択をする。その選択を盲目的な母性愛として喰うこともできよう。しかし、果たしてそれだけだろうか。世界にただ一つの「関係性」を選ぶことは、このうえなく現実的な選択とは言えないだろうか。

おそらくこの点にこそ、監督の主張がこめられている。そう、アニメも実写もどうでもいい。映画がひとつの関係性を描く時、それ自体がひとつの「現実」を意味している。俳優のリアリティを保証するのは、スキャンされた身体データなどではない。彼（女）を支える関係性の束こそが、その存在の固有性を保証するのだ。現実か幻想かという「偽の問題」の手前で、私たちは映画における「関係性」の価値を再確認することになるだろう。

40 逃げる男、巻き込む女

——リューベン・オストルンド監督「フレンチアルプスで起きたこと」

似たモチーフを扱っていると言われる「ゴーン・ガール」はそれほどでもなかったが、本作は男として異様に身につまされる映画だ。ストーリーはタイトル通り、フレンチアルプスに休暇に来ていたスウェーデン人の裕福な家族がちょっとしたトラブルを経験するというもの。

アルプスでは大きな災害を防ぐために、空砲を鳴らして人工的な雪崩を定期的に起こしている。家族四人が揃って食事中、ひときわ大きな人工雪崩が起こる。最初は皆写真を撮ったりして暢気（のんき）に構えているが、雪崩がみるみるテラスに迫ってきて人々はパニックにおちいる。母親エバは、とっさに子どもをかばってしゃがみ込む。しかし父親トマスは、あろうことかスマホと手袋を持ってすたこら逃げた。もうもうたる雪煙がおさまるころ、トマスは何食わぬ顔で席に戻るが、気まずい雰囲気。誰も口をきかないまま食事が続く。

同じ状況はそうそう経験できまいから、もっと身近な例を出してみよう。あなた（男性）は奥さんか恋人と手を繋いで散歩している。そこへ突然、暴走車が突っ込んできた。あなたがとっさに取る行動は、①手をふりほどいて逃げる、②彼女をかばって車の前に立ちはだかる。さてどちらか？

私について言えば、残念ながら①をやらかしてしまう可能性が否定しきれない。いそいで付け加えておくが、だからパートナーが大切ではないとか愛していないとかいう話ではない。おそらく男性の過半数は①になるはずだ。これは判断というよりは、本能や脊髄反射のようなものである。オストルンド監督も指摘するとおり、ハイジャックや船の沈没といった惨事では、男性のほうが先に逃げ出して自分を守る（だから生存率が高い）という統計があるくらいだ。

もっとも、このあと素直に逃げたことを認めて謝っていれば、それほどこじれずに済んだかもしれない。しかしトマスは、スキー場で知り合ったカップルとワインを飲みながら、自分からこの話を蒸し返す。エバから「あなた逃げたわよね」となじられて真顔で否定するトマス。彼は「認識の違い」として逃げ切ろうとして、ますますエバの怒りを煽ってしまう。これで夫婦間の葛藤は決定的になる。

オストルンド監督の演出は手堅く的確だ。一日の締めくくりに、洗面所で家族揃って歯磨きをするシーンが繰り返され、家族の関係が緊張をはらんでいく様が手に取るようにわかる。カップルがもめる場面になると必ず登場する清掃スタッフは、一種のコメディリリーフであろう。

精神科医として言えば、父親が家族の危機から逃げようとするのは全世界共通の傾向である。子どもが不登校やひきこもりになったときも、対応は妻に丸投げして仕事に逃避する父親がほとんどなのだ。「喰わせてやってるんだから」というのがその口実だが、逃避は逃避に違いない。

ならば、この物語の〝教訓〟は「とかく男は度しがたい」ということなのだろうか。妻エバこそは慈愛にみちた献身的な良妻賢母なのだろうか?

必ずしもそうとはいえない。エバのその後の振る舞いは、自己憐憫と夫への心理的復讐一色になってしまうからだ。酒席では繰り返し例の話を蒸し返し、楽しい雰囲気をぶちこわして来客を困惑させる。リフトのバーを乱暴に下ろして娘をびっくりさせる。夫を泣くまで追い詰めてそのケアを子どもたちにまかせ子どもにたしなめられる……。

そう、ここに描かれているのは「男は身勝手で女は被害者」みたいな単純な図式ではない。男も女も時に自己中だが、その表現形式が異なるという構図なのだ。

私の考えでは、男女の価値観の違いとは、とりもなおさず「所有原理」と「関係原理」の違いである（拙著

『関係する女 所有する男』講談社現代新書)。早い話が家族に対して、男はまず「自分の所有物」と考え、女は「一番大切な関係性」と考える。言い方を変えれば、男は家族を自分が所有してよい他者と認識し、女は家族を自分の一部のように感じやすい。

この感覚の違いが、家族に対する態度として表現される。男は家族を他者と感じているから、とっさの危機には切り捨てる。ただし大切な所有物ではあるから、物やお金でサポートしようとするし、自分が辛いときでもやせ我慢をして家族に心配を掛けまいとする。女は家族との一体感や責任感が男性とは比較にならないほど強いから、とっさの危機には庇おうとする。しかし自分が不幸なときは、そこに家族も巻き込まずにはいられない。

例の失態の後、おろおろして右往左往するトマスは決して悪い父、ダメな夫ではないはずだ。エバは良妻賢母「風」だが、夫の失態で自分の家族が「理想の家族」ではないと知るや、とことん夫を追い詰めていく。雰囲気の悪さから夫婦の危機を子どもが敏感に察知して不安に陥っているのもおかまいなしだ。

もっとも、エバもさすがに、これではまずいと思ったのだろう。最終日、吹雪の中を滑りながら、半ばは意図して皆とはぐれ、トマスに助けを求める。トマスは懸命にエバを助けて父親の面目を保つ。これで一件落着か、と思いきや……もう一ひねりを加えるあたりがオストルンド監督の非凡なところだ。

いよいよ最終日、下山するバスの運転がどうもおかしい。乱暴さを注意しても、ますますひどくなる。とりわけエバは過敏に反応し、一人「バスを止めて下ろしてくれ」と騒ぎ立てる。不安が感染した他の乗客も我先にとバスから降りてしまう。そう、今回はエバが子どもと夫をおきざりにしかけるのだ。徒歩でとぼとぼと下山していく乗客たちのラストシーンは、何ともほろ苦い笑いを醸し出す。

41 「純粋欲望」の華やぎと空虚
――ダン・ギルロイ監督「ナイトクローラー」

かつて北野武は「一度久米宏に極悪人の役をやらせてみたい」と言った。なるほど〝闇の深そうな善人〟というイメージに、若かりし日の久米はぴったりだった。こんなことを思い出したのはほかでもない、本作におけるギレンホールのすさまじい変貌ぶりに驚嘆したからだ。

役の振幅の大きさにハリウッド俳優のサバイバルが賭けられていることは承知の上だ。ギレンホールは本作で、体重も減らさず歯も頭髪も抜かず、たぶん筋トレもしていない（ように見える）。にもかかわらず、その顔にいつものベビーフェイスは欠片（かけら）もみあたらず、異様に目つきの悪い〝陰惨な〟としか言いようのない風貌の男がそこにいるのだ。

もちろん本作の素晴らしさはそれに限らない。その巧みな脚本には、いくつもの逆説とアイロニーが満載である。

本作の主人公は、ケチな窃盗で日銭を稼ぐ男、ルイス・ブルーム（ギレンホール）。ルイスはある晩、交通事故に出くわし、現場に群がるカメラマンを目撃する。報道スクープ専門のパパラッチ、またの名を「ナイトクローラー」たちだ。何事かひらめいたルイスは、さっそく盗んだロードバイク（!）を売ってビデオカメラを入手し、彼らの真似事をはじめる。

実に興味深いのは、本作には「正義」の視点がほぼないことだ。ルイスはもとより、その助手も、映像を買うテレビ局のニーナ（レネ・ルッソ）も、モラルという点では全員失格である。女性警官は、ルイスの不道徳性の注釈として登場するだけで、何もできない。にもかかわらず、本作にはある種の爽快感がある。これはなぜだろうか。

一つには——すでに指摘があるように——本作が、〈ルイスのしていること〉にさえ目をつぶるなら、非常に良くできたサクセス・ストーリーであるためだ。誰もが認めざるを得ないのはルイスの勤勉ぶりである。ネットの知識の切り貼りとはいえ、ルイスは情報を集め、行動し、交渉し、やりとげる。

彼が助手や部下に語る言葉は、いっぱしの成功者が口にするような自己啓発的メッセージに満ちている。唯一そこに欠けているのは、ほとんどの自己啓発書に記されているはずの「他者への配慮」だ。ルイスは努力し、障害を乗り越え、時には大胆な賭けに出ることで、サクセスを手に入れる。孤独な部屋でアイロンをかけていた下層の青年が、自ら興した事業を軌道に乗せる。これもまた一つのアメリカン・ドリームではないと、いったい誰に言えるだろう。

しかし本作でそれ以上に興味深いのは、「パパラッチ」という行為の位置付けである。ルイスの行為は、われわれの欲望の延長線上、その先端にある。事故現場の凄惨なシーンを安全なところから目撃したいという欲望、他者の不幸を味わいたいという欲望、それは「われわれ」の側にある。この点に関しては誰も潔白ではない。テレビ局はその欲望を先取りしながら、より刺激的な映像を求め、パパラッチはその欲望に応えるべく、時にはモラルの境界線を越えてより強烈な映像を狩る。

ここにはヘーゲル＝ラカンのテーゼ、「欲望は他者の欲望である」の理想的な形式がある。なぜなら、この〝まなざしの欲望〟は、すべて〝他者からもらいうけたもの〟であるからだ。視聴者は「別に見たくもないけれど、テレビで映像が流れればつい見てしまう」と〝言い訳〟するだろう。いっぽうテレビ局は「刺激的な映像のほうが視聴率が取れる。われわれは視聴者の欲望に応える義務がある」と責任転嫁できる。パパラッチはもちろん「残酷な映像ほど高く売れる（＝テレビ局が求めている）」と言うだろう。

人は「自分のための欲望」は我慢できても「他者のための欲望」は我慢できない。それゆえに視聴者―テレビ―パパラッチの間で形成された「まなざしの欲望」サーキットは、放送コードぎりぎりまで、互いに増幅しあい続けるだろう。

私がことのほか興味深く感じたのは、映画の途中からルイスが「何を求めているか」がわからなくなることだ。ルイスはかつてアドバイスを貰った同業者から才能を認められスカウトされて、「目指すものが違う」と断っている。ならば、彼は何を目指していたのか？　単に金銭的な成功ならば、スカウトに乗っても良かったはずだ。

私の推測はこうだ。ルイスはもはや、金にも女にもさしたる関心がない。ましてルイス自身は「刺激的なシーン」への欲望などとうに失っているだろう。そこには刺激度への量的（金銭的）判断はありえても、彼自身が刺激を享受する歓びはもはやない。なぜなら彼は視聴者＝テレビの欲望と一体化することで、対象を欠いた「純粋欲望」を追求する「欲望の媒介者（メディア）」となっているからだ。このとき欲望は限界と歯止めを失うだろう。ルイスが売れるシーンの撮影のために、次第に手段を選ばなくなっていくのは彼自身の非倫理性ゆえではない。それ自体が空洞である「純粋欲望＝欲望のための欲望」に憑依されたとき、一切の限界が無意味になるのである。

ちなみにラカンはこうも言った。「おのれの欲望に譲歩するな」と。それが精神分析的倫理であると。本作の鑑賞後に残る〝爽快感〟に似た何ものかの一部は、おそらくここに由来する。ただしそれはラカン的倫理とはすでにズレをはらんでいる。「純粋欲望」はもはや「おのれの欲望」とは言えず、誰にも帰属しない欲望の別名であるからだ。

だからこそ私は思い浮かべずはいられない。取材専用車と複数の部下を抱えるほどの成功に至ったルイスが、いまなお一人の部屋で、孤独にアイロンをかけているシーンを。

42 贋作者のアウトサイダー

――サム・カルマン＋ジェニファー・グラウスマン監督「美術館を手玉にとった男」

「贋作者」にはドラマがある。彼らの物語は私たちを魅了せずにはおかない。例えばフェルメールの贋作者として知られるハン・ファン・メーヘレン。彼は贋作で富を築いたばかりではなく、ナチスドイツを騙した英雄とも評されている。わが国にも日本の美術史上最大の贋作家と呼ばれた滝川太郎の例がある。

本作に登場するマーク・ランディスもまた、そうした贋作者の一人だ。彼は三〇年以上にわたって、一五世紀のイコンから、ピカソ、ローランサン、ディズニーに至るまで、数多くの贋作を作ってきた。奇妙なことにランディスは、贋作で儲けようとは考えていなかった。彼はただ「寄贈」したのである。イエズス会派の神父などに扮し、亡くなった母親の遺産といったもっともらしい物語を付け加え、アメリカ中の美術館や教会に贋作を寄贈する。全米二〇州、四六館もの美術館が騙された。その「作品」数は一〇〇点以上に及ぶという。

本作は、そんなランディスを追ったドキュメンタリーである。ランディス自身のインタビューはもちろん、作品の制作過程から実際の寄付行為の現場までもが克明に描かれる。その一方で、ランディスの作品が贋作であることを見破った美術館職員のマシュー・レイニンガーも登場する。寄付行為をやめさせるべく、職をなげうってまでランディスを追い続けるレイニンガーの行為は、単なる使命感を越えて、ストーカー的な執着に限りなく近づいていく。同じくランディスに関心を持った大学の美術館員、アーロン・コーワンは、贋作の寄付をやめさせるための画期的なアイディアを思いつき、そのプランにランディスを巻き込んでいく。

実はランディスは精神障害者であり、現在も通院と服薬を続けている。軍人の父を持ったランディスは、父の転勤とともに世界各国を転々とする子ども時代を送った。父は彼が一七歳の時に癌で亡くなった。ランディスはそのショックで精神的な失調を来し、精神科病院で入院治療を受けた。診断は統合失調症。幻聴や幻覚もあったらしいが、詳しいことはわからない。映画には診療場面も出てくるが、担当医は彼の病歴もうろ覚えで、ありふれた慢性患者として対応されていることがうかがえる。

ランディスの贋作はきわめて精巧であるが、製造過程はかなり「ずさん」だ。キャンバスや額縁はウォルマートなどで安く入手し、時にはフォトコピーの上から絵画を上描きしたりもする。材質を古く見せる工夫は、なんとコーヒーをぶちまけるだけ。実際、贋作がバレる一つのきっかけは、画の一部にデジタルコピーしたさいのドットが露出していたためらしい。フェルメールと同時代のキャンバスや額縁を使用し、絵具、絵筆から溶剤に至るまで時代考証を徹底したメーヘレンとはずいぶん違う。

ランディスは美術学校に通いはしたが、贋作の手法はほぼ自己流である。精神障害に罹患した作家という点からも、彼はいわゆる「アウトサイダー・アーティスト」に近い。実際、数少ない彼のオリジナル作品は、アウトサイダーのマーケットで販売されたという。しかし、彼の贋作製作過程をみていくと、その巧みさは完全に熟練工のものとわかる。絵画の上にトレースする紙を乗せて、めくったり戻したりしながらそっくりの画を生み出す技法などは、おそらく彼のオリジナルだろう。

彼は映画公開後にインタビューに答えて、次のように述べている。

「（違法性についての質問に）法律関係のことは、テレビ番組『弁護士ペリー・メイスン』で知った以上のことは良くわからない。三〇年前に、母親をびっくりさせたくて、美術館に絵を寄贈することを思いついたんだ。絵のそばにはたいてい『誰それからの寄贈』みたいに、金も地位もある人の名前が記されているよね。『ペリー・メイスン』にも美術館に絵画を寄付する婦人の話があって、すごく印象的だった。僕が絵画を贈ったら、みんなが普段とは違う態度で、僕を大切に、親身に扱ってくれた。いままでそんな経験は一度もなかった。全然なかったんだ。僕はそれが気に入って、どんどんのめり込んだ。誰だってそうなるだろう。（中略）僕は、わけあってぜんぜん自信がなかったし、いまもそうだ。誰も僕を大切に、敬意を持って扱ってくれなかった。だから僕は（贋作の寄贈に）はまったし、今もそうしている」

そう、驚くべきことにランディスの動機は「自己実現」ではなく「承認されること」だった。母に認められたい一心で始めた贋作が予想以上に評価され、彼は依存症のように「贋作による承認」にはまっていったのだ。

そう考えるなら、彼が必要以上に素材や道具にこだわらないのもうなずける。彼の関心は「人を騙す」ことにはない。「人から大切にされること」なのだ。金儲けや自己表現の野心を持たないがゆえに、彼の贋作がなかなかバレなかったとすれば、なんとも皮肉な話ではある。

自身がしていることが善行であると疑わない彼は、架空のキャラクターになりすますことにも「うしろめたさ」は一切ない。神父の衣装を身にまとい、母の遺品の赤いキャデラックで美術館に乗り付け、堂々たる態度で交渉を進める。贋作の制作もなりすましも、承認をうるための手段としては同等だ。それゆえ本作で問われているのは「ホンモノ」と「ニセモノ」の境界線ではない。「表現」をとるか「承認」をとるかという、アーティストにとって普遍的なテーマがそこにある。

43 「原罪」を巡る実験
——アレクサンドル・コット監督「草原の実験」

美しい映画。それも、近年まれに見る美しさである。静的な一枚絵ではない。すべてのシーンが美しい運動に彩られているのだ。監督はロシアの新鋭、アレクサンドル・コット。この〝映画に愛された作家〟の登場を心から歓迎したい。

荒涼とした草原にぽつんと建つ、石造りの粗末な一軒家。そこに暮らす少女と父親。父親は元軍人とおぼしい。家の前に立つシンボルツリーは、風に吹きさらされて傾き、枯れかけている。そう、ここは不毛の草原だ。ワジ(涸れ川)に水が流れる描写があるように、限りなく砂漠に近い。植生で言えば中央アジアに良く見られる「ステップ」だろう。

トレーラーや、セリフがない映画といった先行情報から〝実験的な映画〟という漠然とした先入観があったが誤解だった。セリフなしという〝実験〟はあるが、ストーリーはシンプルで、タイトルもほぼそのままの意味である。

本作の成功の大部分は、少女ジーマを演じたエレーナ・アンの〝発見〟に帰せられる。撮影当時一四歳だったという彼女の奇跡的なたたずまいは、不穏なまでに美しい。いわば彼女が、本作のあらゆる場面に、儚くも美的な文脈を添えているのだ。そうでなければ、あのジャガイモのような——ちょっとソン・ガンホを思わせる——父親の坊主頭までが美しく感じられるなどありえないではないか。

彼女の日常はつつましい。「仕事」から帰った父親の足を洗い、靴下をはかせる。テレビはおろか、電気も水道もない家で、彼女の楽しみは世界地図やスクラップブックを眺めることと、父親がトラックのバッテリーをつないで聴かせてくれるラジオくらいだ。朝、彼女はナンに肉をはさんだ弁当を作って父親に持たせ、トラックで途中まで送りとどける。

物語の後半、少女はいつも馬で送ってくれる幼なじみのアジア系少年と、ふとしたことで知り合った白人少年との幼い三角関係に巻き込まれる。もっとも、彼女を巡ってつかみ合う少年たちに頭から水を浴びせるくらいだから、恋に恋する少女ではない。そのたたずまいはあくまでも凛然としている。

この映画（原題はただの「実験（テスト）」だ）のアイディアは、現カザフスタンの草原地帯にあったセミパラチンスクで四五六回にわたり繰り返された核実験に由来する。当時、ソ連の原爆開発の最高責任者であったラヴレンチー・ベリヤはこの土地一帯が無人だとウソの主張をしたという（実際には七〇万人もの住民がいた）。結果、この地域は全世界で有数の高放射線地域となって現在に至る。

さて、問題は「少女」である。本作はこの「少女」なしには成立しない。その存在をひとつの消失点として、この作品の遠近法は成立している。さらに「セリフがない」ことで、あらゆる「音」が、何事かの徴候を語りはじめる。トラックの窓に吊された金具の立てる優しい音、スクラップブックの折れた葉を元に戻す繊細な少女の指、楽しい夢でも見たように微笑を浮かべる少女の口もと、井戸のふたを開けるために少女が背中から引っぱり出した鍵の体温、放射能を調査に来た男達から隠れて布団から覗かせる少女の目。彼女の世界を巡る描写は、まるで不用意に彼女に触れてしまったかのような錯覚を起こすほど、触覚的に構築されている。

そして少女は語らない。言葉を発しないことで、その儚さはいっそう際立つ。本作は少女の沈黙において、少女の表象を新たに定義づけようとする。それは、幻の優さではない。「生きていること」そのものがはらむ儚さだ。生命の輝きと〝暴力〟の対比という意味で、私は本作からもう一つのロシア映画の傑作「炎６２８」を連想せずにはいられなかった。

彼女のたたずまいが不穏なのは、この美しさが絶対的な喪失を予感させずにはおかないからだろう。子どもの無垢は大人への依存のもとで担保されている。大人からの自立においては、無垢さはしばしば失われる。しかるに一四歳の彼女にあっては、「無垢」と「自立」とが奇跡的に共存している。しかしその美しさは、必然的に失われる。私たちからの「社会的視線」によって。

視線がなければ「美」はありえない。しかし当の視線がその「美」を毀損するのだ。無垢ないし自立、あるいはその双方を、「社会」が去勢するからだ。かくして少女の「美」は失われるという逆説。ここにも私たちの「原罪」がある、とまで言えば言い過ぎだろうか。

ラストシーン、私たちのもう一つの「原罪」が衝撃とともに告発される。少女を巡る世界の美しさを十分に感受した私たちは、あの〝美しいキノコ雲〟にもはや原罪以外の意味を見つけることができない。無垢さは永遠に喪失された。その喪失に対して、私たちはもはや無関係ではいられない。

それゆえ本章を、同じく人間の「原罪」をうたった村野四郎の『鹿』の引用でしめくくっておこう。野暮な注釈をしておけば、この「鹿」を「少女」に置き換えるだけで、詩の意味はがらりと変わるはずである。

「鹿は森のはずれの夕日の中に／じっと立っていた／彼は知っていた／小さな額がねらわれているのを／けれども彼にどうすることができただろう／彼はすんなり立って村の方を見ていた／生きる時間が黄金のように光る／彼の棲家である／大きな森の入口を背景にして」

44 包摂の不条理
——橋口亮輔監督「恋人たち」

「ぐるりのこと。」の橋口亮輔、七年ぶりの長篇映画ということで、期待は大きかった。が、それでも本作を観て驚いた。前作をしのぐスケール感を持った傑作である。逆説的なようだがこのスケール感は、ディテールへのゆきとどいた配慮あってのものだ。

冒頭、主人公であるアツシのモノローグに、私たちはいきなりむなぐらを摑まれる。そう、邦画ではきわめて稀なことだが、本作ではセリフが〝生きて〟いるのだ。誰一人として〝映画のように喋らない〟ことが、これほどまでに映画を解放する。職場でのたわいない雑談が、弁当工場での小言が、ゲイバーでの痴話喧嘩が、なんと瑞々しく響くことか。

セットも素晴らしい。とりわけ春日部で夫と姑と暮らす瞳子の生活圏のリアリティは、ドキュメンタリーというよりは、リフォーム番組『ビフォーアフター』の「ビフォー」のような生々しさに溢れている。美人とは言えないまでもどこか男好きのする瞳子のたたずまいも、リアリティのバランスが素晴らしい。弁当工場のパート勤務と家事に追われながら、暇を見つけては「小説」を書く主婦、という意表を衝いた設定に説得力を与えるのは、こうした細部への配慮にほかならない。

本作には三人の主人公がいる。通り魔殺人事件で最愛の妻を失い、橋梁点検の仕事をしながら裁判の準備に奔走するアツシ。無口で無愛想な夫と口うるさい姑と春日部に暮らす主婦、瞳子。エリート弁護士で、ゲイであることをカミングアウトしている四ノ宮。アツシは現在単身者だし、瞳子は肉屋に言い寄られてよろめきそうになるがそれは不倫だし、四ノ宮はパートナーがいるもののすぐ別れる上に本命は学生時代からの親友だ。「恋人たち」というタイトルはミスリーディングにも見える。しかし共通点はある。三人とも、誰にも語れない深い喪失を抱えている、ということだ。

インタビューによれば、本作の登場人物には、橋口監督の個人的な思いが託されているのだという。特にアツシについては「僕が『ぐるりのこと。』という映画を撮ってから体験した、さまざまな感情が反映されています。ある意味、僕自身と言ってもいいかもしれない」とまで述べている。主婦の瞳子には橋口が一八歳のときに父が再婚した女性を見ていて「こんな結婚をして幸せなんだろうか？」と思った記憶が反映されているという。

犯人を殺したい思いと、自分自身を殺したい思いの狭間で身動きが取れなくなっているアツシの苦しさは想像するに余りある。健康保険料を巡るやりとりで、お役所的な処遇に苛立った彼が爆発しそうになってぎりぎりで踏みとどまるあたりの演技は見ているこちらの胸までが苦しくなるほどだ。そう、彼の境遇には「答え」がない。仮に弁護士の協力が得られて民事訴訟に勝てたとしても、アッシの苦痛は癒えないだろう。しかしその相談料の高い弁護士（四ノ宮）は、「これ以上やると（僕が）傷つくからやめましょう」などと言い出すのだ。

とはいえ、その四ノ宮自身も、口に出せない葛藤をずっと抱えて生きてきた。学生時代からつきあってきた親友への恋心だ。しかし親友の妻に些細なことから誤解され、いきなり関係を断たれてしまう。

おそらく、この二人だけが描かれていたら、本作はひどく息苦しく、救いのない悲劇になってしまっていただろう。そこに広がりを与え、小さな笑いと余裕をもたらしているのは、誰あろう瞳子の物語である。

アツシや四ノ宮を苦しめるのが人生の不条理であるとすれば、瞳子は「幸福の不条理」を体現するような存在だ。姑とはそりがあわず、夫はDVも辞さない暴君だ。それでも求められれば阿吽の呼吸でコンドームを買いに走り、弁当工場での雇用主のハラスメントも受け流す。皇室マニアでかつて雅子妃の婚礼パレードに映り込んだ若き日の自分の映像を繰り返し視聴し、わずかの暇をみつくろっては小説書きに精を出す。そうかと思えば、肉屋の男と逃げたニワトリを捕獲する作業にときめき、挙げ句に騙されて養鶏場に出資しそうになる。この脈絡のなさはどうだろう。作中唯一、彼女が自分の「夢」を語ろうとする場面があるが、語る直前で場面は転換してしまう。切なくも秀逸な演出である。

三人の登場人物は、相互に深いつながりはない。ただ、アツシは四ノ宮の依頼人だし、瞳子とは職場の同僚が騙されそうになる「美女水」でつながっている。東京の下町に住むアツシを中心に、六本木と春日部がつながる。その不可解なつながりを私たちは俯瞰する。アツシにとっても四ノ宮にとってもその喪失に解決はない。しかし瞳子の視点が加わることで、私たちは「不条理な幸福」の可能性を信ずることができる。「笑っていればなんとかなる」という言葉がリアルに響くのはそのためだ。〝包摂の不条理〟を信じられる者は幸いである。

ひとつ残念なのは、この映画に、ただ一人最後まで疎外された存在がいることだ。そう、「通り魔殺人の犯人」である。彼は精神障害ゆえに不起訴となったと報道される。アツシをおそった最大の不条理。しかし事実はこうだ。わが国で起きた通り魔〝殺人〟事件で、犯人が精神障害ゆえに不起訴処分、つまり罪に問われなかったという事例は、私が知る限り一例も存在しない。

私たちは、精神障害者が通り魔殺人を起こして罪に問われなかった事件があったという偽物の記憶を共有している。精神障害に対する偏見がこうした記憶を捏造するのだ。これが橋口監督自身の偏見なのか、あるいは「偏見ゆえの不条理もあるよ」という優しい注釈なのか、できれば後者と信じたい。

45 幽霊はどこにいる

――マノエル・デ・オリヴェイラ監督「アンジェリカの微笑み」

豊かな映画だ。そう、まるで映画史そのものを圧縮したかのような豊穣なる奥行きを持って、本作の時間は悠然と進んでゆく。もっとも、物語そのものは後述するとおり端正な形式に則って作られており、それゆえか随所で甘美な眠気に誘われてしまった事実は正直に告白しておこう。

それにしても、雨の夜に執事が写真店を訪れる素晴らしい冒頭シーンに始まり、ラスト、主人公であるユダヤ青年イザクがアンジェリカとともに昇天してゆくまでの見事なシークエンスに至るまで、オリヴェイラ監督の「文体」には感嘆するほかはない。繰り返すほどに滋味を増すその細部は、宣伝文句の「熟成ワイン」があながち紋切り型の賞賛ではないことを語ってあまりある。

形式について言えば、オリヴェイラ監督は本作でしきりに「3」の数字にこだわっている。他の作品については未確認だが、本作では「3のルール」が随所に見て取れるのだ（ネット上でも匿名の指摘があった）。

確実に指摘できるところでは、冒頭の執事のノックが三回、イザクの部屋から見下ろす道路を通過するトラックが三台、ほかにもイザクに物乞いが絡むシーン、イザクのボルタシュ館への訪問、ドウロ川沿いの遠景、山の斜面のブドウ畑のシーン、イザクとアンジェリカの霊が「交流」するシーン、描かれる「死」（小鳥を含む）、などがそれぞれ三回ずつ描かれる。こうした端正な反復が、本作に「演劇」とははっきり異質な、映画に固有の形式性（＝時間性）を与えている。

本作の構想は一九五二年に遡るという。第二次大戦におけるホロコーストの記憶がまだ生々しい当時にあって、イザクは当初、ナチスドイツの迫害を逃れてポルトガルに移り住んだユダヤ青年（セファルディム：南欧に移住したユダヤ人）という設定が強調されていた。二〇一〇年の映画化に際しても、この設定は完全に変更されたわけではない。

そもそも本作にあっては、屋内時間はいまだ五〇年代のままだ。イザクが撮影に用いるのも、ヴィンテージもののフィルムカメラである。屋外を走り回る自家用車やトラックの描写から、辛うじて現代を舞台とした映画であることがうかがい知れるが、おそらくこうしたギャップは意図的に残されたものだろう。

例えばアンジェリカの姉のシスターは、青年がユダヤ人であることを知って顔を曇らせる。「信仰の違いなど気にしない」というイザクの言葉で姉は安堵するのだが、このシークエンスは逆説的に、本作のモチーフの一つが宗教性であることを物語っている。

さて、デジカメの普及が心霊写真を絶滅に追いやったことは周知の事実だ。本作のテーマの一つが「映画的リアリティ」である以上、この事実はことのほか重要である。ユーモラスな細部に満ちた本作にあって、カメラ越しにアンジェリカが微笑むシーンは例外的に恐ろしい。オリヴェイラ監督は明らかに、ホラー映画の最も重要な基本文法を熟知している。それは「フレームの乗り越え」である。

私がこの文法を〝発見〟したのは、映画「女優霊」がきっかけだった。「女優霊」における恐怖のピークは、主演女優（白鳥靖代）が見ているモニターの中に、転落死した若い女優の幽霊が現れる瞬間である。幽霊のまなさしがモニターというフレームを越えてヒロインに向けられるとき、リアルな恐怖がもたらされるということ。本作の脚本を担当した高橋洋は、その後「リング」においてこの原理を発展させ、テレビ画面から這い出してくる幽霊・貞子という屈指のホラーヒロインを生み出した。

アンジェリカの微笑は、この原理を忠実に踏襲している。彼女の笑いはカメラのファインダー越し（あるいは写真のフレームの中）に、イザクしか見ることができない。ここでフレームをレンズの視差と現像の時差がもたらす枠組みと考えるなら、デジタルカメラが幽霊をとらえ損なうのは当然だ。デジタルな画面には「レイヤー」はあっても「フレーム」が存在しないのだから。

本作はまた、境界的な存在同士の恋愛譚として見ることもできる。イザクは先述したとおり亡命ユダヤ人だが、信仰は薄い。ユダヤ人が、ヒトラーが信仰していたカソリックに抱く複雑な思いは描写されないし、死後の世界に重きを置かない敬虔なユダヤ教信者には、幽霊はその姿を見せないからだ。ユダヤ人なのに幽霊を見てしまうイザクは、その意味で〝境界人〟である。

一方アンジェリカは、その名が示すとおり天使的存在だ。天使は神と人とを仲介する境界的存在であり、その女性的イメージにはローマ神話からの影響がみてとれる。さらに本作におけるアンジェリカは、写真と映画の境界線上に降臨する存在だ。彼女のリアルな微笑みは写真のフレーム内にしかあらわれないし、映画の場面では半透明の幽霊的存在のままなのである。

瞬間を切り取り永遠化する写真は「死の欲動（タナトス）」に親和性がある。一方、写真のフレームを連続させて擬似的な生命を吹き込む映画には「生の欲動（エロス）」の息吹がある。幽霊に女性が多いのは、そこにヒステリーと相同の構造があるためだが（詳しくは拙論「精神科医は多重人格の幽霊を見るか？」『解離のポップ・スキル』勁草書房）、「彼女」たちがエロスとタナトスのはざまに生まれた両義的存在であることは言うまでもない。

とはいえ本作は、境界的な存在同士が惹かれあう幻想的恋愛譚にとどまらない。写真と映画、デジタルとアナログ、土着（農民の歌）とグローバル（マリア・ジョアン・ピリスのショパン）という対比において、全篇に映画史そのものが重層的に織り込まれた傑作なのである。

46　証言としての狂気
——ネメシュ・ラースロー監督「サウルの息子」

ホロコースト映画で「サウル」である。旧約聖書『サムエル記』に登場する、紀元前一〇世紀頃のイスラエル王国最初の王の名前だ。だとすれば「サウルの息子」はヨナタン、ということになるが、ここは彼の義理の息子とも言うべきダビデをまず考えるべきだろう。意図的な選択かどうかはともかく、神に背いたサウルの狂気や、ユダヤ民族の象徴である「ダビデの星（六芒星）」など、精神分析的な解釈をそそるタイトルだ。

一九四四年のアウシュヴィッツ＝ビルケナウ収容所。主人公サウルはハンガリー系ユダヤ人で、ナチス親衛隊から選抜された「ゾンダーコマンド」（死体処理のための特殊部隊）として働いている。彼の仕事は、毎日収容所に到着するユダヤ人の列が整然と灰になるまで誘導することだ。

到着したユダヤ人は、その場で衣服を脱いで壁にかけるよう命じられる。すし詰めの列車で疲弊しきったユダヤ人たちに、これからシャワーを浴びて暖かいスープが提供されるとアナウンスがあり、かけた場所を覚えておくよう指示される。全員が「シャワー室」に誘導されると鉄の扉が閉められる。やがて扉は内側から乱打され、悲鳴と怒号がひとしきり響く。この間のサウルの仕事は、同胞が脱いで壁に掛けた衣服から金品を抜き取ることだ。

その後鉄の扉は開かれ、サウル達は静かになったシャワー室から死体を引きずり出す。山のような死体は焼却炉に放り込まれ高温で骨まで灰にされる。灰はスコップで川に流されるのだ。サウルたちは次の処置に備えてガス室の床に付いた血液や汚物をきれいに洗い流す。彼らはその作業とひき換えに、特別な待遇と数ヵ月間の延命期間を与えられていた。

ナチスがゾンダーコマンドを必要とした理由は、よくある分断統治のためではない。死体処理を担当するドイツ兵がPTSDを発症することを防ぐためだった。どっちが最悪かはもう良くわからない。ただ言えることは、ある種の狂気と合理性の組み合わせこそが、最も苛烈に「人間」を破壊する、という歴史的事実のみである。

ホロコーストそのものを描いた数多の映画の中でも、リアルな没入感という点では本作は飛び抜けている。冒頭から主人公サウルに密着し続ける画面は、最近多用されているGoPro映像的な作品にも見えるが、そればかりではない。本作のカメラは単焦点レンズのように、背景のすべてをぼやけたものにしてしまう。このアイディアは、直接的には二つの効果につながっている。

主観映像以上にサウルへの同一化を高めていること（仮に「我と汝」の視点と名づけよう）。背景、とりわけ積み上げられた遺体を直視させないことで、「気配」のようなリアリティを醸し出していること。そう、私たちは本作によって初めて、ゾンダーコマンドたちにとって同胞の死体がどんなふうに見える／見えないのかを、〝追体験〟したのだ。それは個人の相貌を失い、白く積み上げられた肉塊だった。サウルは無表情のまま、「死の工場」の日常業務を淡々とこなす。

サウルは「人間性」を失ったのだろうか。彼の感情は倫理観と同様に完全に麻痺してしまったのだろうか。確かにアウシュヴィッツはそうした場所だ。ジョルジョ・アガンベンは著書『アウシュヴィッツの残りのもの』（月曜社）において、強制収容所の生存者の証言を紹介している。中でもユダヤ系イタリア人作家、プリモ・レーヴィによる「ムーゼルマン（回教徒）」の記述は鮮烈だ。

彼らは収容所の中で極度の飢えと病によって人間ならざる人間となった人々である。「あらゆる希望を捨て、仲間から見捨てられ、善と悪、気高さと卑しさ、精神性と非精神性を区別することのできる意識の領域をもう有していない囚人が収容所の言葉で呼ばれた名にしたがうなら、いわゆる回教徒である。かれはよろよろと歩く死

体であり、身体的機能の束が最後の痙攣をしているにすぎなかった」(前掲書)

アガンベンはここで「証言」の不可能性について述べている。ムーゼルマンこそはアウシュヴィッツの証人だ。しかし「その体験をしていない者たちは、それが何だったのかを知るすべはない。その体験をした者たちは、もうそれについて語ることはない。本当に、どこまでも語ることはないのだ。過去は死者たちに属している」。

ならばゾンダーコマンドはどうだったか。彼らは証人たり得ないのか。否、彼らは加害者として証言できる。事実彼らは、ナチスの証拠隠滅にあらがって、文書や写真などの記録を残そうとした。証言としてはシュロモ・ヴェネツィア『私はガス室の「特殊任務」をしていた』(河出書房新社)や、ジョルジュ・ディディ=ユベルマン『イメージ、それでもなお――アウシュヴィッツからもぎ取られた四枚の写真』(平凡社)がある。

サウルもまた「証言」を欲していたのではないか。それは少年の遺体を自分の息子のものと思い込み、それを灰にすることなく、ユダヤ教の流儀に従って埋葬することへの執着として表現される。人間を疎外するシステマティックな狂気に対して、どこまでも個人的な狂気をもって対抗すること。語り得ない証人としてのムーゼルマンでも、証言者たる資格のない生存者(サバイバー)でもなく、自らの狂気とその行為(息子の埋葬)、および行為の証言者(ラビ)をもって証言たらしめようとすること。かくして「我と汝」の視点は、われわれにも証言者としての立場を要求するのだ。

47 「発砲禁止地域」のランボー
――ジャック・オディアール監督「ディーパンの闘い」

本作の主人公ディーパンは、元「タミル・イーラム解放のトラ（LTTE）」の戦士である。LTTEといえば、最初に「自爆テロ」を多用したテロ組織としてよく知られている。この手法で一九九一年に元インド首相ラジーヴ・ガンディーが、一九九三年にはプレマダーサ大統領が暗殺されている。

スリランカは多民族国家であり、多数派を占める仏教徒のシンハラ人が、少数派であるヒンドゥー教徒のタミル人を弾圧していた。LTTEはスリランカ北部と東部にタミル人の独立国家タミル・イーラムを建国し、スリランカからの分離独立を目指して設立された組織である。当初はスリランカ政府とゲリラ戦を繰り返していたが、インドやノルウェーの介入で状況は昏迷をきわめていった。

最終的には政府軍が優勢となり、二〇〇九年五月にLTTEは敗北宣言を出したがその後も政府側の攻撃は続き、プラバカラン議長以下二三名のLTTE幹部は全員死亡した。内戦による死者は七万人余り、国内外の避難民は一二七万人と言われる。

要するにディーパンは、今で言えば元ISのメンバーのような存在なのだ。ジャック・オディアール監督が「仏テロ事件後なら製作しなかった」というのもうなずけよう。

ディーパンは、内戦のなかで妻子を亡くし、すべてを失った。彼は海外渡航の斡旋所で、親戚が暮らすイギリスに渡ることを望む女と母親を亡くした少女と引き合わされ、渡航に際して有利な偽装家族としてフランスに辿りつく。通訳が元LTTEの同志であったことが幸いして、辛うじて審査を通った彼らは、パリ郊外にある低所得者向けの団地に移り住む。

ディーパンは団地の管理人になり、ヤリニは高齢者介護ヘルパーの職につき、イラヤルは小学校に通いはじめる。もちろん偽装家族であるから、同じ屋根の下とはいえ彼らの関係はぎこちない。しかしそれでも、彼らの距離は徐々に近づき、家族にも似た親密な感情が漂い始める。途中、ディーパンは、同じくフランスに避難していた元LTTE幹部に呼び出され、武装蜂起に参加するよう促されるが言下に断っている。彼の中で闘いは終わっていたからだ。

しかし闘いのほうが彼を追いかけてくる。彼らが暮らす団地には麻薬密売グループの拠点があり、密売人同士の抗争が激しくなったのだ。ここでディーパンは奇妙な行動に出る。密売人のいる棟と自分たちの家族が住む棟との間に消石灰で白線を引き、「発砲禁止地域」を宣言するのだ。

そんな宣言が守られるはずもないのだが、ここには伏線がある。オディアール監督のインタビューによれば、彼が本作を製作するきっかけとなったのは、一本の映画だった。スリランカ内戦を描いたBBC製作の『No Fire Zone : The Killing Fields of Sri Lanka』(二〇一三年)、まさに「発砲禁止地域」という名のドキュメンタリー。

LTTEが支配していたスリランカ北東部は、LTTEと政府軍との戦闘が泥沼化していた。政府は自ら宣言した「発砲禁止地域」に民間人を誘導したが、にもかかわらずその地域への攻撃をやめなかった。いっぽうLTTE側も民間人を「人間の盾」として利用したため、「発砲禁止地域」の状況は凄惨をきわめた。

ディーパンは、自らの行動が無意味であることを理解している。にもかかわらずそれをするのはなぜか。私はそこにトラウマの痕跡をみる。彼はLTTEの戦士としての闘いに敗北し、妻子を失い、フランスへ逃亡した。この一連の経験が、彼に何の痕跡も残さないはずはない。

ディーパンを演じたアントニーターサン・ジェスターサンはもともと作家で、プロの俳優ではない。もちろん映画出演も初めてだ。彼はかつてLTTEに所属し、少年兵として戦った経験を持つ。彼がわれわれにとって

「他者」に見えるとすれば、それは肌の色ばかりが理由ではない。しかし、ひとたび彼のトラウマを理解するなら、われわれはそこに否応なしに「人間」の顔を見て取るだろう。

彼の「発砲禁止地域」の宣言は、単なる自衛策ではない。現実にはそこが凄惨な殺戮の現場だった事実を踏まえるならば、彼の行為は両義的だ。そのような行為が新たな殺戮を呼び込んでしまう可能性を踏まえつつも、それを繰り返さずにはいられない。こうした現象を、精神分析家は「反復強迫」と呼ぶ。

そのように考えるなら、二度差し挟まれるインドゾウのシーンが、単なるノスタルジーなどではないことも明らかだ。このシーンはむしろ、トラウマのフラッシュバックに近い。ディーパンが突如戦意発揚の歌を歌い出したり、イギリスに逃げようとするヤリニに手を挙げたりするのも、この文脈で理解できる。彼の傷は癒えていない。彼はいまだに恐怖の中にいる。

極めつけはラスト、ディーパンが「ランボー」化するシークエンスだ。戦場と化した団地の中で、ふたたび「妻」を失いかけた彼は、いささかの躊躇もなしに「戦士」となる。この衝動性にもトラウマの反復が見て取れる。前半の政治的主題がジャンル映画的カタルシスとして消費されるととらえるならば、テロ後のカンヌで批判を浴びた経緯は理解できる。

しかし、そうした見方は一面的だ。カタルシスを感じたものにとっては、本作の結末は単純なハッピーエンドに見えるだろう。しかし、彼の行為にトラウマの痕跡を見て取るならば、この結末は一つの悲劇だ。「他者」だった元LTTE兵士は、危機に際して「人間」（＝トラウマ的存在）の顔を回復した。しかし人間化とひき換えに、彼の「夢」は潰えるほかはなかったのだから。

48 「ないものを与える」ということ

——カルロス・ベルムト監督「マジカル・ガール」

日本の魔法少女アニメが本作の重要なモチーフと聞いて見ないわけにはいかなくなった。なにせ私は『戦闘美少女の精神分析』（ちくま文庫）を書いてしまった人間だ。そう考えて観てみたら、一回転して正解だった。どういうことかは後で述べる。

白血病で余命わずかな一二歳の少女アリシアは、日本のアニメ「魔法少女ユキコ」の大ファンだ。彼女は日記に自分の欲しいものを書き込んでいる。父のルイスはそれを盗み見て、娘がユキコのコスチューム（デザイナーに特注した一点モノ）を欲しがっていることを知る。しかし元教師のルイスは失業中。大切な本を売って金に換えようにも、いくらにもならない。ついにルイスは一線を越える覚悟を固める。そこに謎めいた女性バルバラ、元教師の殺し屋ダミアンなどが巻き込まれ、悲劇の連鎖反応がはじまる。

監督のカルロス・ベルムトはこれが長篇第一作とのことだが、語り口は見事なまでに円熟している。白く冷たいトーンで統一された画面が没入感を高め、巧みな省略と場面転換がキャラクターを浮き彫りにする。おそらくは低予算で、ごくミニマムな世界設定ながら、独自の様式性とスケール感をたたえた傑作だ。スペインのサンセバスチャン国際映画祭でグランプリと観客賞を同時受賞したのもうなずける。

ベルムト監督は大の日本びいきで、「ドラゴンボール」や「ＡＫＩＲＡ」、江戸川乱歩や美輪明宏のファンだという。本作でも架空の魔法少女アニメのみならず、長山洋子や美輪明宏の歌の引用、黒蜥蜴のモチーフなど、いたるところにその影響がみてとれる。バルバラの額の傷に「吸血鬼ゴケミドロ」の影響を読み取るのは少々うがち過ぎかもしれないが。

主人公が次々と入れ替わり、ストーリーが意表を衝いた屈曲を繰り返す本作のテーマは、実は冒頭シーンに象徴的に集約されている。

小学校の教室。生徒バルバラは教師ダミアンの前で詰問されている。教師の陰口を書いたメモを回すたわいもないいたずら。教師は生徒にメモを読み上げさせ、それを渡すように命ずる。しかし生徒はメモを握りしめたまま「無理です」と答える。なぜと尋ねるダミアンに、バルバラは「持っていないから」と答える。掌を開くと、メモは消えている。

本作の登場人物の多くは、自分の愛する相手に、なにかを渡そうと懸命になっている。アリシアの父であるルイスは、失業中であるにもかかわらず、七〇〇〇ユーロもする魔法少女のコスチュームや二万ユーロもするバトンを手に入れようと必死になる。アリシアが彼に頼んだわけでもなく、カフェの友人から「アリシアが望むのはあなたと一緒にいること」と助言されたにもかかわらず。彼は自分にできること（一緒にいること）を犠牲にしてまで、「できないこと」を贈ろうとするのだ。すべての悲劇は、ここから始まる。

バルバラの夫は精神科医だ。彼はバルバラが精神的に安定することを願いながらも、彼女に靴紐を結ばせるようなモラハラ夫だ。彼は妻に安定と幸福を与えようと願ってはいるが、実際に渡せるのは睡眠薬だけ。もしバルバラが睡眠薬を飲み過ぎて嘔吐しなければ、一連の悲劇は起こらなかった。ここにも不可能を与えようとする愛の逆説がみてとれる。

いっぽうルイスは、ふとしたことから関わりを持ったバルバラを脅迫して、娘のプレゼントを買うための金を工面しようとする。バルバラは夫を騙したくない思いから売春窟に赴き、身体を売って要求額を稼ぎ出す。かつて夫を裏切った引け目から、彼女は夫のために貞節さと忠誠を差し出そうとしたのだが、それは本来彼女には欠けているものだった。その不可能な努力の結果、彼女はより深く夫を裏切り、傷つけることになる。

そしてダミアン。彼はかつて、生徒だったバルバラとの間で深刻なトラブルを起こし服役する。その罪状ははっきりしないが、彼がバルバラとの再会を恐れて出所の延期を依頼したこと、しかしそれでも、ある形でバルバラに「奉仕」せずにはいられなかったことから、大方の予想はつく。

彼のせいでアリシアは、一番見せたかったであろう相手に自分のコスプレ姿を見せられなかった。魔法は存在しなかったのか？　いやむしろ、魔法は間違った宛先に届いてしまったようにも見える。

精神分析家ジャック・ラカンの言葉を引用しよう。彼は言う。「愛とは、持っていないものを与えることである」（『転移』岩波書店）と。

持っていないものを与える？　この謎めいた逆説には複数の解釈があるが、前提となるのは、欲望が真の意味で満たされることはないという精神分析の公準である。なぜ欲望は満たされ得ないのか。満たされたと思った瞬間に別の対象に横すべりしていくからだ。

さらに言えばフロイトが言うように、人間には「満たされない欲望を持ちたい」という欲望がある。そう、欲望の本質には、満たされ得ない欠如がひそんでいる。それゆえ愛する相手の欲望に応える行為は、本質的には「欠如の受け渡し」という形式を取らざるを得ない。これもまた「持っていないものを与える」ことの意味である。ちなみに番場寛によれば、こうした行為を寓話として記したのが、O・ヘンリーの短篇『賢者の贈りもの』であるという。

悪意よりは愛の連鎖がもたらすこの悲劇に、魔法のシーンは二カ所しかない。魔法少女の使命とは、愛すべき少女たちに自らの存在（＝不在）を差し出すことだ。虚構内存在でしかありえない彼女たちの存在こそは、「ないものを与える」という愛の象徴でなければ何だろうか。

49 視覚から五感を取り戻すために

——アレハンドロ・ゴンサレス・イニャリトゥ監督「レヴェナント：蘇えりし者」

ディカプリオに宿願だったオスカー受賞をもたらした本作は、西部開拓時代のアメリカ北西部を舞台に繰り広げられる復讐劇だ。

主人公ヒュー・グラス（ディカプリオ）は毛皮を採取するチームの一員で、野営地で熊に襲われ瀕死の重傷を負う。彼を担架で運びきれなくなったチームは、グラスの死を見届け埋葬するために二人の隊員を付き添わせるが、そのひとりフィッツジェラルドはグラスを殺そうとする。止めに入ったグラスの息子ホークを殺し、グラスを置き去りにして逃げるフィッツジェラルド。重傷から奇跡的に回復したグラスは、すべてを奪った彼に復讐すべく、文字通り地を這うような追跡劇がはじまる。

アカデミー賞監督賞を連続受賞したアレハンドロ・ゴンサレス・イニャリトゥ監督の演出を補って余りあるのは、これで三年連続の撮影賞受賞となったエマニュエル・ルベツキのカメラワークだ。一日の大半をリハーサルに費やし、日没前の一〜一・五時間、いわゆるマジックアワーだけに限定して九カ月間の撮影を敢行したというだけあって、本作の映像は観る者の五感を圧倒する。

興味深かったのは、ルベツキの割り切った撮影手法、というか姿勢である。

ルベツキは「カメラ」や「レンズ」の存在を隠そうとしない。例えば森林を映し出せば、広角レンズゆえに視野の隅が丸く歪む。あるいは登場人物のクローズアップ。ぎりぎりまで寄りで撮影しているため、レンズは俳優の息で白く曇り、時に血しぶきが飛び散ったりもする。われわれはそこでレンズの存在に気づかされるのだが、それがむしろ没入観を強化する。

こうした圧倒的な映像を見せつけられると、昨今流行の3Dとか4DXといった上映方式が、ほとんど児戯にひとしいものに思われてくる。複数の感覚を同期するとリアリティが強化されるのは当然なのだが、映画に限って言えば、視覚以外の感覚刺激は、視覚情報の妨げにしかならない。つまり、立体映像よりも高解像度の大画面映像のほうが「リアル」なのである。

すぐれた映像は、それ自体が画面上に五感を仮想的に再構築する力を持っている。たとえが本作を真冬に暖房のない映画館で鑑賞したとしても、寒さで気が散るだけだろう。しかし空調の効いた映画館の暗闇にいながらも、本作の映像は、われわれを極寒の地へと引きずり込む力を持っている。

本作は実話ベースだそうだが、グラスの生命力には驚嘆すべきものがある。あれだけの外傷を受けてろくに処置もされないまま放置されたら、普通なら破傷風や肺炎を併発して死に至ってもおかしくない。文字通りの極限状況で、グラスは地を這い、雑草を喰らい、生魚を食いちぎり、バッファローの生の肝臓をむさぼり、死んだ馬の腹にもぐり込んで暖を取る。強靭な復讐への意志が、限界を超えたレジリエンス（病に打ち克つ力）をグラスに与えたのだ。ディカプリオの凄絶な演技は、ストーリーに野太い感情の支柱をもたらしている。

一見単純な復讐劇にみえる本作には、復讐の空しさやネイティブ・アメリカンの教え、あるいは神と復活のモチーフが象徴的にこめられているといった解釈もあり、さまざまに深読みにも開かれてはいる。

ところでアレハンドロ・ゴンサレス・イニャリトゥ監督は、インディペンデント紙のインタビューに答えて、次のように述べている。

「現代の僕たちみたいに、コンクリートやエアコン、Wi-Fiに取りかこまれた人間にとって、彼ら（一九世紀の毛皮採取人）を理解するのは難しい。とりわけその自然との近さ、地球という巨大な器官の中のちっぽけな一器官に過ぎないという立場をね」

「彼らは常に自然と一体となっていた。僕はその生き方を感覚的になぞってみたいと考えたんだ。野獣としての、あるいは動物としての人間であるとはどんな感じなのか。なにしろこの一五〇年間で、僕たちはあまりにも変わってしまったのだから」（拙訳）

もし本作に「テーマ」があるとしたら、この監督の言葉に尽きるだろう。現代のわれわれとはかけ離れた環境で、われわれとは異質な価値観のもとで生きていた人々の「生」を「感覚」として再現すること。その意味で本作は、やはりルベツキが撮影を担当した映画「ゼロ・グラビティ」に近いとも言える。あの映画もまた、宇宙空間で生きるとはどういうことかを、体感的に再現しようとしていたからだ。

かつて体験した感覚の再現ならば、４ＤＸ程度でも可能かもしれない。しかし、ほとんど誰も体験したことのない感覚を「再現」するにはどうすればいいか？

誰も経験したことがない過酷な環境に俳優を配置し、倫理性の高い（＝感情移入しやすい）主人公のキャラクターを造形する。勧善懲悪という没入性の高いコンテクストを設定して、観客を主人公の復讐心に同一化させる。その上で主人公を熊に襲わせ、満身創痍にし、土に埋め、飢えさせ、川に流し、崖から突き落とす。敵役のフィッツジェラルドの何倍も本人を痛めつけるのは「自然」そのものだ。

しかもグラスは、ほとんど言葉を発しない。熊に喉を裂かれたためもあるが、中盤からの彼のセリフはうなり声のみとなる。すでに彼に同一化しているわれわれは、彼と同様に言葉を奪われ、彼と同じように動物に近づいてゆく。語ることができないならば、与えられた感覚に集中するほかはない。かくしてわれわれの五感は、映像の中で解放されるのだ。全く未知の感覚へ向けて。

50 暴力・顔・そして倫理

——真利子哲也監督「ディストラクション・ベイビーズ」

本作を観て確信した。柳楽優弥はいずれ間違いなく、邦画を背負って立つ名優の一人になるだろう。映画の冒頭、喧嘩相手を探して町を徘徊するその顔貌も強烈な印象を残すが、ラストシーン、暗闇の中に浮かび上がるあの表情は、真の意味で戦慄的だ。「鬼気迫る」などという陳腐な言い回しでは到底追いつかないほどに。

物語は単純だ。松山の小さな港町・三津浜、造船所の二階にふたりきりで暮らす芦原泰良と将太のきょうだい。泰良は、強そうな相手を見つけては殴りかかり、叩きのめされてもしつこく食い下がる。次第に強くなっていく泰良に興味をもった北原裕也が声をかけ、二人は通り魔的に通行人を殴る「ノックアウトゲーム」を開始する。そこにたまたまキャバ嬢の那奈が巻き込まれ、事態は抜き差しならない方向へと進んでいく……。

描かれるのは一貫して「喧嘩」、というより肉体間の「暴力」だ。ただしそこには「ファイトクラブ」のような〝思想〟もなければ、〝組織〟もない。銃社会であるアメリカにおける「殴り合い」は、しょせんはリミッターつきのゲームの域を出られない。しかし銃が規制された日本においては、「殴り合い」こそが本気の、つまり剝き出しの暴力表現になり得るのだ。ここには邦画ならではの逆説的な自由がある。その意味で本作では、北野武映画の暴力表現などを参照しつつも、いくつもの新しい試みがなされている。

手持ちカメラで戦いに肉薄するのではなく、引いた視点からワンカットで撮影を続けること。殴るさいの効果音も、アクション映画のような合成音ではなく、実際に皮膚ごしに骨がぶつかりあうようなリアルな音だ。暴力シーンにはしばしばそれを撮影するスマホが描かれるが、こうした演出はまるで「動画サイト」的なリアリズムを追求するかに見える。技巧も何もなしに、ただごろりと画面上に放り出された、生の暴力。

さらに特徴的なのは、泰良の戦い方である。弱い者や女は相手にしない、パンチ主体で蹴りは入れない、負かされた相手も倒すまでつけ回す、など。とりわけ印象的なのは、相手のパンチをほとんど防御しないことだ。馬乗りになられても、彼は顔をかばうことすらしない。暴力から「防御」や「逃避」といった相互性の要素を削ぎ落とすとき、かえって剝き出しの暴力性が前景化してくる。ここにも「撃ち合い」や「殴り合い」が原則として存在しない北野映画の影響が見て取れるが、暴力に特化した表現としてはさらに一歩踏み込んでいる。

泰良の暴力には根拠がない。犯罪心理学者ならば、両親不在の苛烈な生育環境に注目するかもしれないが、弟の将太にはそうした暴力性が乏しいことを考えるなら、それだけが原因とは考えにくい。ならば彼の「狂気」が原因か。しかし狂気の専門家として言わせてもらうなら、狂気に起因する暴力は、ありうるとしても相手（妄想の対象など）を限定する。やみくもに強い者に挑みかかるような、暴力そのものを目的とした「狂気」は存在しない。

ならば泰良は、生命を危険にさらすようなスリルを楽しむタイプの「アドレナリン中毒」者なのだろうか。それも違う。泰良の暴力には、アドレナリンに奉仕するための道具というさもしさがみじんもない。加えて泰良は、中毒者に特有の空虚さとも無縁だ。「楽しければええけん」という彼のセリフは、空虚さからは決して出てこないものだろう。

そう、泰良の暴力は、トラウマとも狂気とも、依存症とも関係がない。そこには理由も根拠もない。本作における暴力は、それが空虚ではなく、現実にはあり得ないほど〝無根拠〟であることによって輝いている。だからこそ泰良の暴力は〝感染〟するのだ。まず北原裕也に、そして那奈に。しかし彼らには、なまじ根拠があるだけに、その暴力もちゃちな「狂気」にしか見えない。

現代の暴力からは「顔」が失われつつある。通り魔もストーカーも、どこか匿名性を帯びた暴力だ。本作では暴力が、スマホとSNSによって複製・拡散されるさまが繰り返し描かれる。この拡散という行為の暴力性もまた、匿名性によって支えられている。

人間はついに暴力を免れ得ない。悪名高いフロイトの「死の欲動」概念を、私たちは今なお廃絶できていない。本作に登場する三津浜の「喧嘩神輿」は、そうした暴力性を調停するための儀式にほかならないが、匿名の暴力に対しては、そうした調停も無力化してしまう。

泰良の暴力には根拠がない。しかしそこには「顔」がある。暴力に固有の顔を与えること。「固有の顔」を持つ者にのみ許された、特権的な行為として暴力を描き出すこと。それは暴力の容認ではない。しかし、もし映画が、単なる禁止を越えた倫理性の領域へと進んでゆけるとしたら、この「顔を持った暴力」の問題は避けて通れない。人間の顔を「汝殺すなかれ」の発話に等しいとしたレヴィナスを想起しよう。ここで描かれる暴力の「享楽」は、顔の倫理性との関連において、検討されなければならない。

それにつけても、柳楽優弥の顔である。二〇〇四年に「誰も知らない」でカンヌ国際映画祭の最優秀主演男優賞を受賞した一四歳の少年、あの相貌は完全に過去のものになった。あのとき彼の顔を絶賛したタランティーノが本作を観たら何と言うだろう。もし「記憶に残る顔」が演技の基準になるのなら、柳楽による泰良を越える演技には当分出会えそうにない。彼は本作において、余人の追随を許さない一つの「顔」を創造してしまったのだから。

51 笑いより対話を、禁忌よりも規範を
——デヴィッド・ヴェンド監督「帰ってきたヒトラー」

一部では相変わらず評判の悪い安倍総理だが、ずっと気になっていたのは、彼をヒトラーになぞらえる「風刺」があることだ。私も安倍総理には一貫して批判的だが、こうした安直で雑な批判はどうかと思う。的を外した批判こそ最も有効な煙幕であるわけで、批判としては逆効果ではないか。

私は彼をとりたてて有能とも思わないが、その鈍重なまでの安定ぶりには評価できる点もあると考えるし、アングロサクソンが露呈した最悪の馬脚とも言うべき、ドナルド・トランプやボリス・ジョンソンのような『現象』よりはかなりマシとすら考えている。彼の目論む最大の野望としての改憲すら、EU離脱のような愚挙には及ばないと思う（私は護憲派である）。

閑話休題、映画「帰ってきたヒトラー」である。

そう、ヒトラーが帰ってきた。タイムスリップなのか何なのか、理屈はよくわからないながら、ともかく彼は目覚めたのだ。キオスクの新聞を読みあさり、驚くべき速度で現代社会を理解したヒトラーは、リストラ寸前のTVディレクターとともにドイツ各地を回る。どこに行っても彼は人気者だ。一緒に自撮りしたがるものの多いこと。誰も彼がヒトラー本人であると知らない。ヒトラーそっくりのお笑い芸人と思っているのだ。

二〇一四年に出版された映画の原作は、ドイツで二〇〇万部のベストセラーとなった。映画の結末などは原作とは異なるが、本作には一つの強みがある。随所にドキュメンタリーを交えているのだ。つまり、ヒトラーに扮した役者が実際に各地を訪ね、人々のリアルな反応を収めているのである。

知られるとおり先進諸国、とりわけEUにおいて「ナチス」はタブー中のタブーだ。特にドイツでは、ハーケンクロイツを公衆の面前にさらしたり、右手を高く掲げるナチス式敬礼を行ったりすることは犯罪行為として処罰される。第二次世界大戦以降、ナチ指導者と同じ名前を子供につける親はほとんどいなくなった。ヒトラーの著書『わが闘争』は長らく発禁で、二〇一六年に著作権が切れてようやく再出版されたほどだ。

ヒトラー関連グッズはタブーでも、ヒトラー本人はタブーではなかったという皮肉なのだろうか。もちろんヒトラーを見て中指を立てるものもいるが、意外なほど多くの市民が好意的だ。ネオナチでもない一般市民が、酒場で移民排斥を熱心に語る姿にはぞっとさせられる。ナチスドイツへの反省は、タブー意識は、戦後七〇年を経て風化してしまったのだろうか？

私の妻はかつてドイツに留学していた。下宿先の老夫妻は彼女を娘のように可愛がってくれ、帰国後もクリスマスカードを交換したりしている。私もときどき、彼女の「里帰り」について行くのだが、この夫人の話が面白い。敬虔なカトリック信者であり教養もある彼女は、意外にもヒトラーを擁護するのだ。ヒトラー擁護派は、アウトバーン建設やフォルクスワーゲン開発、自然保護などを良く持ち出す。そう、原作にもある通り、「悪いことばかりじゃなかった」というわけだ。

メディアにはめったにあらわれないが、これもまた「普通の市民」の声なのだ。しかし、この点については言論の自由はない。ヒトラー擁護がかくもタブーである以上、不満を募らせている市民は少なくないのではないか。再版された『わが闘争』に注文が殺到し、『帰ってきたヒトラー』がベストセラーになる背景には、そうした不満も垣間見える。

映画のヒトラーはお笑い芸人として一躍人気者となる。しかし、旅行中に犬を射殺した動画が流出して激しく糾弾される。そう、いまや移民排斥よりも犬殺しのほうがスキャンダルなのだ。一度は失墜したヒトラーだが、自伝本を執筆して再び注目され、ついには彼を主人公とした映画が制作される。

しかし、あるユダヤ人の老婆だけは、彼の野望を見抜いていた。彼女は孫娘の「あれは風刺なんだ」という説明を一蹴する。セリフは原作から引用しよう。「あれは風刺なんかじゃない。ヒトラーが昔に言ったことを、そのまま繰り返しているだけだ。人々がそれを聞いて笑っているのも、昔とおんなじだ」

この言葉は、本作を笑うすべての観客に突き刺さる。私達は風刺を安全だと思い込んでいる。私達は風刺する対象よりも上に立っていると思いたがる。本作でもパロディにされドイツ人も大好きとわかった「総統閣下シリーズ」（「ヒトラー〜最期の12日間〜」のワンシーンにでたらめな字幕を付けた人気動画）を笑えているうちは、ファシズムと無縁でいられると思っている。

そうではないのだ。カルトもファシズムも、しばしば笑いをまとってわれわれの思考に忍び込む。オウム真理教の選挙運動は、ギャグのようで笑えた。あのときも私たちは、笑えているうちは大丈夫、と根拠なく信じ込んでいた。

タブーも風刺も、ファシズムの回帰を防ぎきれないというのなら、どうすればいいのか。この映画にも答えはない。一つだけ言えること、それはタブーを解除することだ。討論の俎上に載せられる状況を作ることだ。

柄谷行人が指摘するように、私たちはどれほど対話を重ねても「九条」を変えられない。なぜならそれはアメリカに命じられることで構築された無意識（＝超自我）だからだ。同じ状況をナチズムについてもたらすためにも、対話を封じるべきではない。単なる抑圧は、行動化の噴出をまぬがれない。対話を重ねつつ、精緻な規範（＝超自我）を鍛え上げること。本作を観た後からそうした試みをはじめたとしても、決して遅すぎることはないだろう。

52 成熟と序破急

——庵野秀明総監督「シン・ゴジラ」

以前にも書いたが、小学生の頃、私はゴジラ原理主義者だった。きっかけが「オール怪獣大進撃」だったことは秘密だ。そんな子供時代の私に「今からおよそ五〇年後に公開されたゴジラの新作が大ヒットして、子供から大人まで劇場に詰めかけ、批評家も軒並み絶賛」と伝えたら信じるだろうか？

その信じられないことが現実になりつつある。

庵野秀明監督の「シン・ゴジラ」を観た。

ゴジラシリーズでは初代に並ぶ最高傑作、さらに少なくともこの一〇年以内で観た〈邦画〉中、傑出した作品だった。特撮作品はいわば総力戦で、資本力がなければ勝負にならない。そうした負の予測を裏切り、限られた予算で、あっさりとハリウッド版のゴジラを凌駕してしまったのだ。断言するが本作は、今年の観客動員記録を達成した後、国際的にも評価され、複数の映画賞を獲得するだろう。

勝因は複数あるが、まず快哉を叫んだのは、無意味な「ヒロインとのロマンス」も、「怪獣と心を通わせる子供」も、「博士が秘密裏に開発していた新兵器」も出てこなかった点である。〝女子供〟で保険をかけたがる邦画の悪弊を一蹴して、スーツと作業着姿の（主に）公務員達の群像劇をひたすら描く。内面の描写も最小限に留め、思惑と意見の積み重ねから意思決定がなされるプロセスが克明かつユーモラスに描かれる。

一個体で進化を続ける完全生物というアイディアは、欲望も目的もわからない純粋な破壊神という性格を印象づける。尻尾だけの原索動物から魚類、爬虫類と段階的に進化する設定は、「個体発生が系統発生を反復する」

という意味で「崖の上のポニョ」と同じ。あちらも津波を描いていることも偶然ではあるまい。

破壊シーンは全体の一〇分の一もないが、特撮史に残る名場面のつるべ打ちだ。鎌倉の海岸から上陸し、住宅地を進むゴジラの雄姿は、着ぐるみ感とスケール感の両立という点からも、過去最高の水準である。住宅地の上（電柱！）をゆっくりと旋回するゴジラの巨大な尾。自衛隊のヘリや戦車視点からの攻撃描写。

特筆すべきは、ゴジラ覚醒のすさまじい破壊シーンだ。口と背鰭から発射される熱線によって一瞬で東京が焼き尽くされる場面の美しさと絶望感。従来の特撮作品では味わったことのない経験である。このシーンに涙した私を含む多くの特撮ファンの胸に去来したのは「凄いものを観た」という思いに加え、「もうやめてくれ」という相矛盾する感情ではなかったか。

昭和二九年に公開された初代ゴジラは、戦争の姿をしていた。それとほとんど同じ位相で、シン・ゴジラははっきりと原発の象徴である。第二形態のゴジラが川を遡上する場面や、住宅地を進むゴジラをヘリから俯瞰するシーン、ゴジラ通過後の瓦礫の山は、3・11の既視感なしには観られない。ギャレス・エドワーズ監督の「ゴジラ」も原発事故のエピソードを踏まえているが、本作に比べれば、核の扱いを含め「当事者性」のリアリティははるかに希薄だ。

さらに決定的なのは、本作にはヒーロー、すなわち「制度やシステムをはみ出すアウトロー」が登場しない点である。

いちおう主人公格の矢口蘭堂ですら、「内閣官房副長官」という立場を逸脱することなく、その職務を全うする。いや、この映画に登場する人々は、ほぼ全員がおのれの職務に忠実だ。統合幕僚長の「礼はいりません。仕事ですから」のセリフが象徴的である。私は中井久夫の次の言葉を想い出していた。「日本は有名な人っていうのはたいしたことはない。無名な人が偉いので、そういう人が国を支えている」

一人の英雄の活躍（あるいは自己犠牲）で収束し、起承転結で完結するほど、自然災害は甘くない。その意味で「共存」というほろ苦いラストシーンは、廃炉に向けて原発と共存するほかはない私たちの現実に重なる。

終盤、アメリカの高官が呟く。「危機は日本すら成長させる」と。これは一体、誰に向けられた言葉なのか。監督である庵野秀明自身の思いではなかったか。庵野自ら「エヴァ：Qの公開後、僕は壊れました。」と述べているように、彼は一時期、うつ状態に陥っていたらしい。しかし震災という大きな危機を経て、庵野は変わった。セカイ系（主人公の内面と世界設定が連動し、「社会」を描かない作品）の典型だった「エヴァ」のスタイルを捨て、正面から「社会」と対峙して成功を収めたのだ。これを「成熟」と呼んで悪い理由はない。

自衛隊もアメリカ軍も無力化するゴジラには、熱核兵器を使うしかない。世界を救うために、東京に三度目の核を落とすのか。日本人にとって究極の葛藤を経てゴジラを「冷温停止」させたのは、兵器ではなかった。解決の主役は新幹線と在来線、そして全国のプラントが総力を挙げて製造した血液凝固剤とポンプ車だ。これでゴジラ退治はいったん「保留」となった。復活すればカウントダウンが始まる熱核攻撃という「ダモクレスの剣」のもと。

ゴジラを野村萬斎が演じたからというわけでもないが、本作は「起承転結」ならぬ「序破急」の構造を持っている。「結」すなわち「解決」は存在しない。「冷温停止」は真の解決にはほど遠い。この状況は「震災後」の世界ではなく「震災間」の世界で宙吊りになった私たち自身の状況そのものだ。

社会と向き合い、きれいな「結」に固執しないこと。一人の監督の成熟とともに、怪獣映画の最高傑作が誕生した。今なら子供時代の私に教えてやれるだろう。「庵野さんがすごいゴジラを作ってくれた。とうとうゴジラを取り戻したよ」と。

53　悲劇に抗うナラティヴの力

――イエジー・スコリモフスキ監督「イレブン・ミニッツ」

ポーランドからの期待の新鋭、と思いきや、御年七八歳の名匠、イエジー・スコリモフスキ監督の新作だった。恥ずかしながら本作が、この監督の作品としては初見だが、過去作品を遡りたくなる不穏なみずみずしさに満ちている。

ストーリーはない。いや、ないようであり、あるようでない。とある日のワルシャワ、午後五時から一一分間のエピソードが、一〇人と一匹の視点から描かれる。

いちおう映画の縦糸となるのは、ヘルマンとその妻である女優のアニャのエピソードだ。嫉妬深い夫であるヘルマンは、妻にちょっかいを出したどこかの男と暴力沙汰を起こして警察に拘留されていた模様。帰宅したヘルマンは、アニャと口論してから睡眠薬入りのシャンペンを飲んで寝込んでしまう。アニャは面接のため好色な映画監督の待つホテルへ。午後五時に飛び起きたヘルマンも、アニャを追ってホテルへ向かう。そのホテルの前では、おそらくは性犯罪がらみで刑務所から出たばかりの男がホットドッグの屋台を開いている。バイク便の配達員の男は人妻とコカインをキメつつ情事の最中。予想より早く夫が帰宅し、男は慌ててバイクで逃げ出す。ホテルの一室には、パソコンでポルノ映画を見ている一組の男女。彼らの頭上には、着陸態勢に入ろうと高度を下げる旅客機の姿。そして何人かが目撃する、空に浮かぶ黒い染み。

展開は断片的でめまぐるしく、いくつかの伏線は回収されないし、一度見ただけでは何が起きているのかわからないエピソードもある。それでもこの「一一分間」がどこに収斂するかというサスペンスで、最後まで緊張感が途切れない。衝撃のラストシーンはネット上では「壮大なピタゴラスイッチ」とか「ダイ・ハード好き」とかさまざまに評されているが、私はむしろラストシーンのさらなる回収ぶり（「パワーズ・オブ・テン」を思わせる）が印象的だった。

監督のインタビューによれば、一時期絵ばかり描いていたスコリモフスキ監督は、数年前にある悲劇を経験した。次男が急死し、その母親である元妻が自殺したのだ。以来監督は、陰鬱な考えに取り憑かれ、暗い夢ばかりを見るようになった。彼はあたかも自己セラピーのように、ある悪夢の雰囲気を再現したいと思うようになった。それはひとつのカタストロフィに向かって緊張が高まって行く、そんな物語の構想だった。

精神科医の立場からは、監督の「自己セラピー」という言葉は興味深い。この視点から考えるなら、本作が通常の意味での「起承転結」を放棄しているかにみえる理由が見えてくるように思う。どういうことだろうか。

監督の言う「自己セラピー」とは、精神医学的には、「表現療法」の一種ということになる。通常は箱庭や絵画といった手法が用いられるが、彼は映画監督だけに、映画制作という最も贅沢な表現手段を取り得たのだ。

しかし私は、そこにもう一つの視点、つまりこの映画制作が監督にとって「ナラティヴ・セラピー」であった可能性を見る。

人は「現実」を常に自己流に「意味づけ」しながら生きている。自分自身についても、自らの意味世界を物語として編み出し続けている。ナラティヴ・セラピーとは、クライアントが、自身の生活や人生を、否定的な物語（ドミナント・ストーリー）に支配されているととらえるのではなく、肯定的な物語（オルタナティヴ・ストーリー）としてとらえられるように支援する手法だ。自らの人生を新たなストーリーに書き換えることで、人生の再構築を図るのである。

この治療法が「ストーリー・セラピー」ではなく「ナラティヴ・セラピー」と呼ばれることに注目されたい。ここから先は私の解釈になるが、ストーリーとは時系列に沿ってリニアに起承転結が展開する文字通りの「物語」であるとすると、ナラティヴにはそうした固定的な展開はない。ただ、「世界（社会）と私の関係性」という設定があり、その設定に即した、その人固有の意味づけの様式がある。この様式のことを「ナラティヴ」と呼ぶのだ。「イレブン・ミニッツ」は確かに一つの悲劇的な破局を描いている。監督がインタビューで「私たちは運命というものに対して、何もなす術がない」と言い、また運命が私たちを「とてもドラマティックな仕方で驚かせる」という。本作で繰り返し言及される（ただし決して直接には描かれない）「黒い染み」こそは、そうしたなすすべがない運命の不気味な予兆であろう。つまり本作は典型的な悲劇の構造を持っている。

なぜこうした悲劇を描くことが、自己セラピーになり得たのだろうか。ただのカタルシス効果のためだけならば、複数の人生を同時並行的に描く意味はない。

おそらく本作の結末には、登場する人物一〇人ぶんの、それぞれに異なった意味がある。めまぐるしく切り替わるカメラの視点の多様さがそれを決定的に印象づける。避けることのできない破局へ向かう「ストーリー」を支えているのは、この多様で重層的な「ナラティヴ」なのだ。私を驚かせたラストシーンの回収ぶりは、どんな悲劇も広大なネットワークの中で匿名化されてしまうという暗示ではない。むしろあのシーンは、単純にみえる破局の背景に、おびただしいナラティヴが存在することを可視化してみせたのである。

たとえ悲劇には抗えなくても、人間には悲劇の「意味」を複数化し、あるいは固有のナラティヴとして語る自由がある。監督は自らの経験した破局と悪夢に、映画のナラティヴによって対抗した。その戦いの首尾はどんなものであったか。インタビューに答える監督の笑顔に、そのすべての答えがある。

54 「片隅」のポリフォニー

――片渕須直監督「この世界の片隅に」

こうの史代の原作は、発刊当時一気に読んだ。デビュー作『夕凪の街 桜の国』が衝撃的すぎてどうなることかと思いきや、それを上回る傑作長篇が発表されて漫画ファンは度肝を抜かれた。可愛い絵柄で漫画表現の限界に挑むような前衛性、ドラマチックな悲劇を予感させておいてのほのぼのオチという定型パターン、しかし物語には複雑でしっかりした骨格がある。描かれるのは戦時下の呉市における庶民の、ごく当たり前の日常だ。

太平洋戦争末期（昭和一九年）、絵が得意な一八歳の少女・浦野すずは、広島から呉の北條家に嫁ぐ。ちょっと天然だが明るいすずは呉鎮守府の事務官である夫や婚家の人々に愛され、懸命にささやかな日常を守ろうとする。やがて軍港のある呉はたびたび空襲を受けるようになり、すずも爆弾で右手首から先を吹き飛ばされる。運命の八月六日、広島の上空に閃光と轟音が響きキノコ雲が上がる。そして迎えた八月一五日、ラジオで終戦の詔勅を聞いたすずは、裏の畑でくやしさに泣き崩れる……。

映画は原作をきわめて忠実になぞっている。驚くべきは二時間あまりの尺に三巻分のエピソードのほとんどすべて（約五〇回分）を詰め込んでいることだ。それにも増して片渕須直監督の原作愛を感じさせるのは、すずの声にのん（本名・能年玲奈）を起用した功績である。本作を観てから原作を読むと、すずの声はもはやのん以外の声では再生されなくなってしまう。あの二年間のブランクは本作のための準備期間だったのではないかと思えるほどの「声」。のんの演技を〝聞く〟ためだけでも、本作を観る価値はある。

ただし、エピソードを詰め込みすぎて、伏線と回収が一度観ただけではわかりにくい点だけは惜しまれる。冒頭に出てくる「座敷童」が実はあの人だった、とか、戦死したはずの「鬼いちゃん」が終わりのあのシーンで帰ってくるとか、これは原作を読み込まないとまずわからない。よって本作を鑑賞する際は、原作での予習を強くお勧めしたい。ネタバレで感興が削がれる作品では全くないし、むしろ本作の鑑賞は、このうえもなく贅沢な〝再読〟体験になるだろう。

本作は例えば太宰治の『十二月八日』を連想させる。開戦当日の主婦の素朴な高揚感を日記風に綴った短篇で、ほのぼのオチまで良く似ている。ただしこの短篇は、戦意発揚作をアイロニカルに装った反戦作品である。本作にも戦時下の日常は描かれるが、精細度を極限まで上げた結果、まったく新しい「反戦」の語り口を獲得している。

淡々と日常を描きつつも、本作のストーリーラインには、数回大きなねじれがある。最初のそれは、水兵となったすずの幼なじみ、水原哲が北条家を訪ねてくるシーンだ。すずの夫、周作は、かつてほのかな好意を寄せ合っていた二人の雰囲気を察知する。彼は水原を自宅には泊めず納屋に寝て貰うかわり、すずに行火を差し入れがてらゆっくり積もる話をしてこいと納屋に差し向ける。明日の命も知れぬ兵士に、一夜の妻を差し出したのだ。すずは夫の配慮に腹を立てながら行為そのものは拒むが、水原は「すずが普通で安心した」と笑う。死んでも英霊として拝まずに、笑って思い出してくれと言って去っていく。

次のねじれは、すずが右手を失うエピソードだ。道に埋まっていた時限爆弾の爆発で、すずは姪の晴美を、つないでいた右手首ごと失ってしまう。家事がままならず、絵も描けなくなったすずの世界は歪みはじめる。生き残り（サバイバーズ・ギルト）の罪悪感も相まって、彼女はひとり内省を深め、「自分の居場所」に悩みはじめる。しかしそれは、すずの自意識の目覚めでもあった。

広島に新型爆弾が落とされて九日後に、すずは玉音放送で敗戦を知る。彼女はそれまでの天然ぶりとは人が変わったような明晰さで、敗戦の意味を理解する。日本は神風に護られた正義の国などではなかった、人々の不満を暴力で抑え込み、それゆえにこそ、より強大な暴力に屈したのだ。すずが、そのために身命を賭しても惜しくないと信じ込まされていた「正義」が飛び去っていく。

右手を失っても、日本がいくさに破れても、妹が原爆症になっても、それでも「普通の日常」は続いていく。すずは自分の役割を「笑顔の容れ物（原作では「記憶の器」）」として生きていくことと思い定める。ずっと受け身で遠慮がちに生きてきたかに見えたすずが、周作にはじめて告げるのだ。「呉はうちの選んだ居場所ですけえ」と。

欠如は人を巡りあわせもする。失われた右手がひとつの縁となって、すずは広島で出会った戦災孤児を養子にする。ここに至って、タイトルの謎がようやく解ける。すずがいるのは「この世界」の片隅ではない。「この日本」の片隅でもない。世界の「この片隅」だ（英語タイトルも"In This Corner of the World"である由）。ささやかでも、決して取り替えのきかない場所。さまざまな想いや感情の断片が折り重なり降り積もる場所。

本作は日本の、呉の、一九四四年から一九四六年までを描いた小さな物語である。しかし、類いまれな精度で重層的に描かれた「この片隅」の日常は、たぶん世界中のどこにでもいる「北条すず」の日常でもあるはずだ。私が真っ先に思い浮かべるのは、イラク、シリア、ウクライナ、南スーダンといった地名たちである。破壊された町並みや難民の列などとともに想起されがちなそれらの紛争地域にもあるはずの、「片隅の日常」に思いを馳せてみること。

そう、世界は「この片隅」のポリフォニーに溢れている。そのような想像力をこの世界に取り戻してくれた原作者と片渕監督に、今はただ感謝したい。

55 中上健次の風景
——山戸結希監督「溺れるナイフ」

ジョージ朝倉の漫画を原作とするこの作品の舞台は和歌山県新宮市（作中では「浮島町」）である。そう、あの中上健次の生まれ故郷だ。私は今年の八月に、当地で開催された「熊野大学」に講師として招かれたさい、本作に接する機会を得た。この作品にも登場する熊野川や丹鶴公園のある地元で観る経験には、聖地巡礼的めいた趣もあいまって格別の感慨があった。

東京で雑誌モデルをしていた望月夏芽は、父の故郷である浮雲町に引っ越すことになる。はじめは刺激に乏しい田舎に馴染めなさを感じていたが、ある日、この土地一帯を取り仕切る神主一族の跡取りである長谷川航一朗（コウ）と衝撃的な出会いを果たす。

ヒロイン望月夏芽を演ずる小松奈菜も素晴らしいが、菅田将暉が演ずる長谷川航一朗（コウ）の存在がとりわけ光っている。聖と俗の交錯する空間において、彼はまさしく「聖」の側の人間だ。立ち入り禁止の海岸で、夏芽がコウとはじめて出会うシーンは鮮烈な印象を残す。のびのびと海に一体化するコウは、聖の側に選ばれた人間の傲慢と不遜を鮮やかに体現している。

本作に描かれる「風景」には、邦画によくある匿名性がない。熊野の山々の濃密な緑、熊野の海の強烈な青、その固有の自然が、繰り返される「火祭り」の光景とあいまって、この特異な物語に神話的な彩りを添えている。おそらく山戸結希監督は、こうした土着性を確信的に取り入れているはずだ。「この町は何でも俺の好きにしてええんじゃ」とうそぶくコウの造形には、中上健次の紀州サーガの主人公・竹原秋幸の片鱗が垣間見える。

それもそのはずで、実は原作者のジョージ朝倉は熱心な中上健次ファンなのだという。本作の脚本を担当した映画監督・井上紀州も、「路地へ　中上健次の残したフィルム」に出演したほどの中上ファンとして知られる。熊野大学で本作の上映を企画した文芸評論家の市川真人は、本作に「中上の思想があちこちにある」として、「全能感を失った若者がもう一度、立ち直れるかという〝堕天〟と〝再生〟の物語である」点が中上的であると指摘した。

少女漫画を原作としながら（？）、本作はどこにでもあるボーイ・ミーツ・ガールを描かない。その土地でしかありえない鮮烈な出逢い、おのれの生を灼き尽くす化学反応のような憧れと恋、この身体を裂かれるような別れと喪失、そんな関係性が熊野の自然を背景に描かれる。

神としてのコウに憧れ、コウに所有されることで無敵の万能感にひたっていた夏芽。しかし、これは〝神話〟なのである。そうである以上、物語は悲劇を呼び込まずにはおかない。祭りの夜、夏芽はある事件に巻き込まれる。事件は二人の関係を引き裂き、二人の存在はかつてのような輝きを喪失するだろう。つまり市川が指摘したところの「堕天」である。

コウが必要としたのは、少女モデルとして輝いている夏芽の存在だった。自分専用の巫女として、そばに仕えるだけの夏芽には関心はない。しかし、その欲望のあり方自体が二人を遠ざける。コウの欲望を成就させようとすれば、夏芽は東京に帰って芸能活動を続けなければならない。しかし、コウは神主の息子として、決して浮島町から離れることができない。

いっぽう夏芽は神としてのコウに憧れていた。コウのためなら芸能界での成功もかなぐり捨てて、この土地でともに生きていけると考えていた。しかしそのためには、コウは絶対的な庇護者でなければならない。確かにこの町の中でなら、それは可能だったかもしれない。しかし町の外から到来した悲劇が夏芽を襲ったとき、コウはおのれの無力さをさらけだしてしまう。

彼らの堕天を癒し支えるのは、重岡大毅演ずる大友勝利と、上白石萌音演ずる松永カナの二人だ。輝きの代わりに、優しさと人の良さに溢れた彼らの存在は、世俗なるものの象徴でもある。大友が夏芽を慰めるべくカラオケで熱唱する長回しは、夏芽に憧れつつも自分が決して「聖なる領域」にたどり着けない諦めを自身に説得するかのような感動的シーンだった。

山戸結希監督は、本作において少女漫画の語り口を確信的に導入した。それゆえ本作に対する不満として、いまどきの若者のリアルな恋愛とは思えないとか、女子はともかく男子のたたずまいがとことんファンタジーであるといった指摘は、あり得るとしても的外れだ。少女漫画の機能とは何か。ひとつには「聖性」を説得的に描くことだ。少女たちにとっての「少年」は、時に最も神に近い存在であり、そういう意味での「聖」である。

それゆえ彼女は、「聖」に接近するための手はずを入念に整えた。ジャニーズの少年達（彼らもまた一種の神々である）。神主の家畜の少年。神々の土地、熊野。「町」や「学校」の閉じられた空間。そして、人が「聖」と「永遠」にもっとも近づく思春期。かくしつらえられた舞台装置の上で、まごうかたなき「悲劇」が反復されること。

私たちはリアルな少女としての夏芽の視点からコウを見る。そこに見えるのは、悲劇を防げず夏芽を所有できずに葛藤し苦しむ一人の神だ。少女の神は、しばしばヤンキーの姿をとって現れるらしい。おそらくそれは、幻想と現実の狭間を、夏芽とコウがタンデムでどこまでも走り続ける、あの輝かしいシーンに接続するためでなければ何だろうか。

先のトークイベントに出席した浅田彰は本作を「ペドロ・コスタより良い」と絶賛した。それが必ずしもリップサービスに聞こえないのは、確かにここにはペドロ・コスタには描き得ない「聖」があると思えたからだ。

56　福祉と家族のあいだ

――ハンネス・ホルム監督「幸せなひとりぼっち」

原作はスウェーデンの小説家、フレドリック・バックマンのデビュー作にして世界的なベストセラーだ。その映画化である本作は、スウェーデンで公開されるや大ヒットとなり、一六〇万人を越える動員を記録してスウェーデン映画史上歴代第三位の興行成績を樹立している。監督と脚本を担当したハンネス・ホルムの演出は、派手さこそないものの堅実で、まさにウェルメイドな佳作となった。

主人公オーヴェは、頑固で横柄な老人で、近所では変人扱い、四三年間勤め上げた職場も解雇される。年齢を知って驚いた。まだ五九歳？　私と四歳しか違わない。彼の頑固さは、単に加齢によるだけのものではないだろう。

最愛の妻に先立たれ、孤独で偏屈な老人に進んでなろうとするかのようなオーヴェ。共同住宅地域内の規則厳守を要求し、ゴミの分別をしない住民に腹を立て、区域内に侵入してくるバイクや自動車に目くじらを立てる。世間や社会を呪詛しつつ、オーヴェはとうに絶望している。残された希望は少しでも早く天国の妻のもとに向かうこと。現世には何の未練も無いオーヴェは、さまざまな手段で自殺を試みる。

コメディ映画の常として、彼の自殺はきまって邪魔される。邪魔の主は隣に引っ越してきたパルヴァネ一家だ。ハシゴのレンタル、病院への送迎、娘たちの子守、車の教習などの困り事が次々と持ち込まれる。イランからの移民であるパルヴァネは妊娠中で、オーヴェの偏屈ぶりにも臆することなく関わり続ける。彼女の大らかさや「空気の読まなさ」は、本作の大いなる救いとなっている。

偏屈な老人が他者とふれあうことで心を開いていく、という設定自体は「クリスマス・キャロル」から「グラン・トリノ」まで、傑作が数多く存在する。いわばハズレのない王道パターンのひとつではある。本作の新しさは、スウェーデンの社会的背景を絡めてあるところだ。

オーヴェの孤独の背景には、しばしばスウェーデン社会の暗部が見え隠れする。いまでこそ世界最高水準の福祉国家と評される国ではあるが、最初から完璧だったわけではない。

事故で父親を亡くしたオーヴェが長年住んでいた家は、おそらくは建築基準を満たしていないなどの理由で取り壊しを勧告される。近所で火事が起こった際にオーヴェの自宅まで延焼するが、居合わせた役人がわざと消火作業を遅らせたため全焼してしまう。住処を失った傷心のオーヴェがたまたま乗っていた列車の同じコンパートメントで出会ったのが、後に妻となる女性、ソーニャだった。陽気で知性的なソーニャとの結婚生活はオーヴェの人生に幸福のピークをもたらす。

しかし不幸な事故により、ソーニャは車椅子生活となってしまう。彼女は、その障害ゆえに才能に見合った職場をなかなか得られない。当時のスウェーデンの福祉事情は、現在よりもはるかに遅れていたのだ。こうした経験を経て、行政側の人間（白いシャツの連中）に対するオーヴェの不信と怒りは決定的なものになっていく。

本作の隠れモチーフの一つに、「サーヴ VS ボルボ」がある。あくまでサーヴ派のオーヴェは、長年の友情にもかかわらず、盟友ルネがボルボ好きであることも手伝って袂を分かってしまう。彼のアンチ・ボルボの姿勢にも、行政への不信感が反映されているようにも見える。

福祉や医療分野では良く知られた「ノーマライゼーション」という概念がある。障害者が社会から排除されることなく、健常者と同等の生活を享受できる社会こそが、通常な社会であるという考え方である。バリアフリー化などの推進によって障害者のこうむりがちな不自由を緩和する政策などがこれにあたる。提唱したのは、デンマークのニルス・エリク・バンク＝ミケルセンだが、スウェーデンのベングト・ニリエもこの概念の普及に大きくあずかった。

スウェーデンでは高齢者は施設ではなく地域で支える政策が推進され、独居老人は多いものの、その多くは地域コミュニティによる支えや、家族と頻繁に会う機会があるなどの理由で、幸福度は高い。ここにもノーマライゼーションの思想が活かされている。日本においては数多くの精神障害者や知的障害者が、いまだに大規模収容施設での生活を余儀なくされている現実を思えば、彼我の差に愕然とするほかはない。

個人に対する福祉の充実ぶりを象徴するシーンがある。オーヴェが解雇される際に「餞別」と称してシャベル一本を渡されるシーン。こんなことが可能なのも、年金制度がきわめて充実しているからにほかならない。

しかし、しばしば指摘されるように、福祉制度が充実すると、〝家族の絆〟の重要性は相対的に小さくなり、それが結果的に個人の孤立につながることがある。高齢者の生活を国が支えてくれるなら、子が同居して老親の面倒を見る必要はなくなる。たとえばオーヴェのかつての盟友だったルネ夫妻は、息子が自立して渡米したため、多発性硬化症とアルツハイマー病を患う夫の介護を妻が一人でしなければならない。夫が強制的に施設に収容されそうになる背景には、妻の介護能力が限界であると認定されたこともありそうだ。

制度の完備は時に個人を分断させ、日本のように家族や共同体を頼みすぎると弱者排除が強化される。「正解」は常に中間にあるだろうが、何を持って中間と見なすかが難しい。この困難な問いに本作は、「まずはあなたの隣人と連帯せよ」という、素朴ながら力強い答えを示しているかに見える。

57 見える「愛」、見えない「美」
——ロウ・イエ監督「ブラインド・マッサージ」

当たり前のことだが、盲人にも性欲はある。盲人も性の営みをする。おそらく本作ほど、盲人の性を多角的に描いた映画はなかったのではないか。しかし、ここに描かれた若者群像がもたらす感動は、「頑張っている障害者」的な、単純なものではない。

舞台は南京のマッサージ院。幼い頃に交通事故で視力を失い、「いつか回復する」と言われ続けた若手のシャオマー、結婚を夢見て見合いを繰り返す院長のシャー、客から「美人すぎる」と評判の新人ドゥ・ホンなど。ある日、マッサージ院にシャーを頼って同級生のワンが恋人のコンと駆け落ち同然で転がり込んで来る。

一種の群像劇なので、単純なストーリーラインのようなものはない。強いて言えば、一番主人公に近いシャオマーが、視覚が戻らないことを悲観して自殺未遂をするシーンが冒頭にあり、マッサージ院が解散して自身の治療院を開くところで映画は終わる。冒頭部分でシャオマーの視野が次第にぼやけていく主観映像が映し出されるが、後天的に視覚を失うことの恐怖と禍々しさが画面一杯に溢れ出し、私たちは一気に「見えない」世界へと引きずり込まれる。

時代設定は現代とは言え、障害者への風当たりは強い。マッサージ院の院長シャーは、見合いの席で相手の親から障害を理由に交際を断られる。彼の同級生ワンが駆け落ちしたのは、恋人コンの親が全盲の相手との結婚を許さなかったからだ。この映画には健常者の社会を意味する「主流社会」なる言葉が、繰り返し登場する。盲人にとっての健常者は神にも等しいのだと、にわかには信じがたいような解説付きで。

とはいえ彼らの世界は、決して暗いものではない。勤務時間は施療にいそしみ、休憩時間は仲間と談笑しながら、下ネタ混じりのジョークに笑い転げる。そう、彼らもまた「健常者」と同様に、愛に苦しみ恋に悩み、時に面子にこだわりもする若者たちだ。しかし、「同様に」？　果たして同様だったろうか。ともすれば彼らのほうが相手に触れ、声を発し、時に主張し、あるいは説得し、つまり深く関わっていたのでは無かったか？

本作に主題があるとすれば、その一つが「美」だ。それも「美人」の美、視覚的な美だ。彼らはみな、美への独自のこだわりを持っている。考えてみれば奇妙なことだ。彼らはなぜ、自分では見る事のできない「美」に対して、これほどまでに執着するのだろうか。

ある女子職員は、お気に入りの男性施術者にアプローチしつつこう言う。「私はここでは二番目に美人」「あなたは銀メダルを手に入れることになるのよ」と。確かにトロフィーワイフという言葉はあるが、女性のほうからそうした価値観をかくも露骨に提示するとは。しかし、口説かれた彼の切り返しもふるっている。「(君は)ブタ肉の角煮よりきれいだ」

その一方で、結婚に憧れる院長のシャーは、「美人すぎる」と評判の新人、ドゥ・ホンを口説こうとする。こちらのやりとりはもう少し深刻だ。

シャーは先天的な失明者だ。詩や文学に詳しく、ダンスをたしなみ記念写真(!)を好む趣味人でもある。それでも彼には「美」がわからない。ドゥ・ホンを口説きながら、彼は質問する。「美はとても魅力的なんだね?」と。

しかしドゥ・ホンは冷淡だ。愛しているとのシャーの言葉に「容貌も愛の対象だと?」と返し、「虚栄心から美に恋しただけ」と容赦なく切り捨てる。彼女は自分の「美貌」に惹きつけられる男性達にうんざりしている。彼女の捨て台詞は「目が見えない女ほど愛を見抜くの」だ。本作のキャッチコピーにもなっている「光が見える目と闇が見える目」を思わせる。職場では新人とはいえ、もうそれほど若くないドゥ・ホンは、その人生においてどれほどの「闇」を見てきたことか。

主人公格のシャオマーはといえば、彼はどうやら女性の匂いに惹かれるようだ。ワンが恋人コンと入職した時、彼は「ねえさん」と呼びかけながらコンに抱きつく。彼の貪るようなスキンシップは、まさに全身で相手の匂いにまみれたいと言わんばかりだ。率直に言ってそれほど美人とは言えないコンの魅力は、その「匂い」だったのだ。その後シャオマーは、同僚に連れて行かれたヘアサロン(風俗店)の女性、マンに惹かれていく。彼女は本作では最も若い美人だが、シャオマーが惹かれているのは、やはり彼女の「匂い」なのだ。「美」の存在は彼らを苦しめる。彼らが見る事のできない「美」への憧れは、明らかに「主流社会」に由来する。その欲望は、主流社会の欲望のコピーだ。マッサージ院にやってくる客の評判から、彼らはどの女性が一番美人かを理解する。そして彼らの欲望は「美人」そのものには向かわない。その欲望は「美人をモノにしたいという欲望」へと差し向けられている。

いっぽう、ドゥ・ホンのような美人にとって「美」は災難でしかない。どれほど賞賛されようと、彼女自身は自らの「美」を決して理解できないのだから。自分自身が理解もコントロールもできない属性ゆえに承認され、賞賛されることは喜びではない。むしろ不安を掻き立てずにはおかないだろう。彼女は「愛を見抜く」というが、果たしてそうだろうか。彼女は自分に近づくすべての男性に、自分ではどうにもならない「美」への欲望しか読み取れなくなっているのではないか。

詳しく書くゆとりはないが、実はこうした欲望の「分裂」は、健常者におけるそれのカリカチュアだ。私たちは彼らの欲望を笑いながら、そこに自身の戯画を見る。そう、本作は欲望の普遍性のもとで、「私たち」と「彼ら」を隔てる垣根を取り払うのだ。

58 感情化する社会に抗して
——グザヴィエ・ドラン監督「たかが世界の終わり」

グザヴィエ・ドランの作品を取り上げるのは二回目だ。前作「Mommy／マミー」は第六七回カンヌ国際映画祭で審査員賞を受賞したが、本作ではついに第六九回カンヌ国際映画祭グランプリを受賞している。まだ二〇代の若き天才監督が手がけた本作は、世評に恥じない瑞々しさと、エモーショナルな痛々しさをともにかねそなえた傑作である。

原作はジャン＝リュック・ラガルスの舞台劇『まさに世界の終わり』。主人公のルイは若くしてデビューし成功した作家。おそらくは（ドランと同じく）同性愛者でもある。彼は自身が病におかされて余命がわずかであることを知り、一二年ぶりに帰郷する。久々の再会と余命の告白で、さぞ感動的な帰郷になるだろうとの観客の期待は、あっさり裏切られる。空疎な会話、皮肉と罵倒、怒りの憎しみの応酬がえんえんと続くのだ。

母親は成功した息子を誇らしく思い、ひさびさの再会を前に念入りに化粧し、手の込んだ料理を用意する。妹にとってルイは限りなく他人に近い存在だが、それでも自慢の兄の記事はまめに切り抜き、兄から送られた絵はがきはすべて丁寧に保管してある。

いっぽう、兄の心情は複雑だ。きらびやかな成功を収めた弟に劣等感を感じ、工場勤務の自身には何の関心もないに違いないと決めつけている。ルイを手放しで歓待する母と妹と、それが面白くない兄との間には強い葛藤がある。その一方で、支配的で鈍感な母親に苛立ちを隠しきれない妹は、しょっちゅう母とぶつかっている。ルイとは初対面の兄の妻は、内気で控え目な性格ながら、ルイの葛藤を、恐らくただ一人察知している存在である。

本作にあってほとんど感情を露わにしない主人公ルイを演じるギャスパー・ウリエルの存在感が素晴らしい。その透明感のある抑制された顔の演技は、あたかも静かな鏡のように、家族の欲望を反映する。兄の妻カトリーヌを演じるマリオン・コティヤールはさすがの貫禄で、〝内気でおどおどした主婦〟を堂々と演じている。

ルイとカトリーヌの間に漂う奇妙な連帯感は、二人がなんらかの抑圧を受け続けてきたことと、ともにこの家族にとっては、よそもの的なポジションを共有していることによるだろう。子どもの名付けを巡る二人の応酬は、ルイの同性愛傾向に触れそうで触れないスリリングな名場面である。

本作の構造的なモチーフは、新約聖書における「放蕩息子の帰還」である。

父親から財産の分け前をもらった弟は、遠国で放蕩の限りを尽くして財産を使い果たす。飢饉に襲われ飢えに苦しんだ弟は、父の使用人にして貰おうと帰郷する。父親は弟を抱きしめ、肥えた仔牛を屠って祝宴を開いて歓待する。ずっと父親のもとで働いてきた兄は面白くない。自分には子山羊一匹すらくれないのに、遊びほうけた弟のために仔牛を屠るとは、と不満をぶつける。父親は答える。わたしのものは全部お前のものだ。しかし弟は、死んでいたのも同然なのに生き返ったのだ。祝宴を開いて喜ぶのは当然ではないか、と（ルカによる福音書一五章一一－三二節）。

いまだ家族の支配者然とした母親の存在は、この寓話の父のポジションにある。母による弟の歓待と、それに嫉妬する兄という構図だ。ルイは文字通りの放蕩息子などではないが、「作家としての名声」「同性愛者」「経済的成功」などの要素は、兄＝世間から観れば放蕩と大して変わりない。ルイの致死的な病は、放蕩息子を苦しめた飢えに相当するだろう。

本作はそうした「放蕩息子」の構造を、ひたすら感情のドラマとして描く。

舞台が家屋と車のみに限定された、そもそも舞台劇の原作を、なぜ「映画」として描くのか。ドラン監督の狙いは明確だ。俳優たちの「顔」を主役とするためだ。本作を観れば一目瞭然だが、バストショットよりも顔そのもののクローズアップのほうが多い。顔の映画と言えばデヴィッド・リンチの傑作「インランド・エンパイア」が思い浮かぶが、その効果はほとんど対照的である。

ドランは感情を否定するヌーヴェルヴァーグを嫌悪する。映画は知性よりも感情を描くべきなのだ。彼が前作「Mammy／マミー」で採用した1：1の正方形の画面（インスタグラム・アスペクト）は、キャラクターの感情を効果的に引き出すための工夫だった。本作では新たに、クローズアップの多様という、より自然な技法で「感情」が抽出される。

非難と罵倒を応酬するルイの家族は、緊密な感情の共同体を形成している。ルイもカトリーヌも、その共同体からは疎外された存在だ。彼らの位置は、マイノリティとしてのゲイ、弱者としての女性のポジションと重ねられる。

エゴと感情をぶつけ合う家族は、いわば世間的なものの象徴である。その空間は、迷い込んだ小鳥すらも、文字通り窒息させてしまう。ルイは局外者として、その空間に安住することは叶わない。自身の病について打ち明けることは、家族の諍い（いさか）の新たな火種になるだけだ。そうした諦念とともに、ルイは無言で生家を後にする。

本作においてドランが感情を描く「文法」は、いよいよ円熟味を増している。この領域はほぼ彼の独壇場と言ってよい。彼が闘うのは映画界の古い因習のみならず、「代替的事実」を生み出す、この感情化した社会なのかもしれない。最後にドランの言葉を引こう。「闘いは続きます。これからも人々に愛される、あるいは嫌われる映画を作るでしょう。それでも、アナトール・フランスが言ったように、〝無関心な知恵より、情熱的な狂気の方がいい〟のです」（第六九回カンヌ国際映画祭での受賞スピーチより）

59 きっとあの地には円盤が飛来している

――吉田大八監督「美しい星」

三島由紀夫の作品中でも、ひときわ異色のSF小説『美しい星』の映画化である。四人家族のそれぞれが、ふとしたことから自分が宇宙人としての使命を帯びた存在であることに気づく。あまり三島らしからぬ、どちらかと言えば安部公房タッチの不条理劇でもある。

近代的知性の人と思われがちな三島だが、実は超常現象への関心が強く、「日本空飛ぶ円盤研究会」にも入会して実際に円盤観測もしていた。つまり彼は、円盤の実在性を信じていたのである。結局目撃がかなわなかった三島は、円盤を「一個の芸術上の観念」とみなし、小説の主題にふさわしいと考えるようになった。吉田大八監督は、舞台を現代に移し替えて大幅な脚色を施し、おそらく三島が想定していたであろう「芸術上の観念」に忠実な映画化をなし遂げた。早くも二〇一七年を代表するような傑作の誕生である。

映画のテンポはとにかくスピーディーだ。家族どうしのぎこちない関係性を一気に悟らせる冒頭の食事場面がことのほか素晴らしい。なかなか当たらない気象予報士という大杉の設定も卓抜である。リリー・フランキーが珍しく〝素〟をはみ出した「演技」をしている。それも原作にはやや乏しかったユーモアをまじえて。彼の存在感の振幅が、そのまま本作の振幅になっている。悲劇と喜劇、シリアスとコメディ、SFと純文学の交錯する作品として。

個人的に特筆すべきは劇中で使用される平沢進の名曲〈金星〉である。後に「金星人」と〝判明〟する暁子がバンドマン竹宮に惹かれるきっかけとなったのがこの曲なのだが、歌詞にある〝ボクはキミだから〟が暁子へ向けられた暗号のように響く。無国籍風の曲調も含めて本作のために作られたような楽曲である。ずっと平沢ファンだったという吉田監督の発案とのことだが、単なるサントラを超えて、本作の空気感を決定的なものにしている。

描かれているのは、この美しい地球をどうするか、という一種の「狂気」だ。もしもあなたの隣人が、てんでに火星人やら金星人やらを名乗りはじめたら、その正気は疑われても仕方がない。しかし唯一の地球人である母親・伊余子がはまるのは、「美しい水」を販売するネットワークビジネスだ。ビジネスの帰結も含め、「狂気」という点では大差ない。この母親の設定は原作にはないものだが、これが加わることによって、本作の持つ不穏な構造がいっそう際立ったものになっている。

ついでに言えば「熊野」と「水ビジネス」の組み合わせは中上健次の小説『地の果て 至上の時』そのものである。ここにも吉田監督の密かな企みが仕掛けられている。

本作では「幻想」と「現実」の境界が、あえて曖昧に描かれている。

愛人を車に同席させて首都高を走っていたはずの重一郎は、田んぼの真ん中に〝落ちた〟車の中で目覚める。自転車便のメッセンジャーをしていた一雄は、ふとしたことから政治家・鷹森の知遇を得るが、彼と同乗したエレベーター内で、タイムスリップのような不可解な経験をする。長女・暁子は竹宮と海岸に行き、不思議な仕草で円盤を召喚する。そのとき空をめまぐるしく飛翔する二つの光が出現する。その後彼女は処女のまま妊娠していることに気づく。

いずれの経験も、幻想なのか現実なのかが判然としない。重一郎は運転中に気を失って高速道路から落下しただけかもしれない。一雄の経験も白昼夢と区別できるかと問われれば曖昧だ。暁子の妊娠は事実だったが、金星人を自称する竹宮は女たらしで、女性にクスリを飲ませて暴行するような人間だった。唯一の地球人である伊余子もまた、水ビジネスで正気を失っていく点では似たり寄ったりである。

本作におけるライトモチーフのひとつが「地球温暖化」である。重一郎は温暖化によって地球が危機に陥ると確信し、ニュース番組の気象予報士という立場を利用して人々の啓蒙を試みる。アピールの手法に問題があるとしても、その主張は必ずしも「妄想」とは決めつけられない。

しかしその一方に、温暖化への根強い懐疑論がある。例えば「クライメートゲート事件」では、ハッカーによって公開されたメールと文書が、科学者らが人為温暖化をでっち上げた証拠とされた（現在は否定されている）。本作のクライマックスシーンはこの問題を巡る父と子、いや火星人と水星人の対立なのだ（原作では論争の主題は核戦争の危機）。

あえて露骨な言及は避けられているが、吉田監督の念頭には、おそらく「原発」の問題がある。二〇一六年七月、南相馬市の住民の避難指示が解除された。その後も解除地域は広がりつつあるが、これについても「解除を急ぐべき」という意見と「拙速」とみなす意見がある。端的に図式化すれば、これは「放射能による汚染はごくわずかでも危険」とみなすか、「ある程度までの汚染は許容範囲」とみなすかの対立である。疫学的には後者が正しいとされるが、それが普遍的事実かどうかに答えられる者はいない。3・11以降、福島の現実は「事実」と「もう一つの事実（オルタナティヴ・ファクト）」に分裂したままだ。

本作のラストシーンと、そこに至るシークエンスの美しさは特筆に値する。本作が3・11後の今こそ制作されるべきだった必然性が、幻想と現実の交錯する「あの場所」で明かされる。そう、あの日以来、私たちは未だに幻想と現実が入れ子になった世界で生きている。「円盤」といい、「宇宙人」といい、そんな私たちの宙吊りの現実に、なんと似つかわしい名前であることか。

60 尊厳は祈りでも理想でもない
――ケン・ローチ監督「わたしは、ダニエル・ブレイク」

気高い映画。ひとことで言えばそういうことだ。

イギリス北東部ニューカッスルで大工として働いていた五九歳のダニエル・ブレイクは、妻に先立たれ、心臓疾患により医師から仕事を止められてしまう。福祉の援助を受けようとするが、パソコンの使えないダニエルの前に複雑な制度が立ちふさがり、必要な援助が受けられない。ある日ダニエルは、福祉事務所でひどい扱いを受けていたシングルマザーのケイティとその子供たちを助ける。それをきっかけに、彼らは少しずつ交流を深めていく。

働けなくなったダニエルは、しかし決して卑屈にはならない。どんな場面でも昂然と頭を上げ、堂々と自己を主張する。理不尽な仕打ちを受けて腹を立てても、決して怒鳴ったりものに当たったりしない。ジョークと皮肉を飛ばし、ため息をつくだけだ。まだ働く意欲があり、腕の良い職人でもあるダニエルが、なぜこんな辛酸を舐めなければならないのか。

映画の背景をなぞっておこう。イギリスと言えば、かつては「ゆりかごから墓場まで」最低限の生活が保障される福祉国家の象徴的存在だった。その国がいまや、障害者の基本的人権を組織的に侵害している疑いで、国連の調査を受ける政府にまで成り下がった。これは二〇一〇年に首相になった英保守党デービッド・キャメロンによる、五年以上におよぶ緊縮財政と福祉保障制度改革の結果だ（ジョン・マカードル「財政赤字を本気で削減するとこうなる、弱者切り捨ての凄まじさ」『ニューズウィーク日本版』二〇一六年五月二四日号）。

障害の認定は異常なまでに厳しくなった。障害者の自立した生活を支える基金は廃止され、公的ケアは削減された。障害生活手当も雇用支援手当もカットされた。寝室税（本作でも言及されている）という馬鹿げた制度が導入され、障害者は貯金を切り崩して生活するほかなくなった。絶望した障害者の中には自殺するものも出てきた。

ただ貧困であることが、どれほど人の尊厳を打ち砕くか。シングルマザーのケイティは、二人の子供のために自分の食事を限界まで切り詰めている。ある日ダニエルとフードバンクを訪れたケイティは、棚にあったマメの缶詰をその場で開けてむさぼるように食べてしまう。半ば無意識にとった自身の行動の惨めさにうちひしがれて泣くケイティをダニエルは慰める。「遠い土地に追いやられて、二人の子と頑張っている君は立派だ」と。

私は精神科医として、福祉の現場にも浅からぬ関わりがある。その立場から言えることは、このイギリスの惨状に比べれば、日本はまだマシな面もあるということだ。少なくとも精神障害者の雇用は、一昔前よりは格段に間口が広がった。福祉を必要とする人は、十分な手続き的努力さえすれば、受給できずに路頭に迷うことは多くない。ならば、イギリスよりも日本のシステムのほうが優れているということなのだろうか。ことはそう単純ではない。

少なくとも生活保護制度に関しては、日本は圧倒的に後進国だ。二〇一〇年のデータでは、イギリス（人口六二〇〇万人）における利用率は九・三％で、利用者数は五七四万人。日本の受給率一・六％よりも遥かに高い。これは利用資格のある人のうち二割弱の人しか利用していないという、極めて低い捕捉率が原因とされている。

日本においては「障害」「貧困」は「恥ずべきこと」であり、「非難に値すること」とみなされている。生活保護バッシングが良い例だ。私見では日本の社会システムは、七割の人々の生活満足度を、三割の排除された人々の屈辱と窮乏の上に構築することで安定を維持してきた社会なのだ。

日本政府はごく少数の不正受給者を叩くことで、貧困は恥であるという人々の意識を強化してきた。これは、福祉コストを削減する上できわめて有効なやり方だった。人々は恥ゆえに、なかなか受給申請しないし、家族も申請させまいとする。ひとたび受給者となれば、それを恥じる気持ちが「自分自身からの排除」（湯浅誠）をもたらし、個人は尊厳を捨てて自暴自棄になる。受給者の一部がただの怠け者に見えるとしたら、それは彼らの障害や貧困を辱め続けてきた社会＝世間の視線にも原因がある。

もはやイギリスの福祉システムに学ぶことはできないのかもしれない。しかしダニエルのような個人がいる限り、彼の尊厳のありかたに学ぶべきところは大きい。例えば次の宣言。

「私は依頼人でも顧客でもサービス利用者でもない。怠け者でも、たかりやでも、物乞いでも、泥棒でもない。私は国民健康保険番号でもエラー音でもない。（中略）わたしはダニエル・ブレイクだ。私は人間だ、犬ではない。当たり前の権利を要求する。敬意ある態度というものを。わたしは、ダニエル・ブレイク、一人の市民で、それ以上でも、それ以下でもない」

すべての個人には平等に権利があり（天賦人権説）、障害者も非障害者と同等の生活を享受する権利がある（ノーマライゼーション）。これは理想でも祈りでもない。そうした権利を自明の前提とすることで、人々は互いに尊重しあい、連帯することができるだろう。それは多くの日本人のように、制度の不備を「絆」で補完することではない。制度への怒りを表明し、変化への希望を維持しながら、個人が互いに尊重しあい、助け合うこと。そうした誇り高い連帯の姿を、私たちはまだ、ダニエルとケイティたちから学ぶことができるはずなのだ。

61　「名を取り戻す」ということ

——ジャン＝ピエール＆リュック・ダルデンヌ監督「午後8時の訪問者」

太宰治の短篇「家庭の幸福は諸悪の本」に、こんな挿話が描かれている。ある町役場に勤める戸籍係の男性。健康で幸福な家庭の良きパパ、良き夫である。ある日、彼は朝から浮き浮きしていた。宝くじの賞金で買ったラジオが今日届くのだ。ところが執務時間過ぎに、貧しい身なりの女がやってきた。出産届の受理を必死で懇願する女に「あしたになさい」と優しく言い放ち、彼は楽しいわが家へ帰宅する。女はその夜、玉川上水で入水自殺する。

映画「午後8時の訪問者」のはじまりは、この短篇とよく似ている。ベルギーのとある街で、移民や貧困層を受け入れる小さな診療所で働く若い女医、ジェニーは、ある夜、診療時間をとうに過ぎた午後八時に鳴らされたベルに応じなかった。翌日、診療所の近くで、身元不明のアフリカ系少女の遺体が発見される。遺体には争った跡があり、診療所の監視カメラに写っていた少女は、助けを求めていた。

太宰の短篇とは、ここから先が違う。あの夜、ベルに答えてドアを開けていれば、という罪の意識に苛まれたジェニーは、一人で少女の身元を探り始めるのだ。本作の主題はむしろそちらにある。

同じ医師としての立場から言えることは、ジェニーの取った対応は一〇人中九人の医師が取ったであろう〝常識的〟対応だ。私自身、時間外の診療は基本的に断っている。つまり医師として見た場合でも、ジェニーの行動が甚だしく倫理を逸脱した行為とは言えない。同じ状況に遭遇した多くの医師は、そのように自身に言い訳をして自らの判断を正当化し、事件を忘れようとするだろう。私が絶対にそうならない自信はない。しかしジェニーはちがう。彼女は少女の顔を忘れることができない。その名前のない顔（原題は"La Fille inconnue"「名もなき少女」）を。

ジェニー役のアデル・エネルの演技、というか「たたずまい」が素晴らしい。化粧っ気もなく、身ぎれいにはしているがファッションには無頓着、患者に呼ばれれば夜でも車で駆けつけるフットワークの軽さ。私生活は明かされないが、診療所に泊まり込んでいるあたり、仕事にすべてを捧げている印象だ。

冒頭、彼女は肺気腫の老人の呼吸音を丁寧に聴取する。レントゲンなどの検査設備の乏しい診療所ゆえかもしれないが、患者の身体に対して丁寧に「手当て」をするさまが繰り返し描かれる。なんでも検査で済ませる若手医師には廃れつつある診療スタイルだ。こんなところにも、ジェニーの医師としての誠実さが滲み出す。

その医師が「他者の尊厳」を大切にしている医師かどうかは、患者よりも後輩や部下への態度でわかる。ジェニーは、患者に感情移入しすぎる研修医ジュリアンをつい叱りつけてしまう。傷ついたジュリアンは、口もきかずに帰ってしまう。ほとんどの医師はここで「使えないやつ」と考えるだろう。しかしジェニーは違う。自分の対応が間違いだったかもしれないと考え続け、本人に「力を見せつけようとして」言い過ぎた、と謝罪するのだ。彼女の倫理観は本物だ。

ダルデンヌ兄弟は、インタビューでこう述べている。「彼女は〝耳〟なのです」と。患者の言葉を聴くばかりではない。関係者すべての言葉を聴く耳。関わった者に言葉を発するように促す耳。彼女が診察室で髪をまとめ、耳をあらわにする所作が、本作では数回描かれる。彼女が追い求めてやまない声は、「少女の名前」だ。

罪の意識から少女の墓地を購入したものの、そこには名前がない。ジェニーの探索行動は、事件の真相を知りたいという探偵的なものではなく、ただ少女の名前を追い求める行動に変化していく。そこにはダルデンヌ自身が述べているとおり、「人を、名の知れぬままに死なせてはならない」という強い思いがある。映画の中で、その思いはいくぶん狂気に近い描かれ方もする。そう、法に背いてでも殺された兄を埋葬しようとしたギリシャ悲劇のヒロイン、アンチゴネーを想起させるほどに。

容易にうかがい知れるように、本作の背景にはＥＵの移民問題が影を落としている。舞台となったベルギーは多文化主義で、移民には寛容とされるが、格差は深刻だ。亡くなった少女も、移民ゆえに売春を強要されていた。太宰の短篇に登場する女のように、誰もが彼らの存在を忘れていたい。自らの家庭の幸福のために。しかしそこには排除の悪がある。

ジェニー自身が償いのように続ける「名の探索」は、さまざまな障害に会う。少女を知っているらしき少年は黙秘し、少年の両親はジェニーをなじる。少女と接触があった老人の息子は、ジェニーを力づくで部屋から押し出す。あげくに裏社会の人間（こちらも移民だ）からは暴力的な脅しを受ける。しかしジェニーは屈しない。彼女は推理も説得もしない。ただ少女の写真を収めたスマホを片手に、彼女の名前を追い求めるだけ。

ジェニーの問いは、人々の言葉を引き出していく。彼女の診察を受けながら、人々は秘密を語り出す。彼女の鋭敏な耳が、彼らの身体をして語らしめるのだ。それはあたかも懺悔のようであり、その背景にある移民問題が、あたかもヨーロッパの原罪意識のように見えてくる。

ダルデンヌ兄弟は、その原罪を声高に告発などしない。なぜなら彼らは知っているからだ。「排除」とは名を奪うシステムであることを。個々の移民を「名前」で呼び、「名前」を記憶すること。そう、私達個人が、排除に異議申し立てをしようと思うなら、まずなされるべきことは「名の回復」をおいてほかにない。

62 「物語」には時間が必要だ

――ドゥニ・ヴィルヌーヴ監督「メッセージ」

ＳＦでは定番のファースト・コンタクトものである本作を観ていると、まるで索引のような形で、さまざまな映画やＳＦ作品の記憶が喚起される。

世界各国に突然〝出現〟した楕円形の宇宙船のデザインは、それが人類進化の触媒であるという意味も含めてキューブリック「２００１年宇宙の旅」を思わせるし、主題である「サピア＝ウォーフ仮説（言語が人間の思考様式に影響を与える）」は伊藤計劃『虐殺器官』そのものだ。人間の自己理解をエイリアンが助けるという構成はタルコフスキーの「惑星ソラリス」を連想させるし、過去も未来もない円環的時制に生きる宇宙人はヴォネガット『スローターハウス５』のトラルファマドール星人と同様である。

本作のすさまじさは、ここに列挙した作品群ではアイディアの象徴的な提示に過ぎなかったものが、その過程をきわめて高精細度のリアリティで示してくれる点だ。いささかユーモアに乏しいという評もあるようだが、ヘプタポッドがタコ型宇宙人で、スクリーンにスミを吐きつけるように文字を描く設定は、じわじわ笑える。描写は全般に抑制的で、派手なＳＦガジェットや戦闘シーンなどは登場せず、全篇が薄曇りのような淡い光のもとで静かに進んでいく。冒頭の（ある意味で）叙述トリックを含め、メリハリの効いた起承転結の乏しさは半ば意図されたものなのだろう。

本作はＳＦ作品だが、「科学小説」ではなく「思弁的小説（スペキュレイティブフィクション）」に近い。原作では「フェルマーの最小時間の原理」（空気中のＡ点から水中のＢ点に向かって光が進むとき、その進路は常に可能な限り最小で、最短なものになる。すなわち光は目的地をあらかじめ知っているように見える）がテーマのもう一つの柱となるが、映画版ではばっさり削除されており、むしろ映画のほうが思弁性が増している印象すらある。

思弁の柱は二つある。一つは先にも述べた「サピア＝ウォーフ仮説」。もう一つは過去と未来を同時に認識できるような円環的時間。二つは密接に結びついている。どこか禅画を思わせるヘプタポッドの文字（原作では「表義文字」）は、時間は過去から現在へと流れ、原因があって結果が生じるという単線的因果律から人間を開放する。彼らの記述は過去と現在を入れ替え可能な形でなされるため、ヒロインである言語学者ルイーズは、次第に同様の時制を生きるようになっていく。そう、彼女が観るようになるビジョンは、彼女の未来において起きる「現実」を意味していたのである。

本作で提起された思弁はきわめて刺激的だ。原作を含め、SFという形式でしかありえないこの思弁を絶賛する声が圧倒的である。おそらくヴィルヌーヴ監督は、さまざまな時制が複雑に入り交じる原作の感動を映画の形式に落とし込むことに専心したのだろうし、その点については成功している。しかし、あえて言えば、原作を含め本作の構造には決定的な、そう言ってよければ存在論的矛盾がある。

最大の問題は、円環的時間における心身二元論である。どういうことだろうか。ルイーズがヘプタポッドの言語を習得することで、そうした時制の認識が可能になる。そこまではいい。しかし、変容を来すのは「心」だけで、身体は単線的因果律から自由になれない。これは、身体の有限性をそのままにして、心だけが万能化されるという意味で、典型的な独我論にしかならない。

人間存在の有限性を教えてくれるのは「死」である。ハイデガーも言うように、私たちは死へと向かう時間的存在だ。死に向けられた先駆的決意性によって現れた時間性こそ「根源的な時間性」なのである。

ここでいう「死」とは、その先が無であるような境界のことだ。同時に重要なのは、私たちは自分が死すべき存在であることは知っているが、死がいつ、どのような形で訪れるかについては無知である、という点だ。円環的時間の認識は、私たちに、自らの死期やその状況をも知らしめるだろう。詳述は避けるが、こうした認識は有限性への決意よりは、円環性へのひきこもりをもたらすだろう。

しかし最大の問題は、「物語」に関するものである（本作の原題は『あなたの人生の物語』）。ナラティヴ・セラピーにも関わりのある立場から言えば、物語＝ナラティヴとは、まさに「過去から現在に至る単線的因果律」という構造抜きにはありえない。つまり、時間的要素が不可欠なのである。もし心理学的に「円環的時間」に近い現象がありうるとすれば、PTSDのフラッシュバックが最も近い。先に述べた『スローターハウス5』の着想に、ドレスデン爆撃のトラウマが深く関わっていたことを想起しよう。さしあたり円環的時間は、病理現象という位置づけしか持ち得ない。

物語は、私たちの人生に「別の人生の可能性」を導入する。可能世界を夢想することで、私たちは自分の人生を物語として肯定する。過去から現在へ流れる時間意識こそが、「可能世界」の夢想を与える当のものだ。私達が現実を生きる上で虚構の力を必要とするのはそのためだ。

本作の感動は、「不可避な未来を予見しながらも、意志的に生きるヒロイン」の存在によって支えられている。しかしその感動は、「死の宿命を知りながら現在を懸命に生きる難病もののヒロイン」への感動と、果たしてどれほど隔たっているだろうか。本作は物語の根源的否定によって物語的感動を喚起しているという点において、一つの矛盾を抱えているのだ。

むしろ本作の真の価値は、私たちが決して予知できない「死」へと向けられた時間的存在であるという有限性を、深い感謝とともに想起させてくれることを措いてほかにない。

63 「家族」は「原罪」を緩和するだろうか？

――ポン・ジュノ監督「オクジャ」

劇場公開されていない本作を取り上げるのは「反則」なのかもしれない。しかしNetflix限定配信とは言え、本作はあのポン・ジュノ監督の「スノーピアサー」以来四年ぶりの新作なのである。ほぼ全作品をフォローしているファンの一人としては、公開の形式など瑣末な問題にすぎない。

世界企業であるミランド社は、遺伝子組換えによって生み出された巨大で味のいい「スーパーピッグ」を開発した。ミランドは世界各国の畜産農家に二六頭のスーパーピッグを預けて育成させ、一〇年後に、最もみごとに育った個体を表彰することを予定していた。

韓国の山奥で、少女ミジャは「オクジャ」と名付けたスーパーピッグときょうだいのように仲良く暮らしていた。しかしある日突然、ミランド社に務める叔父とアメリカからの取材チームがミジャの家に現れる。オクジャはコンペで最優秀を獲得し、ニューヨークへ移送されることになったのだ。もちろん食肉として。ミジャは祖父がオクジャは買い取ったものと思っていたが、それが嘘だったことに激怒する。

拉致されたオクジャを追って、ミジャはソウルへ、そしてニューヨークへ向かう。彼女の追跡を助けるのは、過激な動物愛護団体ＡＬＦのメンバーだ。さまざまな思惑が入り乱れる中、ミジャの冒険はどこへ向かうのか。

豚というよりは、カバかゾウのような身体に、顔はジュゴンを思わせるスーパーピッグ・オクジャの造形が素晴らしい。愛らしいモンスターという点ではトトロにも匹敵するだろう。やや重量感に欠けるきらいはあるが、ＶＦＸも見事な水準で、「オクジャがいる日常」がリアルに感じられる。

配役も豪華だ。エキセントリックな女性管理者を演じさせたら他の追随を許さないティルダ・スウィントンに加え、落ち目のTVレポーターを楽しげに演ずるジェイク・ギレンホール。しかし何と言っても個人的に最高だったのはALFのリーダーを演じたポール・ダノだ。いまだに「ゼア・ウィル・ビー・ブラッド」のインチキ牧師役が忘れられない身としては、ともかく薄っぺらい主張を語らせたら世界一、と喝采したくなる。

ポン・ジュノ印とでもいうべきミジャの見事な「飛び蹴り」や下ネタ（オクジャのウンコ攻撃）も満載で、期待に違わぬ笑いとアクションのつるべ打ちである。思春期にさしかかったばかりの少女ミジャは眼力の強いキュートな田舎少女だが、楚々とした「美少女」ではないし余計な恋愛沙汰とも無縁だ。それでもオクジャのために傷だらけになって戦う彼女は美しい。たぶんこれこそが正しい「戦闘美少女」なのだろう。

本作がNetflixで配信されたのには理由がある。監督のインタビューによれば、ハリウッドのメジャースタジオからは、食肉工場の描写などを差し控えるよう要求されたという。しかしNetflixは、十分な予算と一〇〇%の裁量権を監督に与えたのだ。実際、あの工場シーンが描かれなければ、本作の説得力は半減以下だったろう。

本作は純然たるエンターテインメント作品でありながら、そこに勧善懲悪的な爽快感はない。ポン・ジュノの作品がいつもそうであるように。「殺人の追憶」の連続強姦犯は迷宮の彼方に逃れ去り、「グエムル」では、漢江の怪物を生み出した社会状況はいっこうに改善されず、「母なる証明」で息子のために人を殺めた母親は罪悪感を忘れるために鍼を打って踊り狂う。そう、そこに「解決」は存在しない。

本作でも、「オクジャという個体」は救出され、ミジャと一緒に故郷に帰る。しかし、工場に残された数多くのスーパーピッグたちは？　彼らがいずれ食肉に加工される状況は何一つ変わっていない。美味で安価な肉を人々が求める以上、それを提供できる技術を持ったミランド社が資本の論理に従うのは当然のことだ。そこには「貧しい人々にも美味しい肉を」という善意すら垣間見える。人類全体が菜食主義にならない以上、それを「偽善」と切り捨てるのは難しい。

オクジャの救出を一途に願うミジャにしても、見方を変えれば自分の同胞であるオクジャしか眼中にないエゴイストとも言える。彼女の純なまなざしは、スーパーピッグという存在自体がはらむ矛盾への認識には、決して向けられることはない。

ならば動物愛護団体ALFはどうか。スーパーピッグの救済を願う彼らも、矛盾や偽善と無縁ではない。エコテロリズムも辞さない彼らの姿は、日本の調査捕鯨を暴力的に妨害するシー・シェパードの姿と重なる。「なぜクジラだけが特別なのか?」という問いは、そのままスーパーピッグにも置き換え可能だ。ポール・ダノの主張の胡散臭さは、この根源的な問いにおよそ無自覚なまま自らの正義に酔っているためもあるだろう。

かつて「ブタがいた教室」という映画があった。ある小学校で実際になされた教育実験がテーマだ。子どもたちが「Pちゃん」と名付けて大切に育てた豚を最後に美味しくいただく結末。それで「いのちの価値」がわかるかどうかはともかく、この実験に意味があるとすれば、肉食が本質的にはらむ原罪性について考えるきっかけにはなるからだ。

「オクジャ」が浮き彫りにするのは、現代社会のシステムにおいて「オクジャを食べる」ことも「食べない」ことも、何がしかの犠牲(=原罪性)を伴わずには選択できず、しかもシステム以前には後戻りできないという現実である。山に戻ったミジャとオクジャたちの平和な暮らしは、果たしてどれほど続くのだろうか。そんな不吉な予感の一方で、私はこうも思うのだ。ひょっとしてポン・ジュノ監督は、システムと個人の対立を調停するトポスとして、「家族」に希望を見出そうとしているのかもしれない、と。

64 「人間の条件」としてのマイノリティ
――グズムンドゥル・アルナル・グズムンドソン監督「ハートストーン」

思春期映画、というジャンルがあるかは知らないが、思春期をテーマとする映画には傑作が多い。思いつくだけでも「トリュフォーの思春期」「ヴァージン・スーサイズ」「ゴーストワールド」などがあるし、邦画なら「リリイ・シュシュのすべて」「桐島、部活やめるってよ」など。「ハートストーン」はアイスランド映画だが、まぎれもなく過去の名作に比肩しうる傑作である。

舞台は東アイスランドの小さな漁村。幼なじみの少年ソールとクリスティアンが主人公だ。日本で言えば中学一～二年生ぐらいだろうか。まさに思春期の入り口で、ソールは美少女のベータに恋をする。ソールよりはやや大人びたクリスティアンは、ソールの恋を後押ししようとするが、その中でソールへの特別な感情に気づいていく。

思春期映画はしばしば、いじめをテーマにする。本作はそこにマイノリティの問題を絡めている。その手際はきわめて鮮やかだ。

冒頭、少年達が魚釣りに興ずるシーンで、大物が次々に上がる中、誰かがカサゴを釣り上げてしまう。カサゴを観てソールは「クリスティアンみたいに醜い」などという。クリスティアンは醜いどころか、スタイルの良い美少年なのに。その後カサゴは唾を吐きかけられ、靴で踏みにじられる。ああ、カサゴ美味しいのになあと一瞬思いかけるが、カサゴは物語の後半で再登場し、マイノリティの象徴だったことがわかる。つまり『よだかの星』(宮沢賢治)のよだか的な存在なのだ。

ソールの悩みは、例えば「まだ毛が生えないこと」と、芽生えつつある幼い性欲だ。本作はハリウッド映画ではありえないほど、少年の裸が繰り返し登場する。風呂場でまだ幼い自分の体に見入るシーン、姉にからかわれ家から全裸で閉め出されるシーン、同室の姉から自慰を覗かれるシーン、クリスティアンに〝冗談本気〟のキスをされて混乱するシーンなどが〝容赦なく〟描かれる。

そして私たちは思い出すのだ。この時期の自分が、どんなにか自分の身体を、そして芽生えかけた不定形の性欲を恥じ、もてあましていたことか。本作はその意味で、男子にとっては特に、観る者の身体感覚に直接刺さるような、ヴァーチャル思春期体験のような趣すらある。

もう一点、この作品の特異な点は、「思春期と社会」に照準しているところだ。ソール達が暮らす村社会は狭い。誰が誰を殴ったとか、誰と誰が不倫してるとか、噂はあっという間に広がる。そしてえげつない同調圧力。家父長制的価値観、異性愛主義と男尊女卑。監督は自分の思春期を素材にしたというが、現代からさほど遠くない近過去の物語にもかかわらず、ほとんど日本の村社会と選ぶところがない息苦しさだ。こんな社会では、言うまでもなくゲイの居場所など存在しない。

クリスティアンの父親は、知人の既婚男性がゲイと分かって殴り合いの喧嘩をする。男性に同情するものは誰もおらず、彼はレイキャビクへと去ることに。事実上の村外追放だ。子ども達は子ども達で、仲の良いソールとクリスティアンの関係を、ゲイカップルになぞらえてしきりに揶揄する。そう、マイノリティを排除する村の掟は、子供時代から隠微な形で育まれるのだ。

ソールの母親は、そんな村のルールをひそかに憎んでいる。夫は若い女性と不倫に走り、事実上のシングルマザーとして三人の子を育てている。彼女は強く、自立した女性で、母親としての務めさえ果たせば、あとは自由に生きたいと望んでいる。ときおり着飾って「友だち」と遊びに行くが、娘たちは母親も不倫しているのではないかと疑っている。あるとき、娘のラケルはたまりかねて母親を「あばずれ」と罵倒し、母親とつかみ合いの喧嘩になってしまう。

監督もインタビュー（パンフレット所収）で語っているように、この村では一見抑圧された子ども達よりも、大人達のほうがずっと不幸だ。彼らは土地に縛り付けられ、相互に監視しあい、夫婦は互いに不満を抱えている。しかし子ども達は、夜遅くまで遊び歩き、サッカーをしたりプールで泳いだり、キャンプをしたり互いの家に泊まったりと、短い夏を存分に楽しんでいる。

そう、本作で救いとなるのはアイスランドの大自然だ。なによりもこの国には「白夜」がある。北極圏に近い北欧やアイスランドでは、一日中太陽が沈まない夏の間、人々はむさぼるように夏を楽しむのだという。作中で描かれるダンスパーティーの狂騒も、これに続くソールの母親のアバンチュール（男性を家に泊める）も、一夏の解放感がもたらしたものだろう。

あるいはこんなシーンもある。クリスティアンの父親は、無断で余所の馬を借りてキャンプに行ったクリスティアンとソールをこっぴどく叱りつける。しかしその後、三人でとある崖に向かい、ソールの体に命綱をつけさせて崖の穴から海鳥の卵を採取させる。この父親なりの、不器用な和解の試みだろう。しかし、皮肉にもあるアクシデントから、それはソールとクリスティアンを一層深く結びつける機会となってしまう。

自然の中で人々はどこかしら「動物的」になる。ソールにしても、ベータへの初恋は、思春期特有の理想化、ときめき、躊躇逡巡として描かれることはない。まっしぐらに「好きだから、したい」という単純な欲望。そんなソールの欲望が成就していくたびに、クリスティアンの苦悩は絶望に至るほど深まっていく。その欲望と葛藤は、きわめて「人間的」だ。その欲望を知ってか知らずか、ソールとクリスティアンのBLカップリングめいた絵を描くソールの姉、ハフディスもまた。あるいは彼らマイノリティの存在こそが、人間を人間たらしめる条件なのではないか。最後にカサゴを放つシーンに、私はそうした希望を垣間見る思いがした。

65 限界のないもの

――ポール・ヴァーホーヴェン監督「エル　ELLE」

イザベル・ユペール。はじめてこの女優に強烈な印象を与えられたのは、ミヒャエル・ハネケ監督作品「ピアニスト」だった。以来彼女は私の中で「このうえなく優雅に〝変態〟する女優」となった。

その彼女がまたしても〝変態〟を演ずる、しかもあのヴァーホーヴェンと組んで。「ロボコップ」よりも「トータル・リコール」よりも「ショーガール」（一九九五年ゴールデンラズベリー賞ノミネート）を愛してやまない私としては、決して見逃すわけにはいかない。そして案の定、彼女は素晴らしかった。映画の画面の隅々までもユペールが支配し充溢していた。原作者フィリップ・ディジャンが、「ユペールをイメージして書いた」と言うだけのことはある。

映画はいきなり、ユペール演ずるミシェルが家に侵入してきた覆面男にレイプされるシーンからはじまる。暴行され傷を負っても平然と割れたグラスの破片を集め、寿司の出前を注文し、アパートを借りる相談にやってきた息子のヴァンサンと何事もなかったかのように話す。何度か「フラッシュバック」が描かれるあたり、彼女は決して動揺していないわけではないらしい。ただ、何らかの理由によって、彼女は自分自身に対しても動揺を押さえ込む習慣が身についているのだ。

ミシェルがカフェで食事をしていると、見知らぬ他人が彼女のテーブルに残飯をぶちまけ、クズ！　と罵って去って行く。何事かと思えば、理由があった。ミシェルの父親はナントで二七人の犠牲者を出した連続殺人犯として服役中だった。彼は再審請求を繰り返し、そのたびに「世間」は、あのいまわしい事件を思い出す。事件現場に立ち尽くす犯人の娘、ミシェルの姿は大きく報道され、事件の象徴となった。以来、彼女は「屈辱」に適応し、立派な「クズ」の一人となった。今や彼女はゲーム会社のCEOとして、怪物が触手で女性を陵辱するようなアダルトゲームを作っている。社員の多くから憎まれながら。

七〇代の母親は彼女の金で美容整形を繰り返し、若い愛人との結婚を夢みている。息子はニート同然だったが、性に奔放な若い女性とくっついて、彼女の出産（父親は別）を機にやっと働き出した。ミシェル自身は親友アンナの夫との不倫関係をだらだら惰性で続けている。

しかし彼女は反省などしない。昂然と頭を上げ、自らの欲望を肯定し、思春期の少女のように相手を挑発する。いかなる権威にも力にも屈せず、コントロールもされないこと。それが彼女の行動規範なのだ。

それゆえかどうか、本作の底流にはカトリック教会への痛烈な批判がある。ヴァーホーヴェン自身、インタビューでこう語っている。「今作では、現代社会における宗教の影響も盛り込んだ」。原作にはなかったラストシーンは「カトリック教会に対する、皮肉や批判をこめた」「カトリック教会がいかにそういうことを隠してきたかということをね」。

教会が何を「隠して」来たか。教会において長年続けられてきた、児童に対する性的虐待である。二一世紀に入ってこのスキャンダルが発覚し、多くの聖職者が処分された（映画「スポットライト 世紀のスクープ」のテーマでもある）。このことはほんの一例だ。カトリック教会の禁忌や抑圧が、さまざまな「性的倒錯」の遠因となっていることは、繰り返し指摘されてきた。

教会が「変態」を生み出した。つまりはそういうことだ。

映画の中盤、ミシェルはパーティーの最中に、まるで世間話のように告白をはじめる。父親が敬虔なクリスチャンで、近所の子ども達の額に十字を切ってあげていたこと。一部の親から抗議されて、父親はその仕打ちへの復讐として凶行に及んだこと。その後帰宅した父親が家具を燃やし始めて、焼け跡に灰まみれで立ち尽くす少女（＝自分）の写真が新聞に大きく載ったこと。

レイプ犯は向かいに住む銀行員のパトリックだった。妻は敬虔なカトリック信徒で、パーティー中でもローマ法王のミサの中継を観たがるし、挙げ句にはミサに参加すべく夫を置いてローマに旅立ってしまう。カトリックにおける離婚や避妊、中絶の禁止といった抑圧が、パトリックの性癖（女性が嫌がらないと興奮しない）に影響を及ぼしていた可能性は決して小さくないはずだ。

最大の問題はミシェルの欲望である。本作が犯人捜しのミステリーだったのは中盤までで、パトリックが犯人と分かって以降も、ミシェルは彼と関係を続ける。覆面をしてレイプするという状況が必要とあれば、それすらもゲームとして受け容れる。ミシェルはパトリックを憎むどころか、性的対象として受け入れるのだ。彼女は何を欲するのか。

ミシェルはコントロールを欲していた。姿を見せないレイプ犯に怯えて生きることを拒絶し、自分に屈辱を与えた（写真の公開）司法に委ねることもしたくない。彼女は決めたのだ、自らのセクシュアリティを活用し、パトリックをコントロールすることを。「レイプされてあげる」ことで相手を支配する、マゾヒスティックなコントロール。このゲームそのものは、息子ヴァンサンがパトリックを撲殺して終了するが、この結末すらもミシェルの掌の上にあったと考えるのはうがちすぎだろうか。

映画のラストは、カトリックの禁忌の一つ、ミシェルとアンナの同性婚をほのめかして終わる。不意に私は「あの言葉」の真の意味に思いいたる。「限界のないものが二つあるわ。女の美しさと、それを濫用することよ」（ジャンヌ・モロー、映画「ニキータ」でのセリフ）。そう、彼女はあくまでも「女」として、「父殺し」とともに、ひとつの「復讐」を完遂したのだ。

66 ノーランの三つの時間
——クリストファー・ノーラン監督「ダンケルク」

傑作「インターステラー」以来、三年ぶりとなるノーランの新作である。「バットマン」後の二本のSF作品を経て、いきなりのノンフィクション。しかしヴィンテージの実機を飛ばして撮影されたというスピットファイアの飛行シーンは、まぎれもないノーラン印だ。

タイトルとなった「ダンケルク」は、ドーヴァー海峡に面したフランスの港町。第二次世界大戦前半の一九四〇年、フランスとイギリスの連合軍の兵士四〇万人が、ヒトラー率いるドイツ軍に包囲されて、この地に雪隠詰めになる。映画が描くのは敵の撃破ならぬ、彼らがいかに〝撤退〟したか。一般市民も協力したこの撤退戦の成功が、英国民を奮起させ、戦争の転回点となったというのだが、本作はひたすら撤退の「過程」だけを描き続ける。

CGとデジタルカメラを忌避するノーランは、押井守も指摘していたように、「カメラの前で起こったことを、なにがなんでも実際にやる」（『キネマ旬報』二〇一七年九月下旬号）。撮影もダンケルクの海岸で行い、そこに集結した兵士の描写もハリボテまで使いながらCGは避ける。コクピット撮影さえもブルースクリーンは使わず自然光のもとでIMAXカメラを使用した由。

にもかかわらず本作は、ノーラン自身が強調するように「戦争映画ではない」。英雄譚も流血もない。戦況の俯瞰もわかりやすい敵キャラもない（そもそもナチス軍が登場すらしない！）。喪失の涙もカタルシスもない。フィクションとしての映画に求められる快楽はことごとく禁欲され、観客は自分自身がよくわからない戦況に放り込まれた一兵卒の状況をリアルに〝体感〟させられる。

「戦争」は高揚感の連続ではない。海岸で救出をひたすら待ち続ける弛緩した時間。敵の攻撃が唐突にもたらす極大の緊張。戦闘も絶望も許されない撤退戦の、時に〝退屈〟な気分までも、本作は精緻に描き出す。ならば本作は、ひたすら「リアルな戦場」を観客に体感させるための体験型作品なのだろうか。それだけとは思えない。本作にはきわめて巧妙なフィクションとしての仕掛けがあるからだ。そう、これも「ノーラン印」のひとつ、時間の操作だ。

本作には三つの異なる時間軸がある。それは作中に明示されている。ダンケルク海岸を離れるため悪戦苦闘する兵士トミーの「防波堤：一週間」、イギリス兵を助けるため民間船「ムーンストーン号」でダンケルクに向かう船長ドーソンの「海：一日」、救出作戦を支援するため戦闘機でダンケルクに向かうパイロット、ファリアーたちの「空：一時間」。

速度の異なる三つの時間が、映画の三つの層として、巧みに織り合わされていく。このシンプルな仕掛けひとつで、誰もが史実として結末を知っている本作は見事な「サスペンス」となった。

ノーラン自身がインタビュー（パンフレット所収）で述べているように、本作はいきなりサードアクト（〓クライマックス）に観客を導入し、脱出までの限られた時間をめがけて、カウントダウンのように緊張感を高めていく。この手法は本作が最初と言わぬまでも、映画のナラティヴとして意識的に導入されたのは、本作が初めてではないだろうか。

「観客が物語の中の時間をどう感じるのか、映画を作る人はコントロールできるんだ（中略）僕は、これまでの作品のすべてでそれをやってきた」（前掲インタビュー）。すべての作品で。確かにそうだ。

初期作品「メメント」では、主人公レナードの「前向性健忘」（一〇分たつと全部忘れる）という設定が、時系列を逆転させた語り口を可能にしていた。

「インセプション」で描かれたのは他人の夢に入りこんでアイディアを植えつける活動だが、夢は階層構造になっていて、階層ごとに時間の速度が異なるという設定がサスペンスを生んでいた。上位階層で「キック（覚醒の合図）」がなされるまで──それは落下する車が着水するまでの一瞬だったりする──現階層でのミッションを完遂しなければならない、というように。

前作「インターステラー」では、人類の移住先を求めて宇宙に旅立った父親クーパーと、娘のマーフィーの絆が描かれたが、鍵を握るのは「重力」だった。重力の強い空間やブラックホールでは、時間の速度が異なる。クライマックスはブラックホールに落下して「五次元空間」から娘にモールス信号でメッセージを発信するクーパーの姿だ。帰還したクーパーは、年老いた娘の臨終に立ち会う。ここにも時間階層のずれがもたらす愛のドラマがあった。

私たちは、実写作品を観るとき、そこに「現実の時間がある」と錯覚する。詳細は省くが、この錯覚がなければ映画表現は成立しない。そして時間はヴァーチャル化できない。どのように描かれても、時間は時間であり、フェイクが入り込む余地はない。だからこそ、ノーラン監督の「本物志向」が効いてくる。

ダンケルクからイギリス軍は無事に帰国できた。それが史実である。しかし一兵卒が、民間人の船長が、スピットファイアのパイロットが、それをどのように「経験」したかは誰も知らない。

速度の異なる三つの「経験」が一つの現実として出会うとき、私たちはそこに「物語」を認識する。このような「語り口」を独自に発見し、自家薬籠中のものとしたノーランが、高水準の傑作を次々と送り出すのはもはや必然なのだろう。

以下はまったくの余談だが、本作の語り口には、こちらも映画史的傑作である「この世界の片隅に」に通ずるところがある（史実＝原爆投下へ向けてのサスペンスの高め方など）。戦闘機マニア（というか学者）でもある片渕須直監督が、本作をどのように観たのか、ぜひ訊いてみたいと思ったのは私一人ではあるまい。

67 彼らが「人間」になるとき
――ドゥニ・ヴィルヌーヴ監督「ブレードランナー2049」

伝説のカルト映画、三五年ぶりの続篇である。一九八二年の公開当時は観ることがかなわず、私は本作がTV放映された際の録画（吹き替え版、VHS三倍速録画）をセリフを覚えるほど繰り返し観た。香港や新宿を思わせる、陰惨で猥雑な未来都市の描写もさることながら、セリフの間合いが絶妙だった。終盤近く、ルトガー・ハウアーのレプリカントによる独白（そう、あれは独白だ）、例の「雨の中の涙のように」を含むシーンは、映画史上屈指の〝詩情〟溢れる名場面だし、「二つで十分ですよ」とか「なんか変なもの落っこちて来たぜ」という未来的な日本語も魅力的だった。

ヴィルヌーヴ監督による今作は、前作の設定を踏襲しつつも巧妙にテーマを進化させている。前作で繰り返し問われたのは「人間とは何か」という問いだった。具体的には「デッカードはレプリカントか」という問いが、くり返し問われた。パンフレットによれば、リドリー・スコット監督はレプリカント説、ハリソン・フォードは人間説で、いまだに決着を見ていないとか。いずれにせよまさにこの真—偽問題を巡って、物語が展開されていた。

しかし本作では、最初からこの問題は問われない。主人公のKはレプリカントであり、恋人ジョイはホログラムの人工知能であり、デッカードは隠遁した「人間」である。そこには謎はない。それに替わって問われるのは「記憶とは何か」「愛とは何か」という問いである。

とりわけ「愛」の扱いは興味深い。前作でデッカードはレプリカントのレイチェルとロサンゼルスの外部へと脱出する。そこで「人間」は問われるが「愛」の真正性は問われない。しかし本作においてはどうか。レプリカントのKとジョイの「愛」は本物なのか。それは人間がAIに恋をする映画「her 世界でひとつの彼女」よりも複雑な問いだ。人工生命と人工知能の恋愛は、果たして可能なのだろうか。

映画の冒頭、Kはレイチェルの遺骨を発見し、彼女にはデッカードとの間に生まれた子供がいたらしいことを知る。さらに自身の記憶を辿る中で、自分がその子供であった可能性に気づいていく。人為的に量産されるレプリカントではなく、レプリカントがはじめて生殖に成功した奇跡的な存在。

しかし、そうした「希望」の兆しは、レプリカント反乱軍のリーダーによってあっさり否定される。「子供」は女の子だった。Kの記憶は彼女のダミーとして移植された疑似記憶だったのだ。

恋人のジョイを破壊されたKに、巨大ホログラムのジョイが語りかける。もはや彼女はKのことなど覚えていない。存在の根拠を奪われ、芽生えかけた愛の感情も、大切にしてきた記憶も、そのすべてが偽物だったと思い知らされること。Kを襲ったであろう虚無は想像するにあまりある。

それでもKは、ラヴによって拉致されたデッカードを救出すべく夜の海岸で死闘を繰り広げ、重傷を負いつつもデッカードを娘のアナ・ステリン博士の元へと送り届ける。二人の邂逅を見届けた後、降りしきる雪の中、ゆっくりと瞑目するK。前作でデッカードを助け上げた後、「その時が来た」と呟いて瞑目したレプリカントのロイを直接に連想させるシーン。そう、あの時は「雨」だった。

ロイの死は、四年の寿命をプログラムされたレプリカントの悲哀に満ちていた。Kの死は、そうした悲劇性とはいくぶん距離がある。ヴィルヌーヴの演出は、真―偽問題という余韻を残したリドリー・スコットの演出を反転させる。Kはレプリカントとして生まれ、人間として死んだのだ。

なぜそのように言いうるのか。

ラカン派哲学者のスラヴォイ・ジジェクは、この「人間かレプリカントか」という問いにきわめて明快な解答を与えている。

「レプリカントは、そのすべての実体的な内容が、そのもっとも内密な無意識的幻想さえもが『自分自身のもの』ではなく、すでに移植されたものであると自分で検証するかぎりにおいて、純粋な主体なのである（中略）主体とは喪失の主体である（中略）私は本当に人間であるのか、それとも、ただのアンドロイドなのかという永遠に私を責め苛む懐疑――こういった決定されず中間的な状態にあること、それが私を人間にする」（スラヴォイ・ジジェク『否定的なもののもとへの滞留』ちくま学芸文庫）

要するに、おのれが「人間かレプリカントか」と悩む存在は、その内省の構造ゆえに「人間」なのだ。実はこの指摘こそは、私が最も信頼する「人間の定義」にほかならない。この内省の構造を持ちえた「主体」は、たとえ全身が無機物で構成されていようとも、植物や昆虫のような身体を持っていようとも「人間」なのである。この真理に証明が必要と言うのなら、これほど多様な言語と身体性を持ちながら、地球上のすべての「人類」が、同じ心的装置を共有しているという事実を指し示すだけで十分だろう。

Kの苦悩と憧れの存在は、Kの主体における欠如を指し示し、まさにそうした欠如ゆえにKは「人間」となった。それは肉体の欠如を娼婦（のレプリカント）の身体で埋め合わせ、Kと触れ合うことを〝望んだ〟ジョイにも言えることだ。彼らの間に生じた相互的な感情こそは「愛」と呼ばれるべきだろう。ならばKの心に刻まれた「木馬」の記憶も同じことだ。その記憶が誰の所有物であるかを実証する手立ては存在しない。なぜなら記憶とは、誰にとっても決定的に失われた痕跡にほかならないのだから。

失われた根拠を巡って葛藤しつつ、愛と記憶に導かれながら、ただひとつの物語（ナラティヴ）を生きること。人間を決めるのは、条件ではなくその過程なのだ。本作が垣間見せたのは、真―偽問題を乗り越えてはじめて到達できる、そのような「人間」の姿ではなかったか。

68 アニメーションの唯物論
――トラヴィス・ナイト監督「KUBO／クボ　二本の弦の秘密」

途方もない、という形容がふさわしいアニメーションだ。一週間かけて三分ほどしか撮影できないほど手間のかかるストップモーション・アニメの手法で描かれるのは、日本の昔話をモチーフにしたという少年の冒険ファンタジーである。

心を病んだ母親と二人で、海辺の洞窟に暮らす一〇歳の少年クボは、三味線の音色で折り紙を自在に操る能力を持っている。クボは左目を祖父に奪われ、父ハンゾウを殺された。母はもともと月の帝である祖父の娘だったが、人間の侍ハンゾウと恋に落ち、祖父の逆鱗に触れたのだ。ある日クボは、叔母と名乗る〝闇の姉妹〟に襲われ、身を挺して守ってくれた母親から三つの武具を見つけるように告げられる。冒険のお供は母によって命を吹き込まれた木彫りのサルと、道中出会った陽気なクワガタの侍だ。

アメリカ人の撮った日本の時代劇ということで、実は不安もあった。中国とごっちゃになったり、時代風俗を混同していたりしていないか。その懸念は半ば当たり、半ば外れた。

その名前が兜の形状に由来する「クワガタ」を侍に設定したのは炯眼だったが、彼が操る弓の形状は和弓というよりは洋弓に見える。特に箙（えびら）（弓矢入れ）の装備がロビン・フッド風だ。ファッション面で言えば「闇の姉妹」の帽子は日本の「市女笠」より韓国の「黒笠」そっくりだし、三つ目の武具の兜は、日本の兜というよりも古代ギリシャ時代のそれを思わせる。

きわめつけは灯籠流しの場面だ。お盆のはずなのに木々は紅葉しており、花笠音頭の衣装を着た人々が踊るのは、なんと「炭坑節」。ちなみにクボが父親の墓に語りかけるシーンは、アメリカの映画やドラマでは定番だけれど日本人にはあまり馴染みのない〝文化〟である。

こうした小さな違和感も、トラヴィス・ナイト監督のコメントを読んで解消された。彼は言うのだ。「宮崎（駿）は自身が魅了されるヨーロッパ的なものを統合して、自分のアートの中に織り込んでいる。（中略）宮崎がヨーロッパに対して行ったことを、僕は日本に対してやってみたかったんだ。僕にとって本当に重要な場所と文化についての、僕なりの解釈を表現したかったんだよ」と。確かにそうだ。ジブリ作品は「ヨーロッパ風」ではあるが、特定の国をモデルにしているわけではない。例えば「魔女の宅急便」の舞台となる街は、クロアチア、スウェーデン、ポルトガルなど複数都市の景観のハイブリッドだ。

そうしたジブリ作品が「ヨーロッパ風ファンタジー」として傑作たり得ているように、本作も「和風ファンタジー」の傑作なのである。紅葉をバックとした灯籠流しは美しいし、闇の姉妹は黒笠を被ってこそ妖しい悪の香りを放つのだ。

本作で特筆すべきは、やはりその手法だろう。恐ろしく緻密かつ煩雑なその制作過程を知るにつけ、なぜ全篇3DCGアニメーションにしなかったのかが不思議に思えてくる。少年クボのために制作された人形の数は三〇体、表情の数は四八〇〇万通りに及んだという。3Dプリンターの応用といった技術革新があったとはいえ、人形の体を一コマずつ動かして撮影を続ける労力は想像を絶する。

本作の美質は私の考えでは少なくとも二つある。

第一に、人形や折り紙の肌理、つまりテクスチャーだ。これがために本作は、いまだかつて見たこともない質感を持つアニメーション作品となった。むろん3DCGでもテクスチャーマッピングなどの手法で対象物に肌理を「貼り込む」ことはできる。しかし当然のことながら、リアルな物質の持つ肌理の再現は不可能だ。平面に見えても肌理は微細な「立体」であり、光の加減から運動の気配、物体のサイズ感に至るまで、膨大な視覚情報を与えてくれる。だから私たちは、クボがこぶりな人形であることや、ドクロのモンスターや折り紙の船の巨大さなどを、テクスチャーを手がかりにして推定できる。CGにはこの意味での「物質感」や「サイズ感」はまだ再現できない。

第二は、その「運動感」である。確かに本作の人形はよく動く。アクションシーンの迫力も只事ではない。しかしそれでも、ストップモーション・アニメらしい「ぎこちなさ」がある。CGの滑らかさではなく、一種の不連続感があり、それがいっそう物質感を補強している。そう、こうした物質の有限性こそは、本作のメインテーマである、「有限であるがゆえの生の価値」に通ずるものだ。それはCGアニメーションという手法の無限性、無時間性、すなわち不死性との対比において際立つだろう。

本作を観ていて、今年始めに報じられたあるニュースを連想した。アメリカのファッション誌『VOGUE』に、著名なファッションモデルが「芸者」風スタイルで撮影した写真が掲載され、激しい批判を浴びたのである。批判の理由は「日本の文化を盗用した」というもので、当のモデルがTwitter上で謝罪する事態に至った。しかし当該の写真は、当の日本人たる私が観ても、特段腹が立つというようなものではない。日本酒の樽や相撲取りがキッチュなファッションアイテムになるなんて、と感心はしたが。むしろ驚いたのは、アメリカにおけるPC（政治的正しさ）の行き過ぎとも思える徹底性である。

しかし本作に対しては、そうした批判が向けられることは決してないだろう。冒頭で述べたような「誤解」にもかかわらず、本作の根底には文化に対する深いリスペクトがある。トラヴィス・ナイト監督は、日本文化の美的エッセンスを抽出し、マニエリスティックにそれを調合してみせたのだ。ストップモーション・アニメという〝唯物論的〟な手法で。時には伝統や文脈を乗り越えることによってこそ描かれ得る真実があるということ。KUBOはそれを教えてくれる。

69　不確かさに耐えること
――アキ・カウリスマキ監督「希望のかなた」

本作はカウリスマキ監督による「難民三部作」の二作目である。

前作「ル・アーブルの靴磨き」では、アフリカからの難民少年を匿う靴磨きの話だったが、今回はフィンランドに密航してきたシリア難民カーリドが主人公だ。ヨーロッパを移動する途中で生き別れた妹を捜す彼と、人生をやり直そうとレストラン経営に乗り出した初老の男ヴィクストロムとの奇妙な交流。

ヨーロッパにおける難民を巡る状況が急速に厳しくなってきたことは、すでに良く知られている。かつては難民に寛大だった国々も、流入する難民の数の多さに耐えかねて、受け入れの枠を狭めつつある。背景にあるのは「EU史上最大の危機」とも言われる「欧州難民危機」だ。

解説資料によれば、二〇一一年にはじまった民主化運動「アラブの春」以降、中東各国で内戦による難民が急増した。主人公カーリドの祖国シリアのほか、アフガニスタン、ソマリアなどからも、二〇一四年以降一〇〇万人を越える難民がヨーロッパに渡った。かつては最初に入国した国が難民申請の責任を負うと定められていたが（ダブリン規則）、渡航の玄関口となったイタリア、ギリシャ、ハンガリーなどは大量の難民を抱えることを恐れて無申請で他国へ通過することを黙認した。ハンガリーなどはフェンスで国境を封鎖して難民の入国を拒むに至った。比較的寛大だったため多くの難民が集中したドイツ、デンマーク、スウェーデンなども、移住審査の厳格化を余儀なくされた。

フィンランドは、隣国のスウェーデンほどではないにしても、三万人以上の難民を受け入れてきた。この状況に危機感を持つ国民も少なくなく、二〇一五年の総選挙では、反欧州連合（ＥＵ）や移民排斥を掲げる「フィン人党」が第二党となった。本作にも登場してカーリドを執拗に攻撃する黒服の自警団も実在する。不寛容はこの地にも及んだのだ。

カーリドを演じた俳優のシェルワン・ハジはシリア生まれのクルド人で、フィンランド女性との結婚をきっかけにフィンランドに移住した。彼自身は難民ではなかったが、故国では実際に多くの友人が内戦で家を失い、難民となり、あるいは亡くなっているという。

こうした深刻なテーマを扱っているにもかかわらず、本作のトーンは奇妙に明るい。カウリスマキ監督一流の、小津にも通ずる離人症的なカメラワークと、コミカルな空気感がある。カーリドの難民申請が却下されるあたりは悲劇的にもみえるが、もう一人の主人公であるヴィクストロムの振る舞いからは、哀感とともにアイロニカルなおかしみがにじみ出す。

衣類を販売する仕事をしていたヴィクストロムは、酒浸りの妻を残して家出する。在庫処分の金をすべてポーカーに突っ込んで幸運にも大勝ちし、その金で「ゴールデン・パイント」というレストランを入手する。やる気のない従業員たちと何とか馴染みかけてきたある日、収容所から脱走してきたカーリドがレストランのごみ置き場に居座っているのを発見する。どくように言うヴィクストロムにカーリドは殴りかかるが、一発殴り返されてひっくり返る。

ここから意表を衝く展開となる。ヴィクストロムはカーリドを警察に突き出さず、スープを与え「うちで働くか？」と訊ねる。もちろんカーリドに否やはない。寝る場所は倉庫だし扱いは下っ端だが、自分のことはどうでもいいのだ。トルコ国境で生き別れた妹と再会することさえできれば。

経営にゆきづまった挙げ句に全員が珍妙な半被（はっぴ）姿でインチキな寿司を供するエピソード（しかも日本人らしき客を相手に）は爆笑を誘う（とはいえ〝塩漬けニシン寿司〟はちょっと食べてみたかった）。寿司プロジェクトはあえなく撃沈するが、カーリドの登場でヴィクストロムと従業員の結束は高まり意気は上がった。彼を守ろうという共犯者意識か、同じ人生の負け組同士という共感か。いずれにせよ、彼らはカーリドにさまざまな協力を惜しまない。居場所と仕事のみならず、身分証の偽造を手伝い、挙げ句には難民センターで見つかった妹を偽計を用いてフィンランドまで送り届けるのだ。再会を喜ぶ二人を見た後だけに、その後のカーリドを襲う悲劇には、いささか辛いものがある。

実は本作を観ていて、私は近日公開予定の吉田大八監督の映画「羊の木」をしきりに連想していた。これは北陸のある自治体が、殺人で服役したもと受刑者を新住民として受け入れる極秘プロジェクトの顛末を描いた作品だ。共通するのは他者(移民、殺人者)との共存、というテーマである。

他者を受け入れるとき、私たちはきまって「負の予測」をする。難民であれば治安の悪化を、犯罪者なら再犯を考える。もちろんその可能性はゼロではない。しかし他者を受け入れるとは、そもそもそうした不確実性に耐えることではなかったか。カーリドを受け入れようというヴィクストロムの「賭け」がそうであったように。

インタビューでカウリスマキ監督は言う。「(六〇年前の)ヨーロッパでは、難民は助けるべき存在だった。今では難民は敵だ。われわれの人間性はどうなってしまったのか? 友人に対する思いやりがなければ、誰も存在できない。人間性がなければ、一体、われわれは何者なんだろう」と。

ここで言われる「人間性」には、「思いやり」のみならず、「不確かさに耐える」態度も含まれるだろう。ちなみに「不確かさに耐える」とは、フィンランド生まれのケアの手法「オープンダイアローグ」の主要原則の一つでもある。本作がいささか寓話的に見えるとしたら、それは本作が寓話を通じてしか描けない、リアルな希望に届いている証拠なのかもしれない。

70 差別が生んだ「密室」の惨劇
——キャスリン・ビグロー監督「デトロイト」

本作が描くのは、一九六七年八月に起きた通称「デトロイト暴動」である。無免許の深夜酒場の摘発が発端となったこの暴動では、国境警備隊や州兵、軍隊までが動員され、七二三一人の市民が逮捕され、四三人が殺害された（うち三〇人は警官による由）。

キャスリン・ビグロー監督の前作「ゼロ・ダーク・サーティ」について本書でふれた際、これはビン・ラディンの顔（の不在）を巡る映画であると記した。本作もまた「顔」の映画である。主人公の一人である白人警察官クラウスを演じるウィル・ポールターの顔。少年のようなあどけなさをたたえつつも、その悪魔的に歪曲した眉毛に傲岸不遜な本性がかいまみえる顔。残忍で偏見に満ち、暴力的な白人の象徴。ちなみにポールター自身はインタビューで、自身の価値観とは大きく隔たった役を演ずることが大きなジレンマと苦痛を伴ったことを告白している。

しかし本作は、わかりやすい善と悪の対立を描くわけではない。黒人たちは暴動の混乱に乗じて店を破壊し略奪行為に走る。映画の主要な舞台となるアルジェ・モーテルの事件は、黒人が警官を挑発すべくスターターピストルを〝発砲〟したことがきっかけだ。つまりすべての黒人が無垢な被害者というわけではない。

事実に基づく映画ゆえの描写なのだろうか。そうとは限らない。ビグロー監督は確信的に、人種描写にバイアスをかける。例えば本作において、享楽的なシーンを演ずるのはほとんどが黒人だ。冒頭の酒場シーンにせよ、アルジェ・モーテルでのナンパにせよ。ここに、メジャーデビューを夢みてデトロイトに滞在し事件に巻き込まれるドラマティックスのエピソードが絡む。

なぜこうした、本筋とは一見無関係な描写が入念になされるのか。彼らが自律した「顔」を持つためだ。無垢な被害者としてのみ黒人を描くことは、彼らをしばしば〝被害者集団〟として匿名化してしまう。しかしビグロー監督の匿名化に抗する意志のもと、警備員メルヴィン・ディスミュークスや、ドラマティックスのボーカル、ラリー・リードの顔もまた、忘れがたい印象を残す。

暴動を描く前半とは打って変わって、本作の後半の多くは、惨劇の起きたアルジェ・モーテルの描写に費やされる。

冗談で撃たれた空砲の銃声を聞きつけて、モーテルには警官と州兵が殺到する。そこでクラウスを含む三人の警官が、たまたまモーテルに居合わせた若者に対して暴力的な尋問を開始する。ここからはじまるシークエンスは、密室の中で人間の暴力性がエスカレートしていく過程をリアルに体感させてくれるという点からも出色である。

このシーンは直接に「スタンフォード監獄実験」(一九七一年)を連想させる。

実験のあらましはこうだ。二〇人の学生を囚人役と看守役に分け「刑務所ごっこ」をさせたのだ。実験開始から早くも二日後には、囚人役は卑屈な態度で看守に盲従するようになり、看守役は、残忍で権威的な態度に変わった。深夜に囚人役をたたき起こして無意味に点呼をとる、といった虐待行為が繰り返された。実験はわずか六日目に中止され、以後この種の実験は全面的に禁止された。

この実験の解釈は一様ではないが、私はこう考える。密室内において支配―被支配関係が固定されると、人間はその人間性のもっともゲスな部分を露呈させ、しばしば過剰に暴力的になる、ということ。

クラウスたちは、発砲の犯人に自白させるため、暴力的な恫喝を続ける。彼らはそれが違法であることはわかっている。暴力的な尋問による自白は無効。後日、彼ら自身がこの法律によって救済されることになるからだ。

だからこその密室なのである。

尋問はエスカレートし、ついには「殺人ゲーム」に至る。別室に被害者を連れ込み銃声を響かせ、「吐かないから殺してやった」とうそぶくのだ。しかしゲームは暴走し、ついには本当の殺人が起こる。密室においてはゲームが成立しないこと。私見ではこれこそが「スタンフォード監獄実験」の教訓である。

このシーンで、黒人側が誰一人として「あれは空砲だった。冗談のつもりだった」と証言しないことを不思議に思わなかっただろうか。しかし、暴力が支配する密室において、これは普通のことなのだ。加害者の主張を否定することは死に直結する。被害者はそのように思い込まされ、正当な権利すらも主張できなくなってしまう。

こんな密室はどこにでもある。アメリカでも日本でも。家庭、学校、職場、どんな場所も「監獄実験」の現場になる。その空間においては個人の倫理性などいともたやすく溶解してしまうのだ。

しかし、ならば本作は「密室では誰もが暴力的になる」という映画なのか。そうではない。背景にあるのは紛れもない黒人差別だ。

一九六七年当時のアメリカは、多年にわたる公民権運動の成果として、一九六四年に公民権法が制定され、すくなくともタテマエ上は人種差別は消滅していた。しかし言うまでもなく、人々の差別意識までが根絶されたわけではなかった。問題はこのギャップである。差別意識が残存しつつも差別が非合法化されるとき、差別は必然的に密室化する。いかに白人の警官といえども、たとえ黒人の容疑者であっても、暴力的尋問は違法である。だからこそクラウス達は、彼らなりの正義感から、密室で尋問ゲームをはじめるほかはなかった。そう、差別が密室を生んだのだ。

デトロイト暴動から半世紀が過ぎたアメリカでは、いまだに白人警察官による黒人の射殺事件が起きている。加害者が無罪放免になるところまで、映画の構図が反復されている。トランプ政権のもとでますます「内向き」になりつつあるアメリカが、このまま巨大な密室にならないことを祈るばかりだ。

71「正義」の断念から、対話がはじまる
――マーティン・マクドナー監督「スリー・ビルボード」

郊外の、うら寂れた通りに屹立する三つの赤い看板。そこにシンプルな文字が並ぶ。「レイプされて殺された」「なのに、いまだ逮捕者なし」「どうして、ウィロビー署長？」

看板に広告を出したのは、娘を何者かに殺された主婦、ミルドレッド（フランシス・マクドーマンド）。娘をレイプし殺害し、挙げ句に焼いた犯人をなかなか逮捕できない警察に業を煮やして、彼女は高額の広告費を投じて抗議する。この奇矯な行為のせいで、彼女と息子は地域で孤立していく。

ここであなたは予測するだろう。彼女は気高い母性と不屈の執念をもって、警察の腐敗を暴き出し、街ぐるみの陰謀と闘いながらも、ついには意外な真犯人と対峙する。あえて銃を使わずに犯人に報復を遂げた彼女は、息子とともに愛娘の墓前におもむき、静かに闘いの終わりを報告するのだった……そんな展開を。

しかし本作の巧緻を極めた脚本は、まさにそのような予測をきっちりと裏切っていく。名指しで批判された「ウィロビー署長」は、その人徳ゆえに街の人々から慕われ、がんで余命宣告を受けたことで同情されてもいる。捜査も手を抜いていたわけではない。いささかナルシシスティックなところがあるとはいえ、妻と娘を愛する部下思いの男なのだ。

かたや復讐に燃える母親は、実のところ娘とは不仲だった。あの惨劇が起きた晩も、娘と激しい口論をかわし、売り言葉に買い言葉で娘は家を飛び出したのだった。その悔恨が彼女の暴走を加速する。自分の言動のせいで息子が学校でいじめに遭っても意に介さない。いささか思い込みが激しく、身勝手な母親という印象は否めない。

このあたりで、そろそろあなたは気づき始めるだろう。本作の脚本家は、ハリウッドの定型文法を徹底して脱臼させることを目論んでいるのではないか、と。笑いどころが多くはないが、これは一種のパロディ作品なのではないか、と。しかし驚くべきは、そんなあなたのうがった予測すら、本作は軽々と越えていく、ということだ。

とにかく本作の結末は、観てしまえばこれしかありえないほど完璧である。にもかかわらず断言するが、これを予測できた観客は皆無だろう。だから私には珍しくネタバレは控える。未見の読者に、是非ともこの不意打ちを味わって欲しいからだ。

その結末に関わる重要人物が、横暴で差別主義的な警官、ディクソンだ。

当初、彼の存在は「悪」そのものに見える。人種的にもジェンダー的にも絵に描いたような差別主義者。上司には弱いが、市民には警官の権力をかさに着て暴力も辞さない最低な男。ウィロビー署長を慕う彼は、署長を告発するミルドレッドと対立し、看板製作会社の社長レッドを二階から突き落とす。

しかしウィロビー署長亡き後、新たに黒人の署長が赴任してくる。署長はディクソンの暴行を目撃しており、即座に彼をクビにする。ディクソンの虚勢はほころび始める。彼は独身で、年老いた母親と二人暮らし。ややマザコンの気があって、なんでも母親に相談する。警察官になれたのも最近のことで、あまり仕事が続かないタイプのようだ。面倒見の良かった前署長を慕っていて、署長の死後に彼に託された手紙は改心のきっかけになる。

映画の後半はカオスそのものだ。ディクソンに広告を燃やされた（と思い込んだ）ミルドレッドは、あろうことか復讐のために警察署に火炎瓶を投げつける。無人と思った警察署の中にはディクソンがいて、改心した矢先に大やけどを負う。入院したディクソンの病室には先客がいた。彼が大けがを負わせたレッドだ。それとは知らずにディクソンに親切に接するレッドにほだされて、ディクソンは正直に名乗ってしまう。レッドは怒りを露わにしかけるが、それでもストローを差したオレンジジュースを差し出してやる。

報復が報復を呼ぶ展開にみえて、それらはことごとくすれ違う。ディクソンは酒場で知り合ったイラク帰還兵がレイプを告白するのを聞いて犯人と思い込み、顔をひっかいてDNAを採取する。彼が正義に目覚めている間、ミルドレッドは小人症のジェームズとディナーに出かけていた。ジェームズは放火犯の嫌疑をかけられたミルドレッドをかばってくれたからだ。レストランで若い再婚相手と一緒の元夫に出くわし不愉快なやりとりを交わす中で、彼女は自身のジェームズに対する見下した態度に気づかされることになる。

そう、本作では全員がポンコツだ。奇妙なことに彼らは、欠点を介してわかり合う。本作で描かれるコミュニケーションの瞬間は、そのほとんどが欠陥と弱みの交換だ。そのきわみが、あの予測不能なラスト、ミルドレッドとディクソンの奇妙な「和解」シーンなのだ。

ミルドレッドの存在は、いわゆる「リベラル」の戯画にも見える。彼女の主張は正義かもしれない。しかし彼女はそれゆえに孤立する。彼女の正義は署長を傷つけ、署長の家族を苦しめ、彼女の息子までも追いつめてしまう。その意味で正義は彼女の症状でありモノローグだ。そこに対話の契機はない。

一方のディクソンもまた、彼なりの正義を体現しようとする。ただしそれは、南部の白人低所得者層にありがちな正義感、トランプを大統領に押し上げた正義感だ。彼の正義は彼自身の惨めな境遇に由来するルサンチマンの変形であり、これもまた別のモノローグなのだ。

しかし、あの結末で、彼らの目的はひとつになる。ミルドレッドもディクソンも、自らのポンコツぶりを自覚しつつ、それぞれの「正義」をかなぐり捨てる。そこから対話が始まるのだ。

もちろんこの結末は、脚本としては必然でも「現実的」ではないだろう。しかし、こんなふうに虚構が現実を越える瞬間に立ち会えるから、私たちは決して映画を諦めるわけにはいかないのだ。

72 「政治的正しさ」の有限性

――リューベン・オストルンド監督「ザ・スクエア　思いやりの聖域」

ストックホルムの美術館で花形キュレーターとして活躍するクリスチャンは、ハイファッションに身を包んだイケメンのエリートだ。バツイチで、二人の娘と暮らしている。

新たに展示する新作「ザ・スクエア」のプロモーションを画策する中で、彼はさまざまなトラブルに巻き込まれていく。複数のエピソードが断片的に挿入される本作の縦糸のひとつは、クリスチャンが巻き込まれたスリ事件だ。雑踏で携帯と財布を盗まれ、携帯の位置情報からとある貧困層向けのアパートにあることを突き止めたクリスチャンは、部下の助けを借りて「脅迫状」を作成し、アパート中の郵便受けに投函する。この作戦は功を奏して盗品は返ってきた。しかし、無関係な脅迫状のせいで親に厳しく叱責された少年が腹を立て、クリスチャンに対して執拗に謝罪を要求してくるようになる。

本作の中核にあるアート作品「ザ・スクエア」は、路面に描かれた正方形の枠だ。この枠内は「信頼と思いやりの聖域」であり、「この中では誰もが平等の権利と義務を持って」おり「この中にいる人が困っていたらそれが誰であれあなたはその人の手助けをしなくてはなりません」とある。いずれも本来なら、社会全体が共有すべきとされる価値観だ。見方によっては本作は「この枠外ではそうした価値観は実現されていない」という風刺ともとれる。ちなみにこの作品は、オストルンドがかかわったアート・プロジェクトとして、スウェーデンに実在するという。

現代社会において、クリスチャンのようなエリート層が念仏のように唱えるのは「PC（政治的正しさ）」「包摂」「寛容」「多様性」「共生」といった価値観だ。これらの正統性には疑う余地がない、はずだ。にもかかわらず、これらが強要される場所では、いたるところで矛盾と乖離が発生する。

印象的なシーンはいくつもあるが、たとえば著名アーティストのトークイベントのシーン。聴衆の中からしきりに「クソ女！」「ゲス野郎！」などと罵声が飛ぶ。これはトゥレット症候群という神経疾患の、汚言症と呼ばれる症状だ。みんなそれは判っているのだが、それにしても……と微妙な空気になってしまう（監督が体験した実話だそうだ）。

あるいはコンビニで物乞いの女性にチキンサンドをねだられるシーン。クリスチャンは寛容性を発揮して買い与えるが、彼女の「タマネギ抜きで」という注文に対しては「自分で抜け」と突き放す。

きわめつけはあの「炎上」だ。「ザ・スクエア」の宣伝を広告代理店に依頼したのはいいが、彼らが製作した、貧しい金髪の幼女がスクエアの中で爆発四散するという動画はたちまち拡散され、おびただしい非難が集中した。ねらい通りに炎上したのはいいが、ことは社会問題となり、クリスチャンは謝罪と辞職を余儀なくされる。

本作の重要なテーマについては、監督自身がパンフレットに記している。社会心理学でいうところの「傍観者効果」だ。群衆の中で強盗が起きても、誰も助けようとしないのは、救助の確率が傍観者の数に反比例するからだ。これは集団が大勢であるほど「責任の拡散」が起こりやすいためとされる。「自分がやらなくても、誰かが何とかするだろう」という感覚。

トゥレット症候群のシーンなどはその典型だ。罵声に眉をひそめつつも、罵倒されているアーティストや司会者を助けようとする者はいない。さらに印象的なのは、レセプションパーティーのシーンに登場した猿のパフォーマンスだ。パフォーマーの迫真の「演技」は、実質的には暴力であり、参加者は繰り返し襲撃され暴行される。しかし、誰も助けようとはしない。冒頭でアナウンスされた「動かなければ襲われない」という指示に忠実に従うかのように。かと思えば、ついに女性を襲い始めたパフォーマーに、複数の男性が一斉に襲いかかる。

無関心が一転して、激しい暴力に転ずるのだ。

無関心か、暴力か。この構図はネットの炎上にもあてはまる。ネット情報は、知られなければ存在しないに等しい。しかし、急速に知られること（＝拡散）は、ほとんど「炎上」によって起こる。なぜそうなるのか。おそらく強要された「ＰＣ」や「寛容性」は、倫理性よりは無関心につながるのだ。「（マイノリティは）迷惑にならなければ存在してもいい」という寛容性＝無関心に。しかし、この種の無関心さは、ごくわずかな不正や迷惑が検出された瞬間に、激しく炎上し、攻撃性に転化するだろう。移民受け入れから排斥に転じたＥＵ諸国の変貌ぶりが典型である。

弱者やマイノリティに寛容であれ。その価値観は正しいし、私たちはその正しさを受け容れている。しかしあなたは「タマネギ抜き」を注文する物乞い女性を「図々しい」とは思わなかったか。クリスチャンに執拗に謝罪を求める少年に「この生意気なガキを黙らせろ」とは思わなかったか。正直に言えば、私は少しだけ、そう思ってしまった。オストランド監督の巧妙さは、この「共感によってわれわれの偽善性を衝く」という手管に極まる。

とはいえ、こうしたPC的価値観など放棄せよ、ということにはならない。ＰＣの普遍性を過信すること、その過信を強要すること、このプロセスにこそ問題がある。私たちはしょせん、こうした価値観を、顔が見える範囲、声が届く範囲でしか実践できないのではないか。最後にクリスチャンがとる行動は、まさにそうした〝有限性〟をふまえた実践ともとれる。ならばこの悲喜劇の教訓は以下のようにもなろうか。

「倫理的であれ。ただしあなたの有限性（スクエア）の中で」

73　思想なく、信念なく、使命なく

——チャン・フン監督「タクシー運転手〜約束は海を越えて〜」

本作はいわゆる「光州事件」を扱っている。当時学生だった私は事件の存在はリアルタイムで知っていたが、せいぜい「韓国の民主化運動で人が沢山死んだ」程度の知識だった。むしろ記憶に残っているのは、当時ロックミュージシャンだった白竜の歌う《光州 City》で、たまたまテレビで放映されたライブ音源を録音して何度も聞いていたものだ。

事件の概略は以下の通り。一九七九年に朴正熙大統領が暗殺され、それまでの独裁政権への反発から「ソウルの春」という民主化の機運が高まった。しかし当時軍司令官だった全斗煥が一九七九年に軍事クーデターを起こして政権を掌握、一九八〇年五月一七日に戒厳令を敷いて民主化の象徴だった金大中を逮捕する。これに反発した光州（金大中の地元）市民が五月一八日から大規模な民主化デモを開始。これを制圧すべく投入された戒厳軍はデモに参加した学生や市民に暴行を加え、ついには銃を向け始めたのである。

本事件は韓国近代史上最大の悲劇と呼ばれ、死者数一五四人、行方不明者七〇名、負傷者三〇二八名を出し、「虐殺」事件とも認定されている。単なる民主化運動の弾圧のみならず、光州を含む「全羅道」地域への差別問題も絡むなど、きわめて複雑な背景があり、その全容はいまだ解明されていない。

戒厳令下の光州市は道路を封鎖し電話回線も切断するなどして、外部との連絡が一切取れない状況になっていた。このため何が起きているか知ろうと考えたドイツ人ジャーナリスト、ユルゲン・ヒンツペーターは、個人タクシーをチャーターして光州に向かうことを思いつく。タクシー運転手、マンソプ（ソン・ガンホ）はその話を聞きつけ、ちゃっかりその仕事を横取りする。かくして彼は、否応なしに事件に巻き込まれていく。

マンソプはいつも金欠気味の気の良い小市民だ。小狡いところはあるが悪賢さはない。政治にも関心がないので、通行の妨げになる学生のデモは迷惑でしかなく、「デモなんかしないで勉強しろ」と罵るような男だ。光州に入ろうとして地元民に強く制止され引きかえそうとするも、ヒンツペーターに「行かないならノーマネー」と脅され、いやいや検問をかいくぐって入市する。そこで彼らは驚くべき光景を目撃する。荒廃した市街、路傍には軍の暴行で重傷を負った市民が倒れ、病院の床には亡くなった市民の棺が無造作に置かれている。

いったんはソウルに戻ったマンソプが、再び光州に引き返すことを決意するまでのシークエンスが素晴らしい。彼は「覚醒」も「転向」もしていない。自宅ではまだ幼い愛娘が、たった一人で父の帰りを待っている。このまま帰宅すれば平和な日々に戻れるのに、後ろ髪を引かれる思いで、それでも彼は光州に向かう。おそらくは自分にも説明のつかない衝動によって。

この映画の後半部分には、実は一つの「問題」がある。事件の光景をフィルムに収めたヒンツペーターを金浦空港に送り届けるべく、軍のジープに追われながらも、マンソプは懸命に逃げる。そこに光州市で知り合ったタクシー運転手の仲間達が合流して、マンソプたちを逃がすべくカーチェイスを繰り広げるのだ。

もちろんこんな「史実」はない（はずだ）。この箇所の描写は、きわめてエンターテインメント性の高い誇張に満ちている。つまりチャン・フン監督は、実に堂々とした手つきで「嘘」を描いているのだ。史実をモチーフとした作品で、それは許されることなのか。しかし、もしこうした「嘘」がなかったら、本作の魅力は半減してしまっただろうし、これほどのヒットも見込めなかったであろう。

ならばそれは「真実を伝えるためなら多少の嘘も許される」ということなのだろうか。そういう側面もあるだろう。実際、本作の大ヒットを受けて、韓国では事実関係の検証、とくにマンソプのモデルとなったタクシー運転手、金砂福についての考証が盛んになされつつある。映画の公開後、金砂福の息子という人物が名乗り出たとのことだが、彼の証言によれば父親はそもそも個人タクシーの運転手ではなく、ホテルタクシーを運転する運輸事業者で、タクシーも映画のような緑の車体ではなく、黒のセダンであった由。

韓国の文在寅大統領は、本作を鑑賞後にこう述べた。「光州事件の真相は完全には解明されていない。これはわれわれが解決すべき課題であり、私はこの映画がその助けになると信じている」と。そう、映画が必ずしも真相を描いているわけではない。しかし、本作のヒットによって主人公のモデルが判明したように、本作を通じての対話とコミュニケーションが史実への関心を喚起している。「論議を呼ぶ作品」の価値はそこにある。

しかし、それ以上に本作が素晴らしいのは、政治や思想とはまったく別の文脈で、民主化運動の本質を切り取ってみせた点ではないか。マンソプの「改心」がその象徴である。同情、怒り、プライドといった、さまざまな「説明」が可能だろうが、そのいずれにも単純には還元できない、ほとんど無意識的な衝動を、名優ソン・ガンホがこのうえなく見事に演じている。あの当時、多くの市民に共有されていたであろう、あの「連帯への衝動」こそは、韓国の民主化運動をいまなお支える原動力の一つだったのではないか。信念とも使命感とも名づけられないこの衝動の真実を描くうえで、むしろ「カーチェイスの嘘」は必須だったのだ。

もちろん、この理解もまだ単純すぎるかもしれない。しかし少なくとも、その理解のとば口に立たせてくれた点において、私は本作との出会いに感謝している。

74 家族に「絆」は必要だろうか？
――是枝裕和監督「万引き家族」

東京の下町、ビルの谷間の廃屋寸前のような一軒家で生きる「家族」。「父」の治は日雇い仕事、その「妻」の信代はクリーニング工場で働き、信代の「妹」の亜紀はJK風俗店に勤める。家族の主たる収入源は「祖母」の初枝の年金、そして治と「息子」の祥太が連係プレーで手がける万引き。小さな愚痴や小競り合いをはらみつつも、笑いが絶えない「仲良し家族」だ。ある晩、治と祥太は、ほとんど万引きと同じノリで、虐待を受けていた幼女「ゆり」を連れ帰る。誘拐のリスクをおかしてまで、彼らはなぜそれをしてしまうのか。

おそらく経済的には最貧困層であろう家族の生活描写が異様にリアルだ。冬は家の中でもフリース地の重ね着でしのぐ一家。もちろん夏は、男も女も下着姿だ。狭い家の中はモノが溢れ、辛うじて布団が敷けるスペースしかない。食事は鍋一杯に煮込んだ食材を皆が直箸で食べる。不足した日用品はもちろん万引きで調達。まさに、匂い立つような貧困がここにある。

ただし一点、不思議だったことがある。貧困はヤンキー文化に親和性が高いのだが、本作にはまったくヤンキー臭がない。ここには貧困を生き抜く「気合い」も、いつかこの生活を抜け出してやるという「夢」もない。そしてなにより「絆」がない。いや、本作こそは家族の美しい絆を描いているとの反論はありうるだろう。しかし本作の後半、ふとした事件で家族はばらばらになり、実は彼らが血縁関係にない他人同士だったことが判明する。「絆」と言う言葉は通常、血縁や地縁をベースにした関係性の美しさを示す言葉だから、やはり彼らには該当しないと私は考える。

是枝監督は本作のヒントを、親が死亡したことを隠して年金受給を続けていた家族の事件報道から得たという。確かにこの「家族」も、初枝が死ぬとその遺体を家の地下に埋め、死の隠蔽をはかっていた。万引きと同様に、そこには躊躇もためらいもない。モラルと言うよりは法的にアウト。ならば一部の世評が言うように、アンモラルな一家を主役とする本作もアウトなのか。そんなはずはない。

是枝監督は自身の立場を「リベラル」として、次のように記している。「地域共同体、企業共同体、家族共同体の崩壊の話はそのあとでどこへ進んでいくか？（中略）僕自身は実はこの三つの共同体のどれにも強くは魅かれずに生きて来た人間である。少なくとも、この共同体への帰属からの離脱が個人にとって不利益に働かない社会を〈リベラル〉であると考えてきた」

おや？ と思う人もいるだろう。是枝監督はいつも「家族」をモチーフにした作品を撮ってきたはずだ。彼はずっと「家族共同体」に魅了されてきたはずではなかったのか？ と。

しかし振り返ってみれば、是枝作品に登場する家族の多くは「普通」ではない。育児放棄の母親（「誰も知らない」）、「子の取り違え」に戸惑う父親（「そして父になる」）、出奔した父親が残した異母妹を引き取る姉妹（「海街diary」）など、「望ましい家族」の自明性を疑う作品がほとんどだ。その意味で本作は、是枝監督が追求してきた「家族」というテーマの集大成、にも見える。

本作では祥太の教科書に載っていた物語「スイミー」が繰り返し引用される。仲間をマグロに食べられてしまった魚・スイミーは、一人で海を泳ぎながら見聞を広げ、徐々に元気を取り戻す。ある日スイミーは、大きな魚におびえる小さな赤い魚たちに出会う。スイミーは自分が目になり、みんなで大きな魚のふりをすることで、大きな魚を追い出す。

この話は学校教育の現場では「だから協調性が大事」という教訓になるらしい。しかし原作者のレオ・レオニーの考えは違うようだ。惨事を生き延びたスイミーが、苦しみのなかで人生の美しさに気づいていく過程こそが重要なのだという。

おそらくはこの両義性こそが、本作の両義性と重ねられるのだろう。

そう、本作は「家族の美しい絆」を描いているようでもあり、「絆の不在」を肯定的に描いているともとれる。貧困率の上昇や児童虐待の急増を告発しているようでもあり、それらを「人の世の常」として許容しているようにも見える。「大きな物語」を相対化する「小さな物語」を発信したいという監督の意志が、是枝作品に漂う繊細な「両義性の感覚」の背景にある。それが彼の「政治的スタンス」であるからだ（政治性のなさ、ではない）。

私はかつて、「家族」について次のように書いたことがある。「最大の喜びと最低の憂鬱さの源。誰もが嫌悪しつつ、誰もが憧れる。倫理を育むと同時に諸悪の根源である。つまり家族は、絶望であって希望である。人間がそうであるように」（『家族の痕跡』ちくま文庫）。この基本的な認識は今も変わっていない。人はついに「家族」から逃れることはできない。好むと好まざるとにかかわらず。

社会的動物としての人は、その最小の共同体として、ついうっかり家族を「作ってしまう」存在だ。理性や本能を越えた「人間的自然」がそこにある。是枝監督は、その営為を肯定する。彼の映画は、その肯定のためだけに捧げられているようにすらみえる。

その上で本作は提案するのだ。人は血縁ゆえ、絆ゆえに苦しめられる。虐待もDVも、不倫も相続争いも、人を縛る「絆」がもたらす不毛な苦しみではないか。むしろ家族に絆は不要なのではないか？　血縁も絆もない場所で、人はもっと自然に寄り添い、互いに優しくなれるのではないか？

家族解体後に信代が流す涙に、私は絆なき家族への愛おしさをかいま見た思いがした。

75 「負の歴史」といかに向き合うか

——ニウ・チェンザー監督「軍中楽園」

「軍中楽園」とは、台湾の金門島に一九五〇年代初頭から九〇年まで存在した、公営の娼館、「軍中特約茶室」の通称である。本作の主人公が最前線である金門島で、国民軍のエリートである「海龍蛙兵」に配属されたのが一九六九年。つまりこれは、驚くほど近過去の話なのだ。

時代背景を簡単に確認しておこう。蔣介石が率いる国民党・中華民国政府軍が台湾に撤退したのが一九四九年。金門島は中国大陸に隣接していたが、中華民国が実効支配を続けていた。一九五八年以降、この島は中国共産党の人民解放軍によって大量の砲弾が撃ち込まれる最前線の島となる。その後米国の介入によって共産党は武力制圧を断念したものの、形式的な砲撃が一九七九年まで続けられた。

二〇一四年に製作された本作の日本公開がここまで遅れたのには理由がある。二〇一四年は、朝日新聞の慰安婦報道問題が露呈した年だった。いわゆる従軍慰安婦の強制連行があったとする吉田証言が虚偽であったことを朝日新聞やしんぶん赤旗が認め謝罪したのである。そうしたセンシティブな状況があったとはいえ、本作の公開が四年も遅れたのは、実に不運なことだった。

本作は主人公である台湾青年兵ルオ・バオタイの成長を描いている。ルオは泳ぎが苦手で海龍蛙兵の訓練から外され「軍中楽園」に転属させられる。故郷に恋人を残してきたルオは、娼館にあっても童貞を守ろうとするほど純真だ。自由のない生活の中で、上官ラオジャンや娼婦ニーニーとの交流は、彼の心の支えであり安らぎでもあった。

しかし悲劇が起こる。友人であるホワシンは部隊の先輩兵たちからのいじめに耐えかねてなじみの娼婦と脱走を企てる。ラオジャンは故郷の許嫁によく似た娼婦アジャオに入れあげた挙げ句、彼女に結婚を断られて手にかけてしまう。ルオが親しくしていた娼婦ニーニーには、暴力を振るう夫を殺害した過去があった。

ラオジャンの人生はことに悲劇的だ。彼はまだ少年時代に大陸から強制的に連行されて台湾に来た。いつしか頼もしい老兵になったが、退役して餃子の店を持つ夢を捨てられずにいる。故郷に置いてきた母を恋い慕いつつも、手紙一つ出すこともかなわない。母が縫ってくれた靴をずっと大切にとっておくラオジャンの望郷は、彼のエピソードだけで痛切なストーリーが一本できあがるだろう。

ニウ・チェンザー（鈕承澤）監督は、その一切を淡々と描く。そこには、反戦や告発のトーンはほとんどない。前線で対峙する敵であるはずの共産党軍は一切登場せず、無理難題で部下を苦しめる上官も出てこない。しょっちゅう喧嘩し、時にはいたわり合う娼婦たちの姿はコミカルですらある。戦時下、最前線にすら存在する「日常の営み」を描く手つきは、「この世界の片隅に」にも共通するが、本作は「この世界」で描かれなかった（ロングバージョンで補完されるはずの）「リンさん」の世界が舞台なのだ。

こうした背景の中でひときわ哀切な印象を残すのは、ルオとニーニーのどこまでもプラトニックな交情だ。床を叩いて合図しあっては、ギターを教わり、たわいもないお喋りに興ずる二人。クライマックスは、わずか四時間しか開花しない月下美人を見るために、手を取り合って蛍の飛び交う草原を駆けていくシーンだろう。これに限らずニウ監督は、夜の光の演出が繊細で美しい。娼館を楽園と錯覚させるほどに。

しかし、もっとも不条理が際立つのもまた、ルオとニーニーの関係である。蔣介石六〇周年の恩赦でニーニーの刑期が短縮され、彼女は少しでも早く息子のもとに戻るべく、刑務所に戻ることになる。彼女は旅立ちの前夜にルオに別れを告げ、二人は抱き合うが、いよいよという瞬間にルオは体を離して部屋を去る。「最初の相手は……」との呟きを残して。

このままロマンティックな展開を期待していた観客を不意打ちにするという意味でも、この瞬間は残酷だ。故郷の恋人に別れを告げられた後でも、ルオは純潔を守ろうとしている。身も蓋もないことを言ってしまえば「最初の相手は……」に続く言葉は、「娼婦でも犯罪者でもない相手がいい」、もっと言えば「自分と同じく純潔を守っている処女がいい」ということになるだろう。ルオの純潔は彼のプライド、というよりはエゴだった。ニーニーがかつてルオに告げた言葉「約束は自分とするの」が、もっとも皮肉な形で成就するのだ。

ニーニーがギターをつま弾きながら愛唱している『帰らざる河』の歌詞には、愛が河の激流を下り、最期に荒海に呑み込まれると歌われている。戦争はたしかに彼らを引き裂く激流だった。しかしそもそも、戦争がなければ彼らは出会うこともなかっただろう。

ニウ監督は「このテーマを私が選んだのではない、このテーマに選ばれたのだ」と述べている。本作のテーマは監督自身の人生と多くの重なる部分を持っている。とりわけ父の世代が抱いてきた望郷の思いや、故郷を奪われた悲しみについて。彼らを故郷から引き離したのは同胞である中華民国政府軍であり、故郷は敵国になってしまった。このような分断と喪失は、多くの日本人が経験したことのないものだ。台湾映画にはどこか、自らの歴史を恨むでも嘆くでもなく、俯瞰するような視点を感じるのだが、その背景にあるのがこうした「分断と喪失」ではないだろうか。

そのような重いテーマを、ニウ監督はあくまでも「生活」や「関係」の側から描こうとする。そのスタイルは、監督が敬愛してやまない侯孝賢（本作の編集にも協力）のそれにきわめて近い。このような歴史との向き合い方があるのなら、われわれがそこから学びうることも決して少なくないはずだ。

76 ゾンビは何を象徴するか
――上田慎一郎監督『カメラを止めるな！』

すべてのゾンビ映画の父、ジョージ・A・ロメロ監督が『ナイト・オブ・ザ・リビングデッド』を発表してから今年はちょうど五〇周年にあたる。それは一つの偉大なジャンルの創設だった。なにしろ一定のルールさえ守れば、低予算でもかなり面白い作品が作れるのだから。単純なメイクと形式的な演技で誰でもゾンビになれる。本作が三〇〇万円という超低予算でここまでの作品に仕上がったのは、ジャンル性の制約を逆手にとっての成功だ。当初二館公開だった本作は、SNSを中心に口コミで人気を集め、本章執筆時点では全国一二四館での上映が決まり、集客ランキングベストテンに入る快挙をなしとげている。

さて、例によって本章は、あえてネタバレを回避しない。ただ、本作が事前情報なしに観たほうがより面白い映画であることは確実なので、未見の方はこれ以降の文章は鑑賞後に読むことをお勧めしたい。

さて、先にも述べたとおり、本作はゾンビ映画、それもメタゾンビ映画というべき構造を持っている。前半はゾンビ映画の撮影中に本物のゾンビが出現するという〝普通の〟ゾンビもの、後半は、このドラマがいかにして製作されたか、その過程を描くコメディ作品という二重構造である。たしかに前半のややチープで粗い作りのドラマパートは、「まあ低予算映画だからな……」という印象をぬぐえない。しかし、その印象が実は「生放送・ワンカットでゾンビ番組を製作せよ」というTV局側の無茶振りによるものであることを知った観客は、緻密に練られた脚本に驚愕するとともに、青春映画もかくやという終盤での一体感に感動すら覚えるだろう。

まずは構成のアイディアが素晴らしい。これはおそらく一回限りの大技だが、見事に着地を決めている。やりつくされた感のあるメタ映画にも、この手があったかと膝を打つような爽快感だ。とはいえハリウッドがブラピ主演で本作をリメイクするといったことはありえないだろう。本作は、低予算で、無名の俳優だけで演じられたことにこそ意味があるからだ。

藤田直哉『新世紀ゾンビ論』（筑摩書房）は、ゾンビものの歴史を辿り直しつつ、この特異なジャンルがその時代ごとの社会のありようをいかに反映してきたかを詳細に論じている。たとえば「走るゾンビ」（「ワールド・ウォーZ」などの）はリキッド・モダニティにおける不安の象徴であり、「美少女ゾンビ」（『まどか☆マギカ』などの）は越境と和解への希望を象徴する、等々。ならば本作のようなユニークなゾンビものは、どのように位置づけられるのだろうか。

藤田の論点から引用するなら、本作と関連するのは「メディア内存在」と「身体イメージ」という二つのキーワードであろう。

藤田は、フリードリッヒ・キットラーを参照しつつ、ゾンビものはメディア環境の移行期に誕生したと述べる。そう、ロメロの「ナイト・オブ・ザ・リビングデッド」がビデオの普及とともに広く鑑賞され、古典的作品となったように。あるいはスマホやタブレットの普及とともに、〝かわいい〟ゾンビキャラが増殖をはじめたように。

この文脈で考えるなら、本作が象徴するのはメディアによって多重化・多層化された現代の対人空間ではないだろうか。いまや私たちは、日常の対人空間を上書きするかのような多重ＳＮＳ空間を往還しつつ生活する。このありようは、本作がメタ構造を持ちながらも、登場人物のキャラと作中のキャラが時に重なり、時に離反するという様相に極めて近い。実際、上田慎一郎監督は、本作のキャスティングをアテ書きで決めた由。作中監督などは、日常空間では温厚で従順なキャラを演じつつ、わがままな俳優を罵る演技で、ついうっかり本音を爆発させる。こうした、「キャラがメディアからはみ出す瞬間」が、本作後半の爆笑につながるのである。

いまひとつのキーワード、「身体イメージ」についてはどうか。

私はかつて、「アイアムアヒーロー」や『進撃の巨人』といった、ニュータイプのゾンビものの勃興を「身体性の復権（への欲望）」と解釈したことがある。多重メディアの中で希薄化しつつある身体性が、死者の身体性という形式で虚構空間に回帰していると考えたのだ。

そのように考えるなら、本作の至るところに身体性へのこだわりが配置されていることも無意味とは思われない。

たとえば本作ではなぜか、泣く演技で目薬を使うかどうかが繰り返し問われる。俳優の「本物の身体性」が、貴重なものとして扱われているのだ。ミネラルウォーターが硬水か軟水かに執拗にこだわり、しばしば腹を下す俳優の存在もしかり。

しかし、身体性にかかわる最大の発明は、やはり「ワンカット・生放送」でゾンビを描く、という点に極まるだろう。一つのカメラが停止することなくリアルタイムで映像を伝え続けるということ。これは一つの視点が映し出す映像に、強力な身体性を付与するだろう。つまり。ゾンビという、時間（=死）を超越し固有の身体を持たず匿名化した存在が、リニアな時間（生放送）と固有の視点（ワンカット）のもとで描かれるのだ。

まさにそのことが、ゾンビ同然（「質はそこそこ」）だった監督と監督志望の娘を蘇生させ、家族関係を修復させる。メタ作品をメタ視点で描くことが、ベタな蘇生感覚につながるなどと、誰が想像し得ただろうか。本作の卓抜なアイディアは、飽和しつつあったゾンビ映画をまさに蘇らせたのである。

最後にひとつだけ自慢を。本作のロケ地は、私の地元である茨城県水戸市の「芦山浄水場」跡地である。この夏のイベントに、久々の「聖地巡礼」も悪くなさそうだ。

77 「精神医学」とは別の仕方で
――リン・ラムジー監督「ビューティフル・デイ」

ＰＴＳＤとノワールのカップリング。こんな映画は観たことがない。

元軍人でＦＢＩにいたこともあるジョーは、認知症になりかけている母親と同居しながら行方不明者の非合法的な捜索を請け負う中年の独身男。たまたまある上院議員の家出した娘捜しを請け負ったことで、思いも寄らない事件に巻き込まれていく。

ジョーを演ずるホアキン・フェニックスの存在感が圧倒的だ。資料に掲載されたインタビューによれば、彼は役作りに当たって、まず体重の増量を考えたという。「ジョーは可能な限り筋骨隆々じゃなければならないけど、同時に疲れて心折れた中年男の雰囲気も必要だった。何年か前には完璧に鍛え上げられていた身体が、この物語の時点ではたるんでしまっているというイメージだね」

そう語るとおりの身体を獲得してしまったホアキンには、もはや「her」や「ザ・マスター」当時の面影はほとんどない。鬱屈した精神の中に幼児性を抱え込んだまま自分自身をもてあましている中年男をみごとに演じている。そう、この映画のサスペンスの大半は「ジョーの身体」によって醸成されるのだ。

ジョーは幼児虐待の被害者だ。おそらく父親に言われ続けたであろう言葉「まっすぐ立て」「猫背は女々しいぞ」が、作中で何度も繰り返され、そこに激しい暴力が伴っていたであろうことも暗示される。これはいわゆる「聴覚性フラッシュバック」の症状だろう。

海兵隊員としてイラクに派兵されたおりには子どもが射殺される場面を目撃し、帰国してＦＢＩに勤務してからも誘拐された少女達を救えず、多数の遺体を目にするという苛烈な経験をしている。ジョーはあまりにも頻回にトラウマ的体験を重ねてきた結果、複雑性ＰＴＳＤを発症するに至ったと考えるべきなのだろう。

また、だからこそジョーは繰り返し自殺を試みる。睡眠薬を飲んでビニール袋で顔をすっぽり覆う、ナイフを口に突き立てようとする、母親の遺体とともに入水を試みる、などなど。どれも不成功に終わるのだが、見方に寄っては彼の粗暴さ、どこか自暴自棄な暴力性にも、強い死への憧れが刻まれているように見える。

精神科医として観るならば、現実にジョーのようなＰＴＳＤ患者がいるとは考えにくい。暴力によるトラウマの経験者は、通常は暴力を徹底して回避するようになるからだ。テレビの暴力シーンすら耐え難く感じ、強い不眠と悪夢にいつまでも苛まれる（本作にはそうした描写はない）。例外的に暴力的に振る舞う場合もあるが、その場合でもジョーのように冷静かつ無感情に振る舞うことは考えにくい。要するに、暴力によるトラウマのフラッシュバックを抱えたままでは、暴力のプロにはなれないのだ。

本作の原題は"You Were Never Really Here"だ。「お前は決して存在しなかった」という強い否定は、自殺願望を抱えたジョーの自己認識と、自分の「仕事」の痕跡をていねいに消さなければならない（ゆえに目撃されることが致命傷になる）彼の稼業と二重に結びつく。こうした自己消去への願望もまた、ＰＴＳＤの症状として描かれている。

自殺願望があるくらいだから、自己消去への思いがあっても当然、と思われるだろうか。しかし臨床的なＰＴＳＤ患者の苦しみはむしろ「この存在でしかあり得ない自分」に起因する。言い換えるなら「別の存在でもあり得た可能性」を想定できないということだ。トラウマにとらわれてしまうということは、トラウマを自分の存在根拠にさせられることを意味しており、「もしあのトラウマがなかったら」という仮定法で自分を考えることがきわめて難しくなる。自分のことを「存在してはいけない人間」「消えた方が良い人間」と考えることはあるだろうが、「存在しなかった」と想定することはきわめて難しい。

精神科医として、ざっと以上のような批判はできる。しかし、そのことが本作の価値を下げているか、と言われれば、そうは思わない。

精神医学的に正確な映画は、八〇年代～九〇年代にかけて数多く制作された。しかし残念ながら、〝精神医学的正しさ〟は、映画的正しさとはしばしば両立しない。私が典型的な事例として想起するのは「ランボー」であり、時代は下るが「ハンニバル」だ。いずれもトラウマの告白がいかに映画を堕落させるかを雄弁に物語っている。そうしたハリウッドの心理主義をたった一作で終わらせたのが、傑作「ダークナイト」だ。ジョーカーが場当たり的に口にするフェイクのトラウマストーリーを想起されたい。悪に根拠は不要なのだ。

リン・ラムジー監督は前作「少年は残酷な弓を射る」でも、「生まれつき母親だけに反抗的な子ども」という、発達心理学的にはほぼあり得ない少年を主人公とした。しかし、そのあり得なさが、あの悪魔的に美しい少年の造形につながっていた。

本作において際立つのは、きわめてスタイリッシュなその編集ぶりである。解説ぬきに反復されるフラッシュバックは、モンタージュ技法としてのフラッシュバックそのままの効果をもたらし、サスペンスの効果を高めている。同時にこのフラッシュバックの挿入が、ジョーが自分自身を閉じ込めている牢獄から出られずにいることを、きわめて雄弁に物語っている。

少女を救えず自殺を夢想するジョーに、少女ニーナが声をかけ、ふたりは「外」へと歩み出す。奇妙に明るいこのエンディングは両義的だ。それは心中めいた道行きか、はたまた庇護すべき存在を得たジョーの再生か。しかしいずれにせよ、ジョーは自身の牢獄＝物語の「外」へと歩み出したのだ。

78 「顔」は自分の中の他者

——濱口竜介監督「寝ても覚めても」

柴崎友香の小説を原作とする本作は、結果的に、原作とは全く異なるテイストの傑作となっている。監督・濱口竜介は、あの原作をきわめて巧妙に換骨奪胎したのだ。その結果、濱口の師である黒沢清は本作を「奇跡的な映画」と称賛し、批評家の蓮實重彥は本作のラストに「二一世紀の世界映画史でもっとも美しいロングショット」があるとまで絶賛する事態に至ったのだ。

物語の骨子は原作とほとんど同じ構成だ。ヒロイン・朝子は牛腸茂雄の写真展で出会った男、麦と恋に落ちる。麦は時折どこかへいなくなることがあったが、ある時「靴を買いに行く」と出かけたなり帰ってこなかった。朝子はその後、東京で麦と瓜二つの顔を持つサラリーマン、亮平と出会い、同棲するようになる。それから五年後のある日、朝子は麦が人気俳優になっていることを知る……。

柴崎友香は本作についてのインタビューで、麦を「宇宙人」と述べていた。確かに麦の存在は、地球人の恋愛を学習中の宇宙人に見えなくもない。しかし原作を読んでみると、もっとも宇宙人的なのは朝子のほうだ。朝子は麦とキスをしながら、こんなことを考える。「この人はわたしじゃなかった。自分以外の人が、自分のことを思ったり、関わろうとしたり、そのようなことが現実に起こるなんて、予想もしていなかった」

そう、彼女の世界認識は、どこか世間一般からずれている。それゆえ一般人にとって自明な感覚が、彼女にはしばしば欠けてみえる。きわめつけは亮平の顔だ。麦を知る朝子の友人は、亮平の顔を「麦くんとなんとなーくおんなじ系統やん」と言う。瓜二つ、と思っていた朝子は驚くが、「亮平みたいな亮平の顔」と自分を納得させる。

こうした、比喩的に言えば発達障害を思わせるような朝子の特性を弱め、麦と亮平を一人の俳優（東出昌大）が演ずることで「同じ顔」を与え、東日本大震災関連のエピソードを追加すること。これらの「改変」が、本作においてはことごとく成功につながっている。

ちなみに先述した美しいロングショットとは、いったん亮平のもとを離れた朝子が再び亮平の住む家に戻ろうとして、逃げる亮平を必死に追いかけるシーンである。二人を追うかのような雲の影の流れと相まって、「映画的」としか言いようのない瞬間がここに現出している。

原作における「なんとなーく」似ているレベルの類似性から、誰が見ても「瓜二つ」の顔にすることで、本作においては「顔という謎」が前景化する。

「顔」は認識を超えた一つの謎である。例えば私たちは「顔が似ている」という些細な事実すらも、その理由をきちんと説明することができない。

哲学者、エマニュエル・レヴィナスは「顔」について、私の面前に現前するが認識されないという両義的側面をもつものとして位置付け、〈私〉〔Moi〕と〈他者〉〔Autre〕とのあいだに築かれる倫理的関係の結節点としている（『全体性と無限』）。「認識されない」とはどういうことだろうか。私たちは日々、他人の顔と名前を一致させながら生活しているのではなかったか。

単なる顔の同定は、パーツの計測に基づいたパターン認識に過ぎない。単なるパターン認識で、人は人を好きになれない。実は私はデビュー作『文脈病』（青土社）において、顔認識の特性について詳しく検討したことがある。本書の結論は「顔とは文脈である」というものだった。少し詳しく述べるなら「顔は固有性という文脈を伝達する」ということになる。重要なことは、そこには「伝達」はあるが意識的な「認識」はない、ということだ。

朝子は麦を好きになった。だから麦と同じ顔を持つ亮平を受け容れた。小説では淡々と進むこの展開に、映画は「東日本大震災」を差し挟む。亮平からの求愛を一度は断った朝子は、震災直後の帰宅難民化した群衆の中で亮平に再会し、その愛を受け容れるのだ。

唐突にもみえるこのエピソードは、私には必然に思われる。柴崎友香は震災前の二〇一〇年に、震災文学の傑作と評すべき小説『わたしがいなかった街で』に着手している。主人公・夏は朝子と同様、どこか発達障害的特性を帯びている。この小説のクライマックス、主人公がバスの車窓から、夕景の中の老夫婦を目撃して「これ以上素晴らしいことなど、人生にはないに違いない」と思うシーンは、本作のラストシーンと共振しつつ、震災の導入を必然的なものとしているのだ。そう、朝子は、ただ「麦に似た亮平」を好きになったばかりではない。震災後の東京で偶然出会ったという文脈込みで、亮平を愛し始めたのだ。

濱口監督は、CINRA.NETのインタビューで、次のように述べている。「自分が他者であり、他者こそが自分である。その他者を消すことはできない。そうすると、自分が生きるということは、『自分の中の他者と共に生きること』の一択だと思います。それが『受け入れる』ということなのか、あるいは『闘い』なのかは分かりませんが、ほかに選択肢はないと感じています。」

この言葉は示唆的である。人は愛するものの顔において「自分の中の他者」と出会っている、とも読めるからだ。それは一種の自己愛には違いない。もし朝子が麦との生活を選択していたのなら、彼女が追い求めていたのは単に自己愛的なイメージだったことになる。しかし、震災後に建設された防潮堤のそばで、彼女はすでに自分が変わってしまっていることに気づいたのだ。震災後に新たに生まれた、自分の中の他者とともにあるために、彼女は亮平を選ぶ。そこにこそ彼女の意思がある。

79 「多様性」とは別の形で
――藤元明緒監督「僕の帰る場所」

本作の素晴らしさは何と言っても、ドキュメンタリー作品と錯覚しそうになるほどの映像のリアリティだ。主たる理由のひとつは、子役のあまりにも自然な演技だろう。特に後半の主役となる少年を演じたカウン・ミャッ・トゥ君はオランダ・シネマジア映画祭で最優秀俳優賞を受賞したとのことだが、それもうなずける。ちなみに本作は、第三〇回東京国際映画祭「アジアの未来」部門でグランプリにあたる「作品賞」と、監督賞にあたる「国際交流基金アジアセンター特別賞」もダブル受賞している。

日本で暮らすミャンマー人の一家。父親のアイセは元エンジニアだが、日本で生活の基盤を作るべく、何度も難民申請を繰り返しているがなかなか通らない。一時は入国管理局に身柄を拘束されてしまう。幼い二人の息子を抱えた母親のケインは、クリーニング店で働きながら東京の小さなアパートで暮らす。日本育ちの子ども達は日本語は母親以上に巧みだが、母国語を話せない。兄弟は父親不在のストレスからか喧嘩が多く、ケインは将来に不安を抱くあまり心を病んでしまう。

彼らの祖国であるミャンマーについて、私たちはどのくらい知っているだろう。ビルマの竪琴？　アウンサンスーチーの自宅軟禁と復権？　最近ではロヒンギャ難民問題だろうか。軍事政権下での反政府運動については、日本人ジャーナリストの長井健司さんが軍兵士に射殺された事件のことくらいしか知らない。しかしプレス資料によれば、父親のアイセはかつて反体制運動にかかわっており、政治的弾圧を逃れて日本にやって来たらしい。

少子高齢化が進行する日本は人手不足が深刻な問題となっている。いまや外国人労働者なしでは日本経済は回らない。すでに日本は世界第四位の移民大国だが、表向きは移民も外国人労働者も受け入れていない。現在日本で働く外国人のほとんどは、「外国人技能実習生」か、アルバイトが認められる「留学生」という制度を利用しているのが実情だ。

さきごろ政府は、出入国管理法の改正案を閣議決定し、条件によっては外国人の単純労働者の受け入れを認めた。これは事実上の移民政策なのだが、政府は国民の反発を恐れてか、これを否認し続けている。

その一方で私たちは「外国人技能実習生」の労働環境の劣悪さや、入国管理局における人権侵害や虐待の報道に心を痛めてきた。アイセが何度も試みている難民申請手続きの窓口対応に、その片鱗が垣間見える。対応する女性職員は、丁寧ではあるがきわめて冷淡な口調で「無理しないで国に帰れ」と言い放つのだ。ただ日本で普通の暮らしがしたいという願いが、なぜこれほどまでに排除されてしまうのか。母親ケインはそうした理不尽に対する怒りを、自分たちを支援してくれている青年、ユウキにぶつけてしまう。

しかし本作には、そうした状況への声高な告発も政治的な主張もない。カメラはあくまでも淡々と一家の日常に寄り添い続ける。

将来の不安に耐えかねたケインは、二人の子どもを連れてミャンマーに帰国する。実家に身を寄せたケインの心身の不調はすっかり回復するが、「異国」であるミャンマーになじめないカウンは部屋にひきこもりがちになる。日本で生まれ育ち、日本語しか話せないカウンにとっては、日本が母国のままなのだ。外国生活の長い移民の母国への帰還と再適応の難しさは「帰還移民」問題と呼ばれるらしい。おそらく邦画ではじめて描かれたこの問題が、本作の射程の深さと移民問題の根深さの双方を浮き彫りにする。

カウンがケインを「嘘つき！」となじるシーンが印象的だ。身に覚えのない母親はこの言葉に激高し、わが子に手を上げそうになる。確かにケインは、子どもに嘘はついていない。しかし、ここでのカウンの気持ちは痛いほどわかる。日本で心身を病み入院までした母親をカウンは必死に案じ「お薬」まで作ってあげた。それなのに、なじめない環境で自分が苦しんでいる時、母親はそれを察するどころか勝手に元気になっている。それはカウンにとっては裏切りであり、彼のまだ乏しい語彙では「嘘つき」という表現になるしかないのだ。

母子のアイデンティティのずれが、この一言に集約されている。この描写一つ取っても、藤元明緒監督の力量は信頼に値するだろう。彼は子どもの、もっと言えば他者の身になれる人だ。これがあればこそ、本作後半の展開が強い説得力を帯びるのである。

日本に帰りたい思いが募り、カウンは一人家出して空港を目指す。その冒険の最中、カウンは見たこともないミャンマーの相貌を目撃する。すっかりカウンに感情移入している私たちは、見知らぬ街を彷徨う不安すらも彼と共有しはじめている。それだけに、おそらくはカウンと同じ帰国移民の子ども達との偶然の出会いがもたらす安堵感も半端なものではない。

しかし、ここに至って私たちは、一つの違和感に行き当たるだろう。ミャンマーの子ども達が、ヤンゴンの街中で、楽しげに日本語で遊ぶという不思議な情景。いったい何が、誰が、このような情景をもたらしたのか。この違和感は私たちにも突き刺さる。グローバリズムや多様性と言った「雑な言葉」では掬いきれないこのシーン（おそらくはフィクションであろう）を描き得たことで、本作は移民映画を超えた傑作となった。

子ども達はケインに導かれ、ミャンマーの自然に親しみ、父親の実家を訪ねて若い頃の父親を知る。母国で暮らすことを選んだ彼らが、運良く日本語学校に受け入れられる。それを幸運と呼びうるためにも、私たちは単なる多様性とは別の形の成熟を遂げなければならないだろう。

80 映画は「存在」に奉仕する
――ブライアン・シンガー監督「ボヘミアン・ラプソディ」

映画の終盤、LIVE AIDの持ち時間である二一分を歌いきったフレディ・マーキュリーが、メンバーのほうをゆっくり振り向く（元のライブ映像にこのシーンはない）、その瞬間に画面はスローモーションとなり、“Don't Stop Me Now”が流れ出す。このシークエンスの演出とこの選曲、これだけで、本作は全面的な信頼に値する。

実は私は、四〇年来のクイーンファンだ。中学の友人に教えられた“Queen II”からはまり、高校の文化祭ではバンドを組んで“39”と“Don't Stop Me Now”を演奏（Bass と Vo. 担当）した。地方の高校生ゆえライブは行けなかったが、二〇〇五年にはロックミュージカル“We will rock you”日本公演を二回観ている。本作のトレーラー公開時には、その凄まじいクオリティに驚愕し、公開されてすぐ一回目の鑑賞、その後立て続けに二回観た。

実際、本作の「再現度」は素晴らしい。メンバー役の俳優、特にブライアン・メイ役とジョン・ディーコン役はほぼ本人だし、フレディを演じたラミ・マレックは、造作がそれほど似ていないぶん、表情や所作を徹底して似せることで、終盤に近づくほど憑依度が高まっている。

本作をロックスターの栄光と挫折のありきたりな物語、とくくるのは簡単だ。古参ファンの「史実と違う」という指摘は正しいし、「ゲイの描写が浅い」のも確かだろう。しかし、私たちクイーンファンは、その手の批判には慣れている。「ロックじゃない」「リズムがない」「衣装がおかしい」その他いろいろ。そう、その通り。私たちはそれすらも受け入れる。

　彼らを「発見」したとされる日本においてすら、八〇年代後半にはロートル・バンド扱いだった。思えばこの時期、クイーンは音楽よりもフレディのゲイキャラがいじられていた（「トーマス兄弟」「クロマティ高校」など）。スタジアム級のロックバンドだったにもかかわらず、私たちクイーンファンはマイノリティの悲哀を味わっていた。理由ははっきりしている。クイーンを際物扱いしてきた音楽業界の差別体質ゆえである。

　その意味で本作は、私たちにとっても起死回生の一作だ。いまや世代を超えた老若男女が劇場に詰めかけ、興行収入は四週連続で上昇中、リピーターが続出するという信じがたい光景が眼前にある。ここに及んで私たちは、LIVE AIDのフレディの勝利に、「私たちの勝利」を重ねずにはいられない。

　本作の素晴らしさを支えているのは、第一に楽曲の力だ。なにしろ映画冒頭、二〇世紀フォックスのサウンドロゴをクイーンが演奏しているのだ。レッド・スペシャル（ブライアン・メイの愛用ギター）の咆哮に続いていきなり私のフェイバリット、〝Somebody To Love〟が流れ出す（「愛すべき者をわれに与えよ」と神に祈るその歌詞は、本作のテーマそのものだ）。LIVE AIDのステージへと向かう、幕が上がり七万人の大観衆の熱狂に迎えられる、そのフレディの背中は、まっすぐ終盤のクライマックスにつながっている。

　彼はかつて無名の移民青年、ファルーク・バルサラだった。空港で荷揚げのバイトをしつつ、お気に入りのバンドを追いかける〝過剰歯〟の移民青年。旧イギリス領ザンジバル島でイラン人の両親のもとに生まれ、インドで教育を受けるが、一家は革命で故郷を追われイギリスに移住。出自や外見の劣等感をいだきながらも、溢れる才能と「未来しか見ない」強気の姿勢で、フレディは成功への階段を駆け上がる。しかし、成功までの苦労はあっさりとしか描かれない。

　代わって強調されるのは、成功がもたらしたフレディの孤独だ。ゲイであることを恋人メアリーに見抜かれ、独善的な姿勢から他のメンバーからも距離を置かれ、ゲイの恋人からは裏切りにあう。どん底の彼を救ったのはメアリーの変わらぬ友情であり、誠実な恋人ジムとの出会いであり、家族のように彼を待っていたバンドメンバーとの和解だった。

そして迎えるクライマックス、LIVE AIDのステージ。伊藤弘了の分析によれば(『文春オンライン』掲載記事)、このシーンは史実の忠実な再現ではない。再現シーンは一三分三〇秒を約三六〇のショットに割っており、オリジナル映像の二倍以上だ。それればかりではない。伊藤が指摘する通り、そこにはテレビ越しにクイーンに熱狂する人々、ブラウン管のフレディを見つめる両親や彼の猫、ステージの袖でフレディを見守る友人メアリーと、恋人ジム・ハットンの姿が交錯する。加えて、冒頭シーンがそうであるように、カメラアングルも限りなくメンバー視点の主観ショットに近い。すべての視線をフレディへと誘導するその演出が、圧倒的な演奏(史実)や歌詞のナラティヴと相まって、異様な没入感をもたらしている。

愛と承認に飢えていた孤独な青年が、その人生における二〇分間、全世界の視線を独占した。この六年後、フレディはHIV感染合併症により夭逝する。私たちが目撃したのは、彗星が消滅する直前の強い輝きだった。彼の代わりは誰もいないし、誰も彼のようにはなれない。それほどフレディは私たちの「他者」だ。そんな彼方の他者にすら、共感し涙することができるということ。その事実こそが私たちを勇気づける。

現実と虚構のあわいを生きたフレディの存在は、すでに伝説だ。しかし本作は「伝説化」に抵抗する。映画「ボヘミアン・ラプソディ」の感動は、俳優や製作者側の「もう一度フレディを〝存在〟させたい」という強靭な意志と愛によるところが大きい。すべてを「北條すずさんを存在させること」に捧げた映画「この世界の片隅に」と同じ、その志の高さに圧倒される。かくも映画は存在に奉仕するのだ。

81 この視点は誰のものか？

──アルフォンソ・キュアロン監督「ROMA」

劇中に、ひどく懐かしいシーンがあった。一家で映画「宇宙からの脱出」を鑑賞しに行く場面。私はこの映画をテレビ放映で観て、ストーリーはあらかた忘れてしまったのに、劇中のあるワンシーンだけをずっと覚えていた。宇宙飛行士が、酸素の切れた仲間を救うべく、ヘルメットを脱ぐシーン。理科少年だった私は「真空でヘルメットを脱いだら頭が破裂するか凍結するか、えらいことになるはずだ」と思いながら、固唾をのんで見守っていた記憶がある（実際にはそうした現象は起こらない）。劇中に〝引用〟されるのは、たぶんその直前までの宇宙遊泳場面だ。

本作はアルフォンソ・キュアロン監督の少年期（一九七〇〜一九七一年）の経験をもとにした、半自伝的な作品だ。タイトルは監督が育ったメキシコシティ近郊の地名、コロニア・ローマに由来する。この地に暮らす、とある中流家庭の生活を、若い家政婦クレオの視点から描き出す。モノクロながらも緻密で美しい画面と音響の効果は圧倒的で、第七五回ヴェネツィア国際映画祭の金獅子賞と、ゴールデングローブ賞の外国語映画賞ならびに監督賞を受賞している。

メキシコの七〇年代が日本のそれとそれほど隔絶されていないのは驚くほどで、冒頭の映画を始め、私から観ても懐かしい細部がいたるところに散見される。燃費の悪い大型車、街頭で売られるポルノ雑誌に見入る少年、テーブルに散らばるティンカートイ、波にさらわれておぼれかけた記憶……などなど。

もっとも、ストーリーは必ずしもハッピーなものではない。クレオはボーイフレンドに妊娠させられた挙げ句捨てられる。彼女の雇用主であるソフィアの夫アントニオは若い愛人を作って家を出る。クレオはベビーベッドを買いに出かけた先で反政府デモに遭遇し、その場で破水して緊急処置を受けるも、残念ながら死産する。七〇年代の話とは言え、あまりに身勝手な男性たちに振り回される女性たちの悲劇が、物語の縦糸をなしている。

劇中に描かれるデモは、一九七一年六月一〇日に起きた「血の木曜日」事件だ。反体制デモを軍隊が制圧し、三〇〇人もの死者を出している。当時はメキシコオリンピック（一九六八年）、メキシコワールドカップ（一九七〇年）、そして反政府運動と、独裁政権下で経済成長を遂げるメキシコは大きな変革期を迎えていた。しかし本作では、事件は背景の一つでしかない。

この点に限らず、本作の描写は端正でありながらもどこかアンバランスだ。床を洗う水がさざなみのように広がる冒頭部分の描写に始まり、車幅ギリギリのガレージに車が出入りする描写、デモと同じくらいの比重で描かれるきょうだい喧嘩、その他いろいろ。おそらく本作は、「子どもの視点」や「子どもの記憶」に焦点を当てているのではないだろうか。

そうした視点から本作を見直してみると、不可解なシーンがあまりにも多いことに、あらためて気付かされる。まずなんといっても印象的なのは、クレオの恋人であるフェルミンが、シャワーカーテンのロッドを振り回して披露する居合（いあい）（?）まがいの武術だ。フェルミンはなぜか全裸でロッドを真剣に振り回し、一礼して「ありがとござました！」と鋭く叫ぶ。なぜ行為前に武術？　なにゆえの全裸？　これは笑いどころなのか？　謎は尽きない。

ソフィア一家は子供たちを連れて新年を祝うために友人宅に赴く。そのパーティーで大人たちは、池の畔でピストルを撃ちまくる。雰囲気はのどかなので銃撃戦ではなく試し撃ちなのだろうが、子どもたちも参加していることを考えるならえらくぶっそうなパーティーだ。むしろシュールな光景ですらある。

この滞在中に、山火事が起こる。人々はあわててバケツリレーで消火活動を開始するが、どこか緊迫感がない。

きわめつけは、ナマハゲのような仮装をした男性が、おもむろに歌い始めるシーンだ。男は歌い終わると消火活動に参加するので、火事にまったく無関心というわけではないらしい。

しかしなんと言っても最大の謎は、クレオが恋人フェルミンに再会するシーンだろう。フェルミンの友人に教えられて、クレオは武術訓練場に行く。そこで武術のマスターは、ひとつの「技」を披露する。弟子に目隠しをさせて、片足立ちをするのだ。もっと凄い技を期待していた弟子たちはつい失笑するが、マスターは皆にやってみろと促す。

実は視覚情報がない状態で、片足立ちでバランスを維持することはきわめて難しい。観衆も真似をするが誰一人としてバランスを保てず、よろめいて両足をついてしまう。そんな中、なぜか妊娠中のクレオだけが、マスターと同じく完璧なバランスで立ち続けているのだ。いったいこれはなんの暗示なのか？ それはともかく、マスターのタイツとタンクトップ姿は、エアロビクスと武術を混同しているのだろうか？

以上の描写について、それぞれなんらかの「解説」は可能であろう。しかし私には、キュアロンがそうした謎解きを求めているとはどうしても思えない。これらはむしろ、「子どもの記憶」に特有の幻想性をはらんだ光景ではないか。高精細度の映像で描かれる奇妙な幻想にこそ、子どもの記憶のリアルな手触りが宿るのではなかったか。それは幼き日のキュアロン監督自身の記憶か。それもあるが、そればかりではない。実は私は、そこに「この世に生を享けられなかったクレオの子ども」の視点が含まれていることを確信している。完璧なお母さんは、倒れない。その最も弱き者、この世に存在することすら叶わなかったものの視点が、本作の中核に置かれているのだ。

82 春樹を反転させること
——イ・チャンドン監督「バーニング　劇場版」

本作の原作は村上春樹の短篇小説『納屋を焼く』だ。二人の男と一人の女の不可解な関係を描き、女は煙のように失踪する。

作家を目指しつつアルバイト生活を続ける貧しい青年、ジョンスは、偶然幼馴染のヘミと再会する。彼女はアフリカへの旅行中、猫に餌をやってくれとジョンスに頼む。帰国したヘミはジョンスに、アフリカで知り合ったベンという裕福な青年を紹介する。

奇妙な三角関係が続く中で、ある時大麻をキメたベンは、ジョンスに秘密を打ち明ける。ベンは、ときどきビニールハウスを焼くことを楽しんでいる。実は近い内に、ジョンスの近所にあるビニールハウスを焼こうと思っている、と。ジョンスはその言葉が気になって近所を何度も巡回するがハウスが焼けた形跡はない。ある時ベンに再会したジョンスは、ハウスを焼いたのかと尋ねる。ベンは答える。「焼きました。きれいさっぱり」と。

原作の発表は一九八三年。映画の設定は現代なので、元の時代から三〇年以上の隔たりがある。その時代の変化が本作にも反映されている。まず、原作発表当時は存在しなかったスマホが、本作では重要な役割を果たす。貧しいジョンスと金持ちのベンとの経済格差がこれでもかと描かれる（ポルシェと軽トラの対比）。八〇年代の村上春樹が決して描こうとしなかった政治的背景が繰り返しほのめかされる。ジョンスの住む地域では北朝鮮の対南放送が響き渡り、ラジオからはトランプ大統領の動静が報じられる。

しかしなんといっても最大の改変は、「納屋」を「ビニールハウス」にした点だろう。現代の日本では相当な田舎でも、簡単に燃えそうな木造の納屋は見かけなくなった。この点は韓国もそう変わるまい。ビニールハウスなら至るところにあるし、中にはベンが言うような「焼かれるの待っている」ハウスもあるだろう。

実を言えば本作を観始めて、はじめは強い違和感があった。

村上春樹の原作は、八〇年代のバブル絶頂期に発表されている。ミステリアスな雰囲気に加え、飽食の時代に特有の「空虚さ」の空気が当時の村上の「売り」だった。私は正直、この当時の村上作品（長篇も含む）があまり好きではない。あらゆる現実から距離を取る離人症的な構えと、いかなる価値観にもコミットすまいというデタッチメントの姿勢が必然的に導くファッショナブルな空虚さ。リーダブルでおしゃれで、読んだ後に何も残らない。だからこそ私が圧倒的に支持するのは、春樹がコミットメントに舵をきりつつあった九〇年代半ばに発表された『ねじまき鳥クロニクル』以降の作品群だ。

閑話休題、本作には八〇年代の春樹作品の空気感がほとんどない。

政治性の導入については先にも述べたが、ヘミによって語られる「リトルハンガー」と「グレートハンガー」の主題は、少なくともこの当時の春樹なら決して書かないであろう直接的過ぎるメタファーだ。

それでも本作が春樹作品らしいたたずまいを持ち得ているとすれば、登場する男女三人が、それぞれの「空虚さ」を抱えているため、ということになるだろう。自分の存在意義がわからないヘミは、一人のグレートハンガーたらんとして、服を脱ぎ捨て夕景のマジックアワーの光のもとで踊る。本作で最も美しいシーンの一つだ。ヘミに比べればジョンスは、性欲と物欲と承認欲求にさいなまれるリトルハンガーに見えてしまう。最も春樹作品の登場人物らしい存在に見えるベンは、すべてを手中にしてしまった者らしい鷹揚さの下に、決して癒やされることのない空虚を隠している。

パントマイムを学んでいるというヘミの言葉が印象的だ。「ここにミカンが〝ある〟って思わないで、ミカンが〝ない〟ことを忘れたらいい」

私はここに、二人の春樹の対比を読みとれる思いがする。ひたすら洗練された空虚を反復する八〇年代の春樹作品は、人々が懸命に何か（人生の真実？）があると思い込もうとして、繰り返し空虚さの底を打つ話だ。しかし九〇年代以降の春樹は「成長」を遂げ、あたかも「空虚さを忘れること」のリアリティと意義に辿り着きつつあった。

あると思いこむのは意識的努力だが、ないことを忘れるのは健忘であり、催眠のような暗示的努力による。忘却による存在論だ。イ・チャンドン監督自身も、次のように述べている。「それが現実の領域であっても、信じることの領域であっても、愛や希望の領域であっても、そういうこと（忘れること）はとても必要なことではないかと思いました」と。

監督はいくつかのインタビューで「若者の怒り」の主題についても語っている。それは村上作品にしばしば描かれる、抽象的な悪への怒りではない。監督によれば、韓国のミレニアル世代は将来が良くなることはないと感じており、無力さを感じ、抑圧された怒りをもっている若者なのだという。

本作で、この種の怒りにいちばん近いのがジョンスだろう。彼は些細なプライドのために怒りを爆発させがちな父親のようではありたくないという思いから、自らの怒りを抑圧している。しかし彼は、（私見では）いくつかの根拠からヘミが殺されていると直感して、はじめて激しい怒りを爆発させるのだ。

農機具で充溢した納屋ではなく、からっぽなビニールハウスを焼き払うこと。怒りを軸に考えるなら、この改変には意味がある。それは、怒りの空虚さを描くことから、空虚さを怒りで焼き尽くすことへの反転なのだろう。八〇年代の春樹のテーゼは、反転することによって、かくも見事に継承されたのである。

83 「ポリコレ」では守れない尊厳

――片山慎三監督『岬の兄妹』

三〇〇万円という低予算で制作された本作は、試写の段階から高い評判を呼び、公開開始後も満席回が続出、ついには全国公開が決まった。昨年の「カメ止め」の大ヒットを想起させるような展開だ。

ただし本作は、「カメ止め」のような「万人向け」の映画ではない。本書でも取り上げたように、私は「カメ止め」を評価しているが、二村ヒトシ氏のように、この映画が「ポリコレ的にはほぼ完璧」で「権威と不条理が大嫌いな大衆の、健康的すぎるユートピア」（『欲望会議』KADOKAWA）であるという批判も理解できる。その点から観るなら本作は「カメ止め」の真逆だ。

うら寂れた港町に暮らす兄妹、良夫と真理子。良夫は足の障害ゆえに仕事を干され、食事も満足に摂れない困窮状態に陥る。知的障害を持つ真理子が、ゆきずりの男に体をまかせて金銭を受け取っていたことを知った兄は、一度は激高しつつも妹に売春させることを思いつく。試行錯誤しつつも金が入るようになり味をしめた兄は、携帯番号を記したチラシを大量に撒いて客を取るようになる。

障害を持つ妹に売春させる兄、という時点で、ポリコレ的配慮など期待すべくもないだろう。R15ながら身も蓋もないような性行為の描写あり、障害者への暴力シーンやスカトロシーンもてんこ盛りと、うかつに人に勧めたらハラスメントとかで訴えられかねない「人を選ぶ作品」である。

ともかく「貧困」の描写がすさまじい。あの「万引き家族」が上品に見えるほどだ。彼らが住むのは、被災地の仮設住宅を思わせるような、マンションよりも狭小な一軒家だ。そこにはモノが溢れている。にもかかわらず兄妹は、空腹に耐えかねて内職用のティッシュを食べるのだ。一面に窓をダンボールで目張りした、暗く狭い部屋の中で。

真の貧困は「物」の欠乏ではない。それはしばしば「人」の欠乏としてあらわれる。兄妹には頼るべき親がいない。兄にはたった一人の友人、警察官の肇がいるのみ。地域から孤立し、福祉に頼るという発想もなく、意思疎通が困難な妹を支える自らも障害を持った兄。考えうる限り最悪の状況に二人は置かれている。せめてどちらかの障害がもう少し重ければ、福祉施設が利用できたかもしれない。あるいはどちらかが病を得れば、「死という救済」があり得たかもしれない。しかし幸か不幸か、兄妹はいたって健康だ。

日本において「売春」は犯罪である。ということは、兄妹は犯罪の共犯者ということになる。妹は娼婦で、兄は女衒。堕ちるところまで堕ちた、と人は言うだろう。たった一人の友人である肇が、売春の事実を知って一度は良夫を見限ったように。

しかし本作は、必ずしも売春という行為を絶望的なトーンで描かない。あっけらかんと客に身を任せる真理子の態度は、むしろユーモラスに思えるほどだ。そもそも彼女は、最初の売春を「冒険」と呼んでいた。そこには「春を鬻(ひさ)ぐ」ことの汚辱や後ろめたさが微塵もない。むしろ彼女は、客が自分の体を求め、肌を密着させ、時には快楽を与えてくれるその行為自体を、わくわくするような冒険ととらえていたのではなかったか。

そう、兄妹にとって「売春」は希望でもあった。稼いだ金で山ほど買い込んだマクドナルドのハンバーガーやポテトを貪り食べるシーンは、金と食事が人の尊厳を回復させることを暗示する名場面だ。本作鑑賞後、マクドナルドに走った観客が少なくなかったと聞くが、さもありなん。あのシーンに横溢していたのは、まさしく「生の歓び」にほかならない。だからこそ兄は、あのあと窓を覆っていたダンボールをすべて破り捨て、部屋を光で満たすのだ。

「売春という犯罪」を通じて、この兄妹は人と関わり、社会につながった。彼らは初めて、自らの人生という物語の主人公になった。かつては家の中に鎖で繋がれ、行動の自由を奪われていた真理子は、売春を通じて多くの人と出会い、やはりある種のハンディキャップを持つ男性と恋に落ちる。

支援業界には"Dignity of risk"（リスクを負う尊厳）という考え方がある。障害者は幼少期から、障害を持つがゆえに保護され、リスクや失敗をおかすことがないよう、周囲の大人が配慮をしてくれる。しかし人間は、失敗を繰り返しながら学び、成長するのが本来の姿だ。新しい試みには何らかのリスクが伴うが、障害者にだけそれが認められないのはおかしい。障害者も新しいことにチャレンジする権利はあるし、それが彼らの尊厳を守ることにつながる。それが"Dignity of risk"であり、同じようなニュアンスの言葉に「失敗する権利」というものもある。

私たちは障害者を含む弱者を、保護し、包摂すべき対象と考える。そこまではいい。しかしそのとき、私たちは彼らの「リスクを負う尊厳」や「失敗する権利」を本当に尊重しているだろうか。保護という名目で、極力リスクを減らすような助言ばかりをしてこなかっただろうか。その善意こそが、彼らの尊厳と自由を奪っている可能性はないのだろうか。

本作の印象的なラストシーンはオープンエンドだ。いかようにも解釈できるし、監督も観たものの心に浮かんだものが正解、としている。兄は以前の職場に復帰し、売春の必要がなくなること。それを知らされたときの兄の激高は、どのように解釈されるだろうか。私にはこう聞こえた。「あなたに解雇されたおかげで、私たちは自由と尊厳の価値をはじめて知った。それを今更捨てて、安全と安定を取り戻せというのか。それを決して断れない私たちに、どうやって自分だけの物語を紡げというのか」と。

84 「入れ子」が暴く「内なる差別」

——スパイク・リー監督「ブラック・クランズマン」

映画業界はいまだ黒人に厳しい。近年ようやく黒人差別をテーマとした作品、たとえば「それでも夜は明ける」や「ムーンライト」、「グリーンブック」がアカデミー賞を受賞するなど、流れは変わりつつあるようだが、俳優にしても監督にしても黒人が圧倒的少数派である点に変わりはない。

そんな中、数少ない黒人映画監督として気を吐いてきたのがスパイク・リーだ。彼の新作は黒人警官がよりによってKKKに潜入調査を試みるという話で、驚いたことには実話だという。

一九七二年（原作では一九七八年）、主人公ロン・ストールワースは、コロラドスプリングスの警察署に新人警察官として採用される。初めての黒人警官だ。署内の白人刑事からは「カエル（黒人の蔑称）」呼ばわりされながらも仕事に励むロン。彼はふとしたことから、新聞広告に掲載されていたKKK（クー・クラックス・クラン）の本部に電話をかけ、過激な黒人差別発言を繰り返して気に入られ、入会するはめになってしまう。もちろんロン自身は入会できないので、同僚の白人刑事フリップ・ジマーマンに頼み込み、コンビで潜入調査に挑むことになる。KKKとの戦いは、警察署内の黒人差別との戦いと並行するように描かれる。

年代の改変は町山智浩によれば、ブラック・パワー全盛期に設定しなおす意図があった由。しかし、そればかりではあるまい。ロンがブラックパンサー党の女性幹部、パトリスとデートして、Cornelius Bros and Sister Rose の "Too late to turn back now" に合わせて踊るシーンの素晴らしさ。ディスコ全盛期の一九七八年だったら、このクールなシーンは描けなかったろう。さらに言えば、ロンとパトリスの見事なアフロヘアーも、この時代ならではだ。「ブラック・イズ・ビューティフル」運動を象徴するこの髪型を、ここまで恰好良く描いた映画を、他に知らない。

本作は「差別」を対称的に描き出す。ロンが最初に潜入するのは、ブラックパンサー党の集会だ。クワメ・トゥーレの演説は群衆の熱狂を引き起こし、トゥーレは差別と戦えと煽動する。このシーンは、KKKの党首であるデヴィッド・デュークの演説に党員が熱狂する姿とそう変わらない。前者ではブラック・パワーが、後者ではホワイト・パワーが叫ばれる。

これはどういうことだろうか？　差別も反差別も五〇歩一〇〇歩、と言いたいのだろうか？　そうではあるまい。差別する側がより悪いのは自明なことだ。スパイクは本作で、それを構造的に示そうとする。

映画の冒頭は、「風と共に去りぬ」からの引用だ。一九三九年度のアカデミー賞九部門を総なめにし、空前の大ヒットを記録した本作は、まさに映画史に残る傑作だ。しかし本作の主人公であるスカーレットは、南部の大地主の娘である。南部の白人富裕層の生活を支えたのが奴隷制だったことを考えるなら、このヒロインの生き様に手放しで感動するわけにはいかない。

KKKの集会では、グリフィスの古典的名作「國民の創生」が上映されている。本作は南軍の残党がKKKを結成し、黒人の選挙妨害をするさまをヒロイックに描いてKKKの再興に一役買った作品だ。映画史的にはクロスカッティングやクローズアップといった基本的な映画文法を完成した重要作とされている。グリフィスはその翌年に大作「イントレランス」で、歴史上のさまざまな不寛容を描こうとしただけに、こうした黒人差別への寛容さは不可解である。

ここには映画表現が、いや表現すべてが必然的にはらむ「差別」の構造がある。どういうことだろうか。差別に関連して、私は中上健次の次の言葉をしばしば引用してきた。

「被差別地なんて、そんなもの、差別されるいわれがないいんだよ。ほら、見てごらん、何もない、何もいわれがない。だけど、『いわれがないだろう?』と言いながら、美とか文学とか芸術というものの本質に差別があるんだ、と見せつけたいんです」(渡部直己との対談「シジフォスのように病と戯れて」)

文化は「差異」から生まれる。映画は「差異」を描く。ならば「差異」と「差別」はどう違うのか。そこには本質的な区別など存在しない。差異を楽しむ人々は、決して差別とも無縁ではいられないのだ。

映画で差別を告発するには、どんなやり方があるか。「かわいそうな黒人」を描く?「アンクル・トム」から「グリーンブック」に至る王道だ。しかしこの手法は善悪二元論に陥りやすく、先に述べた対称性の罠に陥りやすい。ならば「強い黒人」を描く? ブラックスプロイテーション映画の手法だが、こちらは本作中でパトリスに「ファンタジー」と一蹴されている。

本作が採用したのは「入れ子構造」だ。物語の主軸は人種同士が入れ子になる「潜入調査」だ。ブラックパンサー党の集会は、ＫＫＫの集会と同質の熱狂を帯びてしまう。映画という形式を用いて、映画の起源(「國民の創生」)が風刺される。アカデミー賞大作を批判しつつ、本作がアカデミー賞を受賞してしまう。そして終盤、ロンとパトリスの「勝利」の余韻に浸る暇もなく、凄惨なニュース映像の引用が始まる。二〇一七年八月にバージニア州シャーロッツビルで起きた白人至上主義者グループと、反ヘイトを掲げたグループの衝突で、群衆に暴走車が突っ込み、一人の女性が殺害された事件。「過去の実話」を描くと見せて、それが現在と地続きであることが一気に提示される。

そう、差別は他人事ではない。告発されているのは、私達自身が内包している差別意識にほかならない。本作の「入れ子構造」はそのためにこそ採用されたのだ。

85 隣人への善よりはじめよ
――アリーチェ・ロルヴァケル監督「幸福なラザロ」

私は本業が医師なので、このタイトルからすぐ「ラザロ徴候」を連想した。これは、脳死した患者が手足を動かしたりする現象を指す。新約聖書で、イエスによって死の四日後に蘇ったユダヤ人、ラザロの名に由来する。本作のタイトルも同様である。

舞台は二〇世紀後半のイタリアの寒村だ。村人は、小作制度が廃止されたことも知らされぬまま、デ・ルーナ侯爵夫人による搾取に甘んじている。たばこ農園での過酷な労働にはろくな見返りもなく、一つの電球を貸し借りするような貧困の中、村を脱出することも禁じられ、人々は中世もさながらの生活を強いられていた。まるでシャマランの映画「ヴィレッジ」を連想させるような話だが、八〇年代に実際に起きた詐欺事件に基づいているというから驚かされる。

ラザロは、頼まれれば決してノーと言わない純朴な青年で、村人からもいいように使役されている。彼は侯爵夫人が村にやってきたとき、息子のタンクレディと親しくなる。タンクレディは母親から金を巻き上げようと狂言誘拐をもくろみラザロを巻き込む。ラザロの隠れ家に身を潜めるタンクレディに食べ物を運ぶラザロは、「俺たちは兄弟だ」という彼の言葉を信じ、かいがいしく面倒を見る。ある日、病み上がりの身体をひきずってタンクレディのもとに向かったラザロは、足を滑らせて深い谷底に落ちてしまう。そして、三〇年後、ふとしたことで〝蘇った〟ラザロは昔のままの姿で現代の都市に向かい、年老いたかつての村人たちと再会を果たす……。

本作の成功は、ラザロを演じた俳優、アドリアーノ・タルディオーロの佇まいによるところが大きい。資料によれば演技の経験はないとのことだが、世界のすべてを無批判に映し出すような澄んだ瞳と、中世の農夫を思わせるようながっしりした体軀のとりあわせが、尋常ならざる存在感を醸し出している。作中、ラザロが終始同じ服装（着古した半袖のシャツ）をまとい続けていることも、現世から隔絶した存在、という印象に寄与している。

ラザロはどこまでも無垢な存在だ。何かを頼まれれば、嫌がりもせず引き受ける。貧しい村人たちから良いようにこき使われても、涼しい顔で仕事をこなす。それでいて、自ら何かを求めることはない。タンクレディとの「友情」も徹底して受け身であり、依頼や約束には忠実に従おうとする。詐欺の真相がわかっても、それで彼を恨んだりはしない。

「現代」に蘇っても、その点は変わらない。彼はひたすら「与え」続ける。労働力を与え、食べられる草の知識を与え、ついには「音楽」を与えもする。皮肉なことに、そんな彼がある願いを口にしたことで、彼は再度、命を落とすことになるのだが。

アリーチェ・ロルヴァケル監督のインタビューによれば、ラザロは「善人」であり、現代の聖人とのことだ。なるほど、確かにラザロは他者を受け入れ、その頼みを聞き入れ、ほとんど自己主張はしない。それ自体が「善」なる存在には違いない。しかし、ならばラザロは聖人の生まれ変わりかと言えば、疑いも残る。パウロにしてもヨハネにしても、彼らはキリスト教という善き教えを世界に広げるべく戦った。ロルヴァケル監督は、そうした強さやカリスマ性とは別に「尊さ」を信じたいと語ってはいるのだが。

ラザロにもっとも近い聖人は、「アッシジのフランチェスコ」だろう。所有物を持たず、ひたすらイエスの教えの伝導に打ち込んだ「神の道化師」。しかしフランチェスコでさえ、教えに反すると感じた場面では建造物の破壊を試みるなどの激しい行動に出ている。つまり「善」とは、時には戦いとらなければならないという考え方もありうる。その意味でラザロの存在は、きわめて受身的、消極的な善にみえてしまう。タンクレディの狂言誘拐に乗ってしまうラザロには、悪事を命じられれば素直に従ってしまいかねないような危うさもみてとれるのだ。

あえて言おう。私にはラザロが「ゾンビ」に見えた。そう、彼は映画史上、最も美しいゾンビではないだろうか。ゾンビそのもののルーツはブードゥー教だが、キリスト教的には「最後の審判を受けられずにさまよう死者」という意味付けがなされるらしい。また、聖書でのラザロのエピソードでは、ラザロの妹マルタがイエスに「主よ、既に臭うでしょう。四日もたっていますから」と話す。こうした死臭への言及は、ゾンビの成立にあたってラザロのエピソードも遠因となった可能性を示唆するものだ。

しかし最もラザロがゾンビらしく思われるのは、自らの意志を発動しないまま、徹底した受け身性を貫く点である。本来ゾンビは人間を襲い、噛み付いた人間を感染させることで仲間を増やすという「欲望」を持っているものだ。しかしラザロには、そうした欲望すらも欠けている。だからこそ彼は、人々の欲望を映す鏡となったのだ。没落貴族の末裔として詐欺まがいの行為を繰り返しているタンクレディは、再会したラザロと仲間をランチに誘い、見栄をはりきれずドタキャンしてしまう。問題のラストシーンでは、ラザロを強盗と勘違いした人々が一斉にラザロに暴行を振るう。この瞬間、ゾンビに見えるのは人々のほうだ。

現代の複雑な社会システムにあって、善を主張することは難しい。善はしばしば相対的で、時には悪と表裏一体だ。正しさが争いを引き起こし、正義がテロや紛争の口実になるとき、聖人は何を語りうるのか。眼の前の人を疑わず、その人のために行為をするというミニマムな善を見直すところから始めよ。ラザロの存在は、そうした控えめな主張を〝感染〟させるかのようだ。

86 信仰はいかに鍛えられたか
――奥山大史監督「僕はイエス様が嫌い」

本作は弱冠二三歳の映画監督、奥山大史が大学在学中に制作した長篇デビュー作だ。新人らしからぬカメラワークや子役らの演技が評価され、サンセバスチャン国際映画祭をはじめ、複数の映画祭で受賞を果たしている。本作はまぎれもない傑作である。確かな技術に裏打ちされたみずみずしい感性が画面から横溢し、鑑賞後にも深い余韻を残す。すでに多くの指摘があるように、主人公ユラを演じた佐藤結良の存在感や、子どもたちの自然なたたずまいも素晴らしい。監督によればオーディションでは「セリフがないシーンに耐えられる子」「遊んでいるシーンを撮影して、ずっと観ていられる子」を選んだ由。

子どもたちに演技をつけるに際しても、監督はセリフをほとんど書き込まなかったという。サッカーやゲームのシーンで交わされるセリフがほぼ即興とのことで、あの自然さもああそれならと納得できる。子供の演出のうまさという点では、小津安二郎や是枝裕和を髣髴(ほうふつ)とさせると言っても過言ではない。かねがね邦画全般のセリフの不自然さ(特に子役)に欲求不満を感じていた身としては、この点だけでもこの監督の力量と将来性を買うのに十分である。

作品を観ていて気になったのは時代背景だ。現代でないことはわかる。小学生のユラがレコードプレーヤーの使い方を知っている。子どもたちがゲーム機ではなくボードゲームで遊び、練り消しが流行っている。決定打はユラが祖母から貰う千円札だ。表に夏目漱石、裏にタンチョウが描かれた旧札(発行は昭和五九年から)だ。そうしたことを総合すると、どうやら平成初期あたりの時代なのだろう。このあたりの曖昧さが、かえって本作の寓話性を高めている。

本作は監督の実体験に基づいているが、私はあえて時代を「昭和」におきかえ、自分の子供時代と重ね合わせながら観ていた。今もよく覚えている。「友情」という言葉が最も輝いていた時期。思春期にさしかかる少し手前、友情と恋愛はあまり区別がない。橋本治の名言「友情とはセックスのない恋愛である」は、この時期にこそ当てはまる。

本作のもう一つのテーマは「宗教」だ。監督のインタビュー（プレス資料）によれば、彼自身がミッション系の幼稚園で過ごした経験がある由。教会でみんなが聖句を大声で唱和する光景に、最初はとまどいながらもすぐ馴染み、楽しくなったという。幼い頃にこれを経験すると、神の存在が信じられるようになるという指摘は重要だ。

ユラは朝の礼拝で、説教台のうえに小さなイエスを目撃する。一寸法師サイズのイエスは「この学校でも友達ができますように」というユラの願いを叶えてくれた。逃げた鶏を探しに来た少年カズマと、サッカーを通じて仲良くなったのだ。小さなイエスは、たびたびユラの前に出現しては「流星が観たい」「お金が欲しい」といった願いを、少しだけ叶えてくれた。

スペインでの上映では、この小さなイエスのイメージが大いに観衆の笑いを誘ったという。敬虔なカソリック信者の多いスペインでは、子供が「小さいイエス」と紙相撲で遊ぶような姿はむしろ新鮮だったのだろう。実際、本作に出てくるイエスのイメージは、一寸法師のモデルとなった古事記の少名毘古那を思わせるし、ユラの祈りも現世利益的な願掛けに近い。そうやって願いが叶うたびに、ユラは少しずつ、イエスを信じ始める。

先述した通り、ユラとカズマの友情は、限りなく恋愛に似ている。一緒にサッカーに興じ、流星群を眺め、別荘で遊び、ボードゲームを楽しむ。このような無垢な友情を、私も確かに経験したことがある。映画を観ている間中、実はずっと、かすかな胸苦しさを感じていた。それは私が、あの友情には必ず終わりがあるという事実を記憶／予期していたからだろう。

そう、友情は唐突に終わりを告げる。ある日、学校のサッカーゲームを抜け出して早退したユラ。一人で帰宅するカズマは、ボールを追ってトラックに礫かれ、重傷を負う。イエスに導かれてカズマを見舞うユラ。しかし、カズマの回復を必死に祈るユラの前に、ついにイエスは現れない。

逝ってしまったカズマの机に白い花が飾られる。イエスの「裏切り」を許せないユラは、その白い花を捨て、例の千円札で買った青い花を飾る。説教台でカズマへの手紙を読むユラ。ずっと一緒に居たかった気持ちは、鎮魂と慰霊の言葉を拒絶する。大きくなったら、また一緒にサッカーをしようと呼びかけるユラ。教師に頼まれたお祈りの言葉を拒み、祈りのために組んだ手の前に、ようやくイエスが出現する。しばし唖然としたユラは、やがて決然とした表情で、ある行動に出る。

再び監督のインタビューによれば、このくだりはスペインの観衆の共感を呼んだとのことだ。敬虔なカトリック教徒でも、こうした「神の沈黙」に出会い、信仰が揺らぐ経験をすることは珍しくないらしい。しかしもちろん、それで信仰が終わるわけではない。ユラが「イエス様を嫌い」になるのは、一度は深く信じたからこそだ。

ラスト近く、明け方に目を覚ましたユラは、映画冒頭で認知症を患った祖父がとったのと同じ行動をなぞる。監督はユラがどこかで「死後の世界に触れる」と述べているが、おそらくこのシーンがそれではないか。一度は信仰を否認したユラが、友の死を介して、超越的な存在をもう一度受け入れること。神の否認と葛藤を経て信仰が鍛えられる過程は、キリストの処刑と復活、そして昇天の物語として象徴的に描かれている。そう考えるならあのラストシーンは、おそらく昇天していくイエスの視点から見た光景なのだろう。

87 「享楽」殺人者は対話する

——ラース・フォン・トリアー監督「ハウス・ジャック・ビルト」

「ダンサー・イン・ザ・ダーク」を生涯映画ベスト3に入れざるを得ない人間として、トリアー監督の存在は無視できない。彼の映画を嫌い遠ざけることはたやすいが、無視して通り過ぎることは不可能だ。なぜならトリアーの営みは、間違いなく「映画にとって倫理とはなにか」を追求しているからだ。

トリアーが始めたデンマークの映画運動ドグマ95（Dogme95）を覚えている人がどれだけいるだろう。ドグマには「純潔の誓い」と呼ばれる、映画製作のうえで守るべき一〇カ条のルールがあった。「撮影はすべてロケーション撮影によること。スタジオのセット撮影を禁じる」「カメラは必ず手持ちで」「光学合成やフィルターは禁止」「ジャンル映画の禁止」等々のルールは、当時多くの賛同者を集めた。ここにもトリアーの「倫理的姿勢」が見て取れる。

トリアーは、映画を娯楽とも考えていないし、映画作りを楽しむという発想も持たない。彼は苦しみながら映画を撮っているのではないか。その印象はむしろ求道的だ。

「ハウス・ジャック・ビルト」は、実在のシリアル・キラーであるテッド・バンディをモデルにしたとおぼしい。主人公ジャックは、建築家を目指す技師だったが、車の故障で困っていた女性をはずみで殺害し、以後は坂道を転げ落ちるように殺人を繰り返す。未亡人宅に身分を偽って上がり込み、彼女を絞め殺した挙げ句、遺体をひきずってドライブする。交際中のシングルマザー母子とピクニックに出かけ、猟銃で母子を撃ち殺す。女友達を侮辱した挙げ句、乳房を切り取って殺す。

ただ殺すだけではない。それが問題だ。ジャックは遺体を侮辱する。逃げ惑う母子を子どもから撃ち殺し、子供の遺体の前で母親をいたぶる。切り取られた女性の乳房はフロントグラスに貼り付けられ、加工されて財布になる。本作以上に血の流れる映画、もっと多くの人が死ぬ映画はあるが、本作の殺人ほどこちらの神経を逆なでするシーンはあまり見たことがない。カンヌで退場者が続出したというのも、もっともな話ではある。

ジャックはＯＣＤ（強迫性障害）を患っている。彼はあたかも自己治療の一環として殺人を繰り返すかに見える。街頭と自分の影を使った比喩が、そのことを示唆している。一般にＯＣＤの患者の行動は、異常なまでの緻密さと、驚くべき鈍感さの共存であることが多いが、ジャックの犯行の無造作ぶりにもこの点がリアルに――時にコミカルに――反映されている。

ジャックは当然の報いとして地獄に堕ちる。かれの水先案内人は、「ヴァージ」と名乗る老人だ。ダンテの『神曲』で案内役を務める詩人ウェルギリウスにあたるとされている。本篇の最初から最後まで、ジャックとヴァージの対話がナレーションの役割を果たしている。ジャックはヴァージの助言に従い、おぞましき「あるもの」を素材として、念願の家を建てるのだ。

このおぞましい家の完成においてジャックの欲望が成就するところまでを描き切った意志にこそ、トリアーの「倫理」が見て取れる。どういうことだろうか。

トリアーが描くのは、とことん私たちの快感原則に逆らうようなおぞましさだ。しかしそれは、ある種の人間をどうしようもなく惹きつけ、追求せずにはいられなくさせる「おぞましさ」でもある。ラカン派精神分析ではそれを「享楽」（ジュイッサンス）と呼ぶ。人間にとって恐ろしく破壊的であると同時に、人間の行動の最終目的でもあり、それなしでは人生の意味が失なわれてしまうもの、それが享楽である。

それゆえラカンの倫理的公準は次のようなものになる。

「少なくとも分析的展望においては、唯一の罪とは、己の欲望の上で譲ったということである」。言い換えるなら、おのれの真の欲望を一切の妥協なく追求せよということだ。たとえその先にあるものが満足や調和でなかったとしても、時に破壊的な享楽でしかなかったとしても、である。

ヴァージはジャックの「超自我」的存在である。ラカンによる超自我は、内面に取り込まれた〝命令〟の一部をなしている。それは一貫性がなく、とんでもない命令を含んでいる。超自我は主体を快感原則の彼岸に赴かせ、〝享楽〟することを命じ続ける。この超自我の機能は、通常の意味で道徳的なものとは限らない。ある素材を集め、それで家を建てよ。ヴァージがジャックに与え続けたのは、この途方もない命令だったのだ。

荒唐無稽なこじつけに聞こえるだろうか。しかし、例えば次の引用を読んでみて欲しい。「アンジェル・ド・フェリニオが癩患者の足を洗ったばかりの水を喜んで飲み干しました。詳細は言いませんが、彼女の喉には癩患者の皮膚がひっかかりました。あるいは、福者マリー・アラコックは少なからざる霊的恵みに満たされて病人の排泄物を食べました」（ラカン『精神分析の倫理』岩波書店）。ここに記された聖女たちの身振りから、私は「奇跡の海」のエミリーや、「ダンサー・イン・ザ・ダーク」のセルマを連想せずにはいられなかった。彼女たちの決断は、単なる自己犠牲などではなく、倫理的な意味での「享楽の追求」ではなかったか。

トリアーの描く「享楽」は、きわめて過激な倫理性を持つと同時に、複雑で統合された存在としての「人間」主義に通ずるものでもある。トリアー作品の耐え難いまでの挑発性と新しさも、「ＰＣ（政治的正しさ）」という快感原則に反対してしまうような「古さ」も含めて、今後もトリアーは私にとって「特別な存在」であり続けるだろう。

88　愛とともに、愛なしで

――パヴェウ・パヴリコフスキ監督「COLD WAR あの歌、2つの心」

　戦後間もない時代、ヴィクトル、イレーナ、カチマレクの三人が、ポーランドの村々を訪れては民族音楽を採集する旅を続けている。国立のマズレク舞踏団を立ち上げるべく、歌とダンスの才能に恵まれた少年少女を探す旅。そのオーディションの最中、ヴィクトルは才気溢れる〝問題児〟、ズーラと出会い、恋に落ちる。カチマレクの監視に気づいたヴィクトルはズーラとともに西側に亡命しようとするが、約束の場所にズーラは現れなかった。ここから二人の、出会いと別れを繰り返す、長い遍歴がはじまる。

　ポーランド・ワルシャワ生まれのパヴリコフスキ監督は、〝映画に愛された〟というほかはない、数少ない監督の一人だ。本作において私たちは、数多くの〝絶対的〟なショットに出会うだろう。冒頭とラストで反復される廃墟となった教会のシーン。口論して水に飛び込んだズーラは、水面に浮かび歌いながら流されていく。大きな鏡を背後に、ヴィクトルとイレーナが吸いかけのタバコを分け合う。パリのジャズバーでは、ヴィクトルの伴奏で、アレンジされた〈二つの心〉を歌うズーラ。そして最後、ほこりだらけの十字路に停車するバスから、二人きりの〝儀式〟までのシークエンス。

　ポーランドの歴史は侵略の歴史だ。ヨーロッパの中央に位置するこの国は、過去に繰り返し、他国による侵攻に晒されてきた。第二次世界大戦勃発の地もポーランドであり、アウシュヴィッツ・ビルケナウ強制収容所ではナチスドイツによって多くのユダヤ人が虐殺されたこともあって、約六〇〇万人という、日本の倍近い死者を出している。

何度もアイデンティティの危機にさらされてきたポーランド人は、第二次世界大戦後、ともにポーランドの解放を目指しながらも、国民が必ずしも同じ方向を向いていたわけではなかった。本作を理解する上で、戦後ポーランドにおける「アイデンティティの葛藤」はきわめて重要なテーマである。本作の通奏低音となるのも、この葛藤である。

冷戦によって引き裂かれた恋人たち。東西の壁という障害が、二人の愛をいっそう強くする。これはそういう物語なのだろうか。もしそうだとすれば、二人は困難を乗り越えて西側に亡命し、それでハッピーエンド、という話になるはずだ。しかし本作に描かれる男女の関係は、それほど単純なものではない。

私は本作から、U2のヒット曲、"With or Without You"を連想していた。曲を作ったボノは男女関係を歌った歌だと述べているが、もちろんそれだけではない。ボノがアイルランド人である以上、「君がいてもいなくても」生きていけない、と歌われるのは、アイルランドとイギリス（北アイルランド）の関係にほかならない。

西側の音楽を愛するヴィクトルは、ジャズバンドのピアニストとしてバーやクラブで演奏し、作曲や編曲で生計を立てていた。そんなある日、パリを舞踏団のツアーで訪れたズーラと再会する。その後の紆余曲折を経て、二人はパリの屋根裏部屋でともに暮らすようになる。劇中繰り返し登場するポーランド民謡〈二つの心〉は、ジャズにアレンジされ、ズーラはヴィクトルのサポートでレコードデビューを果たす。しかしズーラの心は晴れない。歌詞の翻訳を巡って、訳詞したジュリエットを批判するズーラ。彼女はマズレク舞踏団の一員として、民族のアイデンティティを西側に売り渡そうとする自分に耐えられない。だからヴィクトルに「僕たちの最初の子」と手渡される自分のレコードを路傍に打ち捨てる。そんなズーラも、クラブでは「ロック・アラウンド・ザ・クロック」に合わせて激しくダンスする。彼女の心も常に、西と東との間で揺れているのだ。

ズーラとヴィクトルにはモデルがいる。ほかならぬパヴリコフスキ監督の両親だ（本作は彼らに捧げられている）。「彼らはそれぞれ別のパートナーとくっついたりしながら、とても激しい関係を結んでいた。それは、ある意味、究極のラブストーリーだった。彼らはどちらも自分をコントロールできず、落ち着いていられない。それなのに、一緒になることが宿命付けられているカップルなのだ」（パンフレット所収の監督インタビューより）

ここでもう一度、"With or Without You" に戻ろう。私はこの歌詞を「君がいてもいなくても」ではなく「君とともに、あるいは君なしで」と翻訳したい。ここで私の念頭にあるのは、第二次世界大戦中ナチスに抵抗し、ヒトラー暗殺計画に加わったとして処刑された、若き天才神学者ディートリッヒ・ボンヘッファーの言葉、「神の前で、神とともに、神なしで生きる」だ。この言葉は、「神がいない」と人々に思わせたのもまた神なのだから、神の前であるかのように誠実に生きよと解釈されている。つまり、神を単に超越的な存在ではなく、超越性という概念を可能にしている「超越論的」存在と認識するのである。

監督はこうも語っている。「誰も二人ほどお互いを理解していない。逆説的ではあるけれど、二人は一緒になれない一人の人間なのだ」と。そう、二人の結びつきは宿命的、という以上に超越論的な決定なのである。彼らは互いの存在に長くは耐えられないし、にもかかわらず、互いの存在なしには生きられない。だとすれば、冷戦は彼らの絆を引き裂いたわけではない。むしろ冷戦こそが、彼らの特異な関係性を可能にしたのではなかったか。

このとき「愛」は超越論的な価値を帯びるだろう。だからこそ監督の問い「愛は人生を、歴史を、この世界を超越することができるのか？」には、ボンヘッファーの言葉を借りて、こう答えよう。「できる。ただしそれは、愛とともに、愛なしで」と。

89 タランティーノのナラティヴ・セラピー
——クエンティン・タランティーノ監督「ワンス・アポン・ア・タイム・イン・ハリウッド」

タイトルからもわかる通り、本作は一種のお伽話、あるいは寓話だ。昔々、ハリウッドでこんなことがあったとタランティーノは語りかける。ただし、昔と言っても一九六九年。むしろ近過去というべき時代だ。

主人公はリック・ダルトン。人気のピークを過ぎたTV俳優で、豪邸に住みながらも最近は悪役ばかりやらされて将来に不安を感じている。そんなリックを公私にわたって支えるのは、彼のスタントマンで付き人、クリフ・ブース。貧乏なクリフはトレーラーハウスに犬と暮らしているが、現在の生活にそこそこ満足している。リックとクリフの間には、単なる雇用関係を越えた友情がある。映画はさほど筋らしいものもないまま、アルコール依存症でセリフもろくに覚えられなくなったリックが、葛藤しつつも西部劇映画の悪役として撮影に懸命に取り組むさまが描かれている。そんなある日、リックの家の隣に、新進気鋭の映画監督、ロマン・ポランスキーと、新人女優シャロン・テート夫妻が越してくる。クリフはたまたま車に乗せたヒッピー娘に導かれ、ヒッピーがたむろするスパーン農場を訪れる。不穏な雲が立ちこめはじめ、運命の日である一九六九年八月九日が迫りつつあった。

史実ではこの日、カルト教団マンソン・ファミリーのメンバーがポランスキー宅を訪れ、シャロン・テートとその友人を惨殺する。この凄惨な事件を契機に、アメリカ中を席巻していたヒッピー・ムーブメントは終息へ向かったとされている。そうした意味で、この事件は、全共闘運動の息の根を止めた赤軍派による「あさま山荘事件」や、カルトブームに打撃を与えた「オウム真理教事件」に良く似ている。閉鎖的な集団がカルト化して暴走したという点からも。

本作では、一九六九年当時のハリウッド周辺の状況はタランティーノ本人も自負するように、忠実に再現されている。しかし奇妙なことに、あの時代の〝空気感〟はほぼ描かれない。一九六一年生まれの私でさえ記憶している「アポロ11号の月面着陸」（七月二一日）の熱狂も、ヒッピー・ムーブメントのピークとも言うべきコンサート、「ウッドストック・フェスティバル」（八月一五〜一七日）の気配も、画面からは感じられない。例によって凝りまくった選曲も、同時代から微妙にずらしてあるのがわかる。

それは蓮實重彥の言うように「歴史性を完全に欠いていることが、良くも悪くもタランティーノの本質」（『ユリイカ』二〇一九年九月号での対談）だからなのか。しかし本来、寓話とは無時間なものではなかったか。マニエリスティックというよりは、ベタな意味でオタク的な作家であるタランティーノは、はなから歴史的リアリティなどには関心がないのだろう。またそうでなければ、「イングロリアス・バスターズ」や「ジャンゴ 繋がれざる者」のような歴史改変を平然とできるはずもないではないか。

そう、本作もまた大胆な歴史改変ものではあるのだが、それは単に事実関係をずらすだけのものではない。文化状況に対して、意図的な操作を行っているのだ。とりわけ一九六九年にピークを迎えるカウンター・カルチャーの存在がきれいに〝排除〟されている。もちろん、当時勃興しつつあったアメリカン・ニューシネマへの「言及」もほぼ皆無。意味ありげにスティーヴ・マックイーンが登場する程度だ。それよりも驚いたのはブルース・リーの扱いで、タランティーノは彼のファン（「キル・ビル」のジャンプスーツ！）だったはずだが、ちょっと悪意すら感じさせる演出になっている。つまり、ここにも意図的な〝排除〟があるのだ。

タランティーノは町山智浩によるインタビューで、次のように語っている。「僕が子どもの頃、母さんが運転する自動車の窓から見たロサンジェルスの風景がこの映画の原点だ」「(「アメリカン・グラフィティ」のように) とあるハリウッドの三日間の彼らを切り取ることにした」「シャロンは一九六九年のツァイトガイスト（時代精神）

だと思う（中略）シャロン自身として普通にただ、なんでもない日常を楽しませてあげたかった」（『映画秘宝』二〇一九年一〇月号）。かくしてシャロンは、自身の出演作を愉しげに鑑賞する。

タランティーノが目論んだのは、当時のハリウッドを巡る「幸福な記憶」を再現し、そこからはじまる別の物語へと観客を誘導することだった。その意味で本作は、幸福な記憶を無残にも中断してしまった、マンソン・ファミリーへの復讐でもある。クリフの過剰な暴力性を誘発したのが、ヒッピーから入手したLSDを染み込ませたタバコという皮肉。リックの火炎放射器にしても、過去の出演作で使った小道具だ。

私は本作を観て、精神療法の手法のひとつである「ナラティヴ・セラピー」を連想していた。人の人生は、さまざまな物語（ナラティヴ）の影響を受ける。トラウマの物語（ナラティヴ）に苦しんでいる人は、それとは異なった可能性（オルタナティヴ・ストーリー）によって記憶を上書きすることで、トラウマの害を克服できる。このときそうした物語には、必ずしも「真実性」は要求されない。嘘であっても、そこにリアルな可能性があるのなら、その物語は人を解放することができるのだ。

その意味で本作は、タランティーノの自己治療であるとともに、ひろく共有されるべき作品だ。もちろん、いかにタランティーノといえども、史実を改変することはできない。しかし本作以後、世界はほんの少しだけ、相貌を変えるだろう。なぜなら私たちの映画史には、いまや「シャロンが死ななかった世界を描いた映画」が存在するのだから。映画はこのようにも救われうることを、本作は私たちに教えてくれる。

90 「現象としての悪」の触媒
――トッド・フィリップス監督「ジョーカー」

ハリウッド映画史上最も有名なヴィランの一人、バットマンの宿敵ジョーカー。彼を主人公とする映画が全世界で大ヒット中だ。

第七六回ヴェネツィア国際映画祭の金獅子賞を受賞した前評判（八分間のスタンディング・オベーション！）もあり、アメリカでは公開第一週で興行収入約一〇六億円の大ヒットとなった。本作には公開前から賛否あり、米軍や警察が銃乱射の可能性を警告、映画館チェーンも「子供向きじゃない」と注意勧告したというが、これ以上効果的な宣伝はないと誰も予想しなかったのだろうか。

本作で描かれるのはジョーカーの起源の物語である。彼はコメディアンを目指す派遣ピエロだ。低所得者層向けの集合住宅で、高齢の母親の介護をしながらつつましく暮らしている。ある日、ストリートギャングに看板を奪われた挙げ句に暴行されたことをきっかけに、彼の人生は徐々に狂っていく……。

言われ尽くしたことではあるが、主演のホアキン・フェニックスの役作りは凄まじい。二四キロの減量を敢行したその身体は、くる病や鳩胸のような骨形成異常すら疑わせるほどの異形だ。ピエロのメイクも、地顔から滲み出す陰惨を覆い隠すためとしか思えない。きわめつけはその「笑い声」。この世にこれほど不快で、不気味で、哀しみに満ちた笑い声があるだろうか。トゥレット症という指摘もあるが、パンフレットにもある通り、あれは幼児期の虐待で脳に損傷が生じたことによる「強迫笑」だろう（そうした事例は実在する）。

ジョーカーは徹底して孤独だ。仕事仲間はいても友人と言うほどの付き合いはなく、アパートの隣人であるシングルマザーが恋人になったと思い込むが、実は幻想だったという残酷なオチがつく。詳細はふれずにおくが、信じていた家族の絆すらも幻想であったと判明したとき、ジョーカーの中で何かが弾ける。

ジョーカーの孤独は私たちの孤独だ。孤独とは、絆や仲間があるか否かという問題ではない。誰しもがジョーカーと同様の孤独を抱えていないのならば、これほど多くの人々が映画館に詰めかけるだろうか。研ぎ澄まされた孤独は、人をある種の「正気」に駆り立てる。そう、「正気」だ。「狂気」ではない。ジョーカーはいささかも狂気じみてはいない。その証拠に、彼は言うだろう。「何もかもジョークなんだよ。皆が大仰に崇め奉ってるモノも、後生大事に戦い守ってるモノも……全ては桁外れに馬鹿げたジョークさ」（バットマン『キリングジョーク』小学館集英社プロダクション）。私が彼を正気と呼ぶのは、狂気が何よりもジョークを嫌うからだ。

私はかつてこう書いた。「『ダークナイト』こそは、ハリウッドにおける『心理主義』に、決定的な死亡宣告を告げる映画にほかならなかった」と。そう、本作でジョーカーは、自分の頬の傷の由来を繰り返し語る。しかしそのつど、語られる「由来」は異なっている。つまりジョーカーは、自らの「悪」がちゃちなトラウマなどに根拠づけられるものではないことを、高らかに宣言してみせたのだ。これほど純粋に無根拠な悪が描かれたことは、おそらくハリウッドのメジャー大作では前例がないのではないか。かくして「ダークナイト」は、従来の定番だった「トラウマがモンスターを作る」系の物語の息の根を完全に止めた。しかしそのぶん、映画が「悪」を描くことの難易度は格段に上がったのである。

ならば「ジョーカー」はどうか。本作は一見、ジョーカーの悲惨な生い立ちや出自を、彼の悪の理由として描いているようにも見える。そう見えてしまった人にとっては、本作の評価もいまひとつとなるだろう。

しかし注意しよう。監督トッド・フィリップスは、インタビューで次のように述べている。「僕たちのジョーカーは、世界を炎上させることが目的ではありません。自分を無理やり微笑ませる冒頭の場面から、アーサー・フレックは自分のアイデンティティを探している男です。アーサーからジョーカーへの変身はゆっくりと進み、

『ここで変わった』という決定的瞬間はありません（中略）実際のところ、彼の変化は徐々に起きている」（パンフレット所収）

本作はあきらかにポスト「ダークナイト」を志向した作品だ。本作の恐ろしさは、悪を属人的にではなく、関係性の中で起きる「現象」として描いてしまった点だ。どういうことだろうか。

本作でアーサーは、徹底的にうちのめされる。冒頭の暴行シーンにはじまり、ギャングに奪われた看板の弁償を命じられ、福祉カウンセリングは緊縮財政で打ち切られ、お笑いのライブでは笑い発作が起きた上にギャグは不発、地下鉄に乗れば三人の証券マンに絡まれ暴行されてうっかり射殺してしまう。事件は彼を格差社会のヒーローに仕立てるが、政治に無頓着な彼に大した喜びはない。

はじめてもたらされたたった一つの希望、憧れのＴＶ番組『マレー・フランクリン・ショー』に出演した彼は、自分をテレビで笑いものにしたマレーを番組中に射殺する。ジョーカーの完成だ。例えば彼が受けた虐待が、その凶行の根本原因であると、いったい誰に言えるだろう？　彼の悪には、脳機能障害、強迫笑、虐待のトラウマ、不遇な生活環境、不幸な偶然、そしてなによりも徹底した孤立、そのすべてが複雑な影響を及ぼしている。

だから、悪はジョーカーの専有物ではない。悪とは彼を触媒として起きる「現象」にほかならない。すべてがジョークであるとする彼は、悪の実行者というよりは悪という現象を笑う「観察者」だ。孤独な「正気」がこれ以上広がる前に、私たちにできることはまだ残されているのか。本作が私たちに突きつけているのは、おそらくそのような問いである。

91 家族に「真実」は必要か

――是枝裕和監督「真実」

「万引き家族」でパルムドールを受賞した是枝裕和監督の最新作「真実」が公開された。外国人キャストのみで全篇フランスで撮影された作品だ。国民的大女優ファビエンヌが、自伝本『真実』を出版したことを機に、彼女の家族が一堂に会する。アメリカで脚本家として活躍する娘、リュミールと、その夫でテレビ俳優のハンク、娘のシャルロット。しかし自伝の内容が明らかになるとともに、家族の葛藤があらわになっていく。「日本的家族」の描写を自家薬籠中のものとしている是枝監督が、外国人だけのキャストでどんな作品を撮るのか。不安がなかったと言えば嘘になるが、蓋を開けてみればいつもの是枝流である。ドヌーヴ演じるファビエンヌが、吹き替えの宮本信子の名演もあってか、つい樹木希林に見えてしまうほどに。

本作は、虚実のレイヤーが何層も折り重なった複雑な構造を持っている。そもそもヒロインのファビエンヌが、ドヌーヴ本人を彷彿とさせる存在だ。彼女はSF映画「母の記憶に」に出演中で、この映画の設定もまた、母と娘の関係を扱う。難病のため地球にいられなくなった母が、七年ごとに娘に会いに来るが、母は年をとらず、いつしか娘は母親の年齢を超えていく。ちょっと「インターステラー」(あちらは父と娘だが)を連想させるストーリー。

主演を務める新進女優マノンは、ファビエンヌの親友にしてライバルだった女優サラの再来と呼ばれている。ファビエンヌが演ずるのは、母より年老いてしまったマノンの娘役だ。物語後半の和解シーンでは、リュミールの脚本家としての才能がいかんなく発揮される。虚実が複雑に絡み合う入れ子構造の設定だが、やや喜劇よりの演出のためもあり、映画の印象は驚くほど軽く淡白だ。

確執を抱えた母と娘の再会、という点では、本作はベルイマン「秋のソナタ」にも似ている。実はこのテーマは、父と息子ではなく母と娘という特異な関係ならでは、というところがある。表面的な親密さと十分な愛情を得られなかった怒り、支配関係にひそむライバル意識など、相矛盾する感情が長く続きやすいためだ。昨今の「毒親」ブームが示すように、そうした感情のもつれは母と娘がともに高齢になっても続く。常に女優業を優先し、娘の世話は友人のサラに任せきりだったファビエンヌは、典型的な「毒親」ということになるだろう。

リュミールはそうした母に怒りをぶつける。自伝『真実』に、娘の自分を学校に送迎していた（そんなことは一度もなかった）と嘘を書いたこと。親友であり自分には母親代わりでもあったサラについて全く触れていないこと。もっともこの点は、長年ファビエンヌに使えてきた秘書兼執事のリュックも同様だ。自伝に自分の存在が記されず「存在を否定された」と感じたリュックは、秘書を辞めて子どものいる田舎に帰ってしまう。

なぜ母と娘の関係が独特なのか。かつて私はこのテーマを、著書『母は娘の人生を支配する』（NHK出版）で検討したことがある。詳しくは拙著を参照されたいが、簡単に言えば、母と娘は「女性の身体」を共有しているからだ。身体性を介した親密さの感覚は、容易に支配へと裏返る。母は娘を愛によって支配するばかりか、「愛さない」ことでも支配できるのだ。しかも、母親による支配は、それに抵抗しても従っても、娘にある種の「空虚さ」と、強い罪悪感をもたらしやすい。

だから、毒親と罵りつつも母を捨てられない娘は多い。リュミールが自分をネグレクトし続けたファビエンヌを、決して捨てられないように。彼女が女優を断念しつつも、同じ業界に属する脚本家という職業を選んだあたりにも、「母による支配」の痕跡がみてとれる。

本作は、こうした母娘関係のはらむ確執の解消に、沢山のヒントを与えてくれる。まず、サラの存在がある。彼女はファビエンヌが常に劣等感を覚え続けたライバルであり、娘リュミールの支えでもあった。そんな存在を自伝から抹消することは、ファビエンヌにしてみれば自然なことだったのかもしれない。しかし、リュミールがそれを許せないのも当然だ。この葛藤に変化をもたらしたのが、サラの〝DNAを受け継いだ〟女優マノンの存在である。

劇中劇のヒロインであるマノンは、ファビエンヌの母親役を演じつつ、劇中で彼女と和解する。その和解は現実にも波及し、ファビエンヌはマノンに、サラのドレスをプレゼントする。ドレスを身にまとったサラが去っていくシーンは本作の一つのクライマックスだ。

ファビエンヌはリュミールの脚本に従って秘書リュックに謝罪する。ここではリュミールが母親を支配している。もちろん作為はバレてしまうが、実はリュックも辞めるつもりがなかったというオチが付く。

もう一つのクライマックス、母と娘の和解場面も、劇中劇と二重写しになったみごとなシーンだ。母と娘は抱き合い、許し合う。しかし、その余韻も冷めやらぬうちにファビエンヌはこういう。「この感情を知っていたら、あのシーンで活かせたのに！」と。彼女はリュックに命じて映画の撮り直しを依頼させる。このあたりの女優の業の深さは、リュミールも苦笑するほかはないようだが、彼女も負けてはいない。このあとリュミールはシャルロットをそそのかして、母親にちょっとした「仕返し」をするのだ。

作為と演技、虚構と現実が入れ子になる中で、「真実」の行方は定まらない。しかし果たして、家族は真実を必要とするのか。むしろ、ぎりぎりで真実を手放すところから、「家族という物語」の再生がはじまるのかもしれない。

92　片隅にこそ宿る「現実」

――片渕須直監督「この世界の（さらにいくつもの）片隅に」

本作をここで取り上げるのは、反則かもしれない。なにしろ私は、本作の元作品「この世界の片隅に」をすでに取り上げたことがあるからだ。今回、あえて「新作」の長尺版を取り上げたのは、本作が通常のディレクターズ・カット版とは異なり、ほぼ別作品と言うべき仕上がりになっているためである。ただし、私が観たのは試写会バージョンで、その後も作業は続いており、二〇一九年一二月二〇日に公開される完成版については、もう一度劇場で確認しなければ全貌はわからないことをお断りしておく。

前作の成功ぶりについては、いまさら語るまでもない。クラウドファンディングで製作資金の調達からスタートした前作は、公開されるや絶大な反響を巻き起こし、数々の映画賞に輝いた。『キネマ旬報』の映画評でも三人の評者全員がそれぞれ異なった理由から五つ星をつけていて仰天した記憶がある。前作は二〇一九年八月八日にて連続上映一〇〇〇日を迎え、累計動員数は二一〇万人、興行収入は二七億円を突破した。上映は現在も続いている。

私自身は前作を劇場でまだ六回しか観ていない身の上だが、何度観てもその完成度に舌を巻く。傑作は得てして賛否両論をひき起こすものだが、本作については本質的な批判がいまだ存在しない。政治的視点からの批判（戦争描写の乏しさ、被害者視点の強調）はあったが、ないものねだりか誤読でしかない。「憲兵はあんなに甘くない」という指摘については、片渕監督が完膚なきまでに反論している（『こうの史代　片渕須直　対談集「この世界の片隅に」』文藝春秋）。

言うまでもなく私は片隅原理主義者なので、前作を「映像文化史上の最高傑作」と評価していた。しかし、いまやその言葉は、撤回するほかはない。今回の長尺版こそが、その評価に値する。「完全版」という表現を片渕監督は忌避しているが、そもそも長尺版の構想は前作の制作過程からあったのだ。そして長尺版の本作は、あきらかに前作とは〝別物〟だった。追加されたパートはおよそ三〇分ほどであったにもかかわらず、作品の印象がこれほどまでに変わるとは。

追加されたのは、呉市の朝日遊郭の遊女、白木リンの物語だ。彼女は前作にも控えめに登場し、強烈な印象を残す。闇市に買い物に来て道に迷った北条すずを案内したリン。しかし、二人はもっと幼い頃に出会っていた。奉公先から逃げ出して浮浪児だったリンが、すずの祖母宅の屋根裏に忍び込み、家族が食べたスイカの残りを盗み食いしているところをすずに見られている。

前作の描写はその程度だが、本作（長尺版）で描かれるのは、すず―周作（すずの夫）―リンの三角関係だ。

上司に連れられて初めて朝日遊郭に登楼した周作は、白木リンと出会い女を知る。彼女の身の上への同情もあってのぼせ上がった周作はリンを身請けすべく、叔父に借金を申し込む。周囲の説得に負けた周作は「あきらめる条件は広島で海苔作りしよる家の娘で浦野すず……」（二人は幼い頃に出会っている）と主張、ようやく探し当てたすずと晴れて結ばれたのだった。

結婚前の話だから浮気ではない。しかしいくつかの状況証拠から、周作とリンとの関係を疑い出したすずは懊悩する。自分は代用品だったのか、自分は何一つリンさんにかなわないのではないか。

実はこのエピソードは、原作よりもノベライズ版のほうに詳しい。私はすでにそれを読んでいたので、未知の情報を知るという意味での驚きはなかった。驚いたのはむしろ、この描写が加わったことで、前作に描かれたエピソードのニュアンスがはっきりと変わってしまうことだった。とりわけ、すずと水原との一夜がそうだ。

周作は入湯上陸ですずを訪ねてきた幼馴染の水兵・水原とすずのやりとりを見て、彼女が本当は水原と結婚したかったのではないかと疑い出す。兵役に行けなかった罪悪感も相まって、周作はすずを水原に差し出そうとする。すずを抱こうとする水原をかろうじて拒んだすずは、ずっとこうなりたかったのに、あの人（周作）に腹が立ってしかたがない、と声を絞り出し、水原に謝る。この言葉の意味は、おそらくすず—周作—リンの「三角関係」を踏まえることで、はじめて正しい響きを帯びるだろう。

本作について、片渕監督は次のような趣旨のことを述べている。

原爆の光を描くにしても、近くで見た人には赤く見え、遠くから見ているほど青白い光だった。呉で原爆の光を見た人は、熱線でほっぺたがちょっと温かくなった。きのこ雲の形にしても、見る場所によってさまざまな体験がある。周囲の状況をふまえ、より立体的に原爆がとらえられながら「そうして立体的に見たときに、『じゃあ真ん中にいた人たちは？』って、そこで初めて（真ん中に）返していったほうがいい」（前掲書）と。

そう、私は誤解していた。片渕監督の執拗なまでの時代考証は、ひとえに作品世界を完璧に仕上げるためのものと考えていた。しかし、そうではなかった。考証は「ここまではわかっている、ここから先はわからない」というポイントを、作中にいくつも埋め込むためになされていたのだ。すずと周作の関係がそうであるように。

アニメは映画とは異なり「無意識」や「現実」が反映されないと言われてきた。しかし片渕監督の手法のもと、考証とコントロールを完璧にすればするほど、作品は「謎＝現実」を帯びていく。そのタイトルが示すように、本作は無数の「片隅＝現実」に対して開かれたアニメーションなのだ。

93　共感のまなざし転移

――ケン・ローチ監督「家族を想うとき」

ラストシーン、止める家族を振り切って何処へかと車を走らせるリッキーの姿から、映画「ケス」のラストを連想した。兄に殺されたハヤブサのお墓を掘り続ける少年の姿。安易な救いも、姑息な希望もそこにはない。なぜケン・ローチ監督は、本作をこのように閉じたのか。

ニューカッスルに暮らす四人家族。二〇〇八年に銀行と住宅金融組合が破綻し、住宅ローンが組めなくなって、一家はずっと賃貸暮らしだ。失業したリッキーは職を転々とした挙げ句、宅配ドライバーの仕事にありつく。会社に雇用されるのではなく、個人事業主として契約し、自己裁量で仕事ができる。週六日、一日一四時間働けば、二年間でマイホームが手に入る。そう計算したリッキーは、介護福祉士として働く妻アビーを説得して車を売り、配達用の車の頭金にした。

しかし実際には、自己裁量どころではなかった。実質は雇用されているも同然なのに、福利厚生は一切ない。会社が貸与する端末で、常時居場所がチェックされ、時間内に配達できているか監視され、遅れれば罰金が科せられる。

一方妻のアビーは、車を売ってしまったためバスで各家庭を訪問することになり、二人の子どもと顔を合わせる時間もない。子どもたちに頻繁に電話をかけては留守電にメッセージを残すのが彼女の日課だ。娘のライザはリッキーの配達を手伝ったりする「いい子」だが、反抗期のセブは不良仲間とつるんでは街中にグラフィティを描いて回り、喧嘩や万引きなどでしばしば問題を起こす。学校からの呼び出しに応じる暇もないリッキーは苛立ちをつのらせ、家族に亀裂が走っていく。

二度目のパルムドールを受賞した傑作「わたしは、ダニエル・ブレイク」の後、一度は引退を宣言していたケン・ローチ監督は、なぜ本作を撮ったのか。インタビューによれば「いわゆるギグ・エコノミー、パートタイムに雇用形態を切り替えられた労働者のことが、私の心の中と脚本のポールとの日常会話の中に留まり続けていました」とのこと。そう、おそらく彼は、そこに貧困の新しい形を見出したのだ。「ダニエル・ブレイク」で描かれた、高齢者を排除するような福祉システムの複雑さに対して、本作では真面目な労働者を奴隷化してしまうような労働システムの複雑さが告発されている。

ギグ・エコノミーといえば、その典型は「ウーバー」だろう。ウーバーの運転手は独立業務請負人だとみなされる一方で、支払額は会社が定める。また、運転手には労災補償や社会保障の会社負担分などの福利厚生がない（最近になって組合結成の動きがはじまってはいるが）。リッキーの契約している宅配会社は、ウーバーよりもはるかに縛りがきついが、雇用形態や福利厚生がない点は共通している。仕事をしない自由は有るが、穴を開けたら高額の罰金を払わされるし、代わりの配達人を自分でみつけなければならない。ギグ・エコノミーとは自己責任経済でもあるのだ。

ギグ・エコノミーは、ネット時代以降に産業構造の転換をもたらしたニューエコノミーの一つに位置づけられる。ラカン派マルクス主義者のスラヴォイ・ジジェクは、ニューエコノミーにおいては、生産手段が変化するため共産主義はもはや機能しなくなると述べた（『ジジェク、革命を語る』青土社）。製造業を基盤とせず、資本家はネット上のプラットフォームだけを提供し、あたかも個人と個人が直接やりとりをするかのような経済システム。こうした構造のもとでは、そもそも資本家VS労働者という対立関係が成立しない。

資本システムVS労働者という対立はほぼありえない。労働者自身が消費者としては、そのシステムにどっぷりと依存しているからだ。配送業者の過重労働のニュースに眉をひそめつつも、私たちがAmazon依存を決してやめられないように。ふたたびジジェクによるなら、現代のプロレタリアートの問題は「あらゆるものを手に入れながら、何も所有していないという点にある」ということになる。確かにそのとおり。ターナー一家は貧しいが、全員がスマホを持っている。彼らには家も車もパソコンもあり、子どもたちは学校に通っていて、ただちに飢える心配はない。しかし彼らには、その利便性を楽しむゆとりも時間もないのだ。

彼らの日常は、薄氷の上の安定にすぎない。リッキーが暴漢に襲われて重傷を負い病院で診察を待つ間、雇主マロニーが電話してくる。仕事に穴をあけたことに対する罰金と通信端末の弁償を請求してきたのだ。あまりのことにアビーは電話口でマロニーを罵倒するが、汚い言葉を使ってしまったことを恥じて泣き出してしまう。ギグ・エコノミーの問題はここにある。事故や怪我、子どもの問題などの不安定要因が少しでもあると、「日常」も「家族」も、脆くも崩壊してしまう。あなたが若く健康で頭の回転が早い独身者なら、ギグ・エコノミーはチャンスになるだろう。しかし、さまざまな不安定要因を抱えた「家族」にとって、それは災厄の増幅装置でしかない。

本作は「善良で誠実な労働者」や「互いを大切に想う家族」を疎外する、グローバルな経済システムを告発する。このシステムが刻む過酷なリズムは「家族を想うとき」を締め出してしまう。もちろん、本作は解答を与えてはくれないし、一発逆転めいた希望もない。それでも、このラストシーンが絶望だけで終わらないのは、そこに監督の温かくも謹厳なまなざしがあるからだ。それは同情ではない。「私はあなたを見ている。あなたを知っている」という共感をもたらすまなざしなのだ。

94 「格差の消費」に抵抗する映画
――ポン・ジュノ監督「パラサイト　半地下の家族」

「パラサイト　半地下の家族」の大ヒットは、ポン・ジュノ監督の永年のファンとして喜ばしいニュースだった。カンヌでのパルムドール受賞にはじまりゴールデングローブ賞では外国語映画賞、アカデミー賞でも六部門にノミネートされており、ここは外国語作品としては初の作品賞受賞を期待したい。

前章で取り上げた「家族を想うとき」と同様、本作もまた格差社会をテーマとしている。ただし、こちらはコメディだ。富裕層の家庭に貧困層の家族が寄生したらなにが起こるのか。この、現実にはほぼありえない設定に、ポン・ジュノ監督の豊穣な語り口が奇妙なリアリティを添えている。

「寄生」というアイディアが秀逸なのは、富裕層と貧困層との間に、少なくとも「能力的な格差」はほぼないことが前提となるからだ。

半地下に暮らす貧困家庭、キム家の長男ギウがIT企業のCEOであるパク・ドンイクの豪邸に家庭教師として入り込むことが「寄生」の発端だ。ギウは大学受験に失敗し続けているが、受験勉強の成果として英語はできる。続いて妹ギジョンもパク家の一人息子の美術教師として雇われる。つまり「下層」が「上層」を教え導くという構図が成立するのだ。その後、父ギテクはドライバーとして運転技術を、母チョンソクは家政婦として家事の技術をパク家に提供する。かくしてパク家の生活は、彼らの高い技術によって支えられることになる。韓国における格差の本質が、努力や才能以上に「偶然」によるものである可能性を示唆する見事な導入だ。

この点に限らず、本作の描写は随所で高い象徴性を帯びている。すでに多くの指摘があるように、空間設計からして上下が格差に対応している。貧困層は頻繁に上下の移動を繰り返し、時に階段を転げ落ちる。半地下の家族のさらに下には、地下シェルターにひっそり暮らす夫婦がいる。しかし富裕層は高みに留まり、ほぼ水平移動しかしない。このことをいっそう際立たせるのがあの「雨」だ。ピクニックが雨で中止になったパク家は水平移動で帰宅するのみ。しかしキム家の半地下の住まいは洪水に見舞われ水没してしまう。

本作における主な闘争が、半地下VS地下でなされる点にも注意しよう。現代の格差社会において「搾取」はきわめてシステマティックになされるために、富裕層は憎まれない。IT長者のパク氏の収入は、ネットワークが人々から徴収する匿名性の高い金の総和だろう。こうした格差システムにおいては、憎悪はきまって近い階層、つまり「すぐ上」か「すぐ下」に向かう。日本における「生活保護叩き」のように。そして最下層は「さらに下」を見つけて叩く。本作では、地下の民である元家政婦のムングァンが、北朝鮮のニュースキャスターのパロディを始めるシーンがこれに当たるだろう。笑うしかないシーンではあるが、その舞台が北朝鮮からの攻撃に備えて作られた核シェルター内であることを思えば、この監督の巧妙さにあきれるばかりだ。

さて、言うまでもなく本作における最大の格差の象徴は「臭い」だ。ドンイクは運転手ギテクの臭いを「古い切り干し大根」「地下鉄に乗る人たちのような」などと形容するが、それが貧困の臭いであることには無頓着だ。思えば本作は冒頭から、まさに「臭い」立つような描写の連続ではあった。半地下の部屋に吊るされた（おそらく）生乾きの靴下、部屋に入り込むカマドウマ、水圧の関係で異様に高い場所に設置された便器、などなど。

臭いは人々を分断する。二〇一九年一〇月に日本を襲った台風一九号を覚えているだろうか。台東区の避難所は、逃げてきたホームレスを「区民ではない」と追い返して批判された。そこでしばしば言われたのが「もし避難所にホームレスがいたら、臭いに耐えられるのか」という擁護論だった。

本作における悲劇もまた「臭い」によってもたらされる。あの時、ギテクは、臭いがもたらす連帯ゆえに地下の男に共感し、臭いがもたらす分断ゆえに凶行に及んだのだった。

なぜポン・ジュノ監督は、決して映像には映し出せない「臭い」を本作の中核に据えたのか。おそらくここにあるのは、監督の映像文化そのものに対する鋭い批評精神だ。近年、格差を意識した映画が数多く作られている。アメリカでは「ジョーカー」、日本では「万引き家族」、イギリスでは「家族を想うとき」など、みな傑作揃いだ。もちろんそれぞれの作品にはそれぞれの背景がある。しかし、ここで少しだけ引いた視点から俯瞰してみよう。「差異」や「差別」は、しばしば豊穣な物語の温床となる。問題を抱えた社会は、しばしば良質の物語をもたらしてくれる（数多のナチス映画を想起しよう）。それが何を意味するか。格差そのものがエンターテインメントとして消費され、格差を強化してしまうというジレンマだ。

いったいこの世界で、誰が本作を楽しんでいるのか。安くない料金を二時間以上の余暇に支払える中流以上の階層ではないのか。彼らは本作が突きつける現実に眉をひそめつつ、一抹のカタルシスとともに「この社会の格差と向き合う」という上質の娯楽を通り過ぎていく。

だからこそポン・ジュノ監督は、私たちに「臭い」を突きつける。画面に映し出されることのない半地下の臭いを、すべての観客に想像させること。もしそれが想像できなければ、本作の衝撃は半減以下になるだろう。本作を楽しんでしまったあなたの鼻腔に、その臭いをべったりと貼り付けること。そこに、この物語を決して気持ちよく消費などさせないという監督の覚悟を見て取ることは、果たしてうがちすぎなのだろうか？

95 「自立」と「依存」を巡る逆説

——HIKARI監督「37セカンズ」

「障害者の恋愛」を描いた作品は少なくない。しかし、本質的な意味で「障害者の性」に照準した映画は決して多くない。あっても多くは男性障害者が主人公だ。その意味で本作の成功は、ヒロインに当事者である佳山明を据えたことと、愛より性を前面に出した果断によって支えられている。

ちなみに私は本作を観て、映画ではないがアーティスト高嶺格の作品『木村さん』という傑作を想起した。高嶺が障害を持つ木村さんの性処理を介助するという映像作品。本作の「あけすけさ」には、どこか「木村さん」の哄笑を連想させるものがある。

生まれた直後に三七秒間呼吸が止まったことで脳性麻痺の障害を抱えることになった貴田ユマ。彼女はシングルマザーの母親と二人暮らしだが、母親の過保護が時折うっとうしい。親友である漫画家のゴーストライターを生業としているが、漫画家として自立しようと作品を持ち込んだ出版社で、編集長から「性経験がなければいい作品は作れない」と指摘される。かくしてユマは、母親に嘘をつき、ひとり夜の街に繰り出していく……。

HIKARI監督はアメリカで映画を学んだ履歴ゆえか、編集に独特のドライなテンポがあって心地よい。障害者ヒロインを日本的に演出した場合、たびたびウェットな共感性羞恥に駆られていたたまれない思いをするはめになるのだが、そうした場面はほぼ皆無。登場人物は例外なくユマに優しいが、親友や編集者の優しさがタテマエ的であるのに比べ、夜の街の人々はホンネの優しさを発揮する。とりわけユマの冒険のガイド役となる障害者専門のデリヘル嬢・舞（渡辺真起子）の演技が素晴らしい。

彼女はハリウッド映画では定番の「気のいい娼婦」的なキャラで、古くは「あなただけ今晩は」のシャーリー・マクレーンや「大逆転」のジェイミー・リー・カーティスを思い起こさせる。邦画ではめったにお目にかからないキャラだけに、ひときわ印象的だった。彼女の常連である「クマさん」は、こちらも当事者の熊篠慶彦が演じているが、二人の「いちゃつき」ぶりも良い。

物語後半、タイで小学校教師をしている双子の姉（実話である由）に会うため、ユマは介護福祉士の俊哉と旅に出る。彼らはやむを得ない事情から、しばしば同じベッドで眠る羽目になるが、ここであっさりと愛が芽生えたりしない抑制的な脚本も好もしかった。

前半で一点だけ不満があるとすれば、ユマに自立のヒントを与える編集長の言葉が、ややステレオタイプに傾いた点か。性描写のリアリティは性体験の多寡とほぼ関係がない。「ハレンチ学園」の永井豪がデビュー当時童貞だったという逸話はよく知られている。

ユマの母親・恭子はつねにかいがいしくユマの面倒を見る。冒頭、帰宅したユマをいきなり裸に剝いて、一緒に入浴するシーンが象徴的だ。ユマのレベルの麻痺ならば、衣類の着脱や入浴にフルの介助は必要ない。常に携帯で居場所を確認し、来ていく服にすら干渉する母。そんな母親に感謝しつつも、その愛をユマが束縛と感じ始めていることがよくわかる。放置すれば彼らの関係は、ますます共依存的なものになっていっただろう。こういう「二者関係の密室」は、いわゆる「ニコイチ」のような密着関係とともに、限りなく主従関係に接近していく。

幸運だったのは、ユマに漫画の才能があったことだ。たとえ親友のゴーストであったとしても、漫画を通じてユマは社会とつながれ、収入も得られる。しかしそんなユマが、ゴースト役に甘んじられず、一人の作家として認められたいと思い始めるのは自然なことだ。漫画のためには性体験が必要と言われて彼女はAVを鑑賞し、出会い系に登録し、ついには男性を買う。「漫画のため」という名目ながら、彼女の性の探求は、彼女自身の好奇心や欲望によるものであることはあきらかだ。恋愛抜きの性愛にいきなり向かってしまうところに、彼女の自意識のいたましい苦闘のあとが見て取れる。

後半の展開には賛否があるようだが、私は断固、支持したい。ここに描かれる「障害者の自立」は絵空事ではないからだ。〝家出〟して房総で叔父に会い、父の消息を知り、姉であるユカとタイで会うこと。とりわけ双子の姉の存在は彼女の葛藤を複雑にする。もし自分が先に産まれていたら。自分が一秒早く呼吸を始めていたら。何が彼女に「でも、私で良かった」と言わしめたのか、その答えは決して単純ではないはずだ。

旅によって、彼女は一歩、自立した。母へ依存すること／されることから自由になり、ゴーストライターとして親友に依存する立場を離れ、自分の作品をきちんと評価されること。これこそが彼女の「自立」だったのだろうか？

それもある。しかし、それればかりではない。

ユマと同じく脳性麻痺の当事者で、東京大学で当事者研究を進める小児科医・熊谷晋一郎に「自立は、依存先を増やすこと」「希望は、絶望を分かち合うこと」という〝名言〟がある。熊谷はこの言葉を、震災時にエレベーターが止まって逃げ遅れた経験と結びつける。階段やはしごという手段に「依存」できる健常者に比べ、自分には一つしか選択肢がないと。

それまでのユマには、依存先が母親と親友しかなかった。しかしひとつの旅を終えて、ユマには多くの支援者と理解者が生まれた。デリヘル嬢の舞、介護福祉士の俊哉、叔父、そして姉のユカ。いまや複数の関係性が、彼女の自立を支えるだろう。ユマの新しい人生にむけてさらに二つの言葉を送りたい。「誰かに依存していることを忘れるほどに依存できている状態が自立である」（東畑開人）、そして「自立とは甘え上手になることである」（斎藤環）。

96 「裡なる分断」と向き合うこと

――デヴィッド・フレイン監督「CURED キュアード」

コロナ禍の拡大が止まらない。本章を書いている二〇二〇年四月七日の時点で、新型コロナウイルスの感染者は全世界で一三〇万人を、死者数は七万人を超えた。パンデミック初期から流行の兆しのあった日本では、死者数は幸いにも一〇〇人程度に留まっているが、感染爆発の徴候があるとして日本政府は四月七日に緊急事態宣言を発令する予定とのことだ。この現実の、予想を超えた展開に頭がついていかないのは私だけではないだろう。

そうした不安を反映してか、パンデミックに関連する小説や映画が人気を集めているという。カミュの『ペスト』がベストセラーになり、動画配信では映画「コンテイジョン」が良く観られている由。特に後者はパニック買いやデマの流布、都市封鎖など、現状を予告したかのようなリアリティがある。

そんなおり公開された映画「CURED」は、単なる予見性に留まらない、きわめて示唆的な作品だった。

映画の舞台は、メイズウイルスによって多くの人々がゾンビ化したアイルランド。ようやく治療薬も開発されて、感染者の七五%は完全治癒するようになった。回復者はキュアードと呼ばれ、治癒しない二五%は医療センターに隔離されていた。

主人公のセナンは回復者の一人で、親切な義姉の家に引き取られる。メイズウイルスの感染者は、ゾンビ化したさいに他者を襲ったときの記憶もすべて残っている。この設定が実に秀逸で、これゆえに本作はさまざまな意味で現代を映す鏡たり得ている。彼らの多くは自分の加害行為の記憶（トラウマ）に苦しむPTSDとなり、悪夢やフラッシュバックに悩まされている。むろんセナンもその一人であり、彼はゾンビ化したおりに実の兄を手にかけてしまったことを、義姉に打ち明けられずにいた。

セナンの友人であるコナーの状況はさらに厳しい。感染時に母親を殺害してしまったコナーは父親から家を追われるも、元弁護士のプライドが邪魔をして社会復帰のためにあてがわれた清掃業にもなじめない。おりしも政府は回復しない感染者を殺処分する方針を固めつつあり、世間では回復者すらも排斥しようとする動きが活発化していた。コナーはこうした動きに対抗すべく、アルファ集会というレジスタンス組織を立ち上げ、ともに戦おうとセナンにも声を掛ける。しかしセナンは、暴力闘争も辞さないコナーの姿勢に疑問を感じていく。

本作は現代社会を多重に映し出す寓話だ。そこにはいくつもの社会問題が隠喩的に折り込まれている。寓意の増幅装置としての「ゾンビ映画」というジャンルが、それを可能にしたのだろう。

人はゾンビ化したさいに犯した罪の責任を問われるべきか？　という問いかけは、精神障害によって心神喪失状態で罪を犯した人の責任問題と重なる。自分に責任のない罪によって社会から排除される人々。あるいは加害行為のトラウマに苦しむ主人公の姿は、ヴェトナム帰還兵の立場ともダブって見える。ヴェトナム戦争を契機として、復員軍人のＰＴＳＤは社会問題となった。国家のために戦った兵士が、帰国してみると加害者として批判のやり玉にあげられる理不尽。

セナンとコナーが回復者というマイノリティとして社会と対峙する姿は、ＬＧＢＴＱの当事者運動にも重なる。彼らはゲイカップルではないが、コナーにはセナンを噛んで感染させた経緯がある。セナンが助手をつとめるライオンズ博士は、感染者であるレズビアンのパートナーを救おうと力を尽くす。

しかし、二〇一八年公開の本作をみて、いま最も印象的なのは、「回復者」の描写だ。

四月一日付のロイター通信によれば、韓国在住のパク・ヒュンさんは新型コロナウイルスに感染し、特別病棟で九日、隔離施設で一四日を過ごし、体力回復にさらに一〇日を費やして、検査でも二回陰性になったにもかかわらず「新型コロナの生存者」という烙印を押され、いまだに同僚や周囲の人々から避けられているという。

すでにコロナ禍は、経済格差を拡大し、中国人差別やアジア人差別など、多くの分断をもたらしてきた。ここに回復者差別というさらなる分断の可能性が見えてきたのだ。

現在パンデミックを惹き起こしている新型コロナウイルスは、致死率が平均〇・六六%と、決して高いわけではない(ランセット誌)。現時点での感染者一三〇万人の大半は、回復する可能性が高いのだ。懸念されるのは「その後」である。私たちは果たして、回復者たちとともに、何事もなかったように日常に戻れるのだろうか。あからさまな差別や排除はしないまでも、どこかうっすらと距離を感じてしまう可能性はないだろうか。回復者の家族が村八分になったりはしないだろうか。

本作では、回復者は感染者に襲われないという設定になっており、ここには回復者がパンデミックとの闘いの最前線に送られるか、逆に感染者擁護の先兵にされてしまう可能性までが示唆されている。ラストシーンにはそうした両義性がこめられていた。果たしてセナンは、「どちら側」で生きていくのか。

コロナ禍は人類の六〇~八〇%が感染し、集団免疫を獲得するまでは終息しないという説がある。もしそれが事実なら、新型コロナウイルスは、人々の間にまったく新しい分断をもたらすことになるのかもしれない。むしろマジョリティとなった回復者が未感染者を排除するという未来も、もはや荒唐無稽と笑い飛ばすことはできない。そう、私たちが対峙すべき敵はウイルスばかりではない。私たちの裡なる分断といかに向き合うべきか。本作の問いはそこにこそ向けられている。

97 「弱さの共有」としてのケア

——想田和弘監督「精神0」

良く忘れられるのだが、実は私の本業は精神科医である。臨床医として愛用している言葉に「人薬」というものがある。治療においては人間関係が薬以上に役に立つ、というほどの意味だ。拙著『「社会的うつ病」の治し方』(新潮選書)で紹介して結構知られるようになったが、この言葉は私のオリジナルではない。出版当時、岡山県の精神科診療所「こらーる岡山」の所長だった精神科医、山本昌知氏の言葉である。

山本氏の名前を初めて知ったのは、恥ずかしながら想田和弘監督の映画「精神」がきっかけだった。「精神」は、こらーる岡山に集う患者と山本医師の交流を淡々と描く「観察映画」だったが、驚くべきことに患者の顔にいっさいモザイクがかかっていなかった。その結果、画面に登場している人物が患者なのかスタッフなのかしばしばわからなくなる、という興味深い現象が起きたことを今でもよく覚えている。

本作は「精神」から約一〇年後の〝続篇〟である。山本医師の引退を聞きつけた想田監督が急遽製作を決定し、わずか三日間で撮影された。そのせいか前作以上に生々しい。前半は診察室のシーン、後半は山本医師の私生活が中心となるが、淡々とした印象ながらこれが無類に面白い。この面白さは、私が山本医師を尊敬しているから、という理由ばかりではないと思う。

実は前作で、山本医師はそれほど存在感を発揮していない。診察もあっさりしていて、カリスマ名医、という印象は希薄だ。しかし本作は全篇にわたり山本医師にフォーカスしており、診察風景も私生活も如実に画面に映し出される。作品の意図を聞いた山本医師が「ちょっと考えさせて」といったん保留にしたというのもうなずける。

診察場面について言えば、これはもう名人芸としか言いようがない。いっさい技巧を感じさせないのに、患者との距離感が絶妙なのだ。ある患者には、請われるままに金銭を渡す（貸す？）シーンまである。私のような凡庸な治療者には絶対真似のできない行為。しかし、何でも受け容れるというわけではない。患者から「新しい担当医に会うのは不安だから同席して欲しい」と繰り返し頼まれても、なぜかそれには応じないのだ。このあたりの「線引き」には、部外者にはうかがい知れない事情があるのかもしれない。

一方、後半のプライヴェートのシーンでは、老境にある山本医師の「脆弱さ」があらわになる。軽度の認知症とおぼしい妻と二人暮らし。おそらくは長年家事を妻任せにしてきたためもあろう、山本医師は家事ができない。酒瓶の栓を抜くにも一苦労だ。体調も今一つのようで、妻と連れ立って墓参りに行くのだが、墓の掃除をするだけで、ひどく息が荒くなる。見ているこちらまで苦しくなってくる。

映画から想像するのは難しいが、山本医師は「闘う精神科医」だった。

新人当時、勤務していた精神科病院の閉鎖病棟は、患者が人として尊重される環境ではなかった。かといって退院を促進しても、患者は回転ドアのように入退院を繰り返すばかり。地域で支える体制の必要性を痛感した。一九七二年に岡山県精神衛生センター所長に就任し、外来のほかに訪問診療を本格化させた。その後もさまざまな社会復帰施設を整備し、訪問診療体制も整えるなど、入院治療に頼らずに地域で患者を支える活動に尽力した。一九九七年に開設した「こらーる岡山」は、地域で患者が主役になれる居場所作りを目指した場所だった。

単なる理想主義者ではない山本氏の語録を紹介しよう。「医療を出さないために医療が必要」、「人は満たされる中で歩み出す」、「（治療の）行き詰まり、瀬戸際から拡がる可能性」、「僕らは患者さんに勝ちすぎた。負ける医療を目指してもう一度狂わんといかん」

最後の言葉はことのほか重要だ。医療は病気を制圧する。しかし精神医療においては、しばしば病と患者は一体だ。医療は病気を抑え込むという名目で、しばしば患者の自由を、権利を、尊厳をも抑え込んできた。それゆえ「負ける医療」を私なりに解釈するなら「精神疾患との戦いで、医師は患者よりも前に出てはいけない」ということになる。

山本氏が大切にしている言葉は「共生」だという。確かに古民家を改装した「こらーる岡山」には、共生を尊重する佇まいがある。その姿勢は決して表面的なものではない。映画後半、山本氏の妻に対する暖かいまなざしは、公私を分けずに共生を尊重してきた氏の姿勢ならではのものだろう。

おそらくここに、「ケア」の本質がある。共生とは、まずなによりも「弱さの共有」からはじまるからだ。ケアとは、医療者が患者を、専門家がクライアントを、強者が弱者をいたわることではない。そうした上下関係からはなれ、互いの弱さを受け容れ共有すること。そのうえで、力を補い合うこと。それが「人薬」としてのケアなのだ。

最近読んだ宮坂道夫『対話と承認のケア』（医学書院）に、こんな文章があった。「ケア者の側の死の可能性が、病を抱える人へのケアを真に成り立たせる要件である」。そう、死は誰もが共有している究極の脆弱性だ。しかし、その脆弱性を受け容れなければ、ケアは成立しない。

ケアも医療も、必ず敗北する。その宿命をふまえた上で、それでも希望を処方し続けることができるか。パンデミックを描いた朱戸アオの漫画『リウーを待ちながら』のセリフを引用するなら「あきらめながらがんばる」姿勢とも言える。静かな闘いから身を引いた山本氏のこれからが、健康で平穏なものであることを心から祈りたい。

98　息もできない世界

――ジュリアス・オナー監督「ルース・エドガー」

Black Lives Matter（BLM）。この言葉が全世界を揺り動かしている。発端はミネアポリスで起きた、警官による黒人殺害事件だ。米ミネソタ州ミネアポリスで二〇二〇年五月二五日、警察に拘束された際に地面に押さえ付けられた黒人男性が死亡した。亡くなった男性はジョージ・フロイド氏。彼を拘束したデレック・チョーヴィン元警官は、「息ができない」と訴え続けるフロイド氏の首を八分間以上も膝で圧迫し、窒息死させた。事件に関わった警官らは解雇され、チョーヴィン元警官は殺人罪で逮捕・起訴された。事件後にはじまった抗議活動は瞬く間に全米に、そして全世界に広がりつつある。

〝BLM〟は翻訳が難しい。「黒人の生命は重要」だと、ただちに「他の人種の生命は？」と反問される。私は皮肉と反語をこめて「黒人だって生きている」がいいと考えている。

そんなおりに公開された本作は、まさに差別問題の真芯をとらえるような問題作だ。戦禍のアフリカからアメリカ人家庭に養子として迎えられたルース・エドガーは、学業優秀で、演説上手、陸上部のスターでもある好青年だ。しかし歴史教師ウィルソンは、ルースのレポートに危険思想があるとみなし、彼のロッカーに花火用の火薬を発見してルースと両親を注意する。疑心暗鬼と腹の探り合いが交錯する中、「事件」は思いもよらない方向に進展していく。

ウィルソンは優秀な教師であり模範的な黒人だ。しかし、ルースは彼女の教育方針に疑問を感じている。人種の異なる生徒にステレオタイプの物語を押しつけるからだ。ルースには悲劇を乗り越えた模範的黒人、同級生のデショーンには道を踏みはずした黒人、といった形で。

だからウィルソンは、ルースがレポートでフランツ・ファノンの代弁をしたことが見過ごせなかった。そこに「意見の対立は銃で解決する」とあったからだ。かつて植民地だったエリトリアの少年兵だったルースが、植民地に革命を起こすべしというファノンの思想を肯定的にとらえているとしたら。たとえそれが、歴史上の人物になりきるという課題であったとしても、懸念しないわけにはいかない。

なぜキング牧師やマルコムX、あるいはネルソン・マンデラではなく、ファノンの名前が選ばれたのか。

フランツ・ファノンは一九二五年、西インド諸島フランス領マルチニック島に黒人として生まれた。この地でファノンは特権階級の子として高い教育を受け、フランスで医学を学んで精神科医になっている。彼は精神科医として、植民地に生きる黒人に特有の葛藤構造を分析した。

代表的著作である『黒い皮膚・白い仮面』（みすず書房）では、黒人として実存することの精神病理として、次のことが指摘される。被植民者としての実存を強いられる黒人は、身体的には「黒い皮膚」であるにもかかわらず、意識的には「白い仮面」を装おうとする傾向がある。この結果、植民地マルチニックでは白人のように振まい、宗主国フランスでは黒人たる自分を意識するという分裂が生じる。白人への憧れは、たとえば配偶者に白人を選ぶ傾向として表れる（ファノンの妻も白人だった）。ファノンはこのように黒人の精神的疎外のプロセスを分析してみせ、黒人たちの自己解放の必要性を訴えたのだ。三六歳の若さで白血病に倒れたファノンの生前最後の著作『地に呪われたる者』（みすず書房）では、植民地からの暴力による解放を訴え、これが暴力革命の肯定論として広く読まれたのである。

エドガーが、どこか自身に似た風貌を持つファノンに惹かれたのは、同じ北アフリカの植民地出身というためばかりではなかっただろう。ニガーと呼ばれたことのない彼が感じている苦しさは、単純な「差別される苦しさ」とは異なっている。それは完璧な黒人青年のロールモデルを演じ続けることを期待される苦しさだ。「僕は聖人じゃなきゃ怪物だ」と彼は叫ぶ。ぴかぴかの黒人エリートか、麻薬や犯罪に手を染めるニガーか。あなたを守ってあげたいと声をかける養母エイミーにルースは叫ぶ。「それが窒息の原因だ。息ができないんだ」と。

聴衆がいない講堂で演説の練習をするルース。僕はアメリカに来て幸せだった。ここに来て自分自身のことを知ったから……と言いかけて、彼は言葉につまり涙を流す。なぜルースは泣くのか。エリトリアの少年兵だった彼は、悲惨な境遇から救われて、裕福で優しい養父母のもとで、素晴らしい高等教育を受けられ、前途洋々ではないか。何が不満だというのか。

ファノンの言葉を想い出そう。ルースの葛藤は、まさに植民地の黒人のそれではないか。黒人としての出自と外見を持ちながら、白人のルールに従い、白人的な成功を収めることを期待されるということ。人口の一二%を黒人が占めるアメリカは、いわば巨大な植民地だ。黒人が直面する問題は、単なる差別の問題ばかりではない。彼らは植民地にいるために、普通以上に模範的な振る舞いを要求される。知的かつ上品に振るまい、犯罪とは無縁であることを常に証明し続けなければ、フロイド氏のように殺されてしまうからだ。

ウィルソンもエイミーも「悪」ではない。偽善ですらないだろう。しかし彼らの存在はルースの絶望を救えない。ルースを苦しめるのが、差別以上に浸透し彼を窒息させる「植民地の論理」であるということ。それが聖人でもモンスターでもない「普通の生」を困難にしていると言うこと。だから〝BLM〟は次のように翻訳したい。「すべての黒人に呼吸する権利を!」と。

99 断絶と崩壊の思春期
——キム・ボラ監督「はちどり」

ある作家が書いていた。「女にとって大事なことを、男とわかりあうことはぜったいにできない」と。大事なことと何か。「女でいることが、どれくらい痛いか」だと。

一四歳の少女ウニが生きる世界は、こうした痛みに満ちている。確かにその痛みの大半は、男、すなわち家父長制がもたらしているようにも見える。一九九四年の韓国社会では、依然として父親は家庭の最高権力者だった。ウニは父親を嫌悪しながらも丁寧語で話し、出かける父を「いってらっしゃい」と見送る。その父親も、おそらくは年功序列ゆえに、妻の兄には頭が上がらない。あまりにも息苦しい抑圧構造。加えて学校では高圧的な教師から「カラオケではなくソウル大学へ行きます」などとわけのわからない号令を唱和させられる。

キム・ボラ監督はインタビューでこう答えている。「中学校時代の出来事が（心理学用語で言う）『やり残した仕事』のように残っていると感じていました。その頃と決別して前に進みたいと思ったのです」（パンフレット所収）と。やり残した仕事とは何だろう。トラウマ的な体験のことだろうか。なるほど、トラウマかどうかはともかく、ウニの日常はいくつもの「痛い経験」に満ちている。家庭内の不和、家族の無関心、友情と裏切り、服従と逸脱、連帯と孤立、恋愛と失恋、身近な死と病、大人への憧れと別れ、そして激動する韓国社会。

ウニを演じたパク・ジフの寡黙で透明な瞳は、さながら痛みの受容体そのもののように大きく見開かれ、あまりにも無防備に事象を受けとめる。彼女の受けとる痛みの多くには、確かに当時の韓国社会の歪みが反映されている。家父長制と男尊女卑、日本をしのぐ学歴偏重と管理教育。九〇年代の韓国社会で女性であることの痛みの多くは、現代にも通ずるものだろう。とはいえ、本作は一方的な告発の映画ではない。キム・ボラ監督はフェミニストでもあるが、抑圧は構造的な問題であり、それは男性をも追いつめていることを知っている。ウニの父親や兄が唐突に泣き出すシーンはその暗示だ。それは「両論併記」ではない。社会的な抑圧は誰も幸福にしないこと、しかしそれが、韓国社会の急速な発展の避けようもない副産物——その象徴が「ソンス大橋崩落」だ——であった可能性にまで、彼女の視線は及んでいる。

しかし、本作の画期性はそちらにはない。本作は「思春期の少女の世界」を、かつてない映像文法で描き出した。私が驚いたのは、本作の鑑賞中に、邦画の思春期ものを観ていると必ずと言っていいほど出くわす「共感性羞恥」がほとんど起こらなかったことだ。おそらくその理由の最大のものが、邦画にはつきものの「躊躇逡巡」、つまりモジモジ感が、ほぼ完璧に捨象されている点ではないか。邦画であれば二時間以上かかる交際からキスまでの過程を、ウニはものの五秒で済ませてしまう。

キム・ボラ監督は次のように語っている。「ウニの日常では、絶え間なく断絶と崩壊が起こり、それが小さな亀裂を引き起こしていきますが、その様子がソンス大橋の崩落と重なると思ったのです。時代が崩壊し、社会が崩壊し、日常が崩壊する。そういった物理的崩壊とウニの日常がリンクしている様子を見せたいと思いました」

断絶と崩壊。大げさに感ずるだろうか。しかし実際、その通りなのだ。私自身、自分の中学時代を振り返ると き、まぎれもなく断絶と崩壊の連続だったという自覚がある。いじめられていたわけでもなく、教師にも恵まれていたはずなのだが、本作を観るほどに当時の記憶が鮮明に蘇ってくる。余人は知らず、私はもう二度と思春期をやり直したいとは思わない。

本作の画期性は「赤面と逡巡の思春期」というテンプレートを一切顧みず、誰もが経験する「断絶と崩壊の思春期」をこのうえなくリアルに描いた点にある。それも少女ウニの主観視点で。

この物語において、一切のトラブルは唐突に起こる。予兆も解明もなく、分析も俯瞰もなしに、それはいきなり眼前に出現する。兄の暴力も、恋人とのキスも別れも、一緒に万引きした後の親友の裏切りも、呼びかけたのに母親から無視されたことも、耳の下のしこりの手術も、たった一人の信頼できる大人だったヨンジとの別れも、ソンス大橋の崩落も。日常の些事も社会的事件も、ウニの主観にとっては等価だ。つまり、断絶と崩壊、という意味において。

精神科医として付け加えるなら、思春期の心は、こうした断絶と崩壊を不可避なものとして、それも永遠に続くものとしてとらえがちだ。だから少年少女は簡単に絶望する。そわらの視野の狭さを、いったい誰が嗤(わら)えるだろう。「大人になれば状況は変わる」というありきたりなアドバイスは、彼ら彼女らには届かない。

ウニが幸運だったのは、自身も思春期の名残を留めた大人、ヨンジに出会えたことだったろう。ヨンジの示した言葉、たとえば「あなたが知ってる人の中で、その心が分かる人は何人いる?」という問いは、ともすれば主観の中に閉じこもりがちな思春期の心に「他者にも主観がある」ことを示唆しただろう。自分を好きになれないウニに共感を示しながら、それでも「人生はとても不思議で美しい」と伝えるヨンジ。監督自身が語っているように、ウニもヨンジもキム・ボラ監督の分身のような存在だ。その意味で本作は、かつて少女だった監督自身を救済し、思春期に「やり残した仕事」をもういちど完結させるという、きわめてプライヴェートな試みだったのではないだろうか。

100 希望の共有のために

——岩井俊二監督「8日で死んだ怪獣の12日の物語　劇場版」

コロナ禍はエンタメ業界に甚大なダメージを与えつつある。ライブが命の音楽も演劇も、多くが活動停止を余儀なくされた。映画界のダメージも深刻だ。一時期は多くの映画館が閉館し、再開後も入場制限が続いている。なにより映画制作自体が難しい。結果、この夏は映画館でジブリ作品がランキング上位を占めるという奇妙な事態まで起こっている。

そんな中公開された本作は、コロナ時代にふさわしい傑作だ。これは樋口真嗣監督ら五人の監督が発動した「カプセル怪獣計画」の番外篇であり、全篇ほぼリモートで撮影されている。

斎藤工演じるサトウタクミが主人公。彼は通販で買ったカプセル怪獣を育てつつ、成長過程を配信している。怪獣に詳しい樋口監督に相談したり、無職になった先輩のオカモトソウとZoom飲みをしたり、ちょっと不思議な後輩の丸戸のんが通販で買った宇宙人に興味を引かれたり、同じくカプセル怪獣を育てているYouTuberもえかすの配信を見たりと、彼の日々は小さな起伏をはらみつつ淡々と過ぎていく。

本作を観てみようと思った動機の三分の一くらいは「カプセル怪獣」だった。ウルトラセブンが変身できない時に、カプセルから飛び出して代理で闘う怪獣たち、ミクラス、ウィンダム、アギラ。怪獣としては弱く、基本的には時間稼ぎ要員なのだが、なにしろ造形が素晴らしい。成田亨と高山良策の黄金コンビによるデザインは一度見たら忘れられない印象を残す。主人公の代わりに闘う怪獣というアイディアは、後の「ポケモン」のルーツとなった。

ところが本作でサトウタクミが育成する怪獣はひどく小さい。おまけに動かない。形状はカプセル怪獣の頭部に似ているが、途中から「帰りマン」の怪獣グドンの頭部らしき形に変わってしまう。しまいにはウルトラQの風船怪獣バルンガの形状を取る。「もえかす」が育成する怪獣は妙に格好いい造形に成長しているのに、これは一体どうしたことか。

ファンタジーめいた展開にリアリティを添えるのは、タクミの先輩オカモトソウのエピソードだ。俳優の彼はコロナ禍で失業し困窮している。売れっ子のタクミが引っ越したオカモトに経済的支援をするさまはシャレにならないリアリティがある。ふわふわした日常に紛れ込む切れば血の出る現実。変貌してしまった私たちの世界そのものだ。

さて、本作を観た動機の別の三分の一は、女優「のん」の出演だった。彼女が演ずるのはタクミの後輩、丸戸のん。もちろんセブンの名作回「ノンマルトの使者」へのオマージュだ。彼女は通販で買ったという「ペロリンガ星人」を育てている。「円盤が来た!」の回に登場するペロリンガ星人は、名前の愛らしさとは裏腹に、大円盤群を不透視バリアーで星にカムフラージュして地球侵略を狙う。心を開いた相手にしか見えないという設定が、本作でも巧みに用いられている。

はじめは脳天気にペロリンガ自慢をするのんが、途中から洗脳されたように人類にダメ出しをはじめ、タクミの制止も聞かずに「宇宙留学」に行くと言い出す。この一連のシークエンスが実に素晴らしい。のんの演技が憑依系などではなく、緻密な計算に基づいていることが良くわかる。

カプセル怪獣もペロリンガ星人も、不安定化した私たちのこころを象徴するかのような存在だ。それらはいずれも、まるでウイルスそのもののように、「そこにある」としか言えない不可視の存在だ。それゆえひとの主観をよく映す。

変形するカプセル怪獣は、コロナと闘うという謳い文句とは裏腹に、どんどん形を変えていき、ついには悪役のガッツ星人の形に変わってしまい、あわてたタクミは殺処分しようとするが変形は止まらない。思えば私たちの闘い＝コロナ対策も変貌と迷走を続けてきた。三密回避、手洗い励行、咳エチケットまではまだ良かった。ロックダウンか集団免疫か、マスクはすべきや否や、人命か経済か、感染拡大を尻目のGo Toキャンペーンに勤しむ政府。大阪府知事のイソジン会見で、店頭からうがい薬が消えた。誰を、何を信じるべきか、もはや確たることは何も言えない。この長いトンネルの出口が、いまだ見えないにもかかわらず。

本作には、もうひとつ重要な意義がある。岩井俊二監督は、コロナ禍のドキュメンタリーではなく、現実世界と同様にコロナが流行している、怪獣や星人がかつて実在した、もう一つの世界線を描き出したのだ。人の気配が消えた都市空間で、怪獣の仮面をつけて踊る舞踏集団は、異世界の象徴だろう。これは、かつて中上健次が虚構空間で部落差別を描いてみせた手法を思わせる象徴化の技法である。一つのテーマで二つの平行世界をブリッジさせる手法には、テーマの本質を浮き彫りにする効果がある。

ただでさえパンデミックは忘却されやすい。そこに「日付」も「グラウンド・ゼロ」もないからだ。一〇〇年前のスペイン風邪は五〇〇〇万人とも言われる死者を出しながら、年表にもほとんど記述がない。今回のコロナ禍がそうならない保証はないのだ。

ならば、この災厄はいかにして記憶されるべきか。そう、「虚構化」が一つの答えだ。東日本大震災は、アート、小説、映画、音楽などに繰り返し昇華され、記憶は風化を免れた。本作もまた、そうした運動の嚆矢になるのではないかという期待が、鑑賞動機の残りの三分の一である。願わくはラストシーンに垣間見えた小さな希望が、「こちらの世界」でも共有されんことを。

II　読む、映画／その他の映画批評

（101～112）　（113～130）

101　すべての男性が観るべき映画
――デレク・シアンフランス監督「ブルーバレンタイン」

本作を観て驚いた。この監督は私の著書『関係する女 所有する男』(講談社現代新書)をいつ読んだのだろう。まったく手前味噌も良いところなのだが、それがいつわらざる実感だったのである。たとえば拙著にはこんなくだりがある。「女性は結婚を『新しい関係のはじまり』と考える。男性は結婚を『性愛関係のひとつの帰結』と考える」と。

主人公のひとりであるディーンは、現状に満足しきっている。ペンキ屋の仕事は儲かりはしないけれど、愛する女性と結婚できたし、朝からビールを飲んで、愛娘の相手をする時間もたっぷりとれる。彼にとっては現在の生活こそが夢だったのだ。

いっぽう妻のシンディは、現状に満足していない。抑圧的な父親やろくに避妊もしてくれない恋人に傷つけられてきた彼女は、ディーンの優しさに惹かれて結婚した。しかし、よもやディーンがフリーター同然の生活に甘んずるとは予想もしていなかったのだ。

恋人たちが知り合ってから結ばれるまでの歓びに満ちた日々と、倦怠がついに破局に至るまでの辛い日々を交互に描くという、シンプルと言えばシンプルな技法は、どちらかと言えば男性にとってより「痛い」。デートムービーとして観るなら覚悟が必要だ。男は間違っても「ディーンの気持ちがわかる」などと口にしてはいけない。破局は必至だ。

しかしあえて言おう、すべての男性は、この映画を観るべきである。

男と女は、恋愛や結婚に求めるものが常に決定的にすれ違う。それは男性における「所有原理」と女性の「関係原理」の違いに基づいている。

実は男性の〝活動〟の八〜九割には「女を所有するため」という目的が絡んでいる。いっぽう女性が求めるのは〝関係〟を丁寧に育むことであり、彼が理想的なパートナーに成長することだ。だから男の理想は過去（若く初々しかった彼女！）を向き、女の理想は未来を向いている。

このすれ違いは、娘に対する態度の違いにもあらわれている。確かにディーンのほうが、娘に対しては優しく見える。しかしそれは、自分の所有物として愛玩動物のように可愛がっているだけだ。理想的な〝イクメン〟を装いつつ、彼は運転も洗い物もしようとはしない。

いっぽうシンディには〝生活〟があり、母と娘の関係性において、きちんと教育しなければならないという思いが優っている。どちらがリアルに娘と向き合っているかは明らかだ。

ディーンがシンディを強引にラブホテルに誘うくだりは実に痛々しい。「それ破局フラグだから！」と、つい声をかけたくなる。関係の修復にセックスという〝所有の儀式〟しか思いつけない夫と、もう体を触られることすら我慢できない妻。

「君と僕が世界のすべて」なんて歌っていられるのはせいぜい新婚のうちだけだ。「社会」とも「生活」とも無縁でいられる愛の世界はどこにもない。だから男性諸氏には私からお節介な忠告をしておこう。この映画の教訓はただ一つ、恋愛にロマンを持つのはいいけど、「関係性のメンテナンス」をサボったら先はないよ、ということだ。

102 皮膚と鏡像
――ダーレン・アロノフスキー監督「ブラック・スワン」

本作を観て驚いた。この監督は私の著書『母は娘の人生を支配する』（NHK出版）を読んだに違いない……などとつまらないギャグを二度繰り返すこともないのだが、この映画に描かれた母娘関係はまさに一つの典型である。

もし私が、今観ておくべき映画を一本挙げろと問われたら、社会不安障害の王様よりはこっちを推薦するだろう。じゃあ傑作かと訊かれれば……これが微妙なのだ。それは何も私が、故・今敏監督のファンだったから（確かに「パーフェクトブルー」に似てはいる）というわけではない。

ストーリーはシンプルだ。『白鳥の湖』公演で主役に抜擢されたニナは、清純なオデット（白鳥）役はこなせても、悪魔の娘オディール（黒鳥）役が演じられず煩悶する。過保護な母親の呪縛や監督ルロイの圧迫演出、露骨に黒鳥タイプのライバル・リリーらの存在に追い詰められて、ニナは幻視を見るようになっていく。そして迎える初日の舞台。ニナの狂気はいかなる結末を迎えるか……。

冒頭で述べたとおり、本作は私が著書で指摘した母娘関係の構図をそっくりなぞるかのように展開する。

成人した娘に門限を強要し、常に携帯を鳴らす管理的な母親。爪を切ってやるほどの身体的な密着ぶり、全肯定か全否定しかない感情の極端な振幅（母親がケーキを捨てようとするシーン）。保護と支配が一体化したこの暑苦しい関係が目指す先はただ一つ。挫折した元バレリーナの母親が、娘の身体を借りて、その人生を生き直すことだ。性に対するニナの潔癖さも、こうした一卵性母娘においてはしばしば見受けられる。

そして「自己愛」のモチーフ。母親が描く〝狂った〟自画像。ニナの自慰行為。あるいはライバルであるリリーとのレズビアン幻想。そして「鏡」。至る所にちりばめられた鏡たち。自己愛と狂気の象徴。

こうした手法はいささか図式的だ。しかし問題はそちらではなく、この映画の描写における構造的矛盾のほうにある。どういうことだろうか。

私はこの映画の最も優れた点として、「皮膚」の描写をあげておきたい。爪の甘皮を剝ぎ取るシーン、ダンスで割れた爪など、見るからに〝痛い〟描写の連続。ニナの自傷による背中のひっかき傷。次第に「鳥肌」に変容し、小さな羽毛まで生え始めるその皮膚。そしてクライマックス、一気に黒鳥の羽毛が開花するシーン。

精神医学的にどうか、といった難癖ではない。問題は「鏡像」と「皮膚」の対立にある。皮膚と鏡像はともに自我の象徴だが、そのベクトルは正反対を向いている。ちょうど鏡像が左右反転しているように、自意識におよぼす作用も異なるのだ。痛みで自我を覚醒させる自傷に対し、幻視（鏡像）は自我を麻痺させる。そう、自傷と幻視とは、構造的に両立しえないのだ。病理としても描写としても。

巷間言われるように「バレエホラー」に徹するなら、心理描写に凝るよりも、徹底した「皮膚の映画」を観てみたかった。おそらくアロノフスキーの真骨頂はそちらにあるし、そのほうがはるかに「分析」しがいのある作品たり得ただろう。

103

エイリアンにトラウマはない
——J・J・エイブラムス監督「SUPER 8／スーパーエイト」

今回はいささか気が重い。現在ヒット中の映画「SUPER 8」をくさすことになりそうだからだ。結構楽しめたし観てない人にはお勧めだけど、この映画、構造的には瑕疵どころではない問題があると思う。

物語の舞台は一九七九年、オハイオの小さな街。ゾンビものの映画を撮影中だった六人の少年たちは、エリア51から「ある物」を運搬中だった米軍貨物列車の脱線事故に遭遇する。事故を隠蔽しようとする米軍の活動をよそに、さまざまな異変が人々を襲いはじめる。

子役の演技はみな素晴らしい。映画監督役のロン・エルダード、爆発大好きなライアン・リー、もちろんヒロインのエル・ファニングも新人ジョエル・コートニーも。七〇年代風のアップが多用される画面に十分耐えるキャラばかりだ。

列車の衝突シーンをはじめ、破壊場面の迫力は半端じゃない。怪物がなかなか姿を見せず犠牲者ばかりが増える「ジョーズ」風の演出も効いている。超高級なレゴブロックよろしく、キューブが一気に結合して完成する宇宙船や、給水塔が弾けてまるで水を噴出しながら飛翔するように見えるシーンも新鮮だ。

エイブラムス監督自身も述べているように、本作には七〇年代のSF映画に対するオマージュが詰まっている。一九七九年当時は高校生で、8ミリ映画作りに熱中したこともある私としては、本作のエンドロールなど感涙ものだ。

しかしながら……本作は完璧な成功作とはいいがたい。一体何が問題だったのか。

最大の教訓は、「SFアドベンチャー」と「トラウマもの」は水と油、ということだ。事故で母親を亡くした主人公のトラウマ描写や、ヒロインのアダルト・チルドレン的たたずまいが強調されすぎるのが、齟齬を来す最大の要因だ。いずれも七〇年代的リアリズムにはそぐわない。こうした心理主義的描写は、あきらかに九〇年代風味であり、ノスタルジーのベクトルがぶれてしまう。つまり映画は七〇年代的「成長」を描きたかったのか九〇年代風の「治癒」を描きたかったのかが判然としなくなるのだ。

ならば、「詰め込みすぎ」が問題なのか？ そうではない。映画という器には本来、何でも、いくらでも詰め込める。そうした〝詰め込みすぎ〟の傑作として映画「新世紀エヴァンゲリオン」の名を挙げても異論は少ないだろう。

「エヴァ」が成功したのは、トラウマもSFも庵野監督の自己投影というトーンのもとで統一されていたからだ（SFエンターテインメントに照準した「新劇場版：破」で内面描写を抑えたのは当然の選択である）。

問題なのは「他者の位置」だ。（一）内面的な他者（トラウマ）を描くか、（二）外部から到来する他者（エイリアン）を描くか、（三）両者を隠喩的に結合するか（自己投影）。リアリティのトーンはここで決まる。

おそらくエイブラムスは、スピルバーグと同様、（二）しか描けない天才なのだ。というわけで、次回は彼本来の資質に回帰することを期待したい。

104 自由こそが治療だ！――ジュリオ・マンフレドニア監督「人生、ここにあり！」

ひところ、イタリアは一部の精神科医にとって憧れの地だった。なぜか。世界で初めて、精神科病院をなくした国だからだ。

イタリアでは一九七八年にバザーリア法が公布され、精神科病院の新設や入院治療が禁止された。「自由こそ治療」のスローガンのもと、治療は原則として患者の合意にもとづき、地域精神保健サービス機関にゆだねられる。

精神科といえば、いまだに「黄色い救急車」とか「鉄格子つきの入院病棟」を思い浮かべる人も多いだろうけれど、先進諸国が目指すのはイタリアの方向だ。ところが、ひとつだけダントツに後れを取った国がある。わがニッポン国だ。

わが国ではいまだに三五万床以上のベッドを精神科の入院患者が占めている。さすがにピーク時よりは減ったけれど、それでも全病床数の五分の一だ。このあたりの事情は大熊一夫『精神病院を捨てたイタリア　捨てない日本』（岩波書店）にくわしい。

本作は、そんなイタリアで起きた実話に基づいた作品だ。

急進的な労働組合員ネッロは周囲から煙たがられて、なかば左遷のようにある小さな精神科作業所の世話役を命じられる。安い賃金で単純作業をこなすだけの職場を変えるべく、ネッロは本物の仕事と十分な報酬を目指して奮闘する。ある時、規則性にこだわる患者が端材で床に描いたみごとな寄せ木細工が評判になり、組合には次々に注文が入りはじめる。それとともに、組合員の生活も徐々に豊かになっていく。

映画を象徴するひとつのシーンがある。パリから大きな仕事の依頼が来て、組合に事業拡大のチャンスが訪れる。ただしそのためには、無償の準備期間を受け入れなければならない。もっと多くの患者を救いたいと考えるネッロは、みなを説得しようとするが、反対多数で否決。落ち込むネッロを慰めるフルラン医師のセリフがいい。「皆の反対は、君の最大の勝利じゃないか」。そう、それは彼らが、はじめて自発的に示した「NO」だったのだ。

もうひとつ感心したのは、性愛問題の処理だ。薬の量が減らされて、患者たちは活気を取り戻す。彼らが真っ先にしたことは、精一杯めかし込んで、集団でプロの女性のもとへ向かうことだった。それもEUの助成金で。しかし性愛は、最上の薬だが強い毒もはらむ。後半の主題となる青年の悲恋は苦い後味を残すだろう。青年の母親の鋭い視線は、私も向けられたことがある。

コメディタッチではあるが、患者の暴力やセクハラ、差別や自殺など、重いテーマもしっかり描きこまれている。演出のテンポも良く、エンターテインメントとしても一級品だ。この問題をすべての人々に知らせずにはおかないという監督の気概が感じられる。

そこに垣間見えるのは、ネオレアリズモから続く「社会への参加と抵抗」という伝統的テーマだ。ひょっとするとバザーリア法もまた、この伝統に根ざしたものではなかったか。精神病棟の開放は、思想以上にひとつの〝表現〟としての成功だったのかもしれない。

105 私たちの未来の死者

――マリアン・デレオ監督「チェルノブイリ・ハート」

黙示録的な映画。「チェルノブイリ・ハート」はまさにそんな映画だ。二〇〇三年に制作され、二〇〇四年にはアカデミー短篇ドキュメンタリー映画賞を受賞しながら、日本ではほとんど話題にもならなかった作品。一〇年近くが経過した今、その映像は戦慄すべき予言をわれわれに突きつける。

衝撃的な数字が紹介される。一五〜二〇%。ベラルーシにおける、健常児が生まれる確率だ。障害を持つ子供ではなく「健常児」だ。ちなみに震災以前の日本の統計では、先天異常を持つ子供が生まれる確率は軽症を含め四%とされていた。

一九八六年に起きたチェルノブイリ原子力発電所事故は、周辺地域の住民の健康に甚大な影響をもたらした。とりわけ子供たちの健康被害は深刻だ。ベラルーシの首都ミンスクの甲状腺病院では、何人もの青少年が甲状腺がんの手術を待っている。彼らが住む地域では、事故後、甲状腺がんの発生率は事故前に比べて一万倍に増えたためだ。

さらに悲惨をきわめるのは、遺棄乳児院「ナンバーワンホーム」だ。障害を持つ子供を育てきれなくなった親が、この施設に次々と子供を捨てに来る。その多くが重度の障害を持った子供たちだ。水頭症や脳瘤など、脳神経系の異常が多い。とりわけ、背骨が逆に折れ曲がり、成長がほとんど止まってしまった女の子の姿は、一度見たら忘れられない。

タイトルとなった「チェルノブイリ・ハート」とは、この地域に多発している心臓の先天性異常を指している。

アメリカの心臓外科医がボランティアで執刀しているが、手術の待機者リストにはまだ三〇〇名もの子供たちがいる。

この現実は私たちの未来だ。

衝撃的な事実がある。日本のボランティアが届けた福島原発周辺の土壌、野菜、魚を分析した結果、フランスの研究所は以下のように結論づけた。「福島県内の放射線濃度はチェルノブイリ事故後に同原発周辺で見られた汚染レベルに匹敵する」と。

数値を挙げておこう。二〇一一年の五月、福島県全土で、セシウム137が一平方メートル当たり一八万五〇〇〇ベクレルという数値が計測された。この数値は、チェルノブイリ事故当時、ベラルーシの人々が移住を許される基準となった汚染の上限濃度を超えている。

そう、この映画は文字通り予言なのだ。しかし、予言は聞き入れられないだろう。私たちはアウシュヴィッツの駅に到着したユダヤ人と同じだ。「まさかそんなことが」と呟きながら、大量虐殺の現実を信じようとせず、おとなしくガス室へ向かった彼らと。

ではこの映画は、どのように受けとめられるべきか。ジャン＝ピエール・デュピュイは『ツナミの小形而上学』（岩波書店）において、破局が必然であり、それはすでに起こったと考えてみるべきだと提言している。ならば私は、この映画を日本に重ね合わせ、未来の死者を悼むことを提案したい。そう遠くない将来において失われた子どもたちの命を悼むこと。それは間違いなく、予言を信ずるよりはたやすいはずなのだから。

106 すべての男は〝監督失格〟である

——平野勝之監督「監督失格」

「林由美香」を覚えているだろうか。八〇年代から〇〇年代にかけて活動した女優だ。彼女の出演作は、柳下毅一郎によれば「劇場用映画だけでも二〇〇本以上、AVではさらにそれを越える数の仕事をしている。すべてを合計すれば五百本をはるかに越える」（『女優 林由美香』洋泉社）。ファンですら全作品を観たものはいないだろうと柳下は書く。

多くの男たちを魅了した彼女は、二〇〇五年に突然の死を遂げる。没後間もなく出版された『女優 林由美香』は、彼女の出演作品のほとんどが網羅され解説が付された膨大な生の記録だ。死してなお「あんにょん由美香」や「監督失格」といった「主演映画」が制作され続けている。こんな女優をほかに知らない。

本作はかつて由美香と不倫関係にあった映画監督・平野勝之が、彼女との関わりを赤裸々に綴った私小説的作品だ。平野はかつて彼女と北海道へ不倫旅行に赴き、その経緯を「由美香」というドキュメンタリー映画にまとめた。映画公開時には二人の関係は終わっていたが、その後も一〇年間にわたって友情関係は続いたという。

平野は彼女の遺体の第一発見者だった。現場で泣き崩れる母親と意外にも淡々と通報などをこなす平野の姿を、彼の弟子がたまたま床に置いたカメラが映し続ける。奇跡的な映像だ。見えない〝関係性〟がこれほど見えてしまうことの痛みが、観るものを打ちのめす。元恋人のカンパニー松尾は現場で嗚咽し続け、平野はその後作品が撮れなくなった。

それから五年。腰痛をかかえた体をむち打って、文字通り衝突しつつ深夜の街を自転車で徘徊する平野。没後五年を経てようやく手に入ったものは「喪失感」だけだったという皮肉。そう、誰もが由美香を所有しようとした。しかし、誰一人、所有できたものはいなかったのだ。

旬のみじかいAV女優として出発しつつ、彼女の〝現役〟活動期間は一〇年以上に及ぶ。驚くべきことだ。裸と性を人目に晒す行為は、確実にひとを蝕むのだから。演技だ虚構だと割り切ろうとしても決して割り切れないもの、それが「性」だ。どれほど多くの〝女優〟たちが、自傷や自殺や薬物に走り、ボロボロに身を持ち崩していったことか。

性の商品化には、こうした〝原罪〟がどこまでもついてまわる。愛や作家性で糊塗できる問題ではない。撮影され消費され消えていくことで、男達の性欲(=所有欲)は満たされなければならない。そうした事情も織り込み済みで、あらゆることをネタと割り切り、自分の全人生を衆目に晒してもかまわないと腹をくくった女優・由美香。彼女にとって、痴話喧嘩ひとつもネタにできない平野が「監督失格」なのは当然なのだ。

本作を見終えた私の心にいつまでも残るのは、公開を許した後の、由美香の母親の姿だ。かけがえのない家族や肉親を失うことを「半身を失う」と表現する。ここに映し出されているのは、まさに半身を喪ったひとの姿である。瞬きひとつしない母親の瞳に宿る喪失の、底知れぬ深淵。それに比べれば、由美香に振り回された男たちの涙の、なんとちっぽけで可愛らしいことか。

107 「世界」を救うために何を差し出すべきか

――ダンカン・ジョーンズ監督「ミッション：8ミニッツ」

これは傑作だ。同じ八分間が繰り返されるだけなのに、一瞬たりとも緊張が途切れない。約九〇分という上映時間もいいし、珍しく邦題？　も原題以上に良くできている。

列車の爆破テロの犯人を突き止めるべく、列車の乗客の意識に潜入するコルター大尉。彼の「本体」はアフガンで重傷を負い、その脳の一部だけがかろうじて活動している。彼にはヴァーチャルな身体が与えられており、その身体を通じてミッションの説得がなされ、意識はプログラムされた八分間の仮想世界に繰り返し転送される。

一見マトリックス風というか、インセプション風な設定に似て見えるし、ループものという設定も新味はない。日本人なら「涼宮ハルヒ」から「時をかける少女」まで、アニメでおなじみの設定だ。しかし仮想世界ものとループものを有機的に結び付けることにおいて、本作は一頭地抜きんでた成功を収めている。

脚本のベン・リプリーは、映画「恋はデジャ・ブ」からの影響を認めているというが、二作品に共通するのは、人間は時間的のみならず、空間的にも成長しうるという主題だ。ループする時間にあっても、人は異なった出会いと移動を積み重ねることで、成長し愛を育むことができるということ。監督ダンカン・ジョーンズは、その脚本にもう半ひねり加え、さらに完璧な映画を作った。

意外に見落とされがちなのは、本作には独自の生命倫理的な視点があることだ。コルター大尉は本人の意志とは無関係に、仮想身体を与えられ、有無を言わせぬ八分間のミッションに送り込まれては、繰り返し爆死させられる。しかし、本当にそんなことが許されるのだろうか？　何万人もの犠牲を防ぐためなら、個人の心は何度でも殺せるのか。無表情を装いつつ葛藤するグッドウィンこそは、本作の真のヒロインだ。彼女の決断を、あなたは支持できるだろうか。この問いに単純な解はない、はずだ。

最後に、もう一度アニメとの類似についてふれておこう。実は本作を観て私が真っ先に連想したのは、二〇一一年の一月から四月にかけて放映され、大きな反響を呼んだTVアニメ『魔法少女まどか☆マギカ』だった。いずれもループものであり、愛するもの（まどか、本作ではクリスティーナ）を救うために時間遡行が繰り返されるという点や、ループする毎に〝因果〟が蓄積され、その結果最後には……というあたりまで良く似ている。

本作は果たしてハッピーエンドなのだろうか？　そう考える人にとっては、不満が残る作品だろう。「映画通ほどダマされる」というキャッチコピーは、そうした人向けだ。

しかし新世界の創造にあたって、ひとつの人格が消去させられていることを無視すべきではない。本作と『まどか☆マギカ』が共有しているのは、「世界創造」と「キャラの消滅」は、等価交換なのだという残酷な原理にほかならないのだ（詳しくは拙著『猫はなぜ二次元に対抗できる唯一の三次元なのか』（青土社）の「まどか☆エチカ、あるいはキャラの倫理」を参照されたい）。

108　不可視の敵、沈黙のヒーロー
――スティーヴン・ソダーバーグ監督「コンテイジョン」

物語は「咳」からはじまる。

そう、最初の感染者と目される、香港出張からアメリカに帰国したばかりのベス（グウィネス・パルトロウ）の咳。どの咳もみな悪そうな「深い咳」だ。とりわけ瀕死のケイト・ウィンスレットの壮絶な咳は、実際の患者からサンプリングしたとしか思えない。

パンデミックの恐怖を描く本作は、形式としてはパニック映画だ。同種の先行作品として、もはや一六年前の「アウトブレイク」しか思いつけなかったが、それもやむを得まい。このテーマは映画になりにくいのだ。なにしろ敵は眼に見えず、ヒーローの見せ場もほとんどないのだから。

かわって画面上で執拗に描かれるのは「接触」である。人々が何気なくふれるテーブル、ドア、グラス、などなど。手が離れた後、ほんの一秒ほど触れた対象に視点が滞留する。以後も本作においては一貫して、神の視点というよりはウイルス視点のようなカメラアイが、感染ルートを観客だけに示唆し続ける。そう、「最初」から「最後」まで、登場人物の誰ひとりとして気付かないそれを。

本作における感染とは「関係性」そのものだ。ただの通りすがりから不倫まで。感染は関係を介して拡大し、いたるところで関係を断ち切っていく。感染は人々のエゴを研ぎ澄まし、ぼろぼろに分断する。CDCの責任者であるローレンス・フィッシュバーンですら、自らの立場を利用して、恋人をシカゴへ避難させようとする。略奪と暴行が横行し、人々は自宅にひきこもる。

手作りっぽい防護服で闊歩するジュード・ロウ扮するアルファブロガー（笑）の存在は、グロテスクに誇張されているとはいえ、狂言回しとしては有効だ。親密な家族も友人もなく、ただ一人ウェブカメラを通じて、一二〇〇万の支持者に語り続ける男。

あらゆるリアルな関係性から距離をとり続けた彼は感染を免れる。そんな彼の頭の中は、ろくでもない陰謀説やオカルトでいっぱいだ。ネットを介して人々を「遠隔操作」することが自己目的化してしまった彼にとって、地味な真実よりも扇情的なデマのほうが価値をもちはじめている。

それにしても、いまだ被災後の時間を生きる私たちが、本作に日本の現状を重ねずに観ることはむずかしい。「ウイルス」を「放射能」に置きかえれば、描かれるのはそのまま日本で起きたことのカリカチュアだ。

例えば感染で家族を失いつつ冷静沈着にふるまおうとするマット・デイモンと、部屋にひきこもって騒ぎを煽ることに躍起になるジュード・ロウの態度の対比。比較的冷静に「日常」の立て直しにいそしむ被災地と、心理的不安から買いだめに走り、流言飛語に振り回される周辺地域。デマと陰謀説をまき散らすネット、という構図まで似て見える。そう、恐怖はウイルスよりも放射能よりも速く拡散されるのだ。

今必要なのは、声の大きな英雄ではない。ジェニファー・イーリーやマリオン・コティヤールのように、沈黙のなかで自らの使命を黙々と果たす専門家だ。そんなヒーローの存在を、私たちは信ずることができるだろうか？

109 ただサラ・スタルジンスキのためでなく

——ジル・パケ＝ブレネール監督「サラの鍵」

一九九五年、シラク大統領は「ヴェルディヴ事件」に関するフランス政府の責任を公式に認め、謝罪した。それはフランス人のほとんどが知らなかったフランス史の暗部——ユダヤ人弾圧の過去だった。

一九四二年七月のある朝、パリのユダヤ入居住区で一斉検挙が行われた。ナチスドイツの指示ではない。フランス政府の決定でフランス警察がそれを行ったのだ。逮捕されたユダヤ人の数はおよそ一万三〇〇〇人。彼らはろくな説明もないままヴェルディヴ（ヴェロドローム・ディヴェール＝冬季自転車競技場）に連行され、そこに数日間監禁された。

当時、フランスはナチスドイツに侵攻を受けており、時のヴィシー政権は対独協力に積極的だった。フランス政府はドイツの歓心を買うべく、ナチスの「民族浄化」策にみずから荷担したのである。本作の背景にはそうした事情がある。

一〇歳の少女サラは検挙のさいに弟を納戸にかくまい、迎えに来るまで隠れているよう約束させて鍵を掛ける。彼女が連行された収容所の描写はすさまじい。トイレも水道もなく医療設備もない場所。監禁後の彼らを待ち受けていたのは、アウシュヴィッツをはじめとする強制収容所への移送だった。

悲劇を象徴するのは「臭い」だ。競技場の向かいに住んでいた婦人は、あまりの臭気に、すぐ窓が開けられなくなった。しかしそれ以上に、サラを打ちのめす、もう一つの「臭い」がある。その臭いの記憶は、おそらくは彼女の生涯を決定的に変えてしまった。彼女の生涯に、決してぬぐい去れない悲しみの痕跡を残すあの「臭い」。

そして現代。サラの生涯を追うジャーナリスト、ジュリアはふとしたことから夫の家族がヴェルディヴ事件に関わりを持っていたことを知り、追及をはじめる。「寝た子を起こすな」と批判されつつも真相を追い続ける彼女の人生は、いつしかサラと重なり合っていく。彼女自身もまた、夫の望まない妊娠を中絶すべきか否かという、重い問題を抱えていたのである。

少女サラの〝武器〟はその「名前」だった。まっすぐ相手の眼を見すえ、臆せずに「サラ・スタルジンスキ」と名乗ることで、彼女は運命を切り開いてきた。収容所の警官も老夫婦も、その名前とともに彼女を受け入れ、協力せずにはいられない。レヴィナスも喝破したとおり、顔は固有名そのものであると同時に、「殺すなかれ」という命令でもあるからだ。

しかし「あのこと」を契機にサラは名前を棄てた。わが子にすら真の名前を明かすことなく、その生涯を終えた。ならば、彼女の生は単なる悲劇だったのだろうか。そんなはずはない。

映画のラストシーン。「名前」は思いがけない方法で回復される。

この大量死の世紀にあって、人々の生は容易に匿名化される。その死は確率的な問題として、ただの悪臭のように処理されてしまう。しかしそれでも、私たちは「名前」を持っている。名前こそは希望の鍵だ。誰かの「名前」と出会い、記憶し、伝えること。そう、名前とはただ個人のためでなく、関係そのもの、歴史そのもののための刻印なのだ。

110 「呪い」と「祈り」のはざまで

——園子温監督「ヒミズ」

「がんばれ」という言葉が嫌いだった。そのような場面では中井久夫にならって「グッドラック」とか、「期待はしないが信じてるよ」とか言い替えるようにしていた。しかし「ヒミズ」を観て考えが変わった。「がんばれ」の意味が変わってしまったのだ。映画「ワイルド・アット・ハート」が、「ラブ・ミー・テンダー」の〝意味〟を変えてしまったように。

原作は古谷実の漫画作品。この傑作を描いてしまって以降、古谷はなぜか同じような設定の作品ばかりを繰り返し描くことになる。冴えない男がなぜかとんでもない美女に一方的に好意を持たれ、突然の幸運にとまどい葛藤しつつ、そこに犯罪がからむ話。ほとんど強迫観念のように繰り返されるこのパターンには、古谷が懸命に「ヒミズ」の呪いを祓おうとする身振りが透けて見える。

漫画「ヒミズ」は、ゼロ年代という「終わりなき日常」における絶望の形を描いた作品だった。主人公の住田は、どんなにあがいても駄目になるしかない〝宿命〟を背負いながらも、必死で抵抗を試みる。しかしその都度、住田にしか見えない「怪物」が現れ、兆しかけた希望を根こそぎにする。怪物は言う。「決まってるんだ」と。園監督は怪物を描かなかった。描く必要がなかったからだ。運命をつかさどる怪物の象徴として、津波に破壊された廃墟以上にふさわしいものがあるだろうか。この作品を撮影開始後に3・11にみまわれた園監督は、作品の設定やストーリーに大胆な変更を加える。

主役二人（染谷将太と二階堂ふみ）の瑞々しい演技は圧倒的に素晴らしい。とりわけ「茶沢さん」の造形は、家族背景も含めて原作以上の説得力がある。原作では住田の同級生だった夜野を、被災した元社長のホームレスに変更したのも成功している。余談ながら手塚とおる（通り魔役）の、いかにも「古谷風」な役作りも見どころの一つだ。

原作の最大の改変部分についてひとことだけ言うのなら、これほど「3・11」を物語に有機的に取り込みえた作品をほかに知らない。まさに宿命の反転である。しかもそこには、園監督の恐ろしい意図が透けて見えるのだ。

彼は喪失を受け容れている。喪失感を癒してかつての日常に戻ることを拒絶している。彼はわれわれに言う。「古いものを捨てろ」と。震災が破壊したものは、時が来れば自滅するほかはない古いものたちだ。だからそれらを「全部捨てろ」と言うのだ。そんな恐ろしいことは、私にはできない。しかし園監督は捨てた。古くなった人々と、古くなった意味と、古くなった物語を捨てた。捨てなければ、何も始まらないからだ。

いまや「がんばれ」は激励の言葉などではない。それはあきらかに祈りの言葉だ。呪いに限りなく近い祈り。連呼される「住田がんばれ」の絶叫は、「この〝存在〟をがんばるしかない」という透明な強度をおびて、震災後の無意味な空に突き刺さる。この「がんばれ」が古谷にも届く時、果たして彼の「呪い」は解けるのか。古谷自身による「その後の住田」の物語を待望せずにはいられない。

111　アスペルガー・ヒーローの時代
――デヴィッド・フィンチャー監督「ドラゴン・タトゥーの女」

「ドラゴン・タトゥーの女」を語るなら、ルーニー・マーラ演ずるヒロイン、リスベット・サランデルの人物造形を措いてほかにない。まったく、これほどどこに出しても恥ずかしくないツンデレキャラが映画史上存在しただろうか。「いやむしろヤンデレだろ」と言いたい向きもあるだろうが、あれは〝愛情ゆえに病むキャラ〟というニュアンスがあるため、リスベットには該当しない。

もはやフィンチャー印と化した感のあるスタイリッシュなオープニング。ツェッペリン『移民の歌』のエレクトロニックなリメイクというのも気が利いている（あれはバイキングの歌だ）。

荒涼としたスウェーデンの寒村風景のもと、家族史編纂にみせかけて一族の暗部を調査するよう依頼されるジャーナリスト、ミカエル（ダニエル・クレイグ）。ポランスキーの「ゴーストライター」を直接に連想させることの設定も、否応なしに期待感を駆り立てる。

リスベットはやせこけてジャンクフードばかり口にするハッカー少女だ。その首筋から背中にかけて、黒いドラゴンの刺青が彫られている。愛想も礼儀も知らない彼女には常識的なコミュニケーション能力が欠けている。衝動的であまりに問題行動が多いため後見人がついている。しかし情報収集能力にかけては天才的だ。もともとはミカエルの私生活を調べていたリスベットは、ひょんなことからミカエルの調査を手伝うことになる。

それにしても、リスベットを演じているルーニー・マーラが、実はフィンチャーの前作「ソーシャル・ネットワーク」で主人公の元カノを演じていたとは！　しかし、重要なのはそこではない。前作と今作の共通点、それは「アスペルガー症候群」だ。これは発達障害のひとつで、その特徴は次の三点。「社会相互作用の障害」、「コミュニケーションの障害」、「興味や関心、活動の領域が限定されていること」。「知能の高い自閉症」と表現することもある。

「ソーシャル・ネットワーク」公開当時、主人公マーク・ザッカーバーグが本人以上にアスペルガー的な非社会的人物として描かれていたことは記憶に新しい。彼の偏った欲望こそが前作のモチーフだった。今回はその応用篇だ。フィンチャーは原作以上に、リスベットをアスペルガー的ヒロインとして造形しようと試みている。

興味深いことに、「ものすごくうるさくて、ありえないほど近い」や、イーストウッドの「J・エドガー」など、アスペルガー的な主人公を魅力的に描いた映画作品が最近になって次々と公開されている。これはもはや、単なる偶然とは思われない。

リスベットという存在を、綾波レイ（エヴァンゲリオン）から長門有希（涼宮ハルヒ）に至る無表情ヒロインの系譜へ接続することも可能だ。彼女たちこそがアスペルガー・キャラの時代を準備したのだとすればどうだろう。私たちはいまや「人格障害ヒーロー」（レクター博士、ジョーカー）から「発達障害ヒーロー」（L、リスベット）への移行期にいるのかもしれない。

112 「身体性」の復権

――ニコラス・ウィンディング・レフン監督「ドライヴ」

スマートな犯罪シーンから始まる映画は、大体ハズレがない。「ダイ・ハード」然り、「ダークナイト」しかり。この映画もそうだ。ライアン・ゴズリング扮する逃がし屋ドライバーは、契約した強盗二人に言い放つ。「何があっても五分だけ待つ。あとは知らない」と。ここからはじまる〝静謐な〟カーチェイス。それは英雄的に「逃げる」より、確実に「フェードアウト」するためのものだ。「ドライバー」の昼の顔はスタントマンだ。彼はふとしたことから隣人の若い母親に心惹かれ、母子との交流がはじまる。てっきり「シェーン」のような展開を期待しそうになるが、そこはR15指定。彼女の夫が出所して来てからは物語は一挙に血と暴力に彩られていく。

ストーリーはシンプルで、既視感溢れる王道だ。スタイリッシュな構図とヨーロッパ的な色彩設計、計算され尽くしたライティングが構成する画面はほぼ完璧。八〇年代テクノ風の素朴なBGMが、奇妙なほどその画面にマッチしている。作品世界はフィクションとして完璧に閉じており、寓意や批評性といった〝不純物〟は一切含まない。

しかし、それだけならばせいぜい、愛すべきB級作品留まりだったはずだ。本作のもたらす「強い印象」は、一体何に由来するのだろうか。

本作のリアリティを一貫して支えているもの。それはライアン・ゴズリングの「身体性」である。私の知る限り、近年のハリウッド映画において、これほど印象的な身体の描写はきわめて例外的だ。

誤解なきように言い添えておくが、「身体性」は激しいアクションや素晴らしい演技などとは必ずしも関係がない。それは、その映画に固有の時間が刻まれているような、特異な運動を意味している。

「逃がし屋」として待機する間、その五分間を測定するためにハンドルに腕時計を巻き付ける手。まるで身体の延長のように車を操作するハンドルさばきの正確さ。アイリーンを見つめるときに浮かぶ控えめな笑顔。もうひとつの皮膚のようにまとわれる蠍（さそり）マーク入りのスタジャン。金を奪って車に乗り込む女のためにドアを開けシートを倒す一連の動作。おもむろに両手に革手袋をはめ、嘘をつく女を張り倒し、本当のことを言えと迫るまでの手つき。

彼の行動には、一瞬のためらいもない。重要な動作はすべて、数秒後に起きる事態をあらかじめ予測していたかのような、精密な同一性をもって〝反復〟される。それは監督が狙っている「神に近い人間」の描写として成功している。

そう、ならばこのとき、彼の特異な身体性を成立せしめているのは、どこまでも正確な彼の行動パターンと、アイリーンに魅了されることによってもたらされるさまざまな誤作動との齟齬でなければ何だろうか。

メタフィクショナルな多層性が、あらゆるフィクションの身体性を衰弱させつつあった昨今、退行的な手法によらずに身体性の復権をなしとげた本作の登場を、いまはひたすら歓迎したい。それが意図的であれ偶然であれ、本作のもたらしたインパクトは、間違いなく受け継がれて行くであろうから。

113

踊る母、笑う息子
――ポン・ジュノ監督「母なる証明」

いささかのためらいもなしに断言しよう。これはポン・ジュノ監督作として最高傑作であるのみならず、今年最高の一作でもある。

ポン・ジュノ監督の映画に共通するのは、強烈な体臭にも似たその「身体性」である。この「身体性」ゆえに、あらゆる場面は「意味」そのものではなく「意味の予兆」を帯びた緊張をみなぎらせ、所作と表情は「運動」そのものではなく「運動の徴候」によって連鎖する。描かれる情緒は構造的な背景を保ち、すべての伏線は「回収」ではなく「凝集」のために奉仕する。

こころみにクリント・イーストウッド監督作品「チェンジリング」と比較してみよう。こちらも傑作である点については論を俟たない。母性愛が社会的には狂気にしかみえないほどの強度をはらむ瞬間を描いて、二つの作品はほとんど拮抗関係にある。あるいは母性愛が報われるとしても、きわめてアイロニカルで過酷な条件が要求されるというテーマ性においても、甲乙つけがたい。

しかし私が、それでも「母なる証明」のほうを高く評価するのは、本作の至る所に充満している、まさに切れば血の出るようなその「身体性」ゆえである。

映画が「身体」を獲得することは、ことのほか難しい。CGを使わないとか、ロケを増やせばいいというものでもない。まして「エログロ」や「病理」を利用するのはもってのほかだ。何を描いても二次創作にみえてしまうという現代にあって、作品が身体性を獲得することはきわめつきに困難なのである。

それでは「身体」とは何か。それは「多重性を秘めつつ凝集したもの」のことだ。この「多重性」と「凝集性」という、相矛盾した要素を調停させようという監督の覚悟は、次の言葉にもうかがえる。「私は、燃えさかる炎の中心のように極端に力強いことについて、深く掘り下げた映画を作りたいと思っていました」

冒頭シーン、枯れ野で孤独に踊るキム・ヘジャ。彼女のダンスする身体において、複数の「意味」が凝集している。これからはじまる「物語」の兆し。奇妙な踊りによって異化される「韓国の母」、キム・ヘジャのイメージ。「悲劇」か「喜劇」か、そのいずれかというよりは、そのいずれでもありうるような重層的コンテクスト。

「この映画では、すべての力が物事の中心に集まります。この母親像はこれまでにも描かれてきた、とても平凡なものです。しかし私は新しい見方で『母親』をとらえようとしました。慣れ親しんだように見えるものが、実はまったく外部から来たものであるかのように」

そう、ポン・ジュノは「発見」したのだ。「母親」という誰もが慣れ親しんだ凡庸なイメージであっても、ひたすら凝集性を高めてゆくことで、従来とはまったく異なる、不気味なまでの強度を与えることが可能であることを。フロイトも指摘したように、真に「不気味なもの」は、慣れ親しんだものの上にあらわれる。実のところ、それは「怪獣」であれ「殺人」であれ、同じことなのだ。

しかしそれにしても、なにゆえに「母親」が選ばれたのか。東アジア、とりわけ儒教文化圏における母親の位置は、構造的にみてもきわめて独特である。韓国の家族関係が日本と共通しているのは、母子関係が軸になっているという点だ。これは夫婦関係が基礎にある欧米型の家族との最大の違いである。

仕事にかまけて家庭を顧みない夫に失望した母親は、しばしばわが子の存在だけを生き甲斐にしようとする。これが日韓に共通する母子密着型の文化をもたらす。それはしばしば献身的な母性愛の美談をもたらすが、同時に家族病理の原因ともなる。

たとえば近親相姦は、欧米では父と娘の間で起こりやすいが、日本と韓国では母と息子という組み合わせが圧倒的に多いとされている。息子が母親を殴るタイプの家庭内暴力が多いのも、世界的にもこの地域だけなのだ。

ひとつの象徴的な場面がある。バス停で立ち小便をする息子に、母親が煎じた漢方薬の液体を飲ませるシーンだ。母と息子の、近親相姦に限りなく近い身体的なつながりを暗示しつつ、比喩としてあるいは伏線として、見事な表現となっている。

このシーンからもわかるとおり、母子関係は、しばしば一種の共犯関係に接近する。その関係は時に「共依存」などとも呼ばれるだろう。「わが子を依存させる立場」に依存し続ける母親。このとき献身性は、すでに独占欲と区別がつかないものになっている。自己と他者の境界が融解した世界。それが母と子の二者関係なのだ。

しかし同時に、母子関係は、あらゆる人間関係の根源でもある。われわれはその関係にはらまれた甘やかな毒に、強烈な嫌悪と郷愁をかきたてられずにはいられない。人の根源を支配する力において、母性は父性をはるかに凌駕するだろう。

本作の強度は、きわめて高い凝集度をもって描かれた、母子関係の強度によって担保され得たのである。母はわれわれに身体を与え、父はわれわれに言葉をもたらす。本作には、「父性」を体現する人物は欠けている。しかしわれわれは知っていたはずだ。二者関係はモチーフではあり得ても、これを俯瞰する第三の視点＝父性なくしては、自己愛的な作品しか生まれようのないことを。

本作を観ながら、私はしばしば『新世紀エヴァンゲリオン』を連想していた。ジャンルも印象もかなり隔たったこの作品もまた、「毒をはらんだ母性との融合」をモチーフとしていたためだ。「エヴァ」を傑作たらしめたのは、異物のように挿入される「他者性」という第三の視点だった（アスカのセリフ「気持ち悪い」など）。

「母なる証明」が傑作であるとして、何が父性を担保しているか。それはおそらく「ユーモア」だ。ポン・ジュノはおそらく母性の価値を信じている。信じるからこそ、母性の毒を暴かずにはいられない。この身振りに宿るユーモアこそが、本作を傑作たらしめる第三の視点なのである。

114 代用品の「悲しみ」

――是枝裕和監督「空気人形」

本作は、「代用品」の物語である。男性の性欲処理の代用品として作られた「空気人形」。〝彼女〟は「心」を持ってしまったがために、さまざまな他者と関わりを持つことになる。

「関係」ということに関連して、作中には詩人・吉野弘のモチーフが、繰り返し登場する。元高校の「代用教員」だったという老人が空気人形に教える「生命は」という詩。そこにはこんな一節がある。「生命は／その中に欠如を抱き／それを他者から満たしてもらうのだ」

この老人が空気人形に語る蜻蛉のエピソードもまた、吉野の「I was born」という詩から採られている。ある日少年は妊婦を見て、人間は英語表現通り受身で「生まれさせられる」ことに気付き、父親にそれを伝える。父親はそれを聞いて答える。生まれて数日で死ぬ蜻蛉は何のために生きるのか。蜻蛉の雌の口は退化し、胃は空っぽで空気しか入っていない。そのかわり体内には卵だけがぎっしりと充満している。お前のお母さんもお前を生み落としてすぐに死なれたのだ、と。

すべての生命は欠如を抱えているがゆえに、他者とつながっている。それを拒もうとする行為もまた、他者によって支えられている。人はみな空虚を抱えているが、空虚であることはけっして絶望ではない。本作ではそのことが、ほぼそのことだけが、繰り返し語られる。

本作における是枝監督の試みは「人の空虚さ」という古くて新しいテーマを、いっそう入念に語り直すことだった。「女性のキャラクターのキーワードは空虚と欠落。男性の場合は疑似と倒錯、ストレートに感情が人へ

向かわない、擬似的なものや、生ではなく死へと向かう屈折した男たちを描いてみました」（インタビューより）

そう、同じ空虚さを抱えながらも、男と女ではその形式がことなっている。私がこの作品で最初に驚かされたのは、空気人形というモチーフが、実に見事な「女性性」の隠喩にみえたことである。どういうことだろうか。「女性らしさ」について考えてみよう。女性らしさとは、そのほとんどが、「他人に気に入られるような身体性」を意味している。それは可愛らしい髪型や服装、あるいは控えめでしとやかなしぐさなどとして表現されるだろう。しかし、そこにはひとつの「分裂」がある。

女性らしさとは、突き詰めるなら、自分の欲望はうちすてて他者の欲望をひきつけるような性質のことだ。そこには、欲望と主体性が、否定されると同時に肯定されるという「分裂」がある。この分裂こそが、女性が抱え込む空虚さの本質なのだ。魅力的な外見と空っぽの中身。まさに「空気人形」そのものだ。

いっぽう男たちもまた、別の空虚を抱えている。「疑似と倒錯」と是枝監督は言うが、これすなわち「代用品」のことだ。精神分析によれば、男はみな、「本物のペニス」を持とうとしてかなわず、代用ペニス（＝ファルス）を所有することで人間になる。これを去勢と呼ぶ。

去勢はすべての男たちにかけられた一つの呪いだ。去勢された男たちは、世界のどこかにあるはずの「本物」を夢見ながら、常に代用品をつかんでしまう宿命にある。「倒錯」とは、そうした代用品へと向けられた欲望の別名だ。本物の餌よりもルアーのほうを愛してしまう、それが男たちなのだ。

そう、女たちと男たち、それぞれが違う形の空虚さを抱えている。互いの空虚を埋めあえるという幻想こそが、そこに「愛」と「関係」をもたらすだろう。

ふたたび是枝監督のインタビューに戻ろう。空気人形が純一に息を吹き込まれるシーンについて。

「他人の息を自分の体の中に吹き込まれて、それに満たされるという他者との関係の持ち方、その充足の仕方というのが非常に豊か」であると監督は言う。

実は私はこの部分に、かすかな違和感を覚えた。果たしてそこに「関係」はありうるのだろうか。さきほど引用した吉野弘の詩にはこういうくだりもある。

「欠如を満たすなどとは／知りもせず／知らされもせず／ばらまかれている者同士」。そう、このような「無自覚」もまた、愛の成立要件のひとつだ。自覚的に相手の欠如を満たそうとすれば、きまってすれ違うのもまた愛の宿命ではなかったか（治療における「転移」とはそういうものだ）。

それゆえ空気人形の悲しみは、他人の息によってその存在を充実させうると知ってしまったものの悲しみだ。是枝監督は破れて萎んだ空気人形が息を吹き込まれるエピソードを「メタファーとしてのセックス」として語っている。私もこのシーンには衝撃を受けた。ただしそれは、メタファーとして見事だったためではない。そこに「本物のセックス」があったからだ。

そもそも人間のセックスこそが、生殖行為の代用物ではなかったか。われわれはセックスがいかなる結果をもたらすとも知らぬまま行為にいそしむ。セックスの不確実性こそが、その欲望の中心にあるだろう。しかし空気人形は違う。彼女は息を吹き込まれれば自分が満たされることを知ってしまったのだ。

本作で繰りかえされるのは、こうした「メタファーの反転」である。ほんらい隠喩的存在である「女性」は、「空気人形」として実体化する。代用物であるはずのセックスは、真の充実をもたらす「空気入れ」として実現してしまう。本物のセックスをしてしまった男は、その必然として死に至る……。空気人形に「空虚」はない。彼女は年を取らず、おのれの造り主を知り、完璧な満足に至るすべすら知っている。そのような充実した存在は、ひとと本当に関わることができない。彼女が空虚さを抱え込むのは、「心」を持ってしまったからだ。

空気人形は言う。「心を持つことは、とても嬉しくてとても切ないことでした」と。しかし疑問は残る。完璧な存在である彼女の中に芽生えたものこそは、「心の代用品」ではなかったのか、と。そしてわれわれは気付くのだ。空気人形の「悲しみ」にすら共感してしまうわれわれの空虚さこそが、一つの慰めにほかならないことに。

115 果たせなかった約束のために

──松岡錠司監督「東京タワー　オカンとボクと、時々、オトン」

東京の中心に「コマの芯のように」そびえ立つ東京タワー。それはしかし、もはや輝かしい未来の象徴などではない。「高いこと」や「巨大なこと」に価値が置かれたあの時代、そう、昭和という時代がかつてあった。タワーはその、巨大な喪失の象徴でもある。だからそれは、塔と言うよりは、私たちの「根」のような存在なのかもしれない。

オカンがついに、このタワーにだけは上ることがなかったという事実は象徴的だ。若き日のオトンの写真には、背景に建設途中のタワーがあり、ボクはいつか連れて行くと約束はするものの、ついにオカンをタワーに連れて行くことはない。タワーは常に、フレームの中から仰ぎ見られるだけの存在に留まる。そう、タワーは言ってみれば、オカンとの「果たされなかった約束」の象徴なのだ。

原作者リリー・フランキーと私はほぼ同世代だ。この世代以降だろうか、雪崩をうって共有体験の均質化がはじまる。高度成長期。イエの崩壊。少子化。学校化。父の疎外。かくしてふるさとが福岡の炭鉱街だろうと東北の農村だろうと、大差ない原風景ができあがる。映画の風景は私にとっても懐かしく、オカンは私のオカンでもある。

貧しさはあっても飢えはなく、自堕落ではあっても堕落はなく、葛藤はあっても物語はない。だからなのかどうか、この世代の男性には、実にマザコンが多い。しかし、マザコンの何が悪いというのか。マザコン男は、母親に対するある種の罪責感を感じ続けているのだ。それが「果たされなかった約束」である。

ところで、この映画を、われわれ自身の物語として観るだけでは、見落とされてしまう視点がある。「オカン」たちの視点だ。原作は意外にも、中高年の女性によく読まれ、それがベストセラーの一因だったと聞いたことがある。報われることなく「放蕩息子の帰還」を待ちわびていた日本の母たちにとって、この映画は最高のプレゼントになるだろう。

オダギリジョーの意外な泣き顔が素晴らしい。まさに理想の息子（＝恋人）だ。樹木希林の母親に至っては、「ボク」と「オトン」という二人の子どもをしっかり護る、タフで優しい昭和の母を見事に演じきっている。とりわけ臨終シーンの迫力は圧倒的だ。

まだ約束を果たせていない息子たちよ、せめて休日にでも、キミのオカンをこの映画に連れて行ってはどうだろうか。

116 「恋愛童話」の専制に抗して
——森田芳光監督「間宮兄弟」

もう二〇年以上前のことになる。当時よく聴いていた『ビートたけしのオールナイトニッポン』で、確かたけしがこんなことを言っていた。「森田芳光は『左利き』のひとだと思う」と。まだ北野武として映画を撮り始めてもいない頃の話だ。もちろん「左利き」とは実際の森田監督の利き手がどうか、という話ではない。たしか「器用なので技巧的な作品はいくらでも作れるが、大作向きではない」といった意味合いだったように思う。たけしのこの発言は、今あらためて考えると評価とも揶揄ともつかない曖昧な響きを持っている。「間宮兄弟」を観ていて、なぜかしきりにこの言葉が思い出された。

本作は江國香織による原作小説の、かなり忠実な映画化である。ほぼ唯一の不満は、間宮明信を演ずる佐々木蔵之介が男前すぎる点くらいか。なにしろこの兄弟は女たちにとっては「そもそも範疇外、ありえない」存在らしいし、原作の明信はあまりに貧相すぎて、カレーパーティにやって来た葛原先生が、初対面で「最悪だわ」と感じるような男なのだから。ほかにも、本間夕美の彼氏である玉木が知的すぎ、常盤貴子演ずる葛原依子先生が挙動不審すぎるという設定の変更もあるが、こちらのほうはむしろ、二人のキャラクターを立てる上では有効だったと思う。

とことん女性関係には恵まれない間宮兄弟。しかし彼らの日々は、平和で小さな悦びに満たされている。村上春樹言うところの「小確幸」をとても大切にしているのだ。行きつけの店の餃子を丁寧に味わい、一緒にスコアを記録しながら野球を観戦し、映画やゲームで夜更かしし、一緒に紙飛行機を飛ばし、新幹線の旅行で盛り上がる。これをすればとりあえず間違いなく楽しめるというネタを、彼らは幾つも持ち合わせている。マニアックと言うほど閉じておらず、おたくと言うほどシニカルでもなく、あくまでも程よい趣味性という点では、ちょっと映画「アメリ」を連想させる。この手の描写は、邦画ではかつて伊丹十三の独壇場だったが、森田監督の「程良さ加減」は、そこからさらに進化しているように思う。まさに「左利き」の本領発揮、である。

ここにあるのは、いわば関係性のユートピアだ。現実には、成人して以降も仲良く同居し続けられる兄弟は少ないだろう。男同士は容易にライバル関係になったり、些細な権力闘争に走りがちだ。むしろそうした同居なら、姉妹のほうがたぶん多い。しかし、だからといって「間宮兄弟」の設定が非現実的、と言いたいわけではない。この兄弟の造形には、おそらく作家・江國香織の願望が多分に反映されているが、その願望の形がとてもリアルなのだ。

間宮兄弟の関係性は、彼らが性愛の世界に足を踏み入れ（られ）ないからこそ、成立するような関係だ。いわば「男の子」同士の関係と言っても良い。彼らに共有する趣味も、いかにも男の子らしいものばかりなのは、なんとも微笑ましい。そして、これが重要なのだが、彼らは実に良く喋る。趣味性をこの饒舌な会話が支えているからこそ、彼らの関係はとても風通しがいい。

そんな間宮兄弟の周囲には、異性関係の勝ち組が沢山いる。しかし彼らは彼らで、不倫だったりすれ違いだったりと、けっして幸せそうにはみえない。むしろ彼らは、性愛の勝者であることによって、じっくり趣味を楽しむどころか、際限のない欲望に苦しめられているようにすら見える。

もちろん、映画はうまくいかない恋愛を描くためにあるのだし、この映画もそうかもしれない。しかしここには、障害を乗り越えるカタルシスは乏しい。私にはこの作品が、あの「電車男」へのたくまざる返歌のように思える。奇しくも単行本の「間宮兄弟」と「電車男」の発売日はほとんど同じなので、そのコントラストはいっそう際立つ。「電車男」はヴァーチャルな「萌え」よりもリアル女性との性愛を選ぶが、「間宮兄弟」は選べない。

その意味で「電車男」は泣けるけれど、「間宮兄弟」では泣けない。

しかし、物語としては「間宮兄弟」のほうがはるかに「深い」。性愛のもたらす感動はいささか強すぎ、しかもしばしば短命すぎるのだ。泣いてスッキリするのは結構だけど、その後どうなるのか？「いつまでも幸福に暮らす」なんてことは、童話の中だけの話だ。だからなのか、「電車男」に限らず、「セカチュー」にせよ「いまあい」にせよ、ヒットした恋愛ものはどこか童話的だ。

しかし当たり前のことだが、それだけが人生ではない。

江國香織も森田芳光も、こうした恋愛童話の専制に対する違和感をどこかで感じていたに違いない。だから江國はこの物語を書き、森田監督はそれをいっそう完璧な童話に仕立てたのだ。おかげで私たちは、これからも失恋しては新幹線を眺めて泣いている間宮徹信の姿をリアルに思い浮かべることができる。恋愛小説の「その後」は想像する気にもならないけれど。

最後に、私は塚地武雅が本当に好きだということを付け加えておこう。映画とは別に、彼にはとことん幸せになってもらいたいと心から思う。余計なことだが。

117 キスのある風景
――宮崎駿監督「ハウルの動く城」

まず全体の印象をいくぶん客観的に述べるなら、「もののけ姫」や「千と千尋の神隠し」に比べて、いくつかの点で本作は異色である。まず本作は、さまざまな意味で、作品世界が開かれている。テーマ性がやや控え目になり、しかも世界設定が小宇宙として閉じられていないがために、映画としての「大作感」には乏しいかもしれない。しかし「ルパン三世　カリオストロの城」や「魔女の宅急便」などのように、世界観や設定を原作から借りるとき、宮崎作品にはある種の逆説的な解放感が宿るのだ。また、後述するように、本作には過去の宮崎作品ではみられなかったような描写が「解禁」されたかのように描かれており、なんらかの新境地を予感させるところがある。

物語に対しては、例によってストーリー還元主義者たちから多くの卵が投げつけられるにちがいない。たしかに本作の語り口を原作と比較してみると、飛躍や省略が多いためか、見終わっていくつかの疑問が残ることは否めないからだ。またCGパートは依然として浮いているし、「千と千尋」の時と同様、あの巨大すぎる涙の水滴にはどうしても違和感が残る。しかし、そんなものは慣れればすむことだ。

個人的には、冒頭のシーン、城が四つ足で軋みながら歩行してくる姿を観た瞬間だけで、もう十分だった。純粋な運動のイメージだけで泣かされるという経験は、宮崎駿以外では樋口真嗣（「ガメラ」の飛行&変形シーン）と香港映画のチン・シウトン（「小林サッカー」など）くらいしか記憶にない。それが既視感や未視感をともに含みつつ、しかしいずれとも決定的に異なる点は、「ずっと観たかったものを存分に目撃する感覚」という要素を含んでいるからだろう。憧憬と親密さに支えられたその感覚（仮に「憧視感」とでも名付けようか）は、やはりエロティックな経験と言うほかはない。

言うまでもなく「運動のエロス」こそは、宮崎作品における大きな魅力の源泉のひとつだ。表現メディアごとに固有の運動原理があると確信する私にとっては、たとえば生身の人間の運動をトレースするモーション・キャプチャー技術など、とうてい許し難い。その種の誤解されたリアリズムは、アニメにあっては違和感しかもたらすことはないだろう。宮崎の天才的職人性は、まさにこの運動感覚において極まっており、それは本作でも遺憾なく発揮されている。

とりわけ今回は「魔法」の表現において、いくつかのさりげない「技術革新」が試みられたのではなかったか。「千と千尋」においては、湯婆婆の操る魔法の表現は眩惑的なまでに過剰だったし、本作でも魔法による戦闘シーンなどは華麗に視覚化されるが、しかし今回はむしろ「自然な魔法」のほうが強調されていたように思われる。どういうことか。通常「魔法」は、発光や発煙、あるいは特殊な音響などといった効果のもと、ある種の不連続性を強調することで描かれる。これはアニメも例外ではない。ところが宮崎は、驚くべきことに、「運動の連続」として魔法を描こうとするのだ。

例えば冒頭近く、ハウルがソフィーを執拗に誘う兵士二人を魔法で操って散歩に行かせるや、壁から追っ手の化け物が続々としみ出してくる。追っ手から逃れるために、ハウルはソフィーの手を取って空中散歩へといざなう。このシークエンスは、キャラクター紹介と同時に、「魔法が自然に存在する世界」という設定の導入としても、完璧としか言いようがない。荒地の魔女がソフィーを老婆に変えるシーンのさりげなさも、原作以上に印象的だ。笑いどころの一つでもある、マルクルの変身の反復は、それがアニメだと判っているのに、まるで手品でもみているかのような驚きがある。唐突な例えかもしれないが、私は映画「幕末太陽傳」でフランキー堺が演じた「佐平次の羽織落とし」を連想した。

奇抜なメタモルフォーゼを描かずとも、運動の連続だけで「魔法のリアル」は十分に表現できる。このような運動のエロスをいまなお「発明」し続けている作家に対して、「老境」やら「円熟」やらの形容は、むろん似つかわしいものではない。

しかしもちろん、描かれるエロスはそればかりではない。私はかつて宮崎を「世界に冠たるロリコン大王」の名において、ルイス・キャロルに比肩すべき存在と評価した。さる論壇誌上では、新作を待望すべく「宮さんがロリコンであり続けますように」と祈りさえしたのだ。この作家は、「少女のエロス」を中核に据えないことには創造性を発動することができない。そのことは、彼の作品歴を一瞥すれば判ることだ。「パンダコパンダ」以来、宮崎駿にたったひとつだけ一貫したテーマがあるとすれば、それは反戦平和でもエコロジーでもない。それは「少女のエロス」以外のなにものでもない。この指摘が冒瀆であるといまだ腹を立てる者は、みずからが宮崎の「国民作家」的な金看板（きんかんばん）に眩惑されていることについて無自覚なだけである。

私は決して、宮崎がロリコンであることを理由に、その才能や作家性を貶めようと意図しているわけではない。宮崎は「ロリコンであるにもかかわらず素晴らしい」のではなく、「ロリコンであるからこそ素晴らしい」のだ。創造性の中核に「少女」を置くということ。それはもちろん、日常において小児愛者として生きることとは無関係の話だ。「殺人」を繰り返し描く作家が現実の犯罪とは無関係であるように。

むろん言うまでもなく、そのロリコン性は、作品の内部でしか発揮され得ない衝動である。彼の少女への愛は、けっして「現実の少女」を巻き込むことはない。その意味において、宮崎から少女へと向けられる視線は、所有を断念した不能のまなざしだ。

しかしだからといって、それは例えば川端康成らの「不能のエロス」とは決定的に異なっている。川端の眼は、不能ゆえに研ぎ澄まされるほかはなかった視線の力で、眺める対象を所有しつくそうとしていたではないか。そして、所有の視線には、もはやいかなる「関係性」も介入できない。しかるに宮崎作品においては、少女が常に、さまざまな関係性へと向けて出立するところから物語が始まるのだ。

そう、宮崎駿の作品世界にあっては、少年少女はしばしば「出立」を強いられる。今回の原作を選定するに際しても、「動く城」の強烈なイメージが核となったこととは別に、老婆に変えられたソフィーが、ひとり出立を選択するエピソードが決定的だったのではないだろうか。ここで「旅立ち」や「出発」ではなく、あえて「出立」と言う言葉を用いるのは、それがある種の切断的な身振りであると同時に、しばしば「自殺」の隠喩ですらあるからだ。

ところで本作は、少なくともその前半部分に関しては、予想以上に原作（原案）に忠実なのだが、いくぶん設定がわかりにくいところもある。ここで説明されていない部分をしょうしょう補完しておこう。

単純に考えて、ソフィーはかなり不幸なヒロインだ。彼女は帽子屋の三人姉妹の長女で、母親を早くに亡くし、父親が再婚した若い義母に育てられる。末娘マーサ（映画には登場しない）は再婚した義母の実子だが、上のふたり、ソフィーとレティーは継子ということになる。おとぎの国だけあって継子いじめがはじまるかと思いきや、さにあらず。若い義母は三姉妹をわけへだてなく遇するのだが、父親のハッター氏が急死して事態が急展開する。すなわち、物語が始まるのだ。

ハッター氏は、娘達の教育のために、多額の借金を抱えていた。主に経済的な理由から、母親ファニーは三人の娘に学校をやめさせ、かなり強引にそれぞれの進路を決定する。すなわち、末娘のマーサは友人の魔女、フェアファックス夫人に預け、次女のレティーはパン屋「チェザーリ」に奉公に出す。そして長女のソフィーには帽子屋を継がせるのだ。ところが帽子屋は、ソフィーが自覚なしに魔法を使っていたために大繁盛してしまう。ソフィーは本当に自分のしたいことがわからないまま、ますます仕事に忙殺されることになる。

ある日ソフィーはレティーの店を訪ね、レティーから驚くべき事実を知らされる。その事実の半分は映画作品とは無関係なのでここには記さないが、ともかくレティーによれば、母親のファニーが以前から娘たちを疎ましく思っており、厄介払いを目論んでいたと言うのだ。実子のマーサすら遠いところへ追いやり、結婚願望の強かったレティーは男性と知り合う機会の多そうな職場に奉公に出す。ソフィーを手許においたのは、要するに彼女が従順で使いやすかったから、というのが理由らしい。その証拠に、ファニーは店をソフィーに任せたまま、「仕入れ」と称して毎日遊び歩いているのだという。そしてソフィーは、店の繁盛を一手に引き受けているにもかかわらず、まだ「見習い」であることを理由に無給で働かされているのだ。

ここで私は、またしても私以外の「信者」の顰蹙（ひんしゅく）を買いそうなことを指摘しなければならない。宮崎の紡ぎ出す物語の魅力は、そのかなりの部分が、こうした児童虐待すれすれの設定に負っているのではないか。むろんそれは「トトロ」で父と娘が一緒に入浴するというシーン（北米では処罰の対象となる性的虐待だ）からの連想ではない。「パンダコパンダ」以来、主人公の少年少女は、ほぼきまって生死を賭した過酷な運命に翻弄されるか、そうでなければ成人なみの労働を事実上強制されている。子どもの強制労働からの解放と義務教育（子どもに教育の機会を与える義務）が成熟社会を構成する最低条件の一つであるとすれば、宮崎は好んでこの条件に逆行しようとするのだ。

極言するなら、宮崎駿の物語には、いかなる意味でも「無前提に幸福な子ども」が描かれることはない。まして能天気な学園生活ほど、宮崎アニメと無縁の風景もないだろう。描かれるのはそう、不幸をかこつ余裕もないほど、日々の生活に追われている子ども達の群像だ。そして、困ったことにと言うべきか、宮崎作品の魅力の大きな源泉のひとつが、「労働する子ども」あるいは「過酷な運命に耐える子ども」の発揮する「性的魅力」なのである。中野翠は、確かキアロスタミの映画に関するコメントで「子どもを甘やかさない文化にあって、子どもたちのなんと可憐なことか」という意味の指摘をしていた。「働く子ども」「不幸な子ども」のエロスは、かくも普遍的なのである。

われわれはフィクションに描かれる「幸福な子ども」には容易に感情移入できない。むしろ「不幸な子ども」

のほうにこそ、より多く感情移入が可能になる。これはなぜか。われわれの、もう存在しない子ども時代の記憶は、ひとつの幻想として維持されている。事実のいかんにかかわらず、誰の心にも「ぶたれている子ども」「泣いている子ども」「耐えている子ども」という自己イメージが潜在しており、このイメージを介してのみ、われわれは目の前の子ども、あるいはフィクションの子ども達に深い感情移入が可能になるからだ。しかし「感情移入」だけでは、物語は紡げない。一歩進んで「子どもになること」「少女になること」を引き受けて初めて、私たちは「物証」を生きることになる。「働く子ども」を描くこと、そこから「働く子どもになること」は、宮崎が物語を紡ぐに際して、常に必要不可欠だった通過儀礼にほかならない。

以上から明らかになる本作のテーマ、それは「少女になること」である。

この視点から、原作からの改変部分を細かくみていくことで、宮崎の意図はさらに明らかになるだろう。ダイアナ・ウィン・ジョーンズの原作は、さすがにトールキンの弟子だけあって、かなりマニエリスティックな作りになっている。つまり原作は、いうなればポスト・ファンタジーのおとぎ話なのだ。ほとんどパロディもしくはメタ・ファンタジー的なおもむきすらあって、それはたとえば、次の冒頭のくだりにもうかがえる。

「インガリーの国には、昔話でおなじみの七リーグ靴や姿隠しのマントが本当にありました。そんな国で、三人きょうだいのいちばん上に生まれるとは、なんてついていないんでしょう！ もしきょうだいが運だめしに出れば、昔話にあるとおり、長男や長女がまっ先に、それも手ひどく失敗することぐらい、誰だって知っていたからです」

ソフィーの不幸は、現実社会の直接の反映ではない。そうではなくて、ファンタジー世界の中にあって「長女キャラ」という設定をされたがための不幸であるということ。それゆえ彼女は、ことあるごとに自分の不運や失敗を「長女である」ことのせいにする。しかし宮崎は、この種のメタフィクション的設定はいっさい切り捨て、シンプルな感情移入の回路だけを残そうとする。もっとも、宮崎の「メタ嫌い」はデビューから現在に至るまで一貫したものではあるのだが。

こうした単純化は、設定だけに限ったことではない。原作のソフィーは不幸な少女ではあるが、必ずしも過酷な運命に耐えるだけの少女ではない。またハウルはけっして、ソフィーに優しいだけの美青年ではない。むしろハウルは、徹底したナンパ師であり、美女を落としてはすぐに捨てることを繰り返すようなナルシシストなのである（原作では、少女のソフィーを最初に誘惑するのは、兵士ではなくてハウルのほうなのだ）。

映画では思春期前の子どもとして登場するマルクルは、原作では一五歳の少年マイケルであり、時にはハウルを恋敵とみなすような側面を持っている（ちなみにハウルもマイケルも、ソフィーの妹たちを口説き、あるいは交際する）。さらに決定的なのはソフィーで、彼女はハウルのナンパ師ぶりが気に入らず、ハウルの衣装を切り刻むような嫉妬深い側面が描かれる。そして、以上のような複雑な関係性はすべて、アニメ化に際しては捨象されている。

以上のように、原作との興味深い相違に加えて、本作ではこれまで宮崎作品ではあまり描かれてこなかったような、新しい描写がいくつか付け加えられている。

その第一は、なんといってもハウルの造形にある。ハウルは、宮崎作品に初めて登場した美青年キャラの主人公だ。しかも半裸のヌードや、腰に巻いたタオルが落ちてソフィーが目を逸らすシーン、さらに、ある種の婦女子にはツボであろうところの、「美青年がもだえ苦しみ緑色の液体を分泌するシーン」すら描かれる。

かと思えば、ハウルがソフィーにプレゼントする花畑の風景は、これまでの宮崎美学の範疇にはなかったものである。従来宮崎が描いてきた「美しい風景」には、あからさまなほど作家自身の心象が投影されていた。しかし、この絵葉書のようなお花畑はひたすら美しいばかりで、これまでのように、風景を通じて作家の内面に親密な通路が開かれるかのような感覚を与えてくれない。この点は、ハウルがカルシファーと契約をかわす回想シーンにおける、やはりきわめて美しい流星雨のシーンにも共通している。

かつて渋谷陽一は、宮崎へのインタビューにさいして、一つの質問を執拗に問うていた。それは「天空の城ラピュタ」において、「なぜパズーとシータはキスをしないのか」というものだ。確かに、ともに苦難を切り抜けてラピュタに辿り着くという最高のクライマックスにおいて、子ども同士とはいえ男女がキスで歓びを表現することは自然なことだ。これは千尋とハクの再会シーンについても言いうることで、この禁欲的身振りの不自然さは、ひょっとすると倫理的な動機以外のものに起因するのではないかと私には思われた。

ところが、本作にあっては、ソフィーはキスの大盤振る舞いである。それもおでこや頬に対する儀礼的キスではなく、ちゃんとした唇へのキスだ。実はこれまでの宮崎作品において、この種のキスはほとんど描かれてこなかった。「未来少年コナン」におけるラナのキスはコナンへの人工呼吸としてなされるし、「紅の豚」におけるポルコへのフィオのキスは、豚と人間の組み合わせであると同時に、魔法解除の意味もある。つまり、いずれも正統的な愛情表現としてはなされていない。だからこそ、本作の「キス」には重大な意味があるのだ。

これまで宮崎は、どちらかといえばヒーローの側に同一化して作品を作ってきたのではなかったか。それがいかにもあからさまな「紅の豚」はともかくとして、他の作品にあっても、宮崎の視点は常に男性の側にあったように思われる。そう、たとえ少女が主人公であっても。それは男性の側にあってヒロインを守り、あるいは見つめる視点であり、その「守る立場」からすれば、ヒロインのキスシーンは「みずからにキスを強いること」にほかならない。ひたすら見守ることに慣らされてきた宮崎の、いうなれば騎士道的倫理観が、可憐なヒロインから「キスされること」を潔しとはしなかったのではないか。本作に至るまでに一貫してみられた「キスの禁欲」は、私にはそのように見える。

それでは、本作において、いったい何が変わったのだろうか。そう、本作において、ついに宮崎は「少女の視点」に完全に同一化を遂げたのではないだろうか。「九〇歳の老婆」に「六三歳の自分」を重ねることによって、ようやくそれは可能になった。このように考えるなら、先に述べた「新しい風景」の意味もよりはっきりしてくる。

重要なのは高齢であることばかりではない。ソフィーがなぜ、老婆に変えられた瞬間を除いては、むしろ唯々諾々と老婆であることを受け入れたのか。「荒地の魔女」が魔力を奪われて以降も、ソフィーがいくぶん若返りこそすれ元の若さを回復しないのは、そこに彼女自身の意図も働いていたためではないか。だとすれば、それはいかなる「意図」なのか。

ソフィーはみずからの欲望に苦しんでいた。彼女がしきりに自らの容姿を「美人ではない」と強調するのは、美人であったならありえたであろう別の欲望を断念するためではなくて何だろうか。彼女は、自らがファンタジー世界の住人であること、その世界においては「長女」であることが決定的に不利であることを良く理解している。それは彼女にとっての不幸には違いないのだが、しかし見方によっては、自らの真の欲望と向き合わないための方便に過ぎないようにもみえる。だからソフィーは、長女である宿命を本心から呪うのではない。そうではなくて、自らの欲望の不在をアリバイ証明してみせるために「長女に生まれた不幸」で偽装するのだ。

原作にはなくて映画に付け加えられたソフィーのセリフに、「年を取っていくことは、捨てるものが少なくなることだ（大意）」というものがあった。これは宮崎の素直な心情吐露のように私には思われる。ここに、少女そのものになることを禁欲し続けてきた老アニメーション作家のイメージを重ねるのは間違っているだろうか。

しかし加齢することは、必ずしもセクシュアリティをそぎ落としていく過程ではない。むしろその反対である。加齢は、性の根幹を覆い隠していた幻想の枝葉を少しずつ落としていき、個人のセクシュアリティの本質をいっそう露わにしていく過程にほかならない。ソフィーは九〇歳の老婆になったことにショックを受けるが、それが自分にとって大きな救いであり解放であるという事実に気付いていない。しかし、老婆に変えられた結果、彼女は過酷な使役からようやく解放され、さらに恋愛の可能性から解放されてハウルの城に勝手に掃除婦としてあがりこむ大胆さを獲得し、ハウルの保護者として振る舞いたいという自らの欲望を発見するのだ。

この過程をはっきりと印象づけるべく、宮崎は原作の対人関係における複雑性を縮減している。ハウルのナンパ師ぶりは曖昧にぼかされ、マルクルは恋愛以前の子どもにされ、ソフィーが嫉妬する場面はカットされる。たったこの程度刈り込んだだけで、全員が見事に宮崎キャラのアンサンブルへと化すあたりは、実際見事としか言いようがない。

宮崎がどれほど自覚的な寓意を込めているかは判然としないが、ここには現在の若者達がおちいっている絶望、いや「幻滅」感に対する、すぐれて本質的な指摘がある。そう、それらは喪失感とは別種の感覚なのではないか。「動機や欲望がない」という欠落感は、実際には自らの真の欲望に直面することを回避するための幻想なのかもしれないからだ。

自らの欲望を知るために、まったく異質な他者に同一化を試みること。精神分析はこの身振りを「象徴的同一化」と呼ぶ。宮崎は九〇歳の老婆ソフィーに象徴的に同一化することで、一八歳のソフィーの欲望を見出そうとした。美青年ハウルやお花畑、流星雨、そしてなによりもあのキスたちが、九〇歳の老婆を通じて六三歳のアニメ監督によって見出された少女の欲望を体現している。それがいささか的を外した女性向けサービスに見えたとしても、そんなことは問題ではない。

最後にソフィーが望んだもの。それが、敵対し異質であったものたちが親密な家族として生き延びることだったことを思い起こそう。あえて「少女になること」をも辞さなかったアニメーション作家によって、「労働」と「性愛」、そして「家族」の普遍性がこれほどまでにリアルに示されたとすれば、われわれはそれを「いつものお説教」と笑うわけにはいかない。働き愛し分かち合おうと、いまなら呟いてもいいだろう。それにしても、「少女になること」で新境地に至った作家が次にどんな風景を見せてくれるのか、早くも待ちきれないのは私だけではないはずだ。

118　名前のない不思議な現象
――片渕須直監督「この世界の片隅に」

「人生を変えるアニメ」ということなら、それは一本しかない。こうの史代原作、片渕須直監督作品「この世界の片隅に」だ。

何もこの作品を観て私の人生が変わった、などと大げさなことを言うつもりはない。今言えることは、半世紀あまり生きてきて、劇場で七回鑑賞した映画は本作しかない、という事実だ。同じ映画を七回鑑賞すると何が起こるのか。映画の内容と自分の人生の記憶が入り混じり、作品の内容に言いしれぬ「懐かしさ」すら覚えるようになるのである。

このアニメが描くのは、太平洋戦争（第二次世界大戦）当時の広島と呉の物語だ。……という紹介は嘘ではないのだが、きっと君たちはこう思うだろう。ああ、戦争や原爆の悲惨さを描いた反戦作品なのね、と。そういう作品が大切なのは知ってるけど、今はちょっと観たい気分じゃないな、と。

もちろん「火垂るの墓」のように、戦時中を描いた傑作アニメもあるけれど、こういう場所で勧めるつもりはない。作品の優劣の問題ではない。私が若い世代に伝えたいのは「志の高い傑作」よりも「圧倒的に面白い」作品の方だ。だから自信を持って断言するが、本作はともかく面白いし笑える作品だ。そしておしまいに、得体の知れない感動を与えてくれる。観た人の数だけ感想が生まれ、対話がひろがっていく。だからこそ、ここで勧めているのだ。

それでもまだ不安だというひとのために、ちょっとだけデータを紹介しておこう。この映画はもともと、クラウドファンディングで製作資金を集めるところからスタートした低予算映画だった。それが二〇一六年一一月に公開されるや絶大な反響を巻き起こし、その年の数々の映画賞に輝き、累計動員数は二〇〇万人を突破、興行収入二七億円を達成した大ヒット作となった。その後世界六〇カ国以上で相次いで公開され、いずれの地域でも高評価を獲得している。つまり、アニメ史どころか映画史に残る傑作として、すでに本作の評価はゆるぎない、ということだ。

あとは黙って本作を観ればいい話なのだけれど、それでは紹介文にならないので、蛇足を少し記しておく。

アニメという表現は、複数のレイヤーが重ねられるようにして作られる。原作、絵コンテ、背景、キャラクター、運動、声、サントラなどなど。その意味で、もっとも徹底した作り込みができるのもアニメだ。本作においては、そのそれぞれのレイヤーがあまりにも高品位なのである。

こうの史代の原作は、もちろん漫画史に残る傑作であり、少なからぬ原作ファンが、このアニメ化を固唾を呑んで見守っていた。私もこうのファンの一人として本作を観たのだが、ここには原作とアニメの最も理想的な関係があると感じた。単に「忠実なアニメ化」というだけではない。アニメ化を経ることで、原作の理解がさらに深まるような、〝相思相愛〟的な関係がそこにあった。

ついで特筆すべきは、あの「声」の素晴らしさだ。とりわけヒロインの「すずさん」を演じた女優、のん（能年玲奈）の演技は、一度耳にすると彼女の声以外は考えられなくなるほどであり、本作の評価を一段と押し上げている。

サウンドトラックを担当したコトリンゴの音楽は、この映画の「空気感」とでもいうべきものを決定的なものにしており、原作の中でアニメ化しにくいモノローグ部分を歌詞に折り込むなど、本作の「音」の世界をいっそう豊かなものにしている。

素晴らしい、というよりは凄まじいのは、片渕監督の徹底した時代考証だ。映画冒頭で子ども時代のすずさんが道に迷う「中島本町」は、原爆によって失われた町である。しかし監督は緻密な調査と人々の証言から、当時の街並みをみごとに再現してみせた。忘れないための考証、というものもあるのだ。さらに戦闘機の研究家としても知られる監督は、空襲や爆撃のシーンも圧倒的なリアリティで描き出す。自衛隊基地で録音されたという砲撃の音は、生々しい殺気に溢れ、ひたすら恐ろしい。

繰り返すが、本作では「戦争の悲惨さ」「原爆の恐ろしさ」「反戦平和の願い」といったテーマはあまり主張されない。片渕監督が意図したことは、ヒロインである「北條すず」をできるかぎりリアルに存在させることだったという。ある雑誌でのインタビュー取材で、私の質問に片渕監督はこんなふうに答えてくれた。「僕は、『この世界』という作品を、曖昧な主体を持つ人の存在の焦点が、だんだん結ばれていく作品だろうと思うんです」

なるほど、確かに私たちは、幼かったすずさんが成長し、結婚し、家庭に入り、最後に「母」になっていく過程によりそいながら、すずさんの存在を理解していくことになる。初恋の人への想い、夫である周作との絆、爆弾で姪の晴美と自分の右手を失うこと、孤児ヨーコとの出会い。そうした出会いや出会いそこねの集積が、すずさんのアイデンティティを形成していくのだ。監督による緻密な時代考証もまた、すずさんというキャラクターをいっそうリアルなものにしている。まさしく作品全体が、すずさんという存在に捧げられているのだ。

おそらく本作を見終えるころには、不思議な現象が起こるだろう。すずさんというキャラクターがリアルに思えるほど、自分自身に対しても何かしら肯定的な感情が生まれてくる、ということ。この現象にはまだ名前がない。精神医学的にも解明されていない。おそらく他者の存在を、意味や価値といったモノサシ抜きに受け容れることができた、という経験は、それをなしとげた自分自身への承認にもつながるのだろう。たぶんこの作品にはそういう「治療」的意味があるはずなのだが、そういう理屈は後回しでいい。まずは観て、楽しんで、なにがしかの驚きを感じて欲しい。

119 関係することのエロス
——西川美和監督「ディア・ドクター」

西川美和の存在は、邦画におけるひとつの希望である。大げさではなく、私は本気でそう考えている。シネコンの急速な普及は邦画の堕落を加速させたが、だからといって単館公開系のマイナー作品にばかり希望を託すのは何か違う。西川はシネコン向けのメジャー感と作品の良質さを奇跡的なバランスで成立させうる、希有な才能を持つ一人なのである。

私が西川美和を圧倒的に支持する理由は、控えめに見て三つある。

まず第一に、画面が明るいこと。大半の駄目な邦画の技術的問題は、いまだに画面が暗く「影」が汚いことだ。もちろん照明の問題でもある。主要な登場人物の顔がすべて影に入ってしまうような馬鹿げた事態——駄目な邦画では実に多い——を決して許さない西川は、まぎれもなく同志だと私は勝手に思っている。

物語の構成がしっかりしていること。立体的な構造がはっきりとあって、巧妙に張り巡らされた伏線はきちんと回収される。そこに「曖昧さ」はあっても「混沌」はない。まさにこの点があればこそ、彼女の作品の成功が決して偶然の産物などではないと信頼することができる。

〝女〟が描けていること。監督が女性なのだから当然、とは思わない。〝少女〟か〝母〟か〝娼婦〟以外の女がめったに登場しない邦画の画面に、そのいずれでもない〝女〟（本作で言えば、頼もしい大竹看護師と、あの素晴らしい鳥飼かづ子）をしっかり登場させている。

さて、「ディア・ドクター」である。

過疎地で診療にあたり村民全員から神様のように感謝されていた初老の医師・伊野が、ある日突然、失踪する。警察の捜査が進む中、彼が無資格の偽医者だったことが判明し、彼を取り巻いていた複雑な人間関係が次第にあらわになっていく。要するにそういう話だ。

本作の、ほんのわずかな欠点の一つは、この物語があたかも過疎地医療という深刻な問題を扱った社会派作品と誤解されてしまう可能性をしっかり封じきれていない、という点である。むろん本作はそうした作品ではないし、西川は周到にも、医療問題についてはわざと浅くしか描いていない。彼女が本気でこの問題に取り組んだら、到底こんなものでは済まないだろう。

赤貝を喉に詰めて死にかける老人を救命するシーンがコメディタッチで描かれていたことを思い出しておこう。このシーンは要するに「これは『生命の尊厳』を問う、みたいなお話じゃありません」という宣言なのだ。村人の大仰な感謝ぶりも、偽医者と発覚してからの掌返しも、いずれも喜劇的なデフォルメがほどこしてある。つまり〝過疎の現実〟は関係性のダイナミズムを描くために要請された、いわば書き割り的な背景であって、それゆえ必要以上に「リアル」には描かれない。

そう、西川の関心はそちらにはない。彼女が照準するのは「関係性」だ。ある状況下におかれた人間どうしの抜き差しならない関係が、思いも寄らない「事件」に帰結すること。事件によってあらわになる関係もあれば、隠蔽されてしまう関係もある。前作「ゆれる」においては吊り橋での「殺人事件」が、本作では「偽医者失踪事件」がそれに当たるだろう。

そうした視点からみると、村人から尊敬される医師が実は無資格だったという、いかにもありそうな設定こそがアイディア賞ものなのだ。都市部と異なり、過疎地の医師は、村人一人一人と〝関係〟することが、そもそもの仕事となる。まして無資格ともなれば、常に医師を演じ続けねばならず、相手次第で繊細に演じ分けることも必要となろう。よく「偽医者ほど親切」などと言われるのは、そういう事情もあってのことだ。

医師を演じ続けるには、周囲の〝協力〟も必要だ。無自覚なまま積極的に騙されてくれる存在（研修医の相馬）や、うすうすは真実を察しながらもかばってくれる存在（看護師の大竹や製薬会社MRの斎門）が。こうした複雑な関係性の上に、あやういバランスで成立するのが「偽医者」なのである。考えようによっては本物の医者以上に、関係性のメンテナンスが大変そうな立場だ。にもかかわらず、なぜ伊野は、医師を演じ続けたのか？

飛んでくる球を打ち返しているだけだ、と伊野は言う。その伊野の気持ちを刑事達に代弁するのは斎門だ。愛ゆえの行為か、と茶化す刑事の前で、斎門は椅子ごと倒れてみせる。とっさに助け起こした刑事に彼は言う。今の行為も愛ですか？　違うでしょ？　と。伊野は望んでその地位を得たが、「なりゆき」や「しがらみ」にがんじがらめにされて、もはや降りるに降りられない。

しかし本当に「なりゆき」だけか。研修医・相馬の言葉は、別の可能性も示唆してくれる。彼は研修を終えたらこの診療所に戻ってきたいと伊野に言う。都市の巨大な医療システムの中では、患者個人をまるごと相手にすることはできない。この村では個人を相手にしてちゃんと感謝される、と。

相馬の弁舌は大切なことを語っているようで、やはりどうしようもなく薄っぺらい紋切り型だ。しかしそのぶん、伊野への巧まざる批判ともとれる。唯一の、かけがえのない存在として人々を助け、感謝され、尊敬されること。そうした強い承認で自己愛を満たしたいという欲望もまた、伊野の心にはなかったか。そこに、優れた医師であった父親への憧れがさらに重なるだろう。

せめて相馬にはわかってもらおうと「自分はニセモノ」「資格がない」と告白しても、相馬はそれを謙遜ととらえて勝手に納得してしまう。そういえば伊野は相馬との最初の出会いでも「ボク免許ないのよ（車の）」と〝告白〟していたではないか。またしても、なんという周到さ。

大竹看護師やMR・斎門との関係は、もう少し込み入っている。彼らは伊野の素性が胡散臭いことにうすうす気付いている。しかし、それぞれの事情から伊野は彼らにとって大切な存在なのだ。

大竹は意のままになる医師のおかげで、間接的に村の医療に貢献できるし、ついでに小児ぜんそくの息子の薬も手に入れやすくなる。斎門はこの村で処方される薬の販売ルートを独占できる。だからこそ彼らは、あえて伊野の〝共犯者〟となる。

かくも絶妙なバランスで支えられる偽医者システムに亀裂を入れるのが、伊野と鳥飼の関係だ。笑福亭鶴瓶と八千草薫という配役は、アテ書きしたとしか思えない（実際には違うらしいが）。

鶴瓶のはまりっぷりは今更言うまでもない。どことなく闇を宿した人なつこい笑顔。コメディからシリアスへと一瞬で「転調」できる希有な顔の持ち主として、彼以外の配役はちょっと思いつかないほどだ。頼もしいようで頼りないようで、「この先生なら仕方ない」と思わせるたたずまい。これは僻地の医師として理想的な資質でもある。

加えて八千草薫の存在感は比類ない。私ごときはたかだか三〇年来の新米ファンに過ぎないが、加齢そのものが〝女らしさ〟をいっそう研ぎ澄ますという奇跡を目の当たりにしては、もはや陶然とするほかはない。伊野と鳥飼の、限りなく恋愛に似た不思議な関係性を描き得たというだけでも、本作には不朽の価値があるだろう。

これは私の勝手な憶測だが、西川監督は「やおい」や「ＢＬ」がお好きだったりはしないだろうか。本作はともかく「ゆれる」については、香川照之とオダギリジョーという格差兄弟のカップリングが、多くの腐女子たちの二次創作意欲を大いに啓発したであろうことは想像に難くない。

彼女たちの欲望は基本的に「関係萌え」だ。落差の大きな関係性に物語のダイナミズムをもたらすこと。西川作品にはしばしば、そうした駆動原理が働いている。

加えて全体に漂うエロティシズム。「ゆれる」においてはかの有名な「舌出せよ」（ｂｙオダギリ）のセリフにその片鱗があらわれていたが、本作においてはさらにその描写は精緻をきわめる。

鶴瓶自身、インタビューで「（八千草薫に）点滴する場面、あれ完全に〝セックス〟ですよね」と語っていたが、まさにその通り。というか、それ以前にあの「胃カメラ」がそうだ。秘密の訪問（往診）→食事→口説く（受診を）→秘密の待ち合わせ（診療所で）→二人きりで結ばれる（胃カメラで）→事後の語らい、という流れには、淫靡というよりも顔を赤らめたくなるような初々しさすら漂うではないか。

素性がばれた後、口々に彼を批判する村人。そして鳥飼もまた、刑事の「あの男があなたに何かしてくれたでしょうか」という問いに答えて「なんにも」と断言する。この言葉に、他の村民達の言葉とは異なる複雑な残響を聴き取ることは難しくない。少なくとも私には、これが彼女なりの「弁護」にしか聞こえなかった。伊野先生は彼女の願い通り『何もしない』をしてくれました」と言っているのだから。

医師でもある鳥飼の三女・りつ子（井川遥）の追及を必死で逃げ切る伊野。ほっとしたのもつかの間、次の帰郷が一年先になると聞いて、ついに伊野は決壊する。なぜここで偽医者システムは破綻したのか。その答えは必ずしも単純ではない。

伊野はどこかで「降りる」チャンスを無意識にうかがっていたのではないか。自分を信じ切っている鳥飼を騙し続けることは、そろそろ限界だった。彼はどこかで、娘に正体を暴いて欲しかったのではないか。しかし、意外にも騙しおおせてしまった。

娘が次に帰郷するまでに、鳥飼は死期を迎えるだろう。もしそうなれば、偽医者であり続けることはますます不可避になる。あの瞬間に逃げださなければ、もはや「降りる」チャンスはなかったのだ。彼は逃げることで、鳥飼との「何もしない」という約束を守り切ったのだ。

実はこの後、二人はもう一度、笑顔を交わし合うことになる。このとき鶴瓶は、みずからの顔を一切出さずに、笑顔だけを見せる。このチェシャ猫のような難度の高い技は、あまりに自然に発揮されるので、うっかり見過ごさないように注意しよう。ここから、あの完璧なラストシーンへとつながるシークエンスをじっくりと堪能するためにも。

120 脳は「社会」とともにある

――サラ・フェルデス監督「リアル・レインマン 『レインマン』のモデルになった僕」

一九八八年に公開され、アカデミー賞主要四部門（作品賞、監督賞、主演男優賞、脚本賞）を受賞した映画「レインマン」の主人公には、実在のモデルがいる。キム・ピークという、今年（＝二〇〇八年）五七歳になるアメリカ人の男性だ。

この作品は、タイトル通り、キム・ピーク自身を主人公とするドキュメンタリーである。

キムは「サヴァン症候群」と呼ばれる障害を持っている。この障害の存在を全世界に知らしめたことも、映画「レインマン」の功績の一つだった。

映画でダスティン・ホフマンが演じた主人公、レイモンド・バビッドは、自閉症という設定だった。しかし、ピーク自身は自閉症ではない。重度の脳器質性障害である。この障害ゆえに、彼は今でも自分の身の回りのことができない。一人では歯も磨けず髭も剃れず、着替えもできない。日常生活のほとんどの場面において、ピークの父親フランの介助が必要なのだ。

サヴァン症候群とは、精神発達遅滞や自閉症などの障害をもちながら、ある分野に関しては常人では考えられないような高い能力を発揮する人を指す言葉である。「サヴァン savant」とはフランス語で「賢人」を意味する。かつては「イディオサヴァン idiot savant（賢い白痴）」などとも呼ばれたが、"idiot"には差別的な意味があるため、現在はこちらの呼称が用いられるようになっている。

原因についてはは諸説あるが、狭義のサヴァン症候群はかなりまれな存在で、この番組でも全世界でわずかに五〇人程度とされている。中でもキムのように突出した才能を持つケースは「メガ・サヴァン」とも呼ばれたりする。

本作では、キム・ピーク以外にも何人かの「サヴァン症候群」の事例が紹介されている。たとえばオーランド・セレルは、過去の日付を示されると、その曜日と天気を瞬時に言い当てることができる。またディン・ボティーノは、他人とのコミュニケーションはできないが、素晴らしい絵で自分を表現する才能を持っている。

彼らの才能は、かなり限られた分野で発揮されることが多い。またその才能は、多くの場合、重い障害の代償として発達したものだ。この点は、キムも例外ではない。

キムは一九五一年一一月一一日に、ユタ州のソルトレークシティに生まれた。

彼は大頭症（macrocephany）で、通常より三〇%も大きく重い頭であったため、首の座りが悪かった。また後頭部に脳瘤と呼ばれる、野球のボールほどもあるこぶがあって、瘤の中に脳の一部が入り込んでいた。この瘤は成長とともに引っ込んだが、そのさい小脳の一部が損傷され、障害を残すことになった。しかし最大の障害は、左右の大脳半球をつなぐ脳梁が形成されていないことだった。

脳の実質に奇形や損傷があって起こる障害を、脳器質性障害と呼ぶ。キムのサヴァン症候群は、彼特有の脳器質性障害に起因するものだった。この障害のため、キムの発育は、通常の子供の発育とは大きく異なっていた。子供の頃、キムは子供らしい遊びをせず、刺激にも反応せず、歩行や言語の発達にも大きな遅れがみられた。

生後間もないキムをたった五分間だけ診察した医師は、こう言い放ったという。「すぐ施設に入れなさい。重度の知的障害児です。何かを学ぶ事も歩く事もできないでしょう。施設に入れて忘れてしまうことです」と。

しかしキムの両親は、彼とともに生きることを決意した。

キムの特異な才能に両親が気づいたのは、彼が三歳の時である。

あるとき、床に座り込んで新聞を眺めていたキムは、不意に両親に向かって「“con-fi-den-tial”ってどういう意味?」とたずねた。母親は深い考えもなしに、冗談めかして「辞書を引いてみたら?」と答えた。キムはすぐさま机によじ登って辞書を引き、その語句をみつけるや、意味を読んでほしいと両親にせがんだのだ。

これに驚いた両親は、以前よりも注意深くキムの行動を見守るようになった。その後キムの才能は急速に開花し、六歳の頃にはすでに百科事典のすべての項目を暗記してしまっていた。

このようにサヴァン症候群にとっては、周囲の人がその「才能」にいかにして気づくことができるかが、きわめて重要な意味を持つ。キムのエピソードから私が連想したのは、同じくサヴァン症候群を持つであろう大江光のエピソードである。光もまた、脳ヘルニアによって障害を持つに至った点はキムと同じである。

光の父親である大江健三郎は、彼がはじめて息子の才能に気づいた瞬間を次のように述べている。

ある夏の朝、彼が息子を肩車して林の中を歩いていると、クイナが「トントン」と鳴いた。すると、頭の上で「クイナ、です」という声がした。息子が喋るはずがないため、彼はその声を幻聴だと思った。しかし、半信半疑のまま祈るような思いで待っていると、もういちどクイナが鳴いた。「そして、私は、頭の上で、息子の澄んだ声がはっきりというのを聞きました。『クイナ、です』」(大江健三郎『時代と小説/信仰を持たない者の祈り』新潮カセット講演)

その後、光は鳥の鳴き声や音楽に強い関心があることがわかり、一一歳でピアノのレッスンをはじめ、一三歳からは作曲を手がけるようになっていく。

キムは今、父親のフランとともに、毎日ソルトレークシティの市立図書館に通っては、文字どおり万巻の書を読み、知識を吸収し続けている。彼の記憶力は、一五もの分野において発揮されるという。例えば、アメリカ中の都市や道路の名前、歴史、郵便番号、NASAのすべての業績、聖書の言葉などである。

キムの読書法も独特だ。彼は本を開くと、左眼で左の頁を、右眼で右の頁を同時に読むことができる。また彼は、文字をひとつひとつ追うのではなく、スキャナーで画像をスキャンするように本のデータを読み込んでいく。

このためもあって、通常人なら一頁に三分かかるところを、八〜一〇秒で読んでしまうことができるのだ。

なぜ、こんなことが可能になったのか。

この作品の中で、キムの脳の秘密に迫る科学者の一人、カリフォルニア大学のV・S・ラマチャンドランの仮説はこうだ。

キムは情報を一切加工せずに記憶している。これは、言い換えるなら、概念的な思考ができないということだ。キムはなんでも文字どおりに理解してしまうため、「たとえ」や「ことわざ」を理解できない。たとえば「光るものすべてが黄金とは限らない」という簡単なことわざを、キムは理解できなかった。あるいは、誰かがキムに「もうちょっと自分を押さえて」と言うと、キムはそれを文字どおりに受け取って、自分の体を押さえようとする。

こうした能力の障害は、カルフォルニア工科大学の心理学者リン・ポールも指摘している。それは「心の理論」の障害である。「心の理論」とは、相手が何を考えているか、相手が自分の言葉をどう理解しているか、そうしたことへの理解力を指している。その意味では、彼は人間への興味と社交性を持ちながら、相手の考えを十分に理解することができない。

つまり、キムの特別な才能は、彼の脳に備わった障害を代償すべく発達した可能性がある、ということだ。

その原因と目されているのが、左右の大脳半球をつなぐ脳梁の欠損である。有名な俗説に、左脳は言語的、象徴的、概念的な機能をつかさどり、右脳は具象的、イメージ的、直観的な認識をつかさどる、というものがある。この説に科学的な根拠はないが、キムの脳の働きを説明するための比喩として考えてみよう。

左右の脳の間の連結の弱いことが、いわゆる比喩や概念などの〝左脳的〟な能力の発達を遅らせた。キムの脳はその代償として、イメージや直観などの〝右脳的〟な機能を異常なほど発達させた、とは考えられないだろうか。

このため、彼の言語理解は、自動的かつ機械的で、まさにコンピュータがデータを取り込むように正確である。しかし、この過度な正確さゆえに、彼は「たとえ」や「ことわざ」が理解できないのだ。

このように、キムの脳から得られる知見には、脳が秘めているさまざまな可能性がみてとれる。たとえば彼は、人間の脳がどのようにコンピュータと異なっているのかを教えてくれる。

おそらくすべての脳には、もともとコンピュータ並みの記憶力や計算力が備わっている。たとえば子ども達の多くは、キムのような「直観像」（見たものをそのまま図像として記憶する力）の能力を持っている。

成長とともにこれらの能力は失われるが、これはひょっとすると、物事を概念化したり、隠喩を理解したり、相手の心に共感したりする能力を獲得する代償なのではないか。いずれもキムには欠けている能力であり、同時にそれらは、いかなる人工知能にとってもいまだ未踏の領域である。

だとすれば、われわれはキムの才能に感嘆すると同時に、われわれの脳が当たり前のように発揮しているさまざまな能力にも同じくらい驚くべきだ。なぜならそれらは、どんなスーパーコンピュータも及ばないほど特異で謎に満ちた作動をするのだから。

キムの物語にはもうひとつ、特筆しておくべきことがある。

彼に社会参加を促したのは、レインマンの主演俳優であるダスティン・ホフマンだった。彼は父親のフランにこうすすめた。

「キムの才能を世間に公表すると約束してください」と。

これはきわめて、勇気あるアドバイスと言うべきだろう。なぜならわれわれは、キムのような才能を目の当たりにしたときに、その公表をためらわずにはいられないからだ。「彼の障害を見世物にしてしまうのではないか」「彼を傷つけることにならないか」「家族の中で人生を全うする権利に踏み込むべきではない」などと考えて。

しかし結果的に、このアドバイスがキムを救ったのである。

ホフマンの勧めにしたがって、フランはキムの才能を世間に公表した。驚いた事にキムは、すぐに人前で話せるようになり、誰にでも接することができるようになった。一四歳まで生きられないと言われ、人の顔もまともに見られなかったキムは、いまや六〇歳を目前にして、世界一有名なサヴァンとしての人生を楽しんでいる。

精神科医・中井久夫は、「天才は集団現象である」と述べている。一人の天才の才能が十全に発揮されるためには、家族や支持者の献身的なサポートが欠かせない、というほどの意味だ。メガ・サヴァンとしてのキムの才能は、父親のサポートなしには発達し得なかったであろう。しかし私がこの作品で最も驚かされたのは、そのサポートのありようが、徹底して社会化を志向するものであった点である。

人間の脳の機能は、けっして頭蓋骨の中だけで完結しているわけではない。それは社会とともにあることで発達し、社会化によって最大の可能性を引き出すことができるということ。日々「ひきこもり」の臨床にかかわる私にとって、この認識こそが、キム・ピークからの最大の贈り物である。

121 狂気の種子と「女性」の謎
――ヤン・シュヴァンクマイエル監督「ルナシー」

シュヴァンクマイエルといえば、「狂気」はおなじみのモチーフだ。いや、ひょっとするとシュヴァンクマイエルは、狂気こそ「人間」の本質であると考えているのではないか。ひさびさの新作「ルナシー」を観て、あらためて私はそう確信した。

もちろん過去の作品の至る所にも、その徴候はみてとれる。たとえば「ルナシー」の前作にあたる長篇映画「オテサーネク」。そこで描かれたのも、ときに狂気すれすれまで暴走してしまう人間の欲望ではなかったか。

子供がいない夫婦が木の根っこを子供代わりに可愛がろうとする。そのたわいもないゲームに、みるみる取りつかれたようになっていく妻の不気味さ。やがて狂気が現実化し、オティークと名付けられた「子供」は何でも食べてしまう怪物に変わってゆく。しかし、食人に至るほどのオティークの異常な食欲すらも、母性は否認しようとする。その挙げ句、欲望の過剰がもたらした怪物によって、当の欲望の主体が食い尽くされてしまうという結末。文明批評への視点をはらむ、実にシュヴァンクマイエルらしいアイロニーだ。

ところで私は、「ルナシー」を観ながら、ある古い映画のことをしきりに連想していた。フィリップ・ド・ブロカ監督の「まぼろしの市街戦」である。第一次世界大戦末期のフランスのある村が舞台のコメディーだ。村人が逃亡しドイツ軍が撤退した後、誰もいなくなった村で、精神病院から脱走した患者たちがさまざまな役に扮して「日常」を演ずる。村に紛れ込んだ主人公は、ひょんなことから彼らの王に祭り上げられる。しかし彼らは知っているのだ。これが一時の解放、ひとときの祭に過ぎないことを。外の世界では彼らは狂人でしかないことを。しかし、世界が戦争という狂気一色に染められた時、いったい狂気はどちらの側にあると言えるのか。主人公は悩んだ末に、この問いに対して自分なりの答えを出す。

おわかりの通り、ここには「ルナシー」に通ずるいくつかのモチーフがある。第一に、狂気の相対性。第二に、その相対性が自覚されたものであること。そして、聖なる娼婦とも言うべきヒロインの存在。

しかし「ルナシー」は、「まぼろしの市街戦」の素朴さからは、もはや決定的なまでに隔てられている。「まぼろしの市街戦」において、正気―狂気の境界は、それなりに明快だった。だからこそ主人公の最終決断にわれわれは感動するのだ。しかし「ルナシー」に描かれる「狂気」は、どこまでも相対的である。そこでは狂気―正気の境界は襞状に折り畳まれ、入れ子状に絡み合い、おそろしく複雑な共依存的関係を形成する。正気が狂気を決定づけつつ、しかし狂気なくしては正気もまた成立しない、というように。

シュヴァンクマイエルの語り口は、驚嘆すべき巧緻なたくらみに満ちている。少なくとも私は、いっさいの政治性を抜きにして、狂気の相対性がかくも徹底的に描かれた映画作品を他に知らない。正気―狂気の決定不可能性という素朴さ――荘子の『胡蝶の夢』のような――は、もはやそこにはない。本作における毒性の高いアイロニーは、そうした素朴さそのものに対しても容赦なく向けられているからだ。

本作が笑いの毒をもって告発するのは、一見現代の精神医療であるかのように見える。しかしよく見ると、むしろわれわれの狂気に対する態度そのものが笑いのめされていることに気づかされるはずだ。

たとえばムルロップ博士による「予防療法」は、「精神分析」のきわめて正確なパロディーである。未来のトラウマを予め体験させることで一時的に無害化するという発想は、過去のトラウマを語らしめることで永続的に無害化しようとする精神分析の反転形だ。

「正気」であるはずのクルミエール院長が主張する「監視と処罰」こそは、旧来の精神医学における治療と拘禁の発想そのままである。しかし、第一療法から第一三療法に至る、拷問とも処罰とも判然としない「治療論」

を語る院長の恍惚にも狂気は宿る。この院長の静かな狂気に比べれば、「侯爵」の瀆神的な長広舌のほうが、はるかに人間くさく思えるほどだ。

ちなみにクルミエールの治療論は、精神病はまず身体を罰することでバランスを回復するという発想に基づいている。実はこれは、現代の薬物治療の発想と驚くほど近い。向精神薬は、精神疾患をまず脳の疾患に変えることで治療しやすくするのだ、とも揶揄される。いまだ行われている電気ショック療法にしても、ソフトウェアの不調に対して、脳＝CPUにハードリセットをかければ改善するかもしれない、という程度の根拠しかない。そもそも電気ショックが懲罰的に使用されていた時代は、まだ十分に過去にはなっていない。

しかしシュヴァンクマイエルのアイロニーは、狂気のセンチメンタルな擁護にも向かわない。たとえば「自由意志療法」は、いまや全世界的な風潮となった精神医療の「脱施設化」に投げかけられた皮肉でなければ何だろうか。現代の精神医療は、いかなる監禁や拘束からも政治的に正しい距離を取ろうとする。代わって「あなたの自由意志において」という美名のもと、かつてないほど巧妙に、治療を強制するシステムが生まれつつあるのだ。

精神医学的知識が普及すればするほど、精神障害という不幸は限りなく自己責任の問題へと接近する。自由が狂気をもたらす可能性を専門家に示唆された時、いったい誰が「治療を拒否する自由」に耐えられるだろう？ 完璧な支配とは、支配される人々に、あたかも自らの意志で服従を選択したと思わせた時点で完成するのだ。

そのとき人々は、自らの自由を宣言する場合ですら、「専門家」の指導を求めるだろう。そう、自由を称える墓掘りの演説を「侯爵」が指導していたように。開院記念日に患者達が演ずるドラクロワ『民衆を率いる自由の女神』のコスプレは、そのような「自由」に突きつけられた、痛烈なアイロニーにほかならない。

ただ一人、正気に見えていた主人公・ジャンにも、狂気の実体化は容赦なく襲いかかる。してみると、この物語に正気の人間は一人もいなかったのだろうか？

そんなことはない。この映画においてただ一人「正気」を維持し得たものがいるではないか。そう、ヒロイン・シャルロットである。

彼女は「侯爵」に身を任せ、クルミエールに仕え、あわれなジャンを誘惑する。いかなる狂気に対してもやすやすと同一化し、結果的にすべての狂気を支配する唯一の存在。ここにはシュヴァンクマイエルの女性観がみてとれる。過剰な同一化能力こそは、狂気による支配を免れる、ほとんど唯一の途だ。しかしそれができるのは、シャルロットのような女性だけなのである。

ところで本作では「アニメ作家としてのシュヴァンクマイエル」は、かなり抑制されているようにみえる。それでも唐突に挿間されるアニメーション、あの蠢く肉塊たちの映像は、映画への署名という以上に、象徴的効果を発揮する。これらのシーンはいわば、この映画世界に対するメタ世界として機能するだろう。

匿名の肉塊たちの生活が逆照射するのは、われわれの狂気がわれわれの固有性によってもたらされているのではないかという恐るべき懐疑だ。個人が固有の存在であろうとする瞬間にこそ、狂気の契機がはらまれてしまうとしたら。それゆえ、こうとも言うことができるだろう。すべてわれわれの核にあるのは狂気の種子だ。かくも偏在する狂気のシステムこそが、シャルロットという「女性の謎」を反復させる当のものなのだ、と。

122 カスパー・ハウザーとは誰か？

——ヴェルナー・ヘルツォーク監督「カスパー・ハウザーの謎」

私のカスパー・ハウザーに関する記憶は、もちろんヴェルナー・ヘルツォーク監督のカルト映画「カスパー・ハウザーの謎」によるものだ。カスパーに関心があるなら、あの映画は必見である。なにかと作品中に「本物」をキャスティングしたがるこの監督は、なんとカスパー・ハウザー役にも「本物」を起用していたらしい。むろん真偽のほどはわからないが、精神科医の私から見ても、彼はたしかに「本物」だった。

現代にこんな青年が出現したら、専門家がどんな「診断」を下すかは容易に想像がつく。そう、アスペルガー症候群だ。アスペルガー症候群は発達障害の一つで、アメリカの診断基準ＤＳＭ－Ⅳによれば、その特徴は次の三つである。「社会相互作用の障害」、「コミュニケーションの障害」、「興味や関心、活動の領域が限定されていること」。このうち前の二つについては異論はないだろう。発見された当初、カスパーはまともに口もきけず、何を聞かれても「わからない」と答えるのみだった。だから当然、言葉のキャッチボールもできないし、むろんコミュニケーションどころではない。

見物人が与えた馬のおもちゃへの執着ぶりは、三番目の限定された関心事にあたるだろう。ある時点まで、カスパーは生物と物の違いがわからなかったという。事実であるとすれば、「人」と「物」を区別できない自閉症患者特有の態度と重ねられる。視覚や聴覚の異常な鋭さや、特定の感覚に耐えられないことにしても、アスペルガー症候群ではしばしば経験することだ。

しかしカスパー自身の回顧録に記された内容を読んでみると、こうした印象は一変する。その障害は、どうやら先天性のものではなさそうなのだ。

彼が一六歳で表に出るまで暮らしていた場所は、奥行き二メートル、幅一メートルの穴蔵だった。窓はなく、立ち上がることができないほど天井が低い。床は汚れていて干し草が積まれ、毎朝目を覚ますと、床にパンと水が置かれていた。その部屋にいた十数年の間、彼はほかの人間としゃべる機会がまったくなかった。言語獲得以前の記憶がこれほど鮮明で具体的に残っているとはちょっと考えにくいので、作話や誇張が含まれている可能性はある。しかしいずれにせよ、カスパーが極めて過酷な環境で生育してきたことは間違いないだろう。

こうした環境は確実に発達を阻害する。最も有名な例はルーマニアの「チャウシェスクの子どもたち」だ。間違った人口政策のせいで、一九八九年のチャウシェスク政権崩壊後、約一〇万人の孤児たちが生まれた。孤児たちは施設だけでは収容しきれず路上に溢れた。早い時期に親子の絆を失ったこれらの子どもたちのうち、幸運な子はカナダなどに養子にもらわれていったが、その三〇%に重度の発達障害が見られたという。

こうしたことはもちろん孤児に限ったことではない。むしろ虐待児にそうした事例が多く見られる。アメリカでは「ジーニー」という隔離児が有名だ。一九五七年、カリフォルニア州の家庭に生まれた彼女は、医師に発達の遅れを指摘されたことを気に病んだ父親によって一三歳になるまで部屋に監禁された。母親によって救出されてから、言語習得が試みられたが、彼女は二語文以上はなかなか覚えられなかったという。

いわゆる「オオカミ少年」などの「野生児」にしても、実際には虐待の犠牲者ではないかと推定されている。野生児の多くは言語の習得に失敗することが多いのだが、一六歳で発見されてから極めて急速に言語を習得し、立ち居振る舞いを洗練させていったカスパーは、かなり例外的な存在と言うべきかもしれない。

カスパーの謎めいた死について、私は格別の見解を持ち合わせない。バーデン大公後継者説など諸説あるようだが、たしかに彼の「暗殺」は、あたかも頓挫した貴種流離譚（きしゅりゅうりたん）を思わせるロマンがある。その悲劇的な死によってこそ、カスパーの名前は永遠のものになったのだろう。

123　サブカルチャーとともに大人になること
――「機動戦士ガンダム」／「新世紀エヴァンゲリオン」／「ほしのこえ」

サブカルが知識人の必須アイテムになる傾向は、あきらかに一九八〇年代のニューアカデミズム以降に全面化した。当時、「子供であること」を称揚する知識人たちによって「成熟」（「スキゾ」「パラノ」？）に対する深い軽蔑もまた広く啓蒙されてしまったのは残念なことだった。加えて、今のサブカルチャー全般を見わたした時、「成熟困難」にまつわる問題を探し出すのはそれほど困難なことではない。ここで問題となるのは、いまや「成熟」なるキーワードは、珍重されるべき奇蹟として理解される必要があるという点である。なぜだろうか。

まず、背景的な流れを理解しておこう。「成熟の困難」とは、近代化と工業化の必然的な帰結なのである。イギリスの社会心理学者マスグローブは「思春期は蒸気機関とともに発明された」と述べた。なぜこのように言いうるのだろうか。極論すれば、工業化と近代化以前の社会には、子供と大人しか存在しなかったからだ。子供は「小さな大人」として、早くから労働に従事させられ、今で言う「思春期」の年齢ともなれば、すでに一人前の労働力として大人同然とみなされた。要するに、当時の子供は、なんら猶予期間をおかずに、いきなり大人にさせられたのである。それゆえ子供が労働力に組み入れられる時代にあっては、思春期、青年期なるものはありえないか、せいぜい特権階級の贅沢品だった。

そうした価値観は決して過去の遺物ではない。その証拠に、私たちは国民作家・宮崎駿が大好きだ。あれほど多様なテーマを扱う宮崎アニメが、ほぼ例外なく勤勉の美徳を基調にしており、しばしば虐待すれすれの過酷な労働を幼い子供たちに強いていることに注目すれば、私たちがどんなに「働く子供」が好きだったかが実感されるだろう。

しかしそもそも「近代化」とは、子供を労働から解放する過程であった、とも言える。経済的なインフラが豊かになるとともに少子化が進み、「子供であること」の価値は相対的に高まっていった。子供から大人に至るまでの期間としての思春期・青年期は、まずモラトリアム（猶予）期間としての学生時代にあたり、この期間はみるみる長期化した。このプロセスを精神科医のT・S・サズは、次のように表現する。『大人』というのは、子供時代と老年期との間で、限りなく短縮し続ける期間だ。なぜなら近代社会とは、この期間を最小にすることを目的としているのだから」。もっとも、これに近いことを私自身も、より単純化した定理として語っている。すなわち「個人の成熟度は、社会の成熟度に反比例する」と。

もちろん、成熟困難の背景にあるのは、必ずしも労働問題のみではない。一般に成熟社会においては、個人のモラトリアム期間が著しく延長され、成熟度は必然的に低下するのである。これに関連する要因は複数ある。経済的豊かさが「就労」の必然性や「家族」の生存上の必要性を緩和し、地縁や血縁の希薄化は個人が何かを犠牲にしてまで「関係」に接続する意義を失わせる。その結果、共同体意識で支えられていたさまざまな価値観がゆらいでしまう。「殺人の禁忌」「就労の義務」「大人と子供の区別」など、従来は自明であるがゆえに疑いの余地もなかった諸価値が懐疑にさらされ、根拠の曖昧なものから順に廃れていく。なかでも「成人式」などの通過儀礼が真っ先に形骸化することは周知の通りだ。こうした価値観を徐々に内面化・自明化していく過程もまた「大人になること」であるならば、ここにも大きな困難が横たわっているわけだ。

価値観はまた、アイデンティティ（自己同一性）を支える重要な柱だ。アイデンティティとはさまざまなカテゴリにおいて自己定位をするナビゲート感覚を指すが、このGPSに座標を提供するのが安定した価値観と、その基礎をあたえる共同体なのである。それらが弱体化すればアイデンティティ拡散が起こるのはほとんど必然だ。

もちろん以上の変化は、日本だけに起きていることではない。そもそも近代化された成熟社会とは、ある種の（「すべての」ではない）未成熟さに対して寛容な社会のことだ。だから未成熟な若者が増加したとしても、そのまま若者の不適応が増大するということにはならない。しかし若者のすべてが適応可能であるような社会もまた、残念ながら存在しない。適応度の正規分布を考えるなら、平均以上の適応を示す才能のある若者が存在する一方で、平均以下の不適応にあえぐ若者が析出することはどうしても避けられない（まさに不可避であるがゆえに、場当たり的ではない対策が求められるのだ）。例えば私が専門とする「ひきこもり」はたしかに日本に多いが、欧米では日本にはほとんどいないヤングホームレスが急増中である。要するに、未成熟や不適応の問題はどこにでも存在し、異なるのはその形式のみ、ということになる。

さて、サブカルチャーを支えるエネルギーは、本質的に「未成熟さ」に由来する。自分が何ものであるかを知らないこと。常に不安定であること。性的に混乱していること。漠然とした喪失感を抱いていること。不可能な理想と同じくらい、死や終末に魅入られていること。こうしたことがサブカルチャー的人間の特性であることは言うまでもない。そしてこれらの特性は、時代や国境を超えて普遍的だ。

やや唐突だが、ここで『機動戦士ガンダム』（一九七九〜一九八〇年）の話をしよう。ガンダムこそは、紛れもなく思春期のためのドラマだったからだ。無数に作られてきたアニメ作品の中で、宮崎アニメでもエヴァンゲリオンでもなく、ガンダムこそがオタクの古典たりえたということ。若いオタクを啓蒙する際、実質的な基礎教養として要求されるのは、とりあえずファーストガンダムをみておくことであるという。なにしろオタク会話中で最も引用頻度の高いガンダムの名セリフを知らなければ、会話が頓挫してしまうほどなのだから。

そういえば、かの『アニメ新世紀宣言』（一九八一年二月二二日、『機動戦士ガンダム』劇場版の公開直前に、新宿アルタ前で行われた記念イベント）に、こんな一節があった。「この作品は、人とメカニズムの融合する未来世界を皮膚感覚で訴えかける。しかし戦いという不条理の闇の中で、キャラクター達はただ悩み苦しみあいながら呼吸しているだけである。そこでは、愛や真実は遙か遠くに見えない」。ここには、いわゆる思春期心性に強く響きあう言葉が、いくつもちりばめられている。なによりも、みずからの変容に対する強い願いが。

富野喜幸（現・由悠季）監督は『海のトリトン』（一九七二年）において、正義なるものがいかに相対的なものであるかを、子供心にはトラウマになりかねないほど容赦なく描き出してみせたが、ガンダムにおいてはそれが全面化した。従来のアニメのほとんどが、基本的には勧善懲悪的な世界観のうえで成立していたとすれば、ガンダムはそれを一挙に転覆したのである。

物語の基本設定はこうだ。地球環境を守るために行われた「宇宙移民計画」が中止となり、その後も腐敗した地球連邦政府のコントロール下に置かれたスペースコロニーの移民者たちが、主権独立を願い自分達の国家（ジオン公国）を創造しようと考えた結果、戦争が起こる。このような戦争で、どちらか一方だけに正義があるということはありえない。だから万人に支持されるような、完全無欠な強いヒーローの居場所もない。主人公アムロ・レイもまた、戦うことに傷つき、ためらい、苦悩する。ここでは「いかに強敵を倒すか」は問題にならない。「なぜ戦うか」という問いに悩み、それでも成長を遂げていくヒーローは、まさしく一つのエポックだった。

批評家の東浩紀は、ガンダムの放映された一九七九年からの五年間を、アニメの短い近代であり、結果的にそれは流産に終わったとしている。類似の指摘はほかにもあって、アニメ『新世紀エヴァンゲリオン』（一九九五〜一九九六年）の位置を境界例（人格障害）的とみなすなら、ガンダムは神経症的なドラマであったという発表が、かつて日本病跡学会でなされたことがあった。この発表は、「エヴァのポストモダン」に照らしたとき、はじめて「ガンダムのモダン」がはっきりみえてくるという関係性を指摘したという点でも重要なものだった。

モダン＝近代にあっては、アムロのような「内省の構造」が大衆レベルで共有されていく。つまり「自分は何ものて、何を欲しているのか」という存在論的苦悩である。家族も故郷も喪失し、戦う根拠もはっきりしないまま戦うアムロの姿は、思想も信仰も失いながら欲望を追求する私たちの姿に重なってみえはしないだろうか。このときガンダムのモダンをモダンたらしめている要素が「成熟」を巡る葛藤である。

実際、ガンダムの中には、まだ成熟に価値を置いた発言がしばしばみられる。例えばあまりにも有名なシャア・アズナブルのセリフ「認めたくないものだな……自分の、若さゆえの過ちというものを」、あるいは「坊やだからさ」などのように。善と悪、敵と味方の区別が決定的ではないにもかかわらず、仲間達のために戦い続けることが、否応なしに成熟を生み出してゆくこと。これは近代以降において、成熟の数少ない制度的契機のひとつとして「戦争」が残ったという現実に対応するだろう。まさに成熟した価値判断抜きには、戦いを勝ち抜くことはできないのだから。その意味で、ガンダムに登場するジオン軍大尉、ランバ・ラルは、敵ながら実に魅力的な大人として描かれており、ファンの人気も高い。

しかし言うまでもなく、『ガンダム』は成熟にすら絶対的価値を置かない。ジオン軍対連邦軍の戦いが、あたかも大人対子供の戦争という様相を呈するとしても、子供の側はニュータイプという特殊能力によって、しばしば大人を凌駕することになるからだ。

相対化され不安定化した価値観のもと、(神経症的)内省が生まれ自問自答を繰り返し、最終的には成熟が選択されるということ。この過程は、作品の内容にかぎらず、ジャンルそのものが辿る過程としても繰り返されてきた。例えば漫画のジャンルにおける、つげ義春の作品群。特撮のジャンルで言えば『ウルトラセブン』(一九六七~一九六八年)などの作品。映画であればゴダールや大島渚。ロックにおけるジョン・ライドン(セックス・ピストルズ)。彼らはジャンルそれ自体への内省や不満に基づいてまったく新しい作品を生み出し、結果的にそのジャンルを鍛え、さらなる成熟を促すことになった。大衆表現として出発した表現の形式が、形式に自足し得ない若い才能を取り込んだ時、その方法論的懐疑は若い主人公に託される。ガンダムもまた、そのような「表現の近代」の産物だったのではないか。ただし、富野自身が自伝『だから僕は…』(角川書店)で明かしているように、富野のあがきはコンプレックスを克服し成熟を目指すという方向に明白に照準されている。しかしアニメに関して言えば、富野以降、成熟問題は次第にフェードアウトしていったかに思われる。押井守は「うる星やつら2 ビューティフル・ドリーマー」（一九八四年）において永遠に終わらない学園祭を描き、宮崎アニメはしばしば通過儀礼を描きながらも、そのヒーロー＝ヒロインは決して成長しなかった。一九九〇年代、『美少女戦士セーラームーン』（一九九二〜一九九三年）にはじまるおびただしい「戦闘美少女」たちの到来は、一挙に「萌え」のハイパーインフレーションをもたらし、結果的に美少女達はより低年齢化、幼若化したようにも思われる。

この流れをある意味決定的なものにしたのが、九〇年代半ばにアニメ史のエポックとなった作品『新世紀エヴァンゲリオン』である。

西暦二〇〇〇年に世界を壊滅させたセカンド・インパクトからようやく復興しつつある二〇一五年、箱根に建造された第三新東京市が、本作の舞台である。一四歳の少年、碇シンジは父親である碇ゲンドウの命令で特務機関ネルフに所属し、汎用人型決戦兵器エヴァンゲリオンに搭乗することを命ぜられる。与えられた任務は、「使徒」と呼ばれる正体不明の敵の襲来から東京市を守ること。しかし一四歳の少年少女（チルドレン）たちにしか操縦できない特殊な兵器「エヴァ」もまた、その正体が謎に包まれたままであり、どうやら「敵」である「使徒」と同じ起源を持つ存在でもあるようだ。謎と言えば、特務機関ネルフの目的とする「人類補完計画」なるものが、いかなる手段で何を目指してなされるのか、最後まで判然としない。このように本作は、多くの謎をばら撒きながらも、前半は痛快なロボット・アニメのフォーマットを守って人気を集めた。

エヴァは当初、これは制作に当たったGAINAXの作風でもあるのだが、既存の作品における設定やキャラクター、その他のガジェットのデータベースから、自在にサンプリング、リミックスすることで制作された作品という印象だった。ロボット、戦闘美少女、特撮映画、戦隊ものなど、ネタ元が容易に指摘できるほどの無節操な「引用」ぶりは、世代を超えたファン層を生み出した。事実、大量に出回ったエヴァの謎本では、そのほとんどがネタ元のカタログ的な様相を呈することになる。

しかしシリーズ後半、主人公である碇シンジの内面的葛藤が前景化するにつれて、物語も破綻の様相を呈してくる。そして『エヴァ』はまず、そのTVシリーズの最終二話によって社会的事件となった。ドラマの後半まで、それは今まで見たこともないほどスタイリッシュな巨大ロボット・アニメだった。ところが最終二話に至って、主人公シンジが突然えんえんと内面的葛藤を語りはじめ、そのあげく内面的に救済されて終わりを迎える。その結末に、ファンの大部分は激怒した。この経緯は、作家である庵野秀明と主人公の葛藤が過剰に「シンクロ」してしまったためともっぱら解釈された。

エヴァから一〇年後の現在、ようやくこの作品がもたらしたインパクトが、冷静に評価できるようになりつつある。いまだ毀誉褒貶はありうるとしても、もはやアニメ史上にこれだけの存在感を獲得してしまった作品を、今ことさらに軽視してみてもはじまらない。批評関連の仕事をする中で、若い漫画家からライトノベル作家に至るまで、この作品の影響がいかに大きかったかをしばしば痛感させられる。とりわけ中学生くらいの年齢で経験したエヴァのインパクトを熱心に語るものが多いことには驚かされる。彼らは大げさに言えばエヴァで人生を変えられたわけで、これほど幸福なフィクションとの出会いが、果たして今後もありうるのだろうかと、奇妙な不安に駆られるほどだ。

閑話休題、さまざまな点で画期的であった本作について、今あらためて私が感ずるのは、その徹底した成熟拒否ぶりである。そこで誰が成熟を拒否しているのかは簡単に言えないが、少なくともその徴候は至る所にある。とりわけ主人公である碇シンジは、徹底して「成熟」から逃げまくる。追い込まれてキレた時には異常な戦闘能力を発揮するが、それは彼自身の意図を超えた暴走をもたらしてしまう。つまりシンジは、自らの意志で決然と戦いに臨み、戦闘経験を積み重ねながら成長するという身振りからはもっとも遠い主人公なのだ。ヒロインの一人である惣流・アスカ・ラングレーもまた、月経痛に悩まされつつ女性として成熟しつつある自らの身体を呪う。もう一人のヒロイン、綾波レイに至っては、どうやら出自はクローンであり、巨大化はしても成熟とは最後まで縁がない。

先にも述べたとおり、本作は後半から終盤にかけて、物語と作家自身の葛藤が過剰にシンクロした結果、物語展開は急速に観念的なものになっていった。それゆえ、ここから先は必然的に庵野秀明の作家論にならざるを得ない。集団作業による制作という制約上、しばしば作家論が難しいジャンルであるアニメという形式において、それでも作家論への誘惑を喚起する特異性。私はその特異性を、仮に「境界例」という病名になぞらえて解釈しようと試みたのだった。庵野自身や野火ノビ太らは「分裂病（現・統合失調症）」の概念に親近感を覚えたようだが、その後の影響力を考慮したとしても、やはり「境界例」とみるのが妥当だったように思われる。これは簡単に言えば、人格障害の一種であり、「永遠の未成熟さ」とでも言うべき病理を指している。彼らの感情や認識、関係や行動は常に不安定であり、しばしばリストカットなどの自殺企図を繰り返す。彼らの判断は、いつでも「白か黒か」「敵か味方か」を問題にしつつ、グレーゾーンを受け容れない極端なものだ。事例としては『キャッチャー・イン・ザ・ライ』のホールデン少年を思い浮かべてくれればいい。

その後庵野は「ラブ&ポップ」（一九九八年）、「式日」（二〇〇〇年）、「キューティー・ハニー」（二〇〇四年）といった実写作品のほうに向かったが、皮肉なことに作家性は徐々に希薄になりつつあるようにも思われる。とはいっても、「職人」化したというわけではない。作家性よりも趣味性が前景化することで、逆説的な匿名化が起こりつつあるように思われるのだ。「境界例的オタク」から「一人のオタク」への変化と言うべきだろうか。これは果たして、エヴァ一作で「治癒」したとみるべきか、あるいは庵野の作家性が、集団制作の中でしか発揮されないという特異なものだったのか、単純に結婚したことによる変化なのか、もちろんそれはわからない。ただ、これもまた「大人になること」の一つの形ではあるだろう。ただ、仮にそうであるにしても、かつて境界例的であった庵野の作風がアニメに「成熟拒否」の決定的身振りをもたらし、それゆえにこそ大きな反響を呼んだという事実は忘れられるべきではない。

今あらたな注釈を付け加えるとすれば、やはり「新世紀エヴァンゲリオン劇場版 Air／まごころを、君に」（一九九七年）のラストシーンに関してのものとなるだろう。破綻に終わったTVシリーズを補完すべく制作された劇場版では、サード・インパクトによって登場人物達がつぎつぎと液状化し、（なぜか）巨大化する綾波レイにとりこまれ死んでいく。その中で、「父の名」そのものにも見えた碇ゲンドウの弱さや逃避ぶりが露呈する。しかし主人公であるシンジ少年は、最後まで一人融合を拒絶するのだ。孤独のリスクと引き替えに死を免れたシンジはしかし、もう一人の生き残りである少女アスカの首を絞め、「気持ち悪い」と拒絶される。

このラストシーンはかなり複雑だ。シンジは果たして、最後まで成熟拒否を貫いたと考えるべきなのか。ここで液状化＝レイとの融合を選択することは、ある種の共同体の成員として社会化されることの隠喩とも考えられ、その限りにおいて「融合拒否」は「成熟拒否」に重ねられる。しかしシンジの拒否は、一貫して他者への恐怖ゆえのものだ。だからアスカの首締めも、ほとんど求愛行為に等しくみえる。それを拒絶されることで、はじめてアスカという他者との関係性が生まれるだろう。そう考えるなら、こちらにも成熟への徴候的契機があるとも言える。この両義性におそらく決着はないし、それゆえにこそ本作は、まさに古典的傑作の名に値するだろう。

『ガンダム』から『エヴァ』へ至る「成熟」のありようを整理すると、その歴史はほとんど不登校のそれに重なって見える。不登校はかつて「学校恐怖症」と呼ばれた。それが一九七〇年代になって「登校拒否」となり、さらにニュートラルな用語である「不登校」として定着した。これを言い換えるなら、「恐怖」→「拒否」→「状態として一般化」という過程、ということになる。この流れを、ガンダムにおける「成熟恐怖」からエヴァにおける「成熟拒否」、そして現代における「成熟の欠如」という見取りになぞらえることは、必ずしも不可能なことではないだろう。

エヴァ以降、これに匹敵するような「大作」は残念ながら作られていない。しかし何作かのエポックはあった。例えば新海誠「ほしのこえ」（二〇〇二年）のような。この作品は一人の作家がCG技術を駆使して約半年がかりで制作し、きわめて高いクオリティを達成し得たという点で、まず画期的だった。ストーリーはごくシンプルで、登場人物はたった二人、中学の同級生で同じ部活のミカコとノボルである。中学三年の夏、ミカコは国連軍の選抜メンバーに選ばれる。火星探検隊を全滅させた異生命体タルシアンを「調査」するためだ。地球を後にしたミカコと高校に進学したノボルは携帯メールで連絡をとりあうが、国連軍が太陽系の深淵に向かうにつれて、メールの往復にかかる時間は開いていく。そして八年後、まだ一五歳のミカコから、二三歳のノボルにメールが届く……。

「セカイ系」という、言葉がある。

「はてなキーワード　セカイ系」の解説にはこうある。「過剰な自意識を持った主人公が（それゆえ）自意識の範疇だけが世界（セカイ）であると認識・行動する（主にアニメやコミックの）一連の作品群のカテゴリ総称」であり、代表的な作品として『新世紀エヴァンゲリオン』「ほしのこえ」『最終兵器彼女』（二〇〇二年）などが挙げられている。ポイントは「［きみとぼく↔社会↔世界」という三段階のうち、『社会』をすっ飛ばして『きみとぼく』と『世界』のあり方が直結してしまうような作品を指すという定義もある」とされている。

「ほしのこえ」に描かれるのは、宇宙空間で繰り広げられる異星人との戦いと、メールだけでつながる「ノボルとミカコ」の淡い交流だけだ。ノボルの高校生活や就職、国連軍の宇宙船におけるミカコの生活、あるいは近未来の日本社会や世界情勢などは、ほとんど描かれない。私はこうした事態を、劇作家の別役実の用語を用いて「中景」の喪失、ととらえる。ちなみに皮膚感覚でお互いに感じ取れる距離が「近景」、家族や地域社会といった共同体的な対人距離で構成されるのが「中景」、神秘的なものや占いを信じるような態度は「遠景」ということになる。いまや近景と遠景はネットワークを通じていきなり接続されてしまい、これを媒介していた「中景」がみえにくくなりつつあるのではないか。ここで「中景」に該当するのは、「社会」や「イデオロギー」、ないし「価値観」などだろう。

本章の文脈において「セカイ系」が重要なのは、それがついに「大人になること」とは無縁のジャンルとして確立されてしまった点だ。「セカイ系」の提唱者は「はてなダイアリー」のブロガー「ぷるにえブックマーク」氏である。氏は西尾維新の作品を例にとり、セカイ系作品においては、主人公も敵キャラも最初からやたらと強く、非日常な出来事にもクールな態度を貫き、ヒロインは最初から主人公に好意的で向こうから接近してくれるのだという。それは主人公の成長や変化を描く「マンガ・アニメ的リアリティに立脚」しておらず、それゆえ登場人物はけっして成長しない。つまりこれらは、ことごとくが反ビルドゥングスロマンなのであって、そのような系譜の作品が数多く作られ、若者から一定以上の共感と支持を受けているという現実を、ひとまずは受け容れる必要があるだろう。そして、すでにおわかりの通り、「大人になること」もまた、失われた「中景」の一部にほかならない。

人はつながりあうために「社会」と「成熟」を必要とした。しかしこうした中景という媒介を、今はネットワークが置き換える。ミカコとノボルがつながりあうのに必要な媒介は、携帯メールだけだった。ドラマをもたらすコミュニケーションギャップも、ネットワーク上の時間差からしか生まれない。「山を動かす技術のあるところでは、山を動かす信仰は要らない」と述べたのは哲学者のエリック・ホッファーだった。畢竟、テクノロジーがコミュニケーションを媒介してくれるなら、誰がそれ以外のものを求めるだろう？　だからセカイ系の要諦はこうだ。「キミとボク（＝コミュニケーション）」と「セカイ（＝ギャップ）」さえあれば、いつでも「物語」を開始し、また終わらせることができる。ならば、果たして本当に、「成熟」は不要になったのだろうか？

おそらく、そうではない。

本章ではこれまで、主にフィクションを素材として、さまざまな様相において示唆された成熟の不可能性を眺めてきた。しかし本当は、「成熟」概念がまさにそうであるように、「成熟の不可能性」もまた一つの幻想であり、そういって良ければ「イデオロギー」なのだ。いかに成熟困難の訴えが数多くなされようと、現実に成熟は否応もなく起こり続けるだろうし、そのための場所も確保され続けるだろう。ただしそれは、より広義の「成熟」であり、これを「適応」や「去勢」などと言い換えても同じことである。

そう、おわかりのとおり、かつて理想とされたような全人的な性格に至るための「成熟」は、もはや不可能なのだ。例えば「メタ視点」について考えてみよう。事象とその外側（メタレベル）の双方を常に視野に入れておこうという姿勢は、おそらくある種の未成熟さに由来する。例えばネットカルチャーで良く言われる「ネタをネタと見抜く」能力は、メタ視点なしには不可能だ。

ところが、通常の社会生活を営んでいく上では、メタ視点は必要とされない。それは日常生活において、いまだインターネットが必須ではないのと同じことだ。ネットもメタ視点もなしに、「日常」は淡々と営まれうる。そんなロハスな生活人こそが「大人」なのだと言われもするだろう。しかし、ひとたびこうした「大人」たちが「現代社会」を語り始めるや、それがことごとくズレた発言になっていくのも、すでに見慣れた光景である。彼らの「ネット批判」「ゲーム批判」の外しっぷりをみれば、それが良くわかる。

「メタ視点」や「ネットカルチャー」への配慮抜きに、適切に現代を語ることはできない。「中景」に参加するには未熟のままでいなくてはならないという逆説がそこにあらわれている。だとすれば、そのような能力を指して、いつまでも「未熟」呼ばわりすることは、あきらかに不当なことだ。考慮されるべきは「成熟の不可能性」ではなく、「成熟フレームの変容」のほうではなかったか。

例えば、成熟とは去勢のことだ。去勢によって奪われるものは何か。それは「万能感」である。それでは「万能感」の対義語は何か？　「あきらめ」や「分際」を知ること？　そうではない。万能感の対義語は「自由」だ。そう、私が考える成熟の定義は「去勢によって自由になること」、これである。

一般に精神分析における「去勢」を経ることで、人間は「語る存在」になるとされる。別に精神分析によるまでもない。言語という能力を獲得することは、人間の思考と行動に、言語というフレームをはめ込んでしまうことだ。それを窮屈に感じるのか、「言語なんて超えてやるぜ！」と、特に男の子は言いたがる。しかし、それは無理だ。なぜなら「窮屈さ」や「言語を超える」という発想自体が、言語的に導かれたものなのだから。私は美術評論業界にもちょっとだけ接点を持っているが、非言語表現を目指した身振りくらい「紋切り型」を量産するものもない。ならば言語はなんのためにあるか？　認識と行動のため、つまり「自由」のためだ。私たちは「自由に語る人間」であるために、「大人になること」を選択する。そのように考えるなら、むしろ「大人」は、至る所にいるはずだ。

124 「末期の目」にも似た自意識
――北野武監督について

本書『Kitano par Kitano ――北野武による「たけし」』（ハヤカワ・ノンフィクション文庫）はフランス人ジャーナリスト、ミシェル・テマン氏による北野武のロングインタビューである。タイトル通り、北野武本人による自己解説のようなスタイルを取っている。それゆえこの文章は、屋上屋を架すような「解説の解説」になってしまうかもしれない。それでもこの仕事を引き受けたのは、私自身が北野武の古くからのファンであるという理由ばかりではない。

ほとんどすべての日本人が「ビートたけし」を知っている。にもかかわらず、誰も「北野武」を知らない。一方、世界は――とりわけ「フランス」は――「北野武」を知っている。しかし世界は「ビートたけし」を知らない。思えばそうした断絶が、もう二〇年近くも続いてきたのではなかったか。

もちろん精神科医たる私だけが〝北野武の真実〟を知っている、などと言いたいわけではない。ついでに言えば、本書においても〝すべて〟が告白されているとは限らない。北野のサービス精神にふれたことがあるものは、彼がインタビュー相手に合わせて告白する〝真実〟が常に複数あることを知っているはずだ。本書に描き出された〝北野武の真実〟もまた、このきわめて多面的な人物の一側面に過ぎないのだ。

まず最初に確認しておこう。北野武は天才である。これは、彼に対する好き嫌いとはさしあたり無関係な、客観的事実である。そもそも複数の分野にエポックをもたらした人を天才と呼ばないとしたら、一体誰を天才と呼べばいいのか。少なくとも「お笑い」と「映画」それぞれにおける、彼の偉大な達成を否定できるものはいまい。

「お笑い」に関しては毒舌芸ばかりが取り沙汰されるが、たけしはバラエティの司会においてもいくつかの様式を〝発明〟している（無意味に別人を名乗る、別人に突っ込む、など）。

あるいは『ビートたけしのオールナイトニッポン』。彼はその高速かつ濃密なギャグの連射によって、ラジオDJのスタイルにも革命を起こした。今にして思えばあの語り口は、たけしもファンだった忌野清志郎の口調に影響を受けた泉谷しげるの語り口に、古今亭志ん生を加味して完成したもののように思われる。努力する天才、たけしの片鱗がうかがえる。

そして「映画」。北野武はすでに、日本を代表する映画監督の一人だ。デビュー作「その男、凶暴につき」を初めて観た時のような衝撃は、そうそう体験できるものではない。あのような暴力の描写を、私はそれまで見たことがなかった。勝新太郎が監督した〝実験的〟刑事ドラマ『警視—K』の演出に、わずかに近いものを感じたくらいだが、それは後述するように、勝と北野の気質的な共通点によるものかもしれない。

にもかかわらず、きわめて不可解かつ不当なことに、北野映画は日本では評価に恵まれなかった。大ヒット作が少ないのは作風から考えても仕方がない。しかし蓮實重彥や淀川長治らによる一部の絶賛を除けば、正しく批評されてきたとはどうしても思われない（もっとも、この二人に絶賛されたらそれで十分、という気もするが）。

映画監督としての北野武は、日本よりもヨーロッパ、とりわけフランスで高く評価されている。一九九九年にはフランス芸術文化勲章の「シュバリエ」を、二〇一〇年には「コマンドール」を授与されたほどだ。国際的な映画祭の受賞歴も実にきらびやかだ。これに対して、日本における最も大きな評価が「東京藝術大学大学院教授」では、いささか寂しすぎないか。

だから北野が、フランス人ジャーナリストに対してこれほど率直に自らをさらけ出してしまう気持ちは理解できる。心からの敬意を以て接してくれる人間に心を開くのは、人としてごく自然なことだ。通訳と翻訳を介して ろ過された語り口には、いつもの照れや韜晦が抑制されているぶんだけ、北野の思想の骨格とでもいうべきものが浮き彫りにされている。

貧しかった生い立ちから現在に至る生活史、映画の話、現代社会への論評という構成の中で、北野は、これまであまり語らなかったことをいくつも明かしている。師匠である深見千三郎の死にまつわる後悔。フライデー事件の〝真相〟。バイク事故で生死の境をさまよった時の思い。亡き母への思慕など。

しかしなんと言っても、本書の最大の読みどころは、北野自身による詳細な自作解説だろう。

自ら出演した「戦場のメリークリスマス」における原軍曹役の思い出が語られる。邦画史に燦然と輝く「メリークリスマス、ミスター・ローレンス。」のラストシーンにおいて、北野は自分の役柄に十分に同一化できていなかったらしい。あのシーンこそ映画人・北野武が誕生した瞬間であると信じて疑わない私としては、この告白は意外だった。しかし思えば、この「自分自身との不一致」こそが、その後の北野映画における一貫した通奏低音のようなものだったのかもしれない。

私はかつて、北野映画におけるもっとも顕著な特徴として「語り合い」の欠如を指摘した。語り合い、すなわち、相互性のあるやりとりのことだ。その禁欲的な画面においてタブーとされるもののリストを眺めてみよう。殴り合い、銃の撃ち合い、説得、露骨なセックス描写、などなど。

もともとセリフが少ない作風ではあるが、暴力においてすら相互性が慎重に排除されている点は注目に値する。たとえば銃撃戦においては、誰ひとりとして弾をよけない。「ソナチネ」の例で言えば、ヤクザたちは無造作に銃をつきだし、棒立ちのまま機械的に撃ち合うだけだ。そこでは暴力に対するリアクションまでもが禁欲される。たとえエレベーター内で発砲と流血が起ころうと、乗り合わせた女性客は悲鳴も上げず、無表情のままだ。

それゆえ北野映画の暴力は、一撃必殺になるほかはない。殴り合いが起こらないのは、常に一発で相手が斃(たお)れるからだ。われわれは旧来の映画やドラマにおいて、相互性のある暴力、いわば〝親密すぎる暴力〟に慣らされてきた。だからこそ、徹底して一方的な北野映画の暴力描写は、見たこともないほど斬新だったのだ。

語り合いと相互性の禁欲はいかなる効果をもたらすか。「内面性」の欠如である。北野映画に〝感情移入〟が困難であるのはこのためだ。そこでは「愛」すらも内省と語り合いをもたらすことはない。「あの夏、いちばん静かな海。」が北野映画には希有な恋愛物として成立し得たのは、まさに恋人たちの沈黙ゆえでなければ何だろうか。

なぜこのような映画を彼は撮り得たのだろうか。おそらくそれは、彼の「気質」と関係がある。

精神医学的な視点、とりわけ病跡学的に北野の「作家性」を考えるなら、そこに一つのはっきりとした特徴が見て取れる。「中心気質」だ。ちなみに「気質」とは、体質や病理などに関連づけられた性格傾向を示す言葉である。

精神科医の安永浩は、てんかん患者に特徴的な性格傾向として、無垢な子供のような純真さ、天真爛漫さを見い出し、それを「中心気質」と命名した。例えば映画「七人の侍」における農民上がりの「侍」・菊千代の存在が典型的な中心気質者のイメージを体現している。

天衣無縫、やぶれかぶれ、意外な繊細さ、そして何よりもそのユーモア。彼らの生は祝祭的な笑いに満ちている。しかしその笑いは――菊千代がそうであるように――しばしば悲劇的な死によって中断される。近景における笑いと遠景における悲劇の対比。これこそが中心気質者の生の軌跡だ。

中心気質圏の天才としては、シーザー、ムハンマド、ナポレオン、ドストエフスキー、モーツァルトなどが挙げられる。日本人では黒澤明、勝新太郎、石原慎太郎らがいる。そして北野武もまた、この系譜に連なる天才なのである。

表現者としての彼らに共通するのは、裏表のないあけすけな印象、作品の確固たるリアリティ、作品としばしば交錯するかに見えるその生の軌跡、などがある。人々を魅了する愛嬌とサービス精神を発揮しながら、死と暴力に彩られた作品を作らずにはいられない点もまた。

しかし私の見るところ、彼らの作品における最大の特徴は「離見の見」だ。

これは世阿弥の『花鏡』にある言葉で、演じている自分を外からながめる視点、のことだ。

北野はしばしばこのように言う。映画を撮っている自分を、もう一人の自分が外側から眺めているのだ、と。

彼は自分自身すらも俯瞰する。精神医学的に言えば「離人体験」だが、必ずしも病的なものではない。優れたスポーツ選手や才能ある精神療法家らは、しばしばこうした体験について語る。

俯瞰する視点は作品全体に及ぶ。ある国際シンポジウムで、北野は侯孝賢監督からの「あなたにとって悲しみとは何か？」という質問に、次のように答えている。悲しみも喜びも自分にとっては快楽という点で同じものだ。自分の視点は、洗面器の中に金魚（登場人物）を泳がせて面白がっているようなものだ、と。

まさにこの視点ゆえに、北野映画は内面性を排除する。俯瞰する視点からは内面が見えない。画面上に映し出されるのは、内面性を奪われて、ある種の「動物化」を遂げた俳優たちの見慣れない風貌である。その画面が常に暴力の予兆に満ちているのも内面性の欠如ゆえだ。そこではあらゆる暴力が〝完璧なコミュニケーション〟として機能する。

北野映画に潜在する、こうした〝他者の視点〟ゆえ、彼が「TAKESHIS'」「監督・ばんざい！」「アキレスと亀」の自己言及三部作を撮ることになるのは半ば必然だったのかもしれない。

そして「死」。本書を読んでいると、北野が「死」の観念に取り憑かれているように思えてくる瞬間がある。実際、彼は映画の中で、何度自らの分身を殺害してきたことだろう。映画作品で言えば、死に関連したセリフでもっとも印象的なものは「あんまり死ぬのを怖がってると、死にたくなっちゃうんだよ」（「ソナチネ」）だろう。これはフロイト＝ラカンにおける「死の欲動」の概念を、もっとも簡潔に言いあらわした名言でもある。

本書でも、北野は繰り返し〝告白〟する。

「死には興味があるよ。死ぬっていうことそのものじゃなくて、往生する瞬間でもなくて、死が意味することに興味がある。死の意味がはっきりすると、人生とは何か、人生とは何を表すものなのかがわかってくるよね」

「一九八八年に調子が悪かったとき、銃さえ持ってたら頭に一発ぶちこむのにって考えてた。電車だろうが地下鉄だろうが、飛びこむ覚悟ができてたの。死を意識しはじめたのは小学校の頃だね。周りで身近な人たちが死んでいったから」

「今はね、死ぬってことがもっと身近になって、考えても前ほど落ち込まなくなってきてる。死に対する考えがはっきりしてれば、長く生きられるんじゃないかな」

やはり一九九四年のバイク事故が一つの転機だったのではないか。この事故を契機として、北野映画の作風、とりわけ「死の欲動」の意味が少なからず変質したように思われる。私はここに〝自殺未遂事件〟以後の黒澤明の作風の変化をどうしても重ね合わせてみたくなってしまうが、その検討については、また後日の機会にゆだねよう。

北野の「変質」を強いてひとことで言えば、かつて以上に「俯瞰」の視点が強調されているように思われるのだ。森羅万象を愛惜しつつ、あらゆる執着から距離を置く透徹した語り口。そこにふとかいま見えるのは、まるで「末期の目」にも似た孤独な自意識だ。

北野自身の中にある、こうした「他者の視点」に、フランス人ジャーナリストという二重の意味での「他者」が介入することで、とらえどころのないこの才人の自己愛の形があらわになる。その意味で本書は、幸運な本だ。後年本書は、ひとりの天才の重大な転換期を記した貴重な記録となるだろう。

125 境界性のミーム、あるいは輪郭と旋律はいかに抵抗したか

——今敏監督について

今敏監督とは面識があった。二〇〇三年の暮れにWOWOWで放映された「最新オリジナルアニメ情報～『妄想代理人』のすべて…は教えられない～」で対談したのだ。私は今監督とは同世代でもあり、二人とも平沢進のP-MODEL時代以来の熱心なファンということもあって、当初の予想以上に突っ込んだ話ができたように記憶する。

かなりぶしつけな質問もした。ずっと訊いてみたかったのだ。「『千年女優』は戸川純「遅咲きガール」PV（一九八五年）へのオマージュではありませんか」と。この、中野裕之が監督した傑作PVは「映画女優の戸川純」が出演した架空の映画をワンカットずつつなぎあわせていく設定で、ナース、女子高生、芸者、『キャリー』、『潮騒』等々、そのスピーディーなコスプレ七変化ぶりがこのうえなく楽しかったものだ。だから、この質問に今さんがあっさり「そうですよ」と答えてくれた瞬間、私は安堵とともに心から納得した。やはり今さんは私の同時代人だ。その文化的な素養の大部分は、間違いなく一九八〇年代に深く根ざしている。

一九七〇年代から八〇年代という時代、とりわけ八〇年代は、『別冊宝島』の有名なキャッチコピーのように「スカだった」とみなされることが多い。「おたく」の存在が良くも悪くも周知され、バブル繚乱の時代でもあり、ひょうきん族と秋元康とフジテレビの全盛期。若者は皆奇妙な髪型をして肩パッドを入れディスコで踊っていた。『少年ジャンプ』が部数を伸ばし、スタジオジブリが設立された。テクノとパンクとインディーズ、ニューウェイブとＡＯＲとマイケル・ジャクソンが音楽界を席巻した。振り返れば実になんとも、狂騒的な一時代ではあっ

た。

なにもかもがすばやく新陳代謝された。おニャン子クラブは二年半で解散して伝説になったが、ＡＫＢ48は今年活動一五周年を迎える。すべてが「遅い」昨今にあっては、あの時代はまさに「激動」に見えてしまう。その激動ゆえか、九〇年代に比べて八〇年代は決定的に〝古く〟見える。やや誇張して言えば、九〇年代の事物はまだ一〇年前くらいに思えることがあるが、八〇年代は五〇年前くらいに感じられるほどだ。もちろんそこには「阪神・淡路大震災以前」「オウム以前」という区切りも影響しているだろうし、ネット以前という区切りはさらに決定的だ。そう、今の若い者は知らんだろうが、実は八〇年代、すなわち「昭和時代」には、Wi-Fiもスマホも存在しなかったのである。

ともあれ私のぱっとしない二〇代は八〇年代とともにあったが、まったく「スカ」とは思わない。一〇年単位でスカと当たりが交代するとでも言うのだろうか。九〇年代は、ゼロ年代は、そしてテン年代はスカなのか当たりなのか。たぶんまともな回答はないだろう。答えられるわけがない。それなのに、誰もが八〇年代を軽蔑的に語る。あれはただのバブル文化だった、と。確かにそういう側面もあるにはあった。ファッションとヘアスタイルは間違いなく最悪だった。しかし、本当にそれだけだったのか。そんなはずはない。ＹＭＯと大友克洋と伊丹十三と村上春樹とカート・ヴォネガットを「輩出」したあの時代を、いったい誰が「スカ」などと言えるだろう。

前置きが長くなった。つまり私はこう言いたいのだ。今敏の作品は、八〇年代文化の最も良質な昇華物である、と。「古い」と言いたいわけではもちろんない。今敏は、八〇年代に起源を持つ一つの文化的萌芽を無意識裡に温存し、そのミーム（敢えてこの言葉を使う）の可能性をその限界まで受肉させた作家だったのではないか。彼は八〇年代の〝新しさ〟を繰り返し再発見することで、そのミームの数少ない、最良の継承者となったのではなかったか。

今敏は、自身に決定的な影響を与えた表現者として、繰り返し「平沢進」の名を挙げている。彼は言わずと知れた古参の平沢ファンで、「千年女優」『妄想代理人』「パプリカ」ではサウンドトラックも担当してもらうほどだった。それればかりではない。膵癌によるあまりに早すぎる死（享年四六歳）に際しては、おそらく今の遺志により、告別式ではずっと平沢の曲が流れ、出棺曲は「ロタティオン」だったという。私も含め出棺曲に平沢の曲をと切望するファンは多いが（ちなみに私は「白虎野の娘」）、今－平沢の「絆」の強さには嫉妬どころか畏敬をおぼえる。平沢自身「あれほど美しい死に顔を見たことはありません」「偉大な今さんの人生のフィナーレに私ごときの音楽が役に立てて光栄の極みである」とツイートしていた（二〇一〇年八月二五日）。

今は平沢の魅力について、次のように述べている。「ひねりの効いたメロディや秀逸な歌詞、覚醒を促すような歌声、どれも素晴らしいのですが、何よりそれら全てによって表現される世界観に大きな影響を受けました」（ウェブサイト「KON'S TONE」の「INTERVIEWS」）と。その世界観とは「相反するものの同居」（「神話と科学」のような）であると。さらに今は、平沢を媒介としてユング心理学にも傾倒し、河合隼雄の著作を集中的に読んだ時期もあるという。

思えばユング心理学もまた、八〇年代において一気に受容が広がったという印象がある。それも「シンクロニシティ」や「空飛ぶ円盤」のほうのユングだ。サブカルチャーでもユング人気は高く、P-MODELの五作目『ANOTHER GAME』（一九八四年）には、あきらかにユングの集合的無意識をモチーフとした歌詞が散見される（平沢は当時のインタビューでも直接的な影響を語っている）。ほぼ同時期にThe PoliceもSynchronicity（一九八三年）というかなり直球のタイトルのアルバムをリリースしたばかりであり、かくいう私もユング沼に片足を突っ込んでいた時期だった。ヒッピーとハッカーが手を結んだカリフォルニアン・イデオロギーとはやや異なり、「ユング理論」は——本人がそれを望んだかどうかはともかく——オカルトとテクノロジーを媒介する心の科学として受容されつつあったのだ。

ここで少しばかり迂回をして、平沢進というアーティストについて検討しておこう。彼は非常に独特のやり方で「境界線上」を歩き続けてきたアーティストだ。その境界性は至るところに見て取れる。私は幸運にも二〇一九年二月にゲンロンカフェのトークイベントで平沢と対談する機会に恵まれた。その際の発言などを拾いつつ、彼の境界性を検証しておこう。

そもそも最初のバンドであるP-MODEL自体が、境界的なバンドだった。メンバー全員が東大卒であるという根拠のない噂を立てられるほど知的で鋭い歌詞を、原色の派手なコスチュームとポップなキャラで歌ったらどうなるか。あれはそういう一種の実験だった、と平沢は回顧する。ロックバンドによる政治批判がイケてる時代に「音楽ごときが直接世界を変えられるわけではない」「その当時の定義の仕方と距離感をおきたかった」と考えていた平沢は、その後も一貫して時流と対峙し、距離を測り続けてきた。

人気が出て来ると意図的にファンを裏切る（平沢によれば一〇年周期で）。常にすべてと距離を保つ。「ダブルバインド」とか「α波誘導」までやっておきながら、それを笑いのネタにもする。自身が何かにのめり込みすぎることがファンにも影響するため、距離をとることで「教祖化」を防ぐ。そう、平沢は決して洞窟にひきこもる孤高の老賢者などではない。彼のツイートはその象徴だ。リプやメンションにほとんどリプライしない代わりに、彼はあの謎めいたモノローグでファンと交流している。馬骨を自称する平沢ファンは、彼の意図を尊重し、決して教祖化しようとはしない。切断的でありながら親密な馬骨コミュニティ。ファンとこれほど特異な関係を結び得たアーティストの例をほかに知らない。かくして平沢は、注意深く周囲の環境と距離を取りながら、いまなお着実に境界線上を進んでいく。

私が最も関心を持っていたのは、彼の音楽、というよりは、音色への嗜好だった。知られる通り平沢は、日本のテクノポップの黎明期を牽引し、一九八〇年代には最初期のAmiga（コモドール社のパソコン）ユーザーとなり、ネットが普及するや自らのウェブサイトを立ち上げてリスナーとの交流を開始している。九〇年代から開始したインタラクティブ・ライブ、楽曲のｍｐ３配信、そして現在のアルファツイッタラーとしての人気ぶりは誰もが知るところだ。つまり平沢は、音楽業界では最も初期からデジタル・テクノロジーの可能性を追求し続けてきたアーティストなのである。

ならば彼の音楽的嗜好も徹底してデジタルかといえば、さにあらず。例えば平沢はＥＤＭの、いかにもＥＤＭ風のアレンジを嫌悪する。サイドチェイン（キックが鳴った時に周りの音が小さくなる）やヴォーカルのオートチューン（セカオワの「ドラゲナイ」みたいなやつ）は恥ずかしい、とまで言う。ちなみにこの対談で創出された平沢によるサイドチェインの擬音化「ダッハァンダッハァン」は、瞬く間に馬骨たちの間で共有された。

確かに平沢の楽曲はデジタル要素が強いし、VOCALOIDも初音ミク台頭のはるか以前から使用されてはいるのだが、同時に奇妙なアナログの手触りも残している。私はさきの対談で、「あなたの音楽は徹底的にデジタルではなく常にアナログとの境界線を探っていると思うがその見立ては正しいか？」と尋ねたが、その答えは「正しい」だった。

考えてみればそれも当然で、平沢が小四で最初に触れた楽器は、エレキギターだった。その理由がふるっている。「ギターに惹かれた一番の理由は形。車みたいな塗装にアームがついていて電線もついている、なんだこれは！」というのだ。平沢少年を魅了したのは、アコースティックな質感や深味などではなく、エレキギターの人工性のほうだった。これは後年、彼が楽曲に疑似サンプリング音を多用した理由にも通ずるところがある。「あの不自然さ・あの人工感がたまらなく良かった」というのだから。エレクトロニカもヒップホップも存在しなかった時代の、あのぎこちない、どこか滑稽なサンプリング音たち。

とはいえ、平沢のアナログ感も独特だ。彼の比喩を借りるなら「お父さんが入ったトイレの後の便座に座る嫌さ」「クリームを聞いたとき、犬の死体みたいと思った。まずフレーズとギターの歪みがそう感じさせた。犬の死骸みたいでかっこいいと思った。それが死にたて、まだあったかい、こういう温度感があった」。どちらも肯定的な比喩である。座りたての便座、死にたての犬。そういう要素は、例えば「世界タービン」の謎の掛け声や、「コヨーテ」の奇妙な鳴き声などにも見てとれる。最近で言えば「鉄切り歌」冒頭のサンプリングヴォイス「〜」がこれにあたるだろうか。菊地成孔が濱瀬元彦の演奏を指して言った「マンドライブテクノ」という表現は、平沢にもしっくりあてはまる。

いささか回り道が長くなってしまった。話を戻そう。私は今敏と平沢進の親和性を、彼らが共有するある種の境界性に起因すると考えている。デジタルとアナログの境界、人と機械の境界、そして現実と虚構の境界、などさまざまな境界性である。思えば「人工」という言葉は、なんとそれに似つかわしい言葉であることか。

今監督は「パーフェクトブルー」当時から、「なぜ実写作品を撮らないのか」と問われ続けてきた。インタビュー記事を読む限り、その答えはほぼ同じだ。「リアリスティックな作風だからと言って、実写の文法をそのまま使っているわけではない」「そもそも実写の撮り方を自分は知らない」である。確かに表現手段のヒエラルキーの頂点に「映画」が鎮座まします北米文化的視点から見れば、これだけリアルに寄せるんなら実写映画で撮れば良いのに、と言いたくなる気持ちも分からないではない。

しかしその前提にあるのは、間違いなく「アニメより実写が上位」という偏見であり、「アニメの真骨頂は、デフォルメされたキャラがデフォルメされた運動をすること」という謬見である。つまり「彼ら」には、リアリスティックな絵柄が動くアニメーションの存在意義がわからないのだ。この手の質問は、今監督が大友克洋の濃厚な影響下に漫画家としてデビューしたという事実を無視しているとしか思われない。「彼ら」は大友にも訊くのだろうか。「なぜ『ＡＫＩＲＡ』を実写で撮らなかったのか?」と。

傑作「この世界の片隅に」で知られる片渕須直監督は、しばしばアニメの異化効果（高畑勲）について語っている。実写でご飯を炊くより、アニメで炊く方が一手間かかっていて、観客の注目を集める。これがアニメの異化効果だ。人の思考を通り抜けたことで見えてくるものがあるのだ、と。こうした異化効果は、まさに今がその「リアリスティックな絵柄」のもとで追求し続けてきたものではなかっただろうか。

考えてみれば「アニメ」もまた、きわめて境界的な手法である。それは果たして、アナログなのかデジタルなのか。３ＤＣＧアニメは無論デジタルの極みと考えるべきだろう。しかし日本のアニメファンは３ＤＣＧの質感を好まないため、セルシェーダーを用い、わざわざ情報量を落としてセル画的な質感に変換する手法が用いられるという。この作業をどのように考えるべきか。情報理論としてみれば、単にデジタル情報の縮減にすぎない。しかし認知科学的に考えてみたらどうなるだろう。

あらゆる表現は、こうした変換作業の成果物である。素材が現実であれ内面世界であれ、それが素材のままでは表現たり得ないからだ。それゆえ作家の作家性は、彼がどのような変換スタイルを好み、それをどの程度自家薬籠中のものとしているか、にかかっている。今のスタイルは、むろん単純なデジタル→アナログ変換ではない。イメージをいったん彼の思考と身体にくぐらせて、それを手から絵として出力すること。

確かに今は、人物の顔を非常にリアリスティックに描く。しかし当然ながら、それは単なる写実ではない。今の絵を見る快楽とは、膨大な情報量の塊とも言うべき人間の顔から、今が何を引いて何を足したのか、その過程を想像する愉しみでもある。

それはとりわけ、少女の顔を描く際に顕著となるだろう。今がアニメ的な萌え系美少女を忌避してきたことは周知の通りだが、それでも今の描く女性は美しい。未麻（「パーフェクトブルー」）も千代子（「千年女優」）も千葉敦子もパプリカ（「パプリカ」）も、みな自律した美しさを持っている。それは萌え系美少女のようなハイコンテクストな美ではないし、むろん写実の美でもない。良かれ悪しかれ、ある種の様式性に支えられた萌え系美少女の絵は、平沢進にとってのＥＤＭのようなものだっただろう。現実の美女をアコースティックギターに喩えるなら、今の描く美女はエレキギターだ。平沢少年を衝撃的に魅了した人工美。電気的に変換され励起された人造の美。

その人工美が頂点を迎えたのは、やはり傑作「パプリカ」においてであった、と断定しても異論は少ないだろう。あの悪夢のようなパレードのシーンもさることながら、夢の世界を自在に操作し、イメージからイメージへと転移を繰り返すパプリカの躍動感は比類ない。今は映像文化史上はじめて、夢の換喩的連鎖を運動のみで正確に表現してみせた。ただの混沌でもメタ世界でもない、明晰きわまりない夢の文法を、はじめてアニメーションに定着させたのである。

トラックの荷台側面に描かれたロケットに飛び乗り、ビールの看板に入り込むパプリカ。パソコンの画面からオフィスに出現し、Tシャツのイラストに飛び込むパプリカ。彼女がしていることは、隣接する複数の世界線の界面から界面を泳ぎ渡ることであり、それが単なる隣接性という移動原理に支えられているがゆえに彼女の移動は「換喩的」なのである。そういえばラカンは、夢における移動が意味の先送りによって検閲を逃れるという意味で換喩的であると指摘していた（『エクリ』）。

そのように考えるなら、彼女の変身もまた換喩的ではなかったか。孫悟空→（飛翔つながり）→妖精→（羽根がある）→スフィンクス→（半人半獣）→マーメイド→（鯨に飲まれて）→ピノキオ。「パプリカ」にインスパイアされたとおぼしいノーラン監督「インセプション」は、夢文法は完全に無視して、ただのメタ世界を描いていた。それに比べれば「パプリカ」の夢ははるかにフロイト＝ラカン的である。かくも見事な換喩的移動＝変身は、アニメ以外の手法では決して描けない。実写でも3DCGでも不可能だ。なぜか。そこに「輪郭」がないからである。

アニメ的変換の最も重要なポイントは「輪郭線の抽出」である。今監督の絵の快楽は、彼の漫画作品や、あのあまりにも精緻きわまりない絵コンテからもあきらかであるように、輪郭線の快楽にほかならない。もし換喩的変身を実写で描いたらどうなるか。3DCGのモーフィングを使えば良いのだろうか。残念ながらそれは不可能だ。換喩的変換は輪郭線の意味論的変換だ（例：パプリカが「オイディプスとスフィンクス」の絵に飛び込んでスフィンクスに変身するシーン）。しかしモーフィングでは輪郭線が破壊されてしまう。変身前と変身後は図像的には連続的に見えても、意味論的には切断されてしまうのだ。夢の「移動」と「運動」はデジタイズできない。夢がアナログであるためだろうか。そうとは限らない。換喩的連鎖をもたらすのは言語＝シニフィアンのシステムだから、その意味で夢は切断的、すなわちデジタルに構成されている。しかしシニフィアンはさしあたり二進法に変換できない。つまり夢のデジタル性は二進法的なデジタイズとは決定的に齟齬を来すとも考えられるのだ。

今の描く輪郭線は、まさにリアルとフィクションの間に引かれている。その輪郭線に相当するものが、平沢進の「旋律」ではないだろうか。平沢の楽曲は、その難解な歌詞に比して、異様なまでにポップであり荘厳である。その旋律に導かれるようにして接近するものは、たちまち彼の異様な世界観に絡め取られてしまう。今の輪郭線もまた、ちょうど平沢の旋律のように、異世界への誘惑として機能したのではなかったか。

「現実」に対してはデジタル的な変換をもって対峙し、デジタル化の圧力に対しては「意味」と「言葉」、すなわち「輪郭」と「旋律」の側にとどまろうとすること。おそらくはそこが境界線であり、今と平沢の主戦場なのだろう。私がそれを八〇年代のミームと呼ぶのは、あの時代がまさにそのようであったからだ。過去の文化遺産をアナログ的なものとして退ける身振りは切断的＝デジタル寄りでありながら、表現のインフラはいまだアナログであったため、意味の側に留まらざるを得なかった、そんな宙吊りの文化。「ニューアカ」のさまざまな表象を想起してみよう（例えばナム・ジュン・パイク）。それは平沢のいう「疑似サンプリングの魅力」に直結している。ここで、その文化をあらためて「境界性のミーム」と命名しておこう。

デジタイズが自明の前提となった現代にあっては、デジタルかアナログかという粗雑な二分法しか残らなかった。デジタルとアナログの間に開かれた広大な中間領域を、八〇年代の私たちは確かに目撃し、それを愛しもした。情報工学的にはこの二分法しかないとは言え、認知科学的にはこの区分は相対的なものだ。劇画の側から見れば大友や今はデジタルに見え、ピクサー作品の隣に置けば、アナログそのものに見えるように。そう、人間の認知機能に照準するなら、デジタル／アナログは決して相互排除的な二元論ではない。そこには膨大な中間領域がある。「デジタルのようなアナログ」や「アナログのようなデジタル」が相互浸透し合うようなスペクトラム。この領域は八〇年代に〝発見〟されたにもかかわらず、急速なデジタル化の中で忘却の彼方に追いやられた。ちょうどデジカメ黎明期に一瞬だけ出現し消えていった電子スチルビデオカメラ（画像をフロッピーにアナログ記録するカメラ）のように。

企画書の段階で今監督が急逝したため製作が中断された作品「夢みる機械」。楽園を追われた二人のロボットが伝説の「電気の国」を探す旅に出るというストーリーからは、今監督が満を持して「境界性のミーム」を全面展開しようとした意気込みが濃厚に感じられる。「機械」「電気」「ロボット」という、まさに人工的な言葉の選択を見よ。ロボットたちの造形も、どこかエレキギターを思わせる、レトロフューチャーなデザインだ。本作の製作が再開されることを祈りつつ、製作に際しては是非とも、「境界性のミーム」が適切に理解され、発展的に継承されることを願ってやまない。

126 トラウマ・時間・エントロピー
――クリストファー・ノーラン監督について

私にとって「クリストファー・ノーラン」の名前は、まずなによりも「ダークナイト」(二〇〇八年)一作でハリウッドの心理主義を終わらせた映画監督、として記銘されている。「ダークナイト」の最大の功績は、ヒース・レジャー演ずるジョーカーの特異な造形にあった。彼はジョーカー＝ジャック・ニコルソンの時代を終わらせるとともに、新たな典型を生み出したのである。その系譜の延長線上に傑作「ジョーカー」(二〇一九年／トッド・フィリップス監督)が位置づけられることは言うまでもない。

「ダークナイト」のジョーカーは、繰り返し自分の口の疵痕(きずあと)の由来を語る。子供の頃、酒乱の父親にナイフで切り裂かれた、妻を笑顔にするために自分で切った、などなど。ここではっきり言えることは、ジョーカーの傷＝トラウマには根拠がない、ということだ。彼による傷のナラティヴは、無限のバリエーションを生み出すだろう。それは彼の「悪」の無根拠さの証でもある。

犯罪の被害者がそのトラウマゆえに加害者＝モンスターに変貌する。これがハリウッド心理主義のもたらしたトラウマストーリーの定型だった。あの素晴らしいレクター博士すら、この定型に回収されてしまった(「ハンニバル」二〇〇一年／リドリー・スコット監督)。ジョーカーの虚言はこの定型を粉砕し、再び根拠なき悪、いわば「零度の悪」の輝きを回復して見せたのである。彼が求めるものは己の欲望の充足でも、世界を終わらせることでもない。マイケル・サンデル的な難題を突きつけて、バットマンが苦悶し葛藤する姿を眺めることなのだ。

いっぽう「ダークナイト　ライジング」(二〇一二年)で描かれるのはトラウマ的正義との決別である。「バット

マン ビギンズ」（二〇〇五年）で描かれたように、バットマンの正義こそは、複数のトラウマに基づく行動化にほかならない。その最大のものは、子供の頃、観劇の帰り道に、目の前で強盗に両親を殺害されてしまった経験だ。これに加えて、バットマンの造形がコウモリへの恐怖を克服するためになされたことが示唆される。正義こそがトラウマ的な出自を持つということ。それは、正義と悪の鏡像的な関係と相まって、正義の追及がいつの間にか悪と見分けがつかなくなるという点にまで及ぶ。恋人を殺された検事ハービー・デントがトゥーフェイスに変貌したように。

トラウマに基づく正義は不安定でもろい。「ダークナイト ライジング」においてブルースは、自身の死をも恐れない正義感の脆弱性を指摘される。彼は最後に、ゴッサム・シティを救うべく中性子爆弾と心中したかにみせて、密かに脱出に成功する。かくしてバットマンはトラウマ・ヒーローと決別し「普通の生活」を手に入れたのだ。

以上のようにノーランは「映画をトラウマから解放すること」をかなり明確に意図してきたと思われる。そこには「トラウマの凡庸さ」の忌避ということ以外にも、いくつかの理由があるだろう。私の推測では、その最大のものこそが「時間と心の関係」を自由で多様なものにすることであったように思われる。

周知のように、ノーラン作品の多くが「時間」をテーマにしている。

初期作品の「メメント」（二〇〇〇年）が典型である。主人公レナードは、目の前で妻を暴漢にレイプされ殺され、そのトラウマゆえではなく、その時負った外傷が原因で「前向性健忘」を発症する。このためストーリーは時系列を逆向きに辿りながら犯人を追及するという異様な形式となる。本作においてノーランのトラウマ批判が始まっていることに気付くのは難しいことではない。妻の殺害によってトラウマを負った男の復讐譚、ではないからだ。トラウマとは、忘却したいのに執拗にフラッシュバックしてくる記憶を意味する。しかるに本作は、すべて忘却してしまう男の復讐譚、という前代未聞の逆説をリアルに展開して見せた。おそらくはこの時点で、という事実に。

ノーランは気付いたのだろう。トラウマの存在を差し引くことで、物語と時間の関係は、かぎりなく自由になる

だから、その後のノーラン作品のほぼすべてにおいて、複雑な時間の操作が描かれることになるのはもちろん偶然ではない。ノーランはインタビューでも次のように語っている。「観客が物語の中の時間をどう感じるのか、映画を作る人はコントロールできるんだ（中略）僕は、これまでの作品のすべてでそれをやってきた」（「ダンケルク」二〇一七年／パンフレット所収インタビュー）と。以下、作品ごとに時間の扱われ方をみていこう。

「インセプション」（二〇一〇年）で描かれたのは、他人の夢に入りこんでアイディアを植えつける活動だが、夢は階層構造になっていて、階層ごとに時間の速度が異なるという設定がサスペンスを生んでいた。上位階層で「キック（覚醒の合図）」がなされるまでに――それは落下する車が着水するまでの一瞬だったりする――現階層でのミッションを完遂しなければならない、というように。

「インターステラー」（二〇一四年）では、人類の移住先を求めて宇宙に旅立った父親クーパーと、娘のマーフィーの絆が描かれたが、クライマックスの一つはブラックホールに落下して「五次元空間」から娘にメッセージを発信するクーパーの姿だった。ブラックホールの中では時間の進行が遅くなる。だから地球に帰還したクーパーは、自分よりも遥かに年老いた娘の臨終に立ち会うことになる。ここにも時間階層のずれがもたらす家族愛のドラマがあった。

「ダンケルク」で描かれたのは、速度の異なる三つの時間だ。ダンケルク海岸を離れるため悪戦苦闘する兵士トミーの「防波堤：一週間」、イギリス兵を助けるため民間船「ムーンストーン号」でダンケルクに向かう船長ドーソンの「海：一日」、救出作戦を支援するため戦闘機でダンケルクに向かうパイやロット、ファリアーたちの「空：一時間」。たったこれだけの仕掛けで、誰もが結末を知っている史実が、立体的でサスペンスフルな物語となった。

そして最新作「TENETテネット」（二〇二〇年）。CIAエージェントの名もない男が、第三次世界大戦の悲劇を防ぐべくスカウトされ、時間を逆行してやってくる未来人と戦う話だ。時間操作としては最も実験的な作品で、逆行人と順行人のカーチェイスとか、爆破されながら修復されるビルなど、見たこともないシーンが次々と現れる。

一見して判る通り、ノーラン作品のテーマは結構大衆的である。「インセプション」「テネット」は、大筋は勧善懲悪的な構図で展開するし、「インセプション」が「パプリカ」（二〇〇六年／今敏監督）なら「インターステラー」は「ほしのこえ」（二〇〇二年／新海誠監督）だし、「ダンケルク」は「プライベート・ライアン」（一九九八年／スティーヴン・スピルバーグ監督）にも通ずるような撤退戦を描いている。つまりストーリーだけみれば、物凄く斬新な展開や深遠な思想がこめられているとは思えない。ノーランが先鋭的なのは、その「語り口」のほうなのだ。

この点については「インセプション」が一番判りやすいだろう。夢、すなわち無意識に入りこんでアイディアを埋め込むことは、はたして可能なのか。もちろん精神分析的にはありえない。本作では、夢が階層構造をなしているのだが、これも心理学的には荒唐無稽な設定だ。夢作業とは、そもそも「圧縮」「移動」「二次加工」といった、言語的な操作によって心像をつくり出すことを意味している。夢は視覚的には別世界に思えるとしてもそれは錯覚であり、夢の視覚イメージは象徴界の作動から二次的に産出されたものなのだ。そして、当の象徴界＝無意識には階層構造が存在しないとされている。だから夢描写の正確さという点では、今敏「パプリカ」のほうがずっとまともである。

しかし、そもそも「インセプション」は、最初から正確な夢の描写など意図していないのではないか。ただ、それぞれに時間の進み方が違うレイヤーが多層構造をなす空間があって、そこにダイブしたら何が起きるのかを「夢」という形式を借りて語ろうとしたのではないか。結果的にこの構造は、異なった速度の時間が流れる階層間を行き来するだけでサスペンスが生まれる、という新しい語り口をもたらしたのである。

もし「インセプション」の世界にトラウマが存在したなら、それだけでレイヤーの構造は潰乱していたであろう。深刻なトラウマは、しばしば心理的時間の流れを停滞させる。なによりも反復する悪夢が、夢みる自由を奪ってしまう。フラッシュバックなどの再体験は、何度も心をトラウマに引き戻しながら、あらゆる階層を抑圧し同期させてしまうだろう。つまり、トラウマの存在を認める限り、時間操作の自由は著しく制限されてしまうのだ。ノーランがトラウマとともに心理主義を放擲したのは、ごく当然のなりゆきだったろう。

複数の時制の往還が、フィクションの語り口を更新すること。近年、ノーランはそうした確信をますます深めつつあるように思われる。ならば「時間」とは何だろうか。それは主観的なものか客観的なものか。複数の時間の流れは、複数の心のありようをイメージさせる。時間とは、主観的かつヴァーチャルな体験なのだろうか？　そうであるなら、それはいかなる映画的表現に結びつけられるだろう？

最新作「テネット」で、ノーランは「エントロピー」にこだわっている。そこから敷衍して考えるなら、時間とはエントロピー（乱雑さ）の増大過程という見方が可能になる。ほとんどの物理現象、たとえば発射された銃弾、横転する車、そして何より人間の負傷と死、そのいずれにおいても、エントロピーは増大する。この過程は逆戻りできない。「覆水盆に返らず」とはそういう意味だ。過ぎた時間と増えたエントロピーは元に戻らない。このとき時間の階層とは、それぞれにエントロピーの増大速度が異なる空間を意味することになるだろう。

そう考えるなら、ノーランが「トラウマ」と「ＣＧ」を嫌悪する理由がいっそうはっきりしてくる。いずれもエントロピーの増大過程を無効化してしまう要因であるからだ。心的空間においてトラウマは、一つの決定的な出来事に心を固着させて、しばしば「成長」というエントロピーの増大過程を阻害する。いっぽうＣＧ映像には、そもそも「時間」が存在しない。ＣＧ映像と、フィルムによる実写映像の決定的な違いはそこにある。まっさらなフィルムに映像が刻まれるとき、エントロピーは不可逆的に増大する。一方、ハードディスクに映像データが何テラバイト保存されても、それはエントロピーとは無関係の可逆的現象だ。トラウマとCG映像は、映画の時間描写においてはしばしば「障害」となってしまうのだ。

ノーランが描く夢や幻想がリアルなのは、それが「実写」であるためばかりではない。エントロピーの増大こそがリアリティを担保する、という彼の確信がその中核にある。この点を踏まえることで、時間と心の関係の自由度は格段に高められた。この視点からもう一度彼の旧作を見直すことで、さまざまな新しい発見が得られるだろう。

127 「映画という謎」の分有
——デヴィッド・リンチ監督について

それは奇妙な光景と言うべきだった。

いくら話題になったとはいえ、「難解さ」というよりは「得体の知れなさ」で知られる監督の、三時間にも及ぶ長篇映画のために、映画館の入り口には長蛇の列ができているのだ。平日の午後三時という時間帯に。これは一体どうしたことだろうか。

列の大半はオタク風の学生やアートスクール系のカップルといった若者たちだが、彼らに交じって、営業のあいまに立ち寄った風のサラリーマンや、定年退職組とおぼしい老夫婦なども見受けられる。もう私にはわからない。これらの人々はいったい、リンチになにを期待してここに集っているのだろうか?

「ロスト・ハイウェイ」(一九九七年)以降、リンチは「心因性フーグ(遁走)」や「多重人格」のモチーフを借りて、しばしば一種の「メタ世界」を描いてきた。一転して素朴なたたずまいの「ストレイト・ストーリー」(一九九九年)をはさんで、続く「マルホランド・ドライブ」(二〇〇一年)では、メタ世界のモチーフはいっそう確信に満ちた手つきで描かれることになる。

私はかつてこの進化を、ねじれの複雑さにおいて「メビウスの輪」から「クラインの壺」への進化になぞらえた。ここに新作「インランド・エンパイア(以下「IE」)」(二〇〇六年)を加えて、リンチの「平行世界三部作」と呼ぶことを提案したい。もちろん「IE」は、三部作における紛れもない最高傑作だ。いささかも衰弱を知らず、自己模倣に陥ることもなしに、いかにしてリンチは、かくも新鮮で力強い作品を制作し続けることができるのか。

「ＩＥ」は二つの点で画期的である。

まず、本作は全編デジタルビデオ（ソニーのDSR-PD150）で撮影されている。リンチはその理由として、主としてコストパフォーマンスと操作性のよさを挙げ、「今後はデジタルでしか撮らない」とまで断言している。

もう一点は、本作において、リンチがはじめて「劇中劇」の構造を全面的に導入したことだ。本作には少なくとも六層の平行世界が含まれる。すなわち、（一）ヒロインのハリウッド女優ニッキー・グレース（ローラ・ダーン）自身の物語、（二）ニッキーが主演に抜擢された映画内映画『暗い明日の空の上で』、（三）その映画の「原作」ともいうべきポーランド映画『47』、（四）『47』撮影中のエピソード世界、（五）唐突に挿入される「ウサギ人間の部屋」、（六）（一）〜（五）が映し出されるＴＶ画面を見つめる女性の世界である。

六つの平行世界が互いに入れ子状に絡み合い、どこまでも相互に浸透しあう。平行世界のモチーフそのものは、先に命名した三部作すべてに共通する。しかし、劇中劇という形式でそれが徹底されたのは、おそらく本作が初めてである。

ただし、注意しよう。「ＩＥ」はメタ世界を扱いながら、いささかも「メタフィクション」などではない。ここに一つの逆説がある。通常メタフィクションの機能は、語り手の主体性を前景化せずにはおかないものだ。言い換えるなら、強固な作家／観客主体という足場があって初めて、われわれはメタレベルの階層関係を理解できる。しかし「ＩＥ」には、そうした「足場」はない。それは映画の制作過程からもあきらかだ。

インタビュー資料を読む限り、「ＩＥ」の制作はかなり行き当たりばったりに進められている。たまたま近所に越してきたローラ・ダーンとリンチが出会い、一緒に映画をつくろうという話がまとまる。作品全体の構想もないままリンチはカメラを回し始める。映画のタイトルは、ローラ・ダーンの夫ベン・ハーバーがロサンゼルス郡インランド・エンパイア出身と聞いたその瞬間に命名される。あとはリンチがアイディアの断片を思いついてはそのシーンを撮影することのくり返し。作業は実に二年半にも及んだ。

リンチの撮影現場は、例えばこんなふうだ。赤い電球を口に銜えたクリンプが登場するシーン。リンチはオフィスの食器棚を開けて目についたタイルの破片と、岩と、赤い電球を手に撮影現場に行き、俳優にどれか一つを選ぶように言う。たまたま彼が電球を選んだので、あのようなシーンになったという。

ひとつのアイディアがひとつの場面をもたらし、そのシーンがまた新たなアイディアを呼び寄せる。全体構想も脚本もなく、シーンの順番もでたらめに撮影されたこの作品は、デジタルビデオの柔軟な操作性を活かして、縦横に編集された。

リンチは映画制作において「Unified Field＝統一場」という言葉をしばしば使用する。これはもちろん、物理学における「統一場理論」からの引用だ。それは一見、無関係な断片を関係づけるような統合的な作用を意味している。リンチによれば、遠く離れた二つの要素が、それらを統合してくれる第三の要素を召喚するのだという。

リンチが監督したＴＶシリーズ『ツイン・ピークス』（一九九〇年）におけるＦＢＩのクーパー捜査官は、夢のお告げやまじないめいた直感的方法で捜査をする。これは瞑想と偶然からアイディアを獲得し、アイディアの相互作用からストーリーを紡ぎ出すリンチのやり方そのままではないか。

制作の過程から一つ言いうることがある。おそらく「ＩＥ」のメタ構造は、制作過程の中で事後的に追加されていった結果生じたものだ。リンチは、シーンの断片を統一するために、メタ構造を利用したのだ。この、統一場としてのメタ構造こそは、冒頭で述べた「平行世界三部作」すべてに共通する。

ここでリンチの「気質」について簡単にふれておこう。私の「診断」によれば、リンチはまごうことなき「分裂病（統合失調症）なき分裂病」の系譜に連なる表現者だ。私の知る限り、この気質を持つ商業映画監督はリンチただひとりである。系譜の偉大なる先達としては、作家フランツ・カフカと画家フランシス・ベーコンの二人の名前を挙げておけば十分だろう。

彼らの作品には共通する特徴がある。第一に、彼らはおよそ、みずからの作品の「ジャンル」や「スタイル」に関心がない。そうした意味での作家的自意識が欠如しているのだ。たとえばリンチは画家としても知られ、作曲、脚本、漫画、アニメなど、見かけ上は多彩な表現領域を手がけている。しかし間違いなく、リンチ自身は「ただひとつのこと（＝統一場）」の力学を反復しているにすぎないと考えているはずだ。

第二に、彼らの作品には「表層」しかない。言い換えるなら、その作品をなんらかの覆いととらえ、背後にひそむ象徴関係などを詮索しても意味がない。なぜか。彼らには作品制作をコントロールしようという意志がないからだ。さきにも述べたように、制作の過程はアイディアの相互作用による、なかば以上自律的な過程である。もし制作状況をコントロールすることが作家の主体性であるのなら、彼らはそうした主体性をあらかじめ放棄している。

同じ分裂気質者として私に付け加えることがあるとすれば、リンチは間違いなくこう考えている。「コントロールしようとすれば、すべてダメになる。コントロールを放棄すれば、すべてがうまくいく」と。この奇妙な確信に根拠はない。これは、最初から「気質」の問題なのだ。

「ＩＥ」はまた、「皮膚の映画」でもある。人物の顔の不自然なクローズアップが、これほど多用された映画がかつてあっただろうか。デジタルビデオの利便性は、編集に限ったことではない。軽量のカムコーダーは、無造作に、ほとんど濫用されるクローズアップのために、終始一貫奉仕させられている。

もちろんリンチのクローズアップ趣味は、これが初めてではない。「ブルーベルベット」（一九八六年）冒頭に映し出される、地下で蠢く無数の虫たちのシーンを想起してみよう。それらは観客を混乱させるための無意味な場面ではない。真に驚くべきことに、それはリンチ自身の、純然たる趣味なのだ。そう、かれはクローズアップされた細部のテクスチャーが好物なのである。

「わたしは必ずしも腐乱死体が好きじゃないが、そういう死体には信じがたいようなテクスチャーがある。小動物の腐乱死体をみたことがあるかい？　わたしはそういうものを見るのが大好きだ。ちょうど樹皮や、小さな昆虫や、一杯のコーヒー、あるいは一切れのパイをクローズアップで見るのと同じくらい好きだ。近づいて見るテクスチャーは素晴らしいよ」（David Lynch, *CATCHING THE BIG FISH: Meditation, consciousness, and creativity*, TarcherPerigee, 2006）

このリンチの「テクスチャー好き」は、しかし必ずしも、細部を正確に眺めることを意味しない。たとえばリンチは、ＨＤ映像（ハイビジョン）よりも質の落ちるＤＶ映像をより好む。

「（ＤＶ映像の質感は）一九三〇年代のフィルムを思わせるね。初期の映画は粒子が粗くて、画面の情報量が少なかった。PD-150の画像は、ちょっとそれに似ている。（情報量では）ハイビジョンの足元にも及ばない。ときおりフレームの中によくわからないものが映っていたり、暗い隅があったりすると、心は夢想の中に漂い出すんだ。フレームの中のすべてがくっきりと鮮明なら、それはそれだけのものでしかない」（『季刊InterCommunication』六二号掲載のインタビューより）

そして「ＩＥ」において最大限に強調されるのは、いうまでもなく「顔のテクスチャー」だ。

クローズアップの多用によって、顔たちの風景はみるみる変質していく。たとえばニッキーの家に引っ越しの挨拶に訪れる訪問者（グレイス・ザブリスキー）の不吉に歪曲された顔。あるいはローラ・ダーンの複数の顔。それはもはや、私たちがよく知っているあの女優の顔ではない。皮膚の肌理、シワやたるみ、骨格の起伏、照明がもたらす多彩な陰影、それら一切から喚起されるテクスチャーには、しかし「ローラ・ダーン」の署名はない。

リンチが敬愛してやまないベーコンもまた、テクスチャーに強いこだわりを持っていた。知られるとおりベーコンは、肉の風景としての人間を描こうと試みた。それゆえ皮膚の描写にはサイの皮膚の質感が必要であり、口腔にはモネの日没が参照され、顔にはサハラ砂漠の距離が要請される。そこには、あらゆる顔の文脈がはらんでしまう「物語分子」とでもいうべき要因を解体し、あらゆる同一性を強度の反復に至らしめようとする、意志ならざる意志、意図ならざる意図がある。

リンチの制作するアート、なかんずく『DISTORTED NUDES』(ABSURDA, 2004)に収められた作品群は、ほとんど直接にベーコンを連想させるものになっている。それらはいずれも、古いヌード写真集を低解像度でスキャンし、フォトショップで歪曲、もしくは解体変形したものだ。

ここでリンチが人体から強度を引き出す手続きは、あきらかにベーコンのそれを踏襲している。たとえば顔や手といった「主語の器官」を抹消し、文字どおり無頭(アセファル)の身体として再構成すること。解剖学的な内面性を無視して、皮膚の表層性のみを延長してみせること。

顔は文脈である、とかつて私は書いた(『文脈病』青土社)。同一性と差異の無限の源泉として、顔はシニフィアンでありコンテクストでもある。つまり顔は「現実」なのだ。ならばリンチの発見は、「接近しすぎると現実は虚構化する」というものになる。

「フィラデルフィアの恐怖」について考えてみよう。リンチは一九歳の時から四年間ほど生活したフィラデルフィアでの体験を「トラウマになるような、本当に恐怖の体験」と語っている。空気に恐怖が満ちているという彼の恐怖の源は、間違いなく高密度の人間的環境である。

そう、彼はけっして、「平和で安定した日常」などには安住できない。毎日同じメニューの食事を食べても平気なような人間(リンチのことだ)は、確実に「変化への恐怖」に圧倒されている。それは「不吉な兆候」への過敏さ、などとはまったく異なる。変化や変質に対する、微分的な過敏性だ。中井久夫の言葉を借りて言えば、日常の基底にあると目される「徴候的メタ世界」への感受性である。

かくしてリンチ作品の「メタ」性は、世界の上位レベルではなく、むしろ世界の基底にあってそれを支えるものであることがはっきりする。そう、それがリンチにおける「統一場」だ。彼はそこから、あらゆる表現を取り出してくるだろう。

世界＝映画を基底で支えるコード、そのひとつが「顔」にほかならない。同じ顔の人物は同一人物である、というコードへの自明かつ不可解な信頼がなければ、われわれは映画を観ることすらできないだろう。いっぽう顔＝俳優の同一性は、映画の複数性によってのみ支えられることになる。要するにそこにあるのは、映画と顔の共依存関係ともいうべきものだ。

リンチは「平行世界三部作」において、ついにこうした「顔」の自明性に踏み込むことを決意したかにみえる。世界のレベルが切り替わるごとに、顔のテクスチャーは劇的に変貌を遂げていく。あるときは顔が物語のフレームとなり、またあるときはフレームが顔のテクスチャーを決定づける。執拗に反復されるこの切り替わりの中で、映画の基底（＝顔）は思うさま掘り返される。

ローラ・ダーンのような顔をした女優が、女優であり、娼婦であり、同時に夢の中の存在でもあるということ。そのような不可能な事態を、なにゆえわれわれは進んで受け入れようとしているのか。

ここに至ってわれわれは気づくだろう。リンチの映画が謎なのではない。そもそもわれわれが「映画を観る」という行為そのものが謎なのだ、と。

娼婦たちが踊り、リトル・エヴァの「ロコモーション」が鳴り響く。これは本当に、あのなじみ深いオールディーズのヒットソングなのだろうか。「ＩＥ」を観た後では、もはや「ロコモーション」は「ロコモーション」のようには聞こえない。そう、「ワイルド・アット・ハート」以後の「ラブ・ミー・テンダー」がそうであったように。

気がつけば観客は三々五々帰途についている。「さっぱりわからなかったよ！」と愉しげに語り合いながら。しかし、と私は考える。平日の午後に、「映画のわからなさ」を共有（分有？）しあうこと。その記憶こそが、「リンチの恩寵」でなくて何だろう？

128 皮膚の映画、あるいは壊乱するメタ世界

――デヴィッド・リンチ監督について

デヴィッド・リンチの新作「インランド・エンパイア」(二〇〇六年、以下「IE」)は、ポスト「ロスト・ハイウェイ」の作品系列における紛れもない最高傑作だ。そう、私の考えでは、「IE」こそは「ロスト・ハイウェイ」(一九九七年)、「マルホランド・ドライブ」(二〇〇一年)に続く「平行世界三部作」の完結編なのである。完成度は高いがどこか総集編的な趣もあった「マルホランド・ドライブ」から一転して、「IE」にはかつてない新鮮さと力強さが溢れている。

もちろん論理的整合性のあるオチや、感情的整合性のあるカタルシスを求める観客は、またしても置き去りにされるはずだ。彼らにとって本作は、確かに「三時間という究極の映画リンチ」(町山智浩)にしかならないだろう。それはそれでしかたない。それは「趣味の問題」というよりは「気質の問題」なのだから。

しかし、もしあなたが、監督自身が自分が何を作っているのかをうまく言語化できないような異様な作品(それは正しく症状ないし排泄物と呼ばれるべきだ)を体験したいと考えているなら、リンチはその期待を決して裏切ることはないだろう。

「IE」には、少なくとも二つの画期がある。ひとつは撮影方法だ。本作は全編デジタルビデオカメラ(ソニーのDSR-PDI50)で撮影されている。リンチはインタビューでその理由を尋ねられ、主としてコストパフォーマンスと操作性の良さを挙げて、「今後はデジタルでしか撮らない」とまで断言している。

二つめの画期は、リンチがはじめて、映画において劇中劇の構造を全面的に導入している点だ。

ここで簡単に、ストーリーの導入部に触れておこう。ヒロインのハリウッド女優ニッキー・グレース（ローラ・ダーン）は、映画『暗い明日の空の上で』の主役に抜擢されるが、この作品は民話にもとづくポーランド映画『47』のリメイクだった。『47』は主役の二人が謎の死を遂げ、製作が中止されたといういわくつきの映画である。

かくして「ＩＥ」には、少なくとも六つの平行世界が描かれることになる。（一）ニッキー自身の物語に、（二）映画内映画の『暗い明日の空の上で』が、さらにもうひとつの（三）映画内映画『47』と、（四）その撮影中のエピソードがからむ。さらに「ＩＥ」には（五）「ウサギ人間の部屋」の風景が脈絡なしに挿入されるが、それは映画の冒頭、（六）涙を流している女性が見つめるＴＶ画面に映し出されている。

リンチ作品の常として、これら六つの平行世界は互いに入れ子状に絡み合い、きわめて錯綜した相互浸透の関係に置かれることになる。もちろん平行世界のモチーフそのものは、先に命名した三部作すべてに共通するものだ。しかし、劇中劇という形式でそれが徹底されたのは本作がはじめてである。

おそらくここには、デジタルビデオの利便性が深く関与している。

どういうことか。本作は約二年半という歳月をかけて撮影された作品である。その経緯について、リンチは次のように語っている。

「そもそものきっかけはローラ・ダーンが近所に引っ越して来たことなんだ。彼女と何か一緒に作ろうということになって、すこしずつカメラを廻し始めた。脚本もテーマも何もない。ひとつのアイディアが浮かぶとそれを撮影する。その繰り返し。どんな映画になるのか私にも見当がつかなかった」

「順番はまったくでたらめに撮ったんです。（中略）僕の映画の作り方は現在の科学と原理は同じで、まずは発見をし、その存在証明をし、そこで一体化する。（中略）最初にアイディアが浮かび、三分の二ほど撮ったところでまた新たな展開が生まれていく。（中略）ある日、このすべてが一体化し、結びつき、ストーリーが生まれていくんです」

おそらくこれは、ハリウッド資本の商業映画では考えられないような撮影法に違いない。撮影と脚本が同時進行で製作されるあたり、ほとんど香港映画的だが、撮影のペースとなるとドキュメンタリーか長篇小説のようだ。このように断片的なアイディアを順不同で撮影し、ストーリーとして編集するという手順は、確かにデジタルビデオの簡便性なくしては成立しなかったであろう。

我田引水は趣味ではないが、少々の牽強付会もリンチ論ならご愛敬というものだろう。あえて断言するが、私は二〇〇四年に発表した「マルホランド・ドライブ」論において、すでに「IE」の基本構造を予見していた。その「予見」とは主に、本作品における「フレームの多重性」に関わるものである。

しばしば指摘されるように、リンチ作品に共通するのは、伏線めいたさまざまな徴候的細部が、実際には整合性のある伏線としてまったく機能しないという事態だ。本作では、たとえば随所で繰り返される「家賃」の話題など、決してどこにも辿り着くことはなく、ただ反復されるにとどまっている。このような、一見無意味な反復の構造は、リンチ作品のいたるところに見出すことができる。

伏線と反復こそは、映画の基本文法だ。ただしそれらが有効なのは、いずれも「映画的同一性」を保証する限りにおいて、である。ところがリンチの反復は、同一性の反復ではない。むしろ反復するごとに同一化はずらされ、脱臼させられ、不意に別の意味を帯びはじめたりもする。

それどころか、時にリンチは、問いかけの反復をもって解答に代えてしまったりもする。謎には謎で答えること。こうした「徴候の非同一的な反復」という構造があるからこそ、リンチ作品は非定形な幻覚などに陥ることなく、むしろ「純粋映画」とも言うべき位相にとどまり続けることができるのだ。

むしろリンチ作品の体験は、われわれにとって「世界の同一性」がいかに成立しているかという、最大の謎に対する答えのように機能するだろう。

繰り返すが、リンチ作品においては、常に同一性が混乱させられている。ただしそれは全面的な混乱ではない。それでは単なるデタラメで、デタラメというのはしばしば単純で「わかりやすく、人を安心させる」ものだ。

適切に「混乱を描く」のは容易なことではない。人格の混乱は身体的な同一性を通じてでなければ理解されない。世界の混乱は人格の同一性抜きには理解されない。そう、このとき「身体」や「人格」は、一種の認知フレームとして機能するだろう。非同一性を理解するためには、フレームの同一性が常に要請されるということ。

その意味で、リンチの作品世界を安定させるのは、常に定位不可能な位置に置かれる「メタ世界」の同一性だ。本作で言えば、たとえば「ウサギ人間の部屋」がこれに該当する。ナンセンスな会話をかわす着ぐるみのウサギたちが棲む部屋は、本作では最も物語世界と関わりの少ない空間だ。

このようなメタ世界の描写、というか記述が、なにゆえに有効性を帯びうるのか。この点について、かつて私は次のように書いた。

「その技法の一つは、中景の混乱という個々の謎に対して、事前にメタレベルの謎をあてがっておくということだ。メタレベルの謎は、中景においてメタ世界の予兆として出現し、そこに徴候的痕跡のみを残してゆく。これが事後的効果として、中景の謎を解く鍵をはらんだ遠景的メタ世界観をもたらしてくる。言い換えるなら、中景における謎の答えが遠景的メタ世界にあると、われわれが信じ込まされてしまうがゆえに、メタ世界は複数化するのである。謎の答えとして別の謎を示すこと。ここにおける謎のフレーム化にこそ、リンチの技法が極まっている。われわれが混乱するのは、あらかじめ複数の超越的世界を受け入れてしまったがゆえに、結果的にいかなる超越論的審級にも辿り着くことができず、世界の意味連関が一挙に破綻してしまうためだ。かくしてリンチの謎解きは、症状として反復されることになる」(「マルホランドのフレーム憑き」『フレーム憑き』青土社)

映画の観客には、謎→メタ世界における解、という期待が常にある。これはほとんどの場合、このベクトルが単一のメタ世界(物語のフレーム)に収束すると期待されているためで、これこそが映画における神経症的＝否定神学的構造の典型である。

ところがリンチの技法は、このベクトルを収束させずに放散してしまう。そのとき何が起こるか。それは単純な混乱ではない。あるいは複数の超越的メタ世界の出現や、超越論的審級の解体すらも意味しない。複数のフレームが相互浸透しはじめ、その結果として、フレームの階層関係が壊乱させられることになるのだ。かくして「夢」に対する「現実」のような優位性は雲散霧消し、それぞれのフレームがお互いにみずからの「メタフレーム性」を主張しはじめることになる。

このとき任意の場所に置かれた「謎」は、オートマティックにフレームからフレームへと回付（かいふ）され続けた結果として、際限なく増殖し、膨張し続けることになるだろう。それは言うなれば、謎のハイパーインフレーションとも言うべき暴走であり、それゆえわれわれは、もはやそれを謎とすら認識できなくなってしまう。代わりにわれわれは呟くだろう。「やっぱり、リンチはリンチだ」などと。

「ＩＥ」が画期的なのは、リンチがこうしたフレームの操作を、劇中劇という手法によって突き詰めることを試み、見事に成功を収めているからだ。通常、劇中劇という方法は、フレームの階層性を強調することにつながりやすい。それゆえアイデンティティの混乱やどんでん返しといった話法はむしろ、映画の神経症的構造を強化するだけに終わってしまう。これまでリンチがこの手法に消極的だったのは、それによって作品が過剰に意味づけられてしまうことを恐れたためではなかったか。

しかし「ＩＥ」において、リンチはこの課題を見事にクリアした。ひとつはフレーム間の相互浸透を徹底することで。しかし、もちろんそれだけではない。

この映画には、実はもうひとつの画期的「発明」がある。

それは「皮膚」である。そう、「ＩＥ」は、皮膚の映画だ。人物の顔の不自然なクローズアップが、これほど多用された映画を私はほかに知らない。カメラは俳優たちの顔に、まるで蝿のようにつきまとう。そう、皮膚のテクスチャーが判別可能となるほどに。もちろんこのテクニックも、軽量のデジタルビデオカメラによって可能になったものだろう。この手法は、ことリンチ作品においては、ほとんど技術革新にもひとしい意味をもつ。

そもそもリンチはこれまで、作品中に意味不明なクローズアップ映像をしばしば紛れ込ませてきた。有名なところでは「ブルーベルベット」冒頭に映し出される無数の虫のシーンがある。これらのシーンは、ドラマの背景に蠢いている匿名の強度に満ちたメタ世界を徴候的に暗示している。

しかし「顔のクローズアップ」となると話は別だ。

漢字をじっと見つめていると、その漢字がバラバラに見えたり、もとの意味とは似ても似つかない奇妙な記号に見えはじめることがある。いわゆる「ゲシュタルト崩壊」である。細部に注目すると全体が失われること。たとえば統合失調症では、こうした認知の混乱がしばしば起こる。それは靴下に穴はいくつあるかと尋ねられて、「ひとつ」と答えるか、「(編み目の数だけ)無数にある」と答えるか、という違いでもある。

「IE」における「顔のクローズアップ」の効果が、まさにこれである。これから本作を観ようというひとには、とりわけローラ・ダーンの「顔」に注目することをお勧めしたい。彼女の皮膚の肌理、シワやたるみ、骨格による起伏、照明がもたらす多彩な陰影、そうしたものの一切を凝視し続けること。

そのとき、超近景化した顔の同一性は、たちまち揺らぎはじめるだろう。いまやスクリーンを覆い尽くすのは、「靴下の無数の穴」ならぬ、ローラ・ダーンの無数の皮膚だ。拡大され凝視され続けた顔は、やすやすと同一性を示す記号であることをやめ、シニフィアン本来の非同一性という性質をも飛び越して、無限の差異のマトリックスとして震動しはじめるだろう。それはもはや彼女であって彼女ではない。

これこそはまさしく「風景としての顔」ではないか。このときリンチは、彼が敬愛してやまないフランシス・ベーコンの実践に近づこうとするかのようだ。あの「サハラ砂漠のような」顔を描こうとしたベーコンに。

リンチが描く「顔の風景」もまた、超近景でありながら、まるでサハラ砂漠のように遠い。確かに知っているはずの風景をはじめてのように感ずることをジャメ・ビュ（未視感）と呼ぶが、本作におけるローラ・ダーンの顔はまさにジャメ・ビュに満ちている。ホームレスに扮し、舌足らずの英語で信じられないほどの長台詞を喋り続ける裕木奈江が、まるで無名のアジア人女優にしか見えないように。

そう、これら無数の顔の風景こそが、「IE」においてなし遂げられた画期的発明である。このときあの顔たちは、無限の差異をはらんだ同一性のゲシュタルトとして、しばしば物語のフレームと化すだろう。フレームの壊乱がそのまま顔の壊乱にほかならないことは、「IE」終盤におけるいくつかのシークエンスではっきりするはずだ。顔の壊乱のあとに残されるのは、固有性の波頭を無数にたたえた巨大な皮膚の海である。

だから繰り返そう。「IE」は皮膚の映画だ、と。

いまやフレームの操作法までも自家薬籠中のものとしたリンチは、これからどこへ向かおうとするのだろうか。実はそのヒントはすでにある。

この原稿を書くためにYouTubeを検索していて、奇妙な動画を発見した。リンチがハリウッドの路上で、主演女優ローラ・ダーンのアカデミー賞ノミネートのキャンペーンをやっているのだ。しかも一頭の乳牛を連れて。いくつかの映画関連サイトの情報をつきあわせると、リンチは映画の撮影中にチーズをたくさん食べてハッピーになったとのことで、そのためか垂れ幕には「チーズなしでは『インランド・エンパイア』は存在しなかった」と記されている。なぜ牛がいるのかと尋ねられたリンチは、「Cheese is made from milk」とひたすら繰り返す。まるでリンチ作品の一場面を見るようだ。ここでわれわれが目撃するのは、ありふれた日常語を児戯的な手つきで謎めいたセリフに変えてしまう、リンチ一流の錬金術にほかならない。

ここに至って私の予測は、三部作が実は四部作なのではないか、という期待とともにある。なぜなら次回作でリンチは、彼自身を含む世界のメタフレーム化に着手するはずなのだから。私にとってこの予測はほとんど自明のものである。そう、チーズが牛乳から作られるのと同じくらいに。

129 「界面」と「他者」

――スティーヴン・スピルバーグ監督について

現時点で、残念ながらまだ「宇宙戦争」は未見である。しかし私には、ひとつの確固たる確信があるのだ。それは「宇宙人は間違いなく『女性』である」という点だ。その真偽はこれから確かめに行かなければならないが、準備運動として、ここではスピルバーグのフィルモグラフィーにおいても、とりわけ重要な二つの作品を比較検討しておこう。

それは「ジュラシック・パーク」と「A.I.」の二作品である。この二つの作品は、構造的には対称的な類似関係にある。これらは生化学でいうところの、光学異性体のような対である。

もちろん、すぐさま異論が提出されるだろう。前者は恐竜ブームのさきがけとなった単純な怪獣映画、後者はキューブリックの意志を継いで制作されたロボットの母恋もの、いったいどこが少しでも似ているというのか、と。しかし、あまり多くはないスピルバーグ論を一覧すればわかる通り、多くのスピルバーグ作品は、常に強引な深読みや断定への強い誘惑を秘めた細部に満ちている。その過剰なまでの象徴性が、偶然なのか意図的なのかはともかくとして、スピルバーグはヒッチコックと同様、映画＝精神分析を地で行く作家の系譜に所属する。そうである以上、暴力的な解釈でスピルバーグを横断することは、もっとも「スピルバーグ」に忠実たらんとする身振りにほかならないはずだ。

それはともかく、二作品の対比をさっそく試みるとしよう。

「ジュラシック・パーク（以下J）」はDNAから合成された恐竜でテーマパークを作ろうと目論んだ科学者が、

生命の複雑性に対する読みが甘かったために、ひたすら恐竜に追われて逃げ回ることになる話だ。「A.I.（以下A）」は、難病で植物状態の子供を抱えた夫婦に、人間の子供そっくりのロボットが与えられるが、彼らの実子が奇跡的に回復したため捨てられてしまい、しかし母への愛をプログラムされたオスメント型ロボット（ディビッド）は、ひたすら母親を追い求めるという話。あらかじめ断っておくが、私はどちらも大変好きな作品である。「シネマ」あるいは「SF」としてどうかは知らないが、「スピルバーグ」というジャンルにおける傑作であることは間違いない。

ふたたび、「一体どこが似ているのか」という問いが投げかけられるだろう。強いて言えば、人間が他者、すなわち恐竜やロボットと出会うことで展開するドラマ、という点だろうか。確かにそれを否定はしない。とりわけ人工的な産物であるはずの「恐竜」や「ロボット」が、（「複雑性」ゆえに？）想定外の作動をすることで葛藤が導入されるところまでは一致している。しかし、ここで一つの操作を試みていただきたい。そう、恐竜＝母親として、二作品を対比してみること。この等式が可能になるのは、両作品における物語の葛藤構造ゆえである。つまり作品の核にそれぞれ置かれる「恐竜からはひたすら逃げるしかない」ことと、「母親をひたすら追い求めるしかない」こととは、実は同じ事態を意味しているのではないかと仮定してみること。

言い換えるなら、両作品で恐竜も母親も「映画的主体」としては描かれていない。それはほとんど「気候」や「地形」といった「設定条件」と同様の位置にあって、策略や努力で対決することでどうにかなる相手ではないのだ。だからこそ、「J」がとりあえず決着するのは、クライマックスで通りすがりのティラノサウルスが偶然にもベロキラプトルを補食するからだし、「A」が結末を迎えるのは、通りすがりの未来の人工知能が、ディビッドが偶然持ち合わせていた頭髪から、一日だけ母親を合成してくれるからだ。さらに言えば、母親も恐竜も合成可能な存在であり、それにもかかわらず「人知ではかりしれない自然」という位置に置かれているというポイントまで一致する。

ほかにも重要な一致点がいくつかある。例えば「残虐な興業師」という立場。「J」においてはジュラシック・パークを計画する大富豪ジョン・ハモンドであり、「A」においては「フレッシュ・フェアー」で人々を煽動するあの男だ。最初は人々に支持されながら、結局は凋落を余儀なくされるというなりゆきもさることながら、その見世物の残虐性たるや、両映画の陰の部分を一手に引き受けているように思われるほどだ。とりわけ「J」で、ベロキラプトルの檻に餌として投じられていく牛のシーンは、「A」において処刑場に引きずり出される哀れな旧式ロボット（捨てられた野良ロボだ）を連想させずにはおかないだろう。もちろん「A」におけるロボットの処刑シーンは、もっと直接に「シンドラーのリスト」におけるホロコーストの記憶を継承するものではあるのだが。

ところで先ほども述べた通り、この二作品は、類似点はあるものの構造的には左右対称となっている。つまり、その類似性には反転部分が含まれている。それでは、反転はどこで起こるだろうか。その一つが、両者に共通する「ファースト・コンタクト」のシーンにほかならない。そう、「J」で言えば、サム・ニールとローラ・ダーンがはじめてブラキオサウルスを目撃するシーンであり、「A」で言えば、母親フランシス・オコナーがロボットである「デイビッド」をわが家に迎え入れるシーンである。

いささか余談めくが、この種の「ファースト・コンタクト」の演出こそ、スピルバーグの真骨頂ではないだろうか。「未知との遭遇」にせよ「E.T.」にせよ、その瞬間は技術的なケレンを感じさせないほど透明に演出されながら、その画像だけで繰り返し感動をもたらすだけの潜在力を秘めている。スピルバーグは、この種の「物語性のあるイコン」を構成する力量だけは、まさに天才的である。それほどイコンの強度は眩惑的であり、物語る技術の相対的な拙さに気付くのが遅れるほどだ。その意味で黒沢清の「人間じゃないものに出会った人間を描くのはうまい」「圧倒的な図像が物語を破壊してしまう」という主旨の評価（『ロスト・イン・アメリカ』デジタルハリウッド出版局）はまさに正鵠を射ている。そう、これらのイコンはついに「シンボル」たりえず、しばしば物語の枠からはみ出てしまうのだ。

ところで余談ついでに言えば、「J」においてブラキオサウルスは木の葉を食べている最中であり、「A」においてデイビッドは慎重に床を踏みしめつつ「良い床だね」と第一声を発する。要するに決定的な接触の場面にあって、恐竜は木の葉を、デイビッドは床を「味わって」いる。この符合すらも、もはや偶然とは思われない。

実はこの「ファースト・コンタクト」のシーンまでは、はっきりと恐竜＝デイビッドなのである。いずれも合成物であり、人間によって「出会われる」存在であるからだ。しかし、物語の中盤以降において、徐々に主役が入れ替わる。その決定的なきっかけをもたらすのが「関係性の変質」だ。親密さが対立に切り替わる瞬間。具体的には「J」ではベロキラプトルの檻の場面であり、「A」ではデイビッドが「人間の息子」マーティンに対抗してホウレンソウか何かを無理に呑み込み故障する場面だ。

ここまで恐竜＝デイビッドの図式が保たれていることは、まさに「食事による失調」という共通点からも指摘できる。「J」では病んで衰弱したトリケラトプスの糞塊にローラ・ダーンが肩まで腕を突っ込み、その原因を「毒性植物」と推定する。そして「A」では、無理に呑み込まれたホウレンソウが、デイビッドの「体内」で、何やら精密そうな基盤に悪影響をもたらすのだ。「体内描写（糞もその一つだ）」によって異種性（「他者性」にあらず）を強調し、ここから決定的な対立まで一気に畳みかけるという演出手続きに至るまで、このシークエンスの符合ぶりは深い。

「J」では引き続き「人間」が主役のままだが、「A」では「姥捨て」エピソード以降、ほぼ完全にデイビッドが物語の主体になってしまう（ただしナレーターの存在ゆえに「主観視点」はとりえないのだが）。人々はひたすら恐竜から逃げ回り、デイビッドはひたすら母を追い求める。「ピノキオ」との類似性については、なにしろデイビッド自身が自覚しているくらいだから、かえって隠喩的には機能していない。

実際、デイビッドが人間になりたがる理由はただ一つ、「そうすればママに愛されるから」であり、ピノキオが人間に（つまり「良い子」に）なろうとした動機とは本質的にすれ違う。むしろ自分をピノキオになぞらえ、ブルー・フェアリーを追い求める「勘違いぶり」が徹底的に無慈悲に描かれるからこそ、ラストシーンの感動がある。デイビッドは最後まで真実とはすれ違い続けるのだが、われわれはかくも「幻想に騙されてしまうロボット」のいじらしさ（人間らしさ）に涙することになるだろう。それは「母恋」よりは惑星規模の「忠犬ハチ公」ものではあるとしても、感動を禁欲する理由にはならない。

ここまでの検討は、単に二作品の類似性を指摘するためだけになされたわけではない。この二作品は、時代的にも一〇年近い隔たりがあり、マイケル・クライトンとスタンリー・キューブリックという資質も評価もまったく異なる作家に原案を得ながらも、これほど構造的に似通った作品が作られてしまうことから、「スピルバーグ」の一つの本質に迫ろうという目論見なのである。

作家であり映画評論家としても優れた論考を発表している阿部和重は、スピルバーグに対しても興味深い見解を披露している。それは「スピルバーグにおける父の位置」という問題である。ここで、阿部の見解を一部引用してみよう。

「この『父』という存在は、一貫して物語の中で重要な存在を担っているんですが、同時に、スピルバーグが一作撮るごとに、物語内での立場が微妙に変わってきてる。まず初期のスピルバーグ映画っていうのは、父親が出ていく話なんですね。家庭を捨てて、母子をおいて父親が『外』に出ていく」（前掲書）。そして阿部によれば、「未知との遭遇」や「ジョーズ」はまさにそうした物語であり、「E.T.」においては父親がE.T.になって子供の元に帰ってきたとみる。その意味で八〇年代前半までのスピルバーグ作品は「捨て子の映画」であり、それが「フック」「ジュラシック・パーク」では、捨て子が父親になる物語となっている。さらに「シンドラーのリスト」になると、シンドラーがユダヤ人の父、いわばモーゼとなっているという。

この阿部の指摘に対しては、個々の作品論としての反論はいくらでも可能だろうし、またこの議論はさらに「ハリウッド映画と父の位置」という議論へとあっさり一般化されかねないという「弱点」も秘めてはいるのだが、しかしきわめて重要なブレイクスルーたり得ている。それというのも、本章で繰り返し参照することになる対談本『ロスト・イン・アメリカ』での議論は、その大半がスピルバーグの技法論に集中してしまう傾向があるからだ。しかし彼の技法の特異性は、せいぜい「技巧的に過ぎる」としか言いようがないたぐいのものなので、しばしば議論が煮詰まってしまうか、あるいは議論を時代背景といった「大きな物語」へと「後退」させるほかはなくなってしまう。

もっとも、安井豊による「キャメロンの時代に最もふさわしい映画を作ったのはスピルバーグだった」といった重要な指摘もなされてはいるので、それが無意味というわけではない。ここで私が注目したいのは、技法論の隘路にはまり込むと、スピルバーグという個人が見えなくなってしまうという逆説である。阿部の指摘は、「家族」の視点を導入することで、技法論を排除することなく突き抜ける可能性を示し得ているのではないだろうか。さらに言えば、スピルバーグの技法がこれほど魅力的であると同時に語りにくいのは、それは精神分析で言うところの「転移」の契機であると同時に、解釈に対する最大の「抵抗」ラインでもあるためかもしれない。阿部の指摘が重要なのは、技法という目眩ましをものともせずに、抵抗の向こう側にあるであろう「家族」の問題へと視線が突き抜けているからだろう。ただし、私が阿部に同意できるのはそこまでである。私に見えるのは別種の問題であり、そこにこそスピルバーグの「抵抗」がある。

それは「女=母」の問題である。

すでに数多くの指摘があるように、「スピルバーグには女性が描けない」というのは事実かもしれない。確かに、しばしば美しいヒロインは登場するが、いずれも類型の域を出ない。たとえば「ターミナル」に登場する負け犬アテンダントにしても、『類型的ではない女性』の類型」になってしまっており、この点にスピルバーグの限界があるのは確かであるようだ。要するに彼は、ほとんど強迫的なまでに作中にヒロインを登場させずにはいられないほど「女性描写への苦手意識」が強いのではないか。

ではいったい誰が「女」を的確に描き得ているのか？　私が知る限り、最も「女」の描写が巧みな男性の映画監督は、誰あろうデヴィッド・リンチである。リンチ？　これはまた何かの間違いだろうか？　あの狂気と迷宮に満ちた作風が、「巧みな女性描写」に少しでも親和性があるとでも？　然り。ただし、そこには「共感」と「同一化」の回路を介することなく「女」を描きうる監督、という限定条件が付く。そう、リンチの作品は現実の女達に「どうしてこの監督はこんなに女心がわかるのかしら！」などと感嘆されることは決してない。この点については「ブルーベルベット」のヒロイン・ドロシーを想起してもらえば十分だろう。つまり、女性達にすら共感不可能な存在として女性を描きうるという点で、リンチはまさに女性描写の孤峰なのである。ここには「女性の謎は女性にとっても謎である」という、ラカンの公準が正確に残響している。

リンチ・ファンという点では人後に落ちないジジェクもまた、次のように述べている。「リンチの世界においては、『女』の底知れぬ深淵と、象徴的秩序である純粋な皮膚という表層の間との緊張が根本的な軸となっている」（『快楽の転移』青土社）。これに続くくだりでジジェクは重要な指摘をする。彼は映画「エイリアン」を例に取り、エイリアンが母なる肉体における混沌とした深淵の中での生き物、原初的な〈もの〉であるとする。この生き物の形態はあまりにも可塑的なので、あたかも幻想としての表層でしか一貫性を持たない生き物、実体の支えがまったくない純粋なできごと—結果の系列なのではないか、というのだ。そう、エイリアンとは〈女性〉のことであり、〈女性〉は一切の象徴的な因果関係から基本的に自由な存在なのである。ここからラカンによる「女性は存在しない」「（存在しない女性との）性関係は存在しない」という奇妙な断定までは指呼の距離である。

ここに至って、ひとつの単純な事実を想起しておこう。「恐竜はすべて雌である」ということ。そう、ジュラシック・パークにおいては、野生の恐竜が勝手に増殖することを防ぐため、雌の恐竜だけが飼育されていた。私はここから、一つの極めて暴力的な断定を試みようと目論んでいる。それはスピルバーグ映画において、モンスターは常に「〈女性＝母〉の位置」を占め続けてきた、というものだ。

このことを裏付ける象徴的な痕跡には事欠かない。「激突！」における巨大トラックの謎の運転手は、妙にか細い腕だったが、実は女性だったのではないか。「ジョーズ」におけるホオジロザメも撮影時は雌という設定になっていたらしい。「未知との遭遇」における主役は言うまでもなく、あの圧倒的な「マザーシップ」だ。「E.T.」の性別は定かではないが、その造形を担当したカルロ・ランバルディは、先にもふれた「エイリアン（＝女性）」の造形にも関わっている。しかしまあ、これらは些末と言えば些末なことだ。

問題は、これらのモンスターが、作中においてほとんど絶対的な存在として描かれていることである。やつらを人間の浅知恵で倒すことなど決してできない。ジョーズもベロキラプトルも、ほとんど偶然の結果として勝手に死んでいったに過ぎない。人間は絶対の前で、ただ偶然の救済、偶然の友好、偶然の勝利を期待するほかはなく、常に無力な存在にとどまることになる。これは「ハリウッド映画」を象徴する監督の作風としては、かなり意外な一面である。

ところでモンスター達は、ただ絶対的であるばかりではない。ジョーズ、E.T.、恐竜など、いずれについても言いうることは、その造形の意外な凡庸さにもかかわらず、ただ演出の力によって圧倒的な表象物を目撃したかのような効果を発揮し、以後それはある種の典型として反復される、という点である。そう、その意味で、スピルバーグのモンスターは、「典型的な絶対」なのである。

とはいえその演出法すらも、必ずしも特殊なものとは思われない。まず予感の断片（物音、振動、シルエット、物理的反応、その他いろいろ）を周到にばらまき、期待と言うよりは予期不安的なコンテクストを十分に構築した上で、不意に「期待通りのモンスター」を登場させる。あえて病理化した言い方をするなら、それはパニック障害的な演出作法なのだ。これは期待を裏切ることなく期待を超えたショックを与えうるという効果において、きわめて有効な技法といいうるだろう。

繰り返し強調してきたように「スピルバーグのモンスター」は、われわれにとってなじみ深い他者である。これらの他者が他者となるゆえんは、その異形さゆえではない。その他者性は、モンスターが期待、すなわち予期不安的な界面を突き破って到来してきた、という由来そのものにもとづいている。つまり、本当は他者ではない可能性を秘めつつも、最初の出会いのトラウマ性ゆえに、主体にとって他者であり続けるほかはない、という存在なのだ。トラウマ的な出会いは、その対象に、なじみ深い表層と底知れぬ深淵との双方をもたらすだろう。リンチについてのジジェクのコメントが示す通り、そのような他者こそが「女（＝母）」なのだ。スピルバーグ作品にあっては、常に「女（＝母親）」の位置をモンスターが占有しており、それゆえヒロインの影が薄くなってしまうことは、なかば必然のなりゆきなのである。

ここで私は、スピルバーグの両親が離婚していることや、その後の母親との確執、孤立しがちだった青年期、といった伝記的事実に深く立ち入ろうとは思わない。そもそもこの種の境遇は、アメリカにおいてそれほど特異なものではないだろう。ただ彼にあって、父の問題が阿部和重の指摘するような形で変奏されてきたと言いうるとすれば、母の問題はさらに根源的で、ほとんど形而上学的な影響をその作風に及ぼしてきたのではないか。また、だからこそ、当の母親をテーマに据えた「A.I.」の撮影開始は大幅に遅れ（抵抗！）、完成した作品においては母親がいつの間にかモンスターの位置に置かれたのではなかったか。特筆すべきはラストシーンの過剰なまでの甘美さで、そこに投影されているのが「スピルバーグ」なのか「私」なのか、もはや判然としないほどである。ただ言いうることは、それが映画「スロータ―ハウス5」におけるトラルファマドール星の場面と同様、幻想と現実、虚構と日常の対立を調停するかのような「映画的魔力」を秘めていた、という事実のみである。

130　トム・クルーズと自己神話化
——トム・クルーズについて

トム・クルーズ。ハリウッドを象徴するスーパースター。この、私とほぼ同年の俳優には、どうにも不可解な点がいくつかある。

周知のようにトムの名前には、いつしか〝サイエントロジー信者の〟という形容がついて回るようになった。一般大衆はいざ知らず、アメリカの知識階層にとって、カルト信仰は無神論よりもダメージが大きいはずだ。しかし不可解なことに、彼の風評は、彼自身の信仰によってそれほど傷ついているようには見えない。

もちろんカルトの広告塔と化した彼を見て、離れていったファンは少なくなかっただろう。ニコール・キッドマンもケイティ・ホームズも、最終的にはサイエントロジーが原因で彼のもとを去ったと言われる。パラマウントはその信仰を主たる理由に彼との契約を打ち切った。

しかし彼はへこたれない。「ミッション：インポッシブル／ゴースト・プロトコル」（二〇一一年）は大ヒットしたし、「ロック・オブ・エイジズ」（二〇一二年）では歌える俳優であることを示し、「オブリビオン」（二〇一三年）も優れたSF作品だった。つまり彼は、相も変わらず意気軒昂であり、その企画力も少しも衰えておらず、本人の評価はともかく作品は今なお高い支持を受けている、というわけだ。

これは、いささか奇妙なことのように思われる。俳優に限らず、わが国の著名人で、公然とカルトの広告塔として振る舞いながら、これほど支持される人物は思い当たらない。「統一教会」や「幸福の科学」にはまったあの人やこの人が消えていったように、公然たるカルト信仰はしばしば致命傷となる。

いや、ことは日本に限った話ではない。世界的にもそうした人物は希少ではないか。ただアメリカでのみ、トム以外にもジョン・トラボルタやウィル・スミス（本人は公式には認めていないが）、チック・コリアのように、カルト信仰と生産性ならびに人気という三要素を並立させ得た人物がいる。それは果たして、アメリカ社会の特殊性ということなのだろうか。

ところで、私自身はカルトを次のように定義している。それは「金のかかる信仰」であり、言い換えるなら、奉仕活動と集金システムによって幹部クラス以上に富や利権が集中するような信仰のことだ。トムが広告塔をつとめるサイエントロジーについて言えば、これはもう押しも押されもしない、堂々たるカルト集団である。

サイエントロジーは、SF作家であったL・ロン・ハバードが創始した新宗教だ。個人の精神性と能力と倫理観を高めることによって、より良い文明を実現することを目指しており、多分に自己啓発セミナー的な性質を持っている。

この宗教では、オーディティングと呼ばれるカウンセリング、及び、サイエントロジストの理論と技術について学ぶことによって高い能力と精神的な自由を獲得すること、ひいては教義の普及によって文明全体の精神性を高めることを目的としている。一九五四年に米国ロサンゼルスで最初のサイエントロジー教会が創設されてからこの宗教は着々と勢力を拡大し、現在では全世界の主要都市で合わせて一五〇〇を超える教会が活動しているという。

サイエントロジーには神話がある。七五〇〇万年前、銀河連邦はジヌー（XENU）という名の邪悪な帝王に支配されていた。連邦の人口が増えすぎたため、ジヌーは多くの人々を殺し、そのセイタン（魂）を凍結した状態で地球に運び、火山の周辺に投げ捨てて核爆弾で破壊した。連邦の人々はジヌーに反乱を起こし、ジヌーは砂漠の惑星に監禁されたがいまなお生存している。地球上で爆破されたセイタンから地球人が生まれた。オーディティングは人間がみな持っているセイタンを純化して「クリア」な状態に至らしめる手段だ。かくしてセイタンは最終的に、いかなる制約からも解放されて、本来の潜在能力を存分に発揮できるようになる……いったい、物語のプロでもあるはずのトムは、このいかにも安っぽい神話を聞いて何も感じなかったのだろうか？

さて、サイエントロジーと言えば、なんと言っても反精神医学である。

サイエントロジーは、その創立以来、奇妙なほど執拗に精神医学と心理学に対して攻撃を続けてきた。協会の主張によれば、精神医学は堕落した職業であり、不適切な虐待的ケアを続けてきたことになる。それればかりではない。歴史的な虐殺行為や世界規模の陰謀の背後には精神科医がおり、彼らはソビエト連邦の代理人としてサイエントロジーを攻撃し、〝世界統一政府〟を築こうとしている、というのだ。

かくも中二病めいた陰謀説を信ずる人々が相当数（サイエントロジー発表に依れば八〇〇万人）存在するというだけでも驚きだ。ところで私自身は、彼らの天敵であるところの精神科医なのだが、こんなにも壮大な陰謀説に組み込まれると、「いや、それほどでも……」とつい謙遜したくなってしまう。

サイエントロジーが精神医学を否定する理由について、詳しい検討は別の機会に譲ろう。ジャック・ウィリアムスンはダイアネティックスを「精神異常者が改定したフロイトの心理学」と酷評したが、要するに彼らは精神に関するオルタナティヴな科学を構築したいのだ。それゆえ近親憎悪的な攻撃が精神医学に向けられたとしても、それほど不思議はない。

なぜトム・クルーズは、あれほどまでにサイエントロジーに入れあげるのか。彼は果たしてどこまで「本気」なのか。この点が私にとっては最大の疑問だった。ひょっとするとこの信仰は、トムが「自らの物語」を紡ぐために、あえて選択したものではなかったか。

トムは、自らのディスレクシアの克服にハバードの教える学習法が役に立ったと繰り返し強調している。小泉首相時代、トムが首相官邸を訪れ、ハバードの著書『学び方がわかる本』（ニューエラパブリケーションズジャパン）を手渡したという逸話がある。これが美談として受け入れられているらしい事実には戦慄を禁じえないが、私は例えばこうした点において、トムの自己神話化が働いていると考える。

アンドリュー・モートン著『トム・クルーズ　非公認伝記』（青志社）によれば、トムのディスレクシアについては、学生時代のトムを知る人々から、いくつもの重大な疑惑が投げかけられている。教師たちの証言を総合するとこうなる。

「トムは学齢期初期に学習障害の診断を受けたものの、一〇代になる頃には特別な支援は必要ないほどに対処法を身につけていたようだ。母から受けた愛情と手助け、またロバート・ホプキンズの教師による特別支援教育によって、障害を克服できるまでになったのである」

つまり、サイエントロジーと出会う一〇年以上前に、トムは自らの障害をすでに克服していたというのだ。トムと一緒に宿題をやった同級生たちも、そうした障害の存在を否定している。サイエントロジーでディスレクシアが治ったとするトムの主張は、国際ディスレクシア協会からも科学的根拠なしとして厳しく批判されている。

それゆえ私は、トムのディスレクシアという「自己診断」ならびに「自己開示」は虚偽とは言えないまでも、誇張や演出の産物ではないかと疑っている。

ここから先は下司の勘ぐりに近くなるが、ひょっとして彼には、根深い学歴コンプレックスがあったのではないだろうか。むろん俳優に学歴は関係ないとは言え、ミラ・ソルヴィーノやマット・デイモン（ハーバード大学）、あるいはメリル・ストリープやジョディ・フォスター（イェール大学）など、最近では高学歴の映画俳優も少なくない。支配欲と万能感に溢れたトムにとって、望んでも手に入らない学歴についての葛藤は、案外深刻だったのではないだろうか。

そう考えるなら、ディスレクシアだったという経歴は、大学進学を選ばなかった格好の口実となるだろう。こうした前提で、サイエントロジーというオルタナティヴな「知の体系」を上り詰めることは何を意味するか。

「もともと高い知能を持ちながら、障害ゆえに進学できなかった不幸な天才が、新しい精神の科学に出会って障害を克服し、ついに本来の知性にふさわしい地位（教団のナンバー2）を獲得した」というストーリーが自然に浮かんでくるではないか。

しかしそれでも、私にはトムが「本気」で信仰に取り組んでいるようには見えないのだ。なぜか。その最大の理由は、彼がジョン・トラボルタ主演作「バトルフィールド・アース」（二〇〇〇年）のようなヘマを決してやらかさないからだ。映画製作のプロセスの詳細は分からないが、彼は少なくともエージェントの言いなりになるようなタイプでも立場でもないだろう。つまり、気に入った脚本を気に入った監督に自由に依頼できる立場のスターであるはずだ。

トムは最初の妻、ミミ・ロジャースを通じて一九九〇年からサイエントロジーに関わっている。しかし、その後の作品のラインナップを見ても、ほとんど「ぶれ」というものがない。言い換えるなら、トムには映画を通じてサイエントロジーを布教しようという意志がまったく感じられないのだ。この点で、彼の信仰と映画の分離は徹底している。

さらに言えば、トムはかなりの映画オタクではないか。「シネフィル」ならぬ「映画オタク」。蓮實重彦ではなく町山智浩、『カイエ・デュ・シネマ』ではなく『映画秘宝』。少なくとも監督の選択を見る限り、私はそこに強い「同世代感」を感じずにはいられない。

ロン・ハワード、ロブ・ライナー、ニール・ジョーダン、ブライアン・デ・パルマ、スタンリー・キューブリック、ポール・トーマス・アンダーソン、キャメロン・クロウ、ジョン・ウー、スティーヴン・スピルバーグ、J・J・エイブラムス……。

トムであることを知らずにこんな「好きな監督リスト」を見せられたら、「こいつとは良い酒が飲めそうだ」と感ずる映画オタクは少なくないはずだ。とりわけ感心するのは、新人監督に対する嗅覚である。トムの選ぶ監督は、意外なほど大御所が少ない。むしろ――おそらくは彼自身の選択眼において――「おっ、こいつわかってるじゃん」的な形で新進監督にチャンスを与えているようにすら見えるのだ。

なにしろ傑作「マグノリア」（一九九九年）の脚本・監督を任された時点で、ポール・トーマス・アンダーソンはポルノ業界の内幕もの「ブギーナイツ」（一九九七年）で知られる監督でしかなかった。J・J・エイブラムスにしても、テレビドラマ歴は長かったにせよ、「M：i：Ⅲ」（二〇〇六年）は映画初監督作品である。「ミッション：インポッシブル／ゴースト・プロトコル」を手がけたブラッド・バードは元々アニメ監督で本作が初の実写映画となったし、「オブリビオン」（二〇一三年）のジョセフ・コジンスキーにしても本作は「トロン：レガシー」（二〇一〇年）に続く二作目だ。ちなみに最新作「オール・ユー・ニード・イズ・キル」（二〇一四年）に関しては、監督が「ボーン」シリーズを手がけたダグ・リーマンであることに加え、なんと原作は桜坂洋のライトノベルである。

私は確信するが、このラインナップは間違いなくトム自身が最終的に決定しているはずだ。なにしろ渋るジョン・ウーに対して、あなたの「狼／男たちの挽歌・最終章」（一九八九年）（『フェイス／オフ』（一九九七年）とかじゃなく）が気に入っている、と口説ける男である。そう、トムは「ジョックス（スクールカースト上位者）」の皮を被った映画オタクなのだ。今のうちに予言しておくが、彼の作品に「脚本：虚淵玄」というクレジットが読める日もそう遠くないに違いない。

ここで第二の仮説を提示しよう。映画製作者としてのトムの「正気」は、彼のオタク性によって担保されている、と。

一般にオタクはカルトを徹底して忌み嫌う。オタク的理性の根底には、世界に対する基本的な不信感があるからだ。彼らが虚構を愛するのは、現実逃避に似て見えるが、必ずしもそれだけではない。現実もまた虚構の一部、この世界を構成する多重レイヤーの一つの層に過ぎないという認識ゆえなのだ。

こうした世界観と、カルトの一元的世界観はきわめて相性が悪い。オタクたちは基本的にはシニカルかつネガティブな人生観を持つことが多いが、それにははっきりとした理由がある。シニシズムこそが、この多層化した世界を味わうための特権的ポジションにほかならないからだ。

果たしてトム・クルーズは、カルト信者の顔と、映画オタクの顔とを、いかにして両立し続けているのだろうか。現時点での私の推測は、カルト信者が自己愛を満たすための偽装であり、オタクのほうが真実の顔である、というものだ。もう一つの可能性は、トムがオーディティングによって致命的な弱みを握られ、心ならずも広告塔を演じながら、映画製作を通じておのれの正気を世界に訴え続けているというストーリーだ。

いずれであるにせよ、皮肉にもこの二重性こそが、彼の人気を延命させてきたように思える。ただし、この二つの顔のバランスはきわめて微妙なものであり、いつの日か彼はそのうちの一つを選択せざるを得なくなるに違いない。願わくはトムが一人の映画オタクとして、〝こちら側〟に帰ってくる日の近からんことを。

あとがき

まさか自分が四〇〇頁超えの評論本を出すことになるとは思ってもみなかった。たまたま手元にあった柄谷行人の最新刊『力と交換様式』（岩波書店）と同じくらいの厚さである。もちろん厚けりゃいいというものではないのだが、我ながら「（副業のくせに）書きも書いたり」という感慨にふけるくらいは許されるだろう。

「はじめに」でも記したように、私はすでに映画評論本を一冊出しており、そのせいかこれまで、途切れることなく評論文の依頼が来ていた。『ユリイカ』などの批評誌への寄稿に加え、パンフレットの依頼もかなりの数をこなしてきたため、本書に収録しきれなかった文章もまだ相当ある。本書に収めた文章のほとんどは、雑誌『キネマ旬報』誌上の連載と寄稿である。

連載は隔号なので、締め切りは毎月初旬に一度。月末までに担当編集者に観たい映画を数本指定して、試写の案内や時間がないときはＤＶＤの貸し出しを依頼する。このささやかな特権が楽しみすぎて、この連載はやめられない。本連載を担当してくれた編集者は現在が二人目だが、前任者も現任者も、いつも心のこもった感想を返してくれるので、そういう意味でのやりがいもある。何より私は基本的に怠惰な人間なので、この連載がなければ映画の鑑賞本数も半分以下になっていたであろうことは想像に難くない。人はよく「『好き』を仕事にしてはいけない」と言うが、私のように「仕事でなければ『好き』を維持できない」という人間もいるし、そうした人間にも映画ファンを自称する権利くらいはあると思う。

「はじめに」でも述べたように、私は「映画のための映画」派ではなく「何かのための映画」派である。「文学のための文学」を純文学と呼ぶとすれば、「映画のための映画」派は純映画主義とも呼べるかもしれない。一方私の立場は映画機能主義ということにもなろうか。映画はこの世界の意味を知るための媒体である、という立場だ。

前者の極北が蓮實重彦氏であることは論を俟たないし、私が「シネフィル」と称しているのは、そうした純映画主義に殉じた人々のことである。これは決して揶揄ではなく、むしろ私が決して「あちら側」には行けないであろう、という諦観と劣等感の表明でもある。

映画館のスクリーンを至上とする純映画主義とは異なり、映画機能主義者たる私は、鑑賞の環境にあまりこだわらない。本文にも記したが、映画「ブレードランナー」が私のフェイバリットになったのは、日本語吹き替えのTV放映バージョンをVHS三倍モードで録画して何度も視聴したからだった。それを思えば現在の液晶大画面8Kテレビなどはほとんどホームシアターである。オンデマンド配信サービスのおかげで、スマホやタブレットで映画を観る行為にもなんら冒瀆的な印象を持っていない。つまらない映画を倍速再生することにもためらいはない。にもかかわらず、私は映画を愛しているのだ。

それゆえこの機会に、私の好む映画鑑賞スタイルを記しておきたい。

それは「旅先での映画鑑賞」である。

旅先での鑑賞と言えば思い出深いのは、一九九一年の香港旅行中に観た「逃学威龍」

（チャウ・シンチー監督）だ。現地で大ヒット中と聞いて一人でふらりと映画館に入り、英語と広東語の入り交じる字幕のおかげで、なんとかストーリーは理解できた。若き無名監督の才気には感心したが、まさか一〇年後に大傑作「少林サッカー」を全世界でヒットさせることになるとは予想もしていなかった。

旅先で観る映画は、確実に二割増しくらいに面白く感じられるし、長く記憶にとどまる。これは映画館に限らない。私はよく旅行にDVDを持参するのだが、例えば本書で評した映画「別離」や「タクシー運転手」は、沖縄の離島滞在中に鑑賞した。ほかにも「ニーチェの馬」「6才のボクが、大人になるまで。」「馬々と人間たち」「アイ、トーニャ 史上最大のスキャンダル」「ラブレス」などの傑作群も、旅行中に鑑賞して深く記憶に刻まれている。

映画と旅。意味としても文脈としてもまったく無関係の経験である。にもかかわらず、通常の鑑賞よりも心に残ってしまうのはなぜだろうか。興味深いのは、映画の記憶は結構鮮明なのに、旅行の記憶ははるかに曖昧なのだ。つまり、異質な体験が相互に強化しあっているわけではないようなのだ。

唐突だが、こういう経験はないだろうか。読み終わった本のあらすじはすぐ忘れてしまうのに、読みかけて中断した本の内容はいつまでも覚えていること。何にでも名前はあるもので、この現象にも「ツァイガルニク効果」なる名前がついている。正確には、人は達成できず中断したままになっている事柄のほうを、達成できた事柄よりもよく覚えているという現象を指すらしい。いろいろな解釈があるようだが、私はこれを「ゴールは忘れるがプロセスは残る」ということだと考えている。つまり、達成されたゴールはそのまま忘れられるが、達成されないままのプロセスは心に残り続ける、という意味だ。

私の考えでは、映画館で映画を鑑賞する行為は、しばしば最後（ゴール）まで見終わった満足感とともに忘れられることになりやすい。しかし「旅の途上」で観る映画は、旅の体験と渾然一体となり、プロセスとして記憶されるのではないだろうか。だから見終えても完結しないまま、脳内上映が続いていく。「面白かったからいつかじっくり見直そう」という気持ちが残り続ける。

そうした意味では、映画を完全な状態で鑑賞するよりも、不完全な状況下（スマホで、倍速で、細切れで、旅行中に）で観ることにも意味があるはずだ。それは少なくとも、「プロセスとしての映画」の断片を、長く記憶にとどめおく効果があるだろう。そこからはじまる映画愛、映画欲がきっとあるはずだ。だから私は、映画機能主義者として強く言いたい。どんな形でもいいから映画に触れ続け、映画の門前に長く留まり続けて欲しい、と。そんな形での「映画との対話」もあるのだから、と。

本書の出版企画は二〇二〇年に立ち上がった。既存の原稿をまとめるだけだし、すぐに出せるだろうと思いきや、諸般の事情から三年がかりの企画になってしまった。一度はこれまで書いてきて単行本に収録していない原稿を全部収めようとしたこともあったが、あまりに煩雑すぎて挫折。加えてゲラのチェックにも異様に時間がかかってしまった。

本書の企画を立ち上げてくれ、遅々として進まないゲラのチェックを辛抱強く待ってくれた青土社編集部の足立朋也さん、『キネマ旬報』の連載を担当してくれた初代担当編集の島崎奈央さんと、二代目と言いつつ一〇年近く伴走してくれた明智恵子さんに深謝します。

二〇二二年一二月二六日
コロナ禍も四年目を迎えようという年の瀬、水戸市 百合が丘にて

斎藤 環

初出一覧

書籍化に当たり加筆修正を行った。

I

1〜100 連載「映画のまなざし転移」『キネマ旬報』二〇一二年六月〜二〇二〇年九月までの各月上旬号、キネマ旬報社

II

101〜112 連載「読む、映画」『キネマ旬報』二〇一一年六月〜二〇一二年五月までの各月上旬号、キネマ旬報社
113 『キネマ旬報』二〇〇九年一一月上旬号、キネマ旬報社
114 『キネマ旬報』二〇〇九年九月下旬号、キネマ旬報社
115 『キネマ旬報』二〇〇七年四月上旬号、キネマ旬報社
116 『キネマ旬報』二〇〇六年五月下旬号、キネマ旬報社
117 『宮崎駿の世界』竹書房、二〇〇五年
118 『人生を変えるアニメ』河出書房新社、二〇一八年
119 『夢売るふたり 西川美和の世界』文藝春秋、二〇一二年
120 DVD『リアル・レインマン』付録ブックレット、二〇〇八年
121 『オールアバウトシュヴァンクマイエル』エスクァイアマガジンジャパン、二〇〇六年
122 『TRANSIT』一六号、講談社、二〇一二年
123 『いまこの国で大人になるということ』紀伊國屋書店、二〇〇六年
124 『Kitano par Kitano――北野武による「たけし」』ハヤカワ・ノンフィクション文庫、二〇一二年
125 『ユリイカ』二〇二〇年八月号、青土社
126 『文藝別冊 クリストファー・ノーラン』河出書房新社、二〇二一年
127 『美術手帖』二〇〇七年一〇月号、美術出版社
128 『季刊 InterCommunication』六二号、NTT出版、二〇〇七年
129 『スピルバーグ――宇宙と戦争の間』竹書房、二〇〇五年
130 『トム・クルーズ――キャリア、人生、学ぶ力』フィルムアート社、二〇一四年

斎藤 環（さいとう・たまき）
1961年岩手県生まれ。精神科医。筑波大学大学院医学研究科博士課程修了。医学博士。爽風会佐々木病院診療部長を経て、現在、筑波大学社会精神保健学教授。専門は思春期・青年期の精神病理学、病跡学、ラカン派精神分析学。『関係の化学としての文学』（新潮社）で日本病跡学会賞を、『世界が土曜の夜の夢なら』（角川書店）で角川財団学芸賞を受賞。その他の主な著書に『その世界の猫隅に』『猫はなぜ二次元に対抗できる唯一の三次元なのか』（以上、青土社）、『生き延びるためのラカン』（ちくま文庫）、『中高年ひきこもり』（幻冬舎新書）などがある。

映画（えいが）のまなざし転移（てんい）

2023年 2 月 13 日　　第 1 刷印刷
2023年 2 月 22 日　　第 1 刷発行

著　者　　斎藤 環（さいとう たまき）

発行者　　清水一人
発行所　　青土社
〒101-0051　東京都千代田区神田神保町 1-29　市瀬ビル
電話　03-3291-9831（編集部）　03-3294-7829（営業部）
振替　00190-7-192955

印　刷　　ディグ
製　本　　ディグ

装　幀　　ミルキィ・イソベ

ISBN978-4-7917-7513-2
Printed in Japan